BIBLIOTHÈQUE DE VILLE ET DE CAMPAGNE.

PAUL DE KOCK

SANSCRAVATE,

EDITION ILLUSTRÉE DE VIGNETTES SUR BOIS

Prix : 1 fr. 50 centimes.

DE&HOUY

PARIS

CHARLIEU, LIBRAIRE-ÉDITEUR DE LA SOCIÉTÉ DES GENS DE LETTRES
BOULEVARD SAINT-MARTIN, 12.

SANSCRAVATE

ou

LES COMMISSIONNAIRES.

A LA LIBRAIRIE THÉATRALE
12, boulevard Saint-Martin

Dessins de Belin.
Gravures de Deghouy.

I.

LES FLANEURS. — LE BOULEVARD DES ITALIENS.

Trois jeunes gens se donnaient le bras et se promenaient ou plutôt flânaient sur le boulevard des Italiens; regardant à droite, à gauche, examinant les femmes de très-près, surtout lorsqu'elles étaient jolies; faisant tout haut leurs réflexions sur la figure de l'une et la tournure de l'autre, entremêlant cela de bons mots, de calembours, de grosses bêtises, d'éclats de rire, et enfin fumant des cigares, ce qui maintenant est indispensable aux jeunes gens à la mode qui se promènent sur le boulevard de la Chaussée-d'Antin.

C'est un monde à part que celui qui fréquente le boulevard des Italiens, boulevard fashionable, excentrique, aristocratique, où cependant beaucoup de promeneurs affectent des manières, un laisser-aller, une tenue et des propos qui sentent leur *Diogène* d'une lieue. Chaque partie d'une grande ville a ses quartiers avec ses habitués, et ses habitants dont la mise, le langage et même les mœurs ont leur caractère à part.

Ainsi, il y a de la différence entre la tenue d'un rentier du Marais et celle d'un ci-devant jeune homme de la Chaussée-d'Antin; entre la mise d'une dame du faubourg Saint-Germain et celle d'une bourgeoise de la Cité; entre la grisette de la rue Saint-Jacques et celle de la place Bréda, qui a pris main-

Trois jeunes gens flânaient sur le boulevard des Italiens. — Page 1.

1857

1

tenant le nom de lorette ; sans doute, les habitants d'un quartier ne restent pas exclusivement sur leur terrain, et on peut les rencontrer parfois dans un quartier voisin. Mais alors un œil exercé ne saurait s'y tromper, il reconnaît sur-le-champ les étrangers et ne les confond point avec les indigènes ; c'est en vain que les premiers veulent prendre la tournure et les manières des seconds, le naturel revient au galop, et il serait aussi difficile à un employé de la rue Saint-Antoine de ressembler à un commis de banque de la rue Laffitte, qu'à une demoiselle de la place Maubert d'avoir la tournure d'une jeune personne du faubourg Saint-Honoré.

Le boulevard des Italiens n'est point une promenade vulgaire ; il mérite l'attention de l'observateur ; il devrait même avoir son chapitre dans l'histoire de Paris, car il a changé de nom, suivant les événements politiques.

A l'époque de la révolution de quatre-vingt-neuf, cette partie du boulevard fut appelée *Coblentz*, elle avait même conservé ce nom sous l'Empire ; ce ne fut qu'en mil huit cent quinze, lors de la deuxième Restauration que ce boulevard perdit le nom de *Coblentz* pour celui de *Gand*. Le premier rappelait le lieu de rendez-vous des émigrés de la première révolution ; l'autre rappelait le second retour de Louis XVIII. Les Français ont toujours aimé à mettre de la politique dans les choses les plus futiles ; ils en ont mis dans les fleurs, dans des chansons ; ils pouvaient bien en mettre dans le nom d'une promenade. Mais la plupart des dames qui vont chercher des conquêtes au boulevard des Italiens n'en mettent aucune dans leurs sourires ; elles sont cosmopolites, car on les a vues lancer également des œillades aux républicains et aux légitimistes, aux anciens militaires de l'Empire et aux favoris de la Restauration ; cependant on a pu remarquer qu'elles affectionnaient plus particulièrement les partisans du *juste-milieu*.

N'allez pas croire pourtant que toutes les dames qui, le soir, viennent s'asseoir sur les chaises de ce boulevard, ne s'y rendent que pour faire des conquêtes ! Il y a eu souvent fort bonne compagnie au boulevard *Coblentz*, puis au boulevard de *Gand*, et on en voit encore quelquefois, mais plus rarement au boulevard des Italiens.

On vient y causer du nouveau ballet de l'Opéra, de la dernière représentation des Bouffes, de la soirée de madame la comtesse ***, et du bal qui a eu lieu chez le plus riche banquier du quartier. On s'y donne rendez-vous, on s'y fait des visites ; vous voyez des jeunes gens approcher d'un groupe de dames, s'arrêter debout devant les chaises ; saluer, adresser leurs compliments tout comme ils le feraient dans un salon, puis au bout de quelques minutes de conversation, prendre congé et continuer leur promenade, ou s'arrêter un peu plus loin devant d'autres personnes de connaissance.

Il y a quelques années on faisait encore toilette pour aller se faire voir au boulevard de *Gand* ; les dames y montraient une coiffure nouvelle, les hommes étaient mis avec élégance ; quand l'un d'eux y paraissait avec un habit d'une coupe moderne, soudain cette mode était adoptée par les *dandys* de la capitale.

Autre temps, autres manières ! On ne fait plus toilette pour aller au boulevard des Italiens. Maintenant que le cigare a envahi ce quartier, que la plupart des hommes se promènent en fumant, les jeunes gens les plus distingués semblent affecter une mise simple, sévère même, qui les rapproche des *puritains*, comme leur barbe les fait ressembler aux jeunes gentilshommes du temps de François 1er.

Revenons à nos trois flâneurs.

Celui du milieu, qui pouvait avoir vingt-deux ans tout au plus, avait une taille au-dessus de la moyenne ; il était bien fait, mince, dégagé, gracieux dans sa tournure, et portait avec beaucoup d'aisance un habit du matin, mais dont la coupe élégante révélait un tailleur de la haute fashion ; le reste de son costume répondait naturellement à la bonne façon de son habit ; il avait des bottes vernies, et tenait dans sa main une jolie petite badine dont la pomme était en argent ciselé et travaillé avec une rare perfection. La figure de ce jeune homme ne démentait pas les agréments de sa tournure. Il était brun, et ses yeux noirs, grands et bien fendus jetaient un feu continuel où brillaient tour à tour de l'esprit, de la moquerie, de la malice et quelquefois même de la sensibilité et du sentiment. Un nez irréprochable, une bouche gracieuse, ornée de dents d'un blancheur dont il était permis de tirer vanité ; enfin un visage ovale, entouré d'un léger cercle de favoris bien noirs, puis de petites moustaches qui encadraient la bouche en rejoignant les favoris, voilà quel était au physique le jeune Albert Vermoncey ; on eût été injuste en ne lui accordant pas le titre de joli garçon.

A son bras gauche s'appuyait un jeune homme qui devait avoir quelques années de plus que le séduisant Albert, mais qui était aussi un *lion*, ou si vous aimez mieux, un beau du jour. Cependant il n'y avait pas dans sa tournure la grâce qui charmait dans son voisin. Celui-ci était plus grand, plus robuste, mais il avait de la raideur de démarche, de l'affectation dans la manière dont il portait sa tête penchée sur le côté, et même dont il plaçait son chapeau, un peu en tapageur ; enfin la différence qui semblent affecter une mise simple, sévère même. Pris en particulier, ce monsieur n'avait aucun trait mal, mais l'ensemble était peu agréable. La couleur de ses yeux était douteuse, puis ils étaient couverts et se fixaient fort rarement sur la personne à laquelle il parlait. Enfin il y avait dans sa physionomie une expression railleuse qui

était parfois insultante, on aurait dit que ce personnage était toujours disposé à chercher querelle à quelqu'un.

On nommait ce jeune homme Célestin de Valnoir.

Le personnage qui marchait à la droite d'Albert, mais sans lui donner le bras, était de son âge, mais beaucoup plus petit et jouissait déjà d'un embonpoint très-prononcé. Ses cheveux, d'un blond roux, bouclaient naturellement et retombaient avec profusion de chaque côté de sa figure qui était ronde, rose, fraîche, mais un peu trop bouffie. Ce jeune homme avait les traits agréables, des yeux un peu ronds, mais d'un bleu très-pur, un petit nez aquilin, qui sentait d'une lieue son peuple d'Israël, une bouche avec des lèvres toujours vermeilles, de fort belles dents, et un menton avec une fossette au milieu. Tout cela faisait une fort jolie tête d'ange bouffi, il n'y manquait que de la physionomie, et celui qui lui appartenait avait continuellement dans les traits la même expression ; c'était celle d'une personne qui est enchantée d'être au monde. Il fallait une cause bien grave pour déranger le sourire continuellement assis sur ses lèvres ; cependant lorsque ce jeune homme croyait avoir perdu son mouchoir, ou quelques pièces de monnaie de sa poche, il se faisait alors une révolution extraordinaire dans ses traits : son nez s'élargissait, sa bouche se pinçait, ses yeux semblaient vouloir sortir de leur orbite ; enfin il devenait laid au point de n'être plus reconnaissable.

Ce troisième flâneur était mis avec plus de prétention que de goût ; il avait en évidence une grosse épingle avec un camée, une grande chaîne en cheveux passée autour de son cou, tombait par-dessus son gilet, et retenait un petit lorgnon carré que de temps à autre il portait à son œil droit. Ajoutez à cela un fort beau jonc avec une grosse pomme d'or ou dorée, qu'il balançait souvent en la tenant par le milieu, tel était Tobie Pigeonnier. D'après son prénom on avait souvent pensé qu'il était né dans la religion juive ; mais toutes les fois qu'on lui avait fait quelques questions à ce sujet, il avait eu l'air de se formaliser qu'on le crût descendant de Jacob.

Écoutons la conversation de ces messieurs : c'est le meilleur moyen de faire connaissance avec les gens.

C'est Albert Vermoncey qui est en train de conter à ses deux amis une anecdote qui semble les amuser beaucoup :

— Oui, messieurs, c'était la dernière soirée de madame Baldimer... Vous savez ? cette Américaine qui a fait sensation en arrivant à Paris, parce qu'elle est fort belle, fort spirituelle, fort originale !

— Et qu'on la croyait riche, dit Célestin.

— Est-ce qu'elle ne l'est pas ? demande Tobie Pigeonnier en se caressant le nez avec la grosse pomme d'or de sa canne.

— Mais on commence à en douter... elle ne donne presque plus de grands dîners...

— Si elle en donne souvent des petits, ça revient au même.

— Qu'il est bête ce Tobie !... Laissez-moi donc finir mon histoire. Il y avait madame Plays avec son mari... Dieu ! quel mari... en voilà un qui devrait servir de modèle à tous...

— Est-ce parce que sa femme le coiffe d'un bois qui ne passerait pas sous la porte Saint-Denis ?

— Bah !... dit Tobie en riant beaucoup. Comment, ce pauvre M. Plays est un cerf ?

— Ah ! dis donc, Célestin, Tobie qui ne savait pas cela !... D'où venez-vous donc, cher ami... Des îles Marquises ?... du royaume de Lahore !...

— Est-ce que Tobie sait quelque chose ! Quand on a passé sa jeunesse rue Beaubourg, on doit être fort arriéré...

— Oh ! voilà déjà plus de trois ans que je demeure rue de la Ferme-des-Mathurins...

— Tenez, messieurs, regardez bien ce qui vient devant nous avec ce petit chapeau lilas et cette robe rose... Ça m'a l'air fort gentil ; Tobie, voilà le cas de braquer votre lorgnon... d'autant plus que le zéphir colle la robe sur les fémurs de cette dame... et nous sommes sous le vent...

— Elle n'est pas jolie ! dit Célestin au moment où la dame au chapeau lilas passait tout près d'eux.

— Ah ! Célestin, tu cries cela à ses oreilles, je gage qu'elle t'a entendu.

— Eh bien ; qu'est-ce que cela me fait ! est-ce que les opinions ne sont pas libres ?... Dites donc, Tobie, à propos de la rue Beaubourg, je croyais qu'elle n'était habitée que par des Juifs ?

— Vous savez bien que c'est un conte, puisque j'y demeurais.

— Ce ne serait pas une raison. Vous pourriez être de cette religion.

— Je vous ai déjà dit que j'étais Luthérien, d'origine polonaise. Je ne sais pas pourquoi vous voulez toujours que je sois Juif.

— Eh ! quand vous le seriez, dit Albert, quel mal cela vous ferait-il ?... Est-ce qu'il n'y a pas des gens de mérite, de génie dans toutes les religions ? et du côté des arts, de la fortune, des talents, la nation juive est-ce le moment une des mieux partagées !... Nous ne sommes plus à ces temps de barbarie où le peuple aimé de Dieu était si mal traité sur la terre ! où les fils d'Israël étaient obligés de porter sur leurs vêtements et leur coiffure une marque qui servait à les faire reconnaître,

— C'était une marque jaune, dit Célestin d'un air railleur.

— Oui, et maintenant cette couleur est devenue tellement à la mode qu'une marque jaune ne servirait plus à faire remarquer quelqu'un... Ah ! voilà une jeune actrice des Variétés. Avec qui est-elle donc aujourd'hui ?

— Avec un Anglais qui est en train de se ruiner pour elle. Ce ne sera pas long, elle mène son monde très-vite !...

— Elle a raison : elle a la vogue... elle en jouit... Cela ne dure pas longtemps à Paris.

— Il me semble pourtant que nous pourrions, dans ce genre-là, citer plusieurs de ces dames qui ont la vogue depuis quinze ans au moins !... En ont-elles fricassé de l'argent, celles-là !

— J'aime beaucoup le mot *fricassé*; le fait est qu'elles le dépensent à toutes sauces.

— Si du moins elles avaient l'esprit d'en mettre de côté... elles ne seraient pas forcées, après avoir brillé sur le théâtre, de finir par être ouvreuses de loges.

— Mettre de côté! voilà bien une réflexion digne de Tobie !... Ce que je ne comprends pas, moi, c'est qu'il se soit décidé à s'acheter une si grosse épingle avec un camée .. Combien coûte-t-il votre camée, Tobie ? et votre canne a dû vous coûter fort cher... fichtre !... quelle tenue... il ne se refuse rien !

— Oui, dit Célestin, mais il s'agirait de savoir si tout cela est du fin et de l'or...

Monsieur Tobie Pigeonnier devient rouge jusqu'au bout du nez, mais il affecte de rire longtemps en s'écriant :

— Ah! monsieur de Valnoir! que vous êtes méchant!... Quand vous me verrez porter quelque chose qui ne sera pas du premier choix, vous serez bien malin. Je n'aime en tout que ce qui est vraiment beau !... C'est comme pour le linge, il me faut les toiles les plus fines... Voilà une chemise qui me revient à soixante-quinze francs...

— En avez-vous beaucoup de douzaines comme cela ?

— Mais oui... j'aime à avoir beaucoup de linge... j'ai été élevé dans cette habitude. Ma mère avait cinq à six grandes armoires pleines de draps... tous en toile de Hollande. Quand je serai associé avec ma tante, je ne me refuserai rien, je n'aurai sur ma table que du damassé...

— Vous avez une tante dans le commerce ?

— Oui. Elle tient une maison de commission en tous genres ! Grand style : douze commis et huit voyageurs !... Il y a longtemps qu'elle m'a promis de me mettre à la tête de ses affaires... Ah! si je n'avais pas fait quelques folies, ce serait déjà terminé.

Célestin se met à siffloter entre ses dents, et Albert, qui depuis quelques instants n'écoutait plus Tobie, s'écrie tout à coup :

— N'est-ce pas madame Baldimer qui passe là dans une petite citadine ?

Les deux compagnons d'Albert portent alors leurs regards sur la chaussée, et Célestin, après avoir jeté les yeux à travers les glaces d'une voiture qui passait, répond :

— Oui, c'est elle.

— Elle était seule ?

— Je ne crois pas... il m'a semblé voir des moustaches à côté de sa figure.

Les traits d'Albert se rembrunissent, il porte de nouveau ses regards sur la citadine qui est déjà éloignée, il s'arrête et semble indécis sur ce qu'il veut faire.

— Eh bien ! qu'est-ce qui te prend ? dit monsieur Célestin en jetant sur son ami un coup d'œil qui semble vouloir sonder l'intérieur de son âme : est-ce que tu as envie de suivre cette voiture ?

Albert tâche de sourire en répondant :

— C'est que j'aurais été curieux de savoir... Cette madame Baldimer est fort coquette, mais on ne lui connaît pas encore d'amant; elle se laisse faire la cour et semble vouloir se moquer de ses adorateurs.

— Pourquoi est-on si sot que de lui faire la cour ?

— Mais parce qu'elle est belle !...

— Il ne manque pas de belles femmes dans Paris.

— Et même aux environs, dit Tobie. Moi j'en ai connu à Nanterre !... Quel amour de femme !

— Est-ce qu'elle vend des gâteaux ?

— Ah! farceur !... des gâteaux !... c'était une femme très-haut placée.

— Elle habitait sur une butte ?

— Elle avait une *villa*, monsieur, une villa magnifique !...

— A Nanterre ?... c'est singulier, je n'ai jamais vu de belles habitations par là.

— Ce n'était pas justement à Nanterre, mais aux environs.

Albert Vermoncey est demeuré rêveur, il marche à pas lents et de temps à autre tourne la tête pour tâcher d'apercevoir encore la citadine.

Monsieur Célestin qui, sans en avoir l'air, ne perd pas un des mouvements du joli garçon, reprend au bout d'un moment en donnant à ses paroles une intention bien marquée :

— C'est une chose fort commode qu'une voiture !... surtout à Paris, où l'on est toujours certain d'en trouver avec des stores. A-t-on quelque course mystérieuse à faire... ne sait-on où se donner rendez-vous pour causer avec son amant? on monte dans une petite citadine...

on rejoint la personne à l'endroit désigné ; elle monte avec vous... on ferme les glaces, les stores... et puis allez où vous voudrez, cocher, vous êtes à l'heure !... Traversez Paris, les rues les plus populeuses, les plus habitées ; passez à côté d'un mari, d'un rival... qu'importe !... il n'y verra rien !... Et quelquefois même il sera le premier à sourire en apercevant une voiture hermétiquement fermée, et il dira : Ceci doit cacher un doux mystère... Oh ! je le répète, c'est une chose fort commode !

— C'est commode... et ce n'est pas commode... dit le jeune Tobie, en affectant un air malicieux ; parce que... Encore si tout Paris était pavé en bois, à la bonne heure !...

— Madame Baldimer ne se cachait pas, dit Albert, car les stores de sa voiture n'étaient point baissés.

— Ils le sont peut-être maintenant, murmure Célestin.

Albert ferme ses mains comme s'il éprouvait une crispation.

— Ah ça ! mon cher Albert, dit Tobie, après avoir essayé, mais en vain, de faire tenir son petit lorgnon carré dessus son œil droit, est-ce que vous êtes amoureux de cette madame Baldimer... que vous sembliez avoir envie de suivre la voiture qui l'emporte ?

— Moi ? amoureux d'elle !... Est ce que je suis assez niais pour être encore amoureux d'une femme... Je les aime quand elles sont jolies... mais cela dure le temps d'être heureux, c'est bien assez. Eh ! mon Dieu, c'est le meilleur moyen de réussir près des femmes... Mais si vous les aimez réellement, vous devenez triste, jaloux, ennuyeux... et on ne vous écoute plus, ou on vous trompe, ce qui est encore pis. Madame Baldimer est fort belle... Je lui ai fait la cour comme à une autre...

— Oui, répond Tobie en léchant sa pomme d'or, c'est notre état à nous autres jeunes lions, de faire la cour aux femmes. Ah ! si j'avais écrit mes aventures... J'en avais l'idée d'abord... mais cela eût été trop long et je n'avais pas le temps... le courant m'entraînait.

— Enfin, madame Baldimer t'a-t-elle favorablement écouté ? dit Célestin en regardant ironiquement son ami.

— Mais... pas plus mal qu'un autre... Je l'ai déjà dit qu'elle faisait la coquette avec tout le monde et n'écoutait personne.

— Il me semble que le monsieur qui était avec elle tout à l'heure dans une petite citadine, ne doit pas penser de même.

Albert fronce les sourcils et frappe de sa badine sur ses bottes en répondant :

— Tu prétends qu'il y avait un homme avec elle... moi, je n'en ai pas vu.

— C'est tu as la vue mauvaise apparemment...

— Eh ! voilà Désilly... le célèbre Désilly.

Deux jeunes gens qui passaient près de nos trois flâneurs s'arrêtent devant eux. L'un d'eux, qui a un chapeau presque pointu et à larges bords, et une barbe qui ferait envie à un sapeur, serre la main d'Albert, puis celle de Célestin en leur disant :

— Bonjour, messieurs... nous flânotons un peu... Bravo ! voilà ce qui s'appelle vivre... Qui est-ce qui me donne un cigare ? le mien vient de finir.

Albert tire de sa poche un charmant porte-cigare en paille d'Italie, il en offre aux deux jeunes gens qui viennent de les accoster, ceux-ci en prennent chacun un et l'allument au feu d'Albert et de Célestin ; pendant ce temps, Tobie murmure bas à l'oreille de son voisin :

— Est-ce que c'est là Désilly, le dessinateur qui fait des charges si burlesques, si spirituelles dans les petits journaux ?

— Lui-même.

— Désilly, reprend Célestin, vous m'avez promis de me faire voir la collection de vos dernières caricatures que je dois envoyer à Bordeaux. Quand voulez-vous que j'aille chez vous ?

— Mes enfants, dans ce moment-ci ne me demandez rien ; je suis en train d'aimer... il m'est impossible de m'occuper d'autre chose... Cela peut durer huit jours, peut-être quinze, mais par exemple ça ne passera pas un mois ; alors je serai tout à vous. Adieu.

Et l'artiste s'éloigne avec son ami.

— Il est en train d'aimer ! dit monsieur Tobie, il paraît qu'alors ça l'occupe exclusivement.

— Oui, mais il sait la mesure de ses sentiments, et il ne s'y trompe jamais. Celui-là est plus sage que tous ceux qui en éprouvent un nouvel amour, s'imaginent qu'il durera éternellement !...

— Est-ce qu'on croit cela maintenant ! dit monsieur Tobie, en jouant négligemment avec sa chaîne en cheveux Mais avec tout cela Albert ne nous a pas achevé son histoire de madame Plays, dont le mari fera le pendant d'*Actéon*. Je demande la fin de l'histoire ou mon argent.

— Oui, oui, la fin de l'histoire, s'écrie Célestin.

Albert se remet à conter, mais beaucoup moins galment cette fois, et comme s'il ne le faisait plus que par complaisance.

— Eh bien messieurs, madame Plays était à la soirée dansante de madame Baldimer... La société était... un peu mêlée... ce qui se comprend. Une étrangère qui n'habite Paris que depuis un an tout au plus ne peut pas y connaître beaucoup de monde, et quand elle veut recevoir, donner des bals, elle doit accepter de confiance la société qu'on lui présente, et sa confiance est souvent mal placée !...

— Sapristi ! Albert, tu es bavard comme un avocat aujourd'hui !...

— Madame Plays était superbe ; vous savez que cette dame est un peu massive, mais c'est une fort belle femme. Le grand Saint-Clair, qui était là, ne la perdait pas de vue et lui faisait des yeux... à pouffer de rire. Madame Plays y répondait faute de mieux... C'est une femme qui a toujours besoin de s'occuper. Ma foi, il me passa tout à coup par la tête l'idée de souffler cette conquête à cet imbécile de Saint-Clair!... Jamais jusqu'alors je n'avais songé à madame Plays, avec qui pourtant je m'étais trouvé souvent dans le monde. Je n'eus pas plus tôt conçu ce projet que je me mis à l'œuvre. On allait servir le souper, je me plaçai près de la sensible Herminie, c'est le nom de cette da... e, je l'accablai de petits soins que j'entremêlai de monsieur fort tendre... Ah! si vous saviez quel succès j'obtins! cela allait si vite, que j'en étais presque effrayé... On alla jusqu'à me dire que j'avais eu bien tort de ne point me déclarer plus tôt...

— Peste! la dame regrettait le temps perdu... et Saint-Clair?

— Oh! il était dans un état extraordinaire : n'ayant pas pu se placer près de sa passion, il était d'abord resté derrière elle; voyant qu'elle ne lui répondait pas et ne s'occupait plus de lui, il alla d'un air furibond s'asseoir à un autre bout de la table; il se mit à manger, à boire avec une espèce de fureur, je crois même qu'il finit par se griser un peu, car lorsqu'on retourna danser au salon, il s'en fut s'asseoir dans un coin auprès de madame Plays, et on assure qu'il se mit à pleurer en lui parlant. Je ne serais pas surpris qu'il lui eût fait confidence du chagrin qu'il éprouvait de ne pas pouvoir réussir à la faire cocu.

— Ah! ce serait charmant. Mais le mari lui aura répondu : Consolez-vous, mon ami, je le serai par un autre.

— Quant à moi... je fis danser ma conquête. Quelle luronne que madame Plays! D'abord au souper elle ne s'était pas épargné le vin de Bordeaux et le champagne, mais elle n'est pas comme Saint-Clair, ça ne lui donne pas envie de pleurer, au contraire, elle dansait avec une vigueur... un entrain! Il n'y avait plus moyen de l'arrêter. Comme nous étions tous fort gais, on proposa de danser le véritable cancan. La superbe Herminie le dansa aussi bien qu'une grisette de la Chaumière, et beaucoup plus gaillardement que les lorettes du bal Saint-Georges. Il me fallait nous voir tous les deux! Nous étions vraiment admirables; les autres dames du quadrille avaient depuis longtemps quitté la place; mais madame Plays continua de danser avec moi et six messieurs dont trois remplaçaient les dames! On faisait cercle autour de nous... c'était vraiment curieux à voir. Je crois bien avoir entendu quelques personnes dire que ma danseuse avait abusé du champagne et du madère, mais moi je la crois bien capable de faire toutes les folies possibles sans avoir pour cela cessé d'être dans son état naturel.

— Et madame Baldimer?

— Elle ne dansait plus, mais elle riait beaucoup.

— Inutile de te demander si tu as mené à bien cette bonne fortune?

— Oh! cela était si aisé... des conquêtes comme cela, je vous assure que cela n'a rien de piquant et que c'est trop facile pour flatter même notre vanité. Il y a plus de cette aventure, et maintenant tout mon désir est de me débarrasser de la sensible Herminie. Ah! mon Dieu! cela me fait penser que j'ai un rendez-vous avec elle pour ce soir... Messieurs, quel est celui de vous qui désire d'aller à ma place? Je lui cède de très grand cœur ma bonne fortune.

— Merci! dit Célestin en envoyant une bouffée de fumée au nez d'une vieille dame qui passait alors près de lui, madame Plays ne me tente pas... Elle est trop lourde pour moi!

— Il me semble pourtant que vous êtes de force à l'enlever, répond Pigeonnier, vous êtes taillé en athlète... en joueur... Je suis sûr que vous porteriez facilement un sac de farine qui pèse trois cent vingt-cinq.

— Et parce que vous supposez que je puis porter un sac de farine, vous voulez que je sois l'amant de madame Plays! Le rapprochement est flatteur pour cette dame!... Ce diable de Tobie a des idées heureuses!

II. — LA MARCHANDE DES QUATRE SAISONS.

En ce moment une jeune fille coiffée d'un fichu, sous lequel s'échappent de grandes mèches de cheveux châtains qui tombent en tire-bouchons le long de ses joues, s'approche des jeunes gens et leur met presque sous le nez des paquets de violettes, en leur disant d'un air effronté :

— Messieurs, achetez-moi les bouquets, étrennez-moi... vous me porterez bonheur.

— Ah! c'est Bastringuette, dit Albert en souriant à la jeune marchande, dont le visage pâle et amaigri, les yeux entourés d'un cercle noir, et la voix éraillée annonçaient une profession très-fatigante.

— Voyons, achetez-moi, vous avez toujours quelques dames à fleurir, vous!... vous êtes une bonne pratique!...

— Tu tombes mal, ma pauvre fille, dit Albert, les amours sont trop heureux dans ce moment-ci, ils n'ont pas besoin d'être galants!...

— Dis donc, Tobie, quel commerce fais-tu pour avoir les yeux cerclés et l'air aussi fatigué, dit monsieur Célestin en prenant le menton de la bouquetière, qui avait de grands yeux bruns sur-

montés d'une énorme paire de sourcils, une bouche grande, mais assez gracieuse, et à laquelle, pour être encore séduisante, il ne manquait que de la fraîcheur et une expression un peu moins cavalière dans le regard.

— Je fais ce que ça veut! Quèque ça vous fiche à vous! qui ne m'achetez jamais rien!...

— C'est que je n'ai pas besoin de donner des bouquets pour séduire, apparemment!...

— Allons, voyons, à bas les pattes! Je n'porte pas de contrebande, je n'ai pas besoin d'être sondée!... Et vous, mon petit bel amour, est-ce que vous ne m'achetez rien?... Avec un physique *chiqué* comme ça, on doit avoir des maîtresses dans toutes les rues, et même sur les boulevards!

Ce compliment s'adressait à Tobie Pigeonnier; il en paraît extrêmement flatté, et pour ne paraître sa satisfaction à la marchande de bouquets, appuie son nez sur tous les petits paquets de violette qui sont sur son éventaire, en murmurant :

— Elle est fort drôle!... elle est spirituelle, cette bouquetière... elle a une paire d'yeux!... quels pistolets... comme ça vous tire à bout portant!

— Eh bien, mon cher ami, est-ce que vous allez vous borner à poser votre nez sur tous les bouquets?... Merci!... Vous ferez de la rosée dessus, peut-être, mais c'est une fraîcheur qui ne les conserve guère!... Voyons, prenez-moi donc ce paquet-là.

— Non... aujourd'hui je n'ai pas de victimes à faire... à moins que tu ne veuilles être la mienne, ça c'est... friponne!...

— Finissez donc! Vous êtes trop soufflé pour moi!... Je n'aime pas les figures de cire... J'aurais peur de vous voir fondre dans mes bras!

Albert et Célestin rient aux éclats de la mine que fait le petit Tobie en recevant ce compliment de la marchande de violettes. Après avoir de nouveau essayé de fixer son lorgnon sur son œil droit, il regarde mademoiselle Bastringuette d'un air dédaigneux, en s'écriant :

— Vous êtes comme les fleurs, ma chère, il ne faut pas les regarder de trop près! on s'aperçoit qu'on serait volé!

— Eh bien! c'est donc pas comme vot' personne! pour le peu qu'on la *fisque* on est satisfait, on en a pour son argent.

Les deux amis de Tobie rient de plus belle, et celui-ci se décide à essayer de rire aussi, tout en disant :

— Diable!... mais on a affaire à forte partie!... Je crois que je n'aurai pas le dernier avec elle.

— Pas plus le dernier qu'autre chose, mon petit gros. Ah! dame, notre seul agrément à nous autres, c'est notre langue!... Il faut ben nous en servir, cela ne coûte rien.

— Prenez garde!... La langue est ce qu'il y a de meilleur et de plus mauvais! C'est Ésope qui a dit cela.

— Je ne connais pas ce monsieur-là, mais il paraît que la mienne est bonne, car elle ne s'use pas du tout. C'est pas comme votre gilet, tenez, monsieur, il s'effiloque par les entournures.

Mademoiselle Bastringuette, dont les yeux découvrent les mystères les plus cachés de la toilette d'un homme, montre alors aux amis de Tobie un endroit du gilet de soie de celui-ci, qui, quoique presque caché par le bout de l'habit, avait été aperçu par elle. Il y avait là une assez longue déchirure, qui permettait d'apercevoir la manche de la chemise, dont la toile jaune et grosse offrait une énorme différence avec le drap noir.

Le gros jeune homme s'empresse de boutonner son habit en s'écriant :

— J'aurai déchiré mon gilet en le mettant. Mon tailleur me fait toujours mes entournures trop étroites!... et puis crac! un accident.

— Oh! non! monsieur, ce n'est pas un accident, ça! c'est qu'il est joliment usé de ce côté là, votre gilet... Tenez! c'est comme ma robe. En voilà des signes de souffrance!

En disant ces mots, mademoiselle Bastringuette lève ses bras en l'air, et fait voir de grands trous à sa robe sous chacune de ses aisselles.

— Je vous prie de croire cependant que je n'ai d'autres à mettre, reprend la bouquetière en souriant. Mais bah! tant pis! c'est pas ça qui m'empêchera de vendre mes violettes!... Et quand on verrait ma chair... Tiens, après tout, gnia pas d'affront!... J'ai pas une peau de dinde comme ben d'autres qui ont de belles robes et de vilaine doublure!

— Elle est fort originale!... elle est simple... originale, cette jeune fille, dit Tobie, qui est bien aise que l'on ne s'occupe plus de son gilet, elle m'occupe beaucoup.

— Comment? dit Albert, vous ne la connaissiez donc pas?

— C'est la première fois que je la vois.

— Pour un homme qui habite la Chaussée-d'Antin depuis trois ans, c'est bien étonnant! Tout le monde par ici connaît Bastringuette, la marchande du boulevard des Italiens.

— J'achète rarement des fleurs, leur odeur me fait mal.

— Oui, je vends de la violette quand il y en a, répond Bastringuette, mais quand il n'y en a plus, je vends autre chose... des oranges, des noix, des petits pois, de la salade... Il y a toujours quelque chose à vendre dans chaque saison, et voilà pourquoi on nous appelle, nous autres : marchandes des quatre saisons.

— Dans tout cela, reprend Célestin en regardant la jeune fille d'un air moqueur, il me paraît que ton amant ne l'entretient pas fort bien.

— Mon amant!... ah ben! je ne sais pas comment il fait, mais il n'a jamais le sou!... et il n'est guère mieux nippé que moi; heureusement que l'amour n'a pas besoin d'un habit neuf pour être chaud.

— Es-tu toujours avec Sanscravate? demande Albert en prenant le plus gros bouquet de violette qui soit sur l'éventaire de la marchande.

— Certainement. Oh! nous ne sommes pas comme les grandes dames, nous autres, nous ne changeons pas d'ordinaire tous les jours.

— Comment? c'est ce mauvais sujet de Sanscravate qui est ton amoureux? dit Célestin Ah! ma pauvre Bastringuette, je ne t'en fais pas mon compliment! Il doit te rosser souvent, ce gaillard-là?

— Me rosser! s'écrie la jeune fille en fronçant ses épais sourcils. Quand un homme me rossera, c'est que je n'aurai plus de dents pour lui manger les yeux, et d'ongles pour lui déchirer le mufle! Vous croyez, parce qu'un homme est commissionnaire, qu'il doit battre sa maîtresse! merci! en voilà de l'agrément! mais ça n'est pas notre genre. Parce qu'on est du peuple, on n'est pas des brutes pour ça!... C'est peut-être ben plutôt vous, qui vous amusez à donner des mauvais coups aux femmes!... Les gens les plus méchants ne sont pas toujours ceux qui portent des vestes... Il y a aussi de mauvais cœurs sous les beaux habits.

Monsieur Célestin de Valnoir semble fort mécontent de cette apostrophe; il pince ses lèvres, et dans le coup d'œil qu'il jette alors sur la jeune fille, il y a presque de la menace; mais celle-ci soutient son regard sans que cela lui cause la moindre émotion.

Tobie, enchanté de voir qu'on ne s'occupe plus de lui, et qu'un autre est maintenant le but des sarcasmes de la bouquetière, fait tourner sa canne comme un tambour-major, et rit très haut en se dandinant le corps comme s'il était sur une balançoire.

— Et puis, reprend Bastringuette tout en arrangeant ses bouquets, pourquoi dire que Sanscravate est un mauvais sujet!... Qu'est-ce qu'il a donc fait pour être appelé comme ça?... parce qu'il est un brin tapageur, emporté, noceur!... parce qu'il se donne par-ci par-là son petit coup de soleil!... Tiens, le grand mal!... C'est donc des défauts ça?... on travaille, puis on s'amuse... est-ce que c'est pas juste... et toutes les belles actions qu'il a faites... on n'en parle pas!... parce qu'il ne les fait pas mousser lui!...

— Ah! monsieur Sanscravate fait de belles actions!... s'écrie Célestin en ricanant. Je n'ai jamais lu cela dans les journaux!...

— Les journaux!... v'là encore une belle autorité!... Les gens qui mentent depuis le premier jour de l'année jusqu'à la Saint-Sylvestre!... Qui vous inventent des histoires qui n'ont ni queue ni tête, qu'on en deviendrait imbécile si on croyait tout ça... C'est pourtant ce qui est arrivé à ma pauvre mère!... Elle voulait se fourrer un tas de ces feuilles de papier dans la tête... Elle en lisait chez la portière, chez la voisine... chez l'épicier... elle nous disait tous les jours : Mes enfants, ça va mal!... on est très-mécontent... il y aura bientôt un bouleversement, on ne pourra plus éternuer sans payer un impôt au gouvernement! ce qui deviendra très coûteux avec les enrhumés du cerveau. Le pain viendra à trente sous la livre... on ne pourra plus sortir cet hiver sans être assassiné, et peut-être pis!... Eh ben! que je lui disais, ma mère, on restera chez soi, et à défaut de pain on mangera des pommes de terre!... Mais bah! tout ça lui a tourné les sens, elle en est crevée au bout de six mois, et le médecin m'a bien dit aussi : Vot'mère est morte d'une indigestion de canards. Et les canards ce sont les bêtises dont on farcit les journaux. Mais je bavarde comme une pie, moi, et mes bouquets restent là.

— Tiens, dit Albert en donnant une pièce de cent sous à la marchande, voilà pour le bouquet que je garde, car enfin ce serait fort mal de l'avoir fait causer pour rien.

— Ah! merci, mon petit chéri! vous êtes gentil, vous!... c'est pour dédommager de ceux qui ne le sont pas.

Et Bastringuette continue de suivre le boulevard en criant :

— Fleurissez-vous, messieurs, mesdames! achetez-moi de la belle violette! V'là le printemps, fleurissez vos dames!

— Elle n'est pas sotte! dit Albert en regardant la marchande s'éloigner, elle a des mots, des reparties fort drôles.

— C'est-à-dire, répond Célestin, qu'elle est du nombre de ces personnes qui disent tout ce qui leur passe par la tête, et comme alors au milieu d'une foule de sottises, il se trouve quelques mots plaisants, on est convenu de dire que ces personnes-là ont de l'esprit. Cette fille est très-effrontée, voilà, je crois, à quoi se borne son esprit.

— Messieurs, reprend Albert, la rencontre de Bastringuette a interrompu notre conversation qui était pourtant fort intéressante. Nous parlions de madame Plays, et je proposais à l'un de vous de lui céder mon rendez-vous pour ce soir... Il n'y a donc pas d'amateur?

— Est-ce que c'est sérieusement que tu proposes cela? dit le jeune Tobie Pigeonnier en caressant sa pomme d'or avec sa main.

— Très-sérieusement, je vous jure. Je n'ai jamais été amoureux de madame Plays, je lui ai fait la cour... par pure plaisanterie... pour faire une niche à Saint-Clair, mais maintenant mon seul désir est de rompre avec ma belle conquête.

— Le fait est qu'elle est très-bien, madame Plays, reprend monsieur Tobie en jetant le bout de son cigare, c'est une fort belle femme... sa figure est extrêmement agréable... et puis, moi, j'ai un penchant pour les femmes grasses...

— Alors vous seriez servi à votre goût! dit Célestin.

— Mais prendre votre place à un rendez-vous... comment diable pourrait-on arranger cela?

— Rien de si facile, dit Albert. Je dois me trouver ce soir à huit heures et demie sur le marche aux fleurs du boulevard de la Madeleine... contre l'église... vous savez?...

— Très bien, je m'y promène souvent les jours du marché! il vient là des femmes fort distinguées, des dames à équipage; j'ai remarqué que les fleurs n'étaient qu'un prétexte, et qu'on venait y chercher autre chose que des orangers et des camélias.

— Eh bien! madame Plays s'y rendra. Je vous donne un petit billet pour elle, dans lequel je lui marque qu'une affaire imprévue me retiendra peut-être un peu longtemps, mais que je lui envoie un de mes amis dont la discrétion est à toute épreuve et qui la conduira dans un endroit où j'irai la rejoindre le plus tôt qu'il me sera possible. Avec ce billet vous allez à ma place au rendez-vous, vous remettez ma lettre à madame Plays, puis vous la conduisez où vous voudrez... en ayant l'air de dire que c'est dans un endroit que je vous ai désigné. Vous restez avec elle pour lui tenir compagnie en attendant mon arrivée. Je ne viens pas, la dame est furieuse contre moi, vous la consolez; et ma foi, il me semble que cela va tout seul.

— C'est une intrigue toute mâchée! dit Célestin.

Tobie secoue la tête, l'affaire paraît lui sourire beaucoup; cependant il semble réfléchir et murmure :

— Mais pensez-vous que madame Plays acceptera mon bras... qu'elle ne se fâchera pas en voyant que vous m'avez mis dans la confidence de vos amours avec elle?

— N'ayez aucune crainte, mon cher Tobie, je sais à qui je vous adresse; vous pensez bien que je n'agirais pas ainsi avec toutes les femmes; mais je connais madame Plays, c'est une gaillarde qui se moque du qu'en-dira-t-on? et qui tire vanité de ses conquêtes. La belle Herminie est presque un homme en jupon.

— Diable... j'espère que c'est qu'au moral?

— Soyez tranquille, le physique est d'un superbe féminin. Son mari se soucie aucunement de sa conduite... D'ailleurs, elle le même par le bout du nez. Elle lui dirait que l'obélisque de Louqsor lui a fait un enfant qu'elle le croirait ou aurait l'air de le croire; que vous lui plaisiez, et l'affaire marchera toute seule.

— Oh! alors j'ai quelques chances de succès... allons, j'accepte! ma foi, oui, j'accepte! je tente l'aventure! arrive qui plante! Ah! sapristi! il faut avouer que nous sommes de bien grands roués... j'ai déjà plusieurs maîtresses, mais la belle Plays me tente!...

— Je vous certifie que c'est une femme fort agréable... jolie figure, pleine faite... ferme comme un roc! enfin tout ce qui peut flatter un amateur. Si je n'avais pas d'autres idées en tête maintenant, je ne l'aurais pas quittée si vite. Ainsi c'est une affaire conclue... Il faut à présent que je vous donne le billet que vous aurez à lui remettre. C'est absolument comme une lettre de recommandation.

Le petit Tobie est enchanté, il pousse de gros éclats de rire, il balance son corps, fait tourner sa canne; dans l'excès de sa joie, il semble qu'il veuille sauter et faire des tours sur le boulevard; c'est au point que Célestin lui dit :

— Ah ça, jeune Pigeonnier, calmez-vous donc un peu! on croirait, à voir l'allégresse qui vous transporte, que vous n'avez jamais eu de bonnes fortunes!

— Oh!... je n'en chôme pas pourtant... je n'ai qu'à choisir tous les jours... mais cette aventure sera si drôle... ah! ah! ah!... prendre la place d'un autre! ah! ah! ah! c'est délicieux!

— Il n'y a rien de plus commun que cela! c'est un vieux moyen d'opéra comique. Messieurs, maintenant je propose une chose : c'est de dîner ensemble. Nous avons bien commencé la journée, il faut la finir de même, nous dînerons à la Maison Dorée. Mouillot et Balivan dîneront avec nous... vous savez que ce sont deux bons enfants, nous les trouverons au passage des Panoramas à cinq heures et demie; j'avais rendez-vous avec eux. Tobie ne va trouver sa belle qu'à huit heures; par conséquent il aura bien le temps de dîner; ensuite nous ferons une petite bouillotte entre nous chez le traiteur, et Tobie viendra nous retrouver et nous apprendre le résultat de son aventure.

— Ah! bravo!... j'accepte! s'écrie Albert. D'autant plus que j'ai été battu dernièrement à la bouillotte. Ce diable de Mouillot a un bonheur!... il gagne toujours... j'ai une terrible revanche à prendre... Eh bien, c'est cela ce nous va pas... Vous nous dites souvent : Il faudra dîner ensemble! faire une petite ribotte! nous donner! et quand on veut prendre jour vous ne pouvez jamais... Eh bien, me semble que voilà une occasion... Mon cher ami, si vous voulez réussir avec madame Plays, je vous préviens qu'il faut agir un peu militairement!...

Tobie paraît un moment indécis, enfin il frappe le sol de sa canne en s'écriant : — Eh bien, j'accepte!... eh bien dînons ensemble, une journée complète!... le festin! le jeu! les belles!... voilà comme j'entends l'existence... Ah! sommes-nous mauvais sujets!

— En ce cas, Messieurs, dit Albert, nous allons entrer au café du passage de l'Opéra, et puis j'ai aussi une autre lettre à écrire et à envoyer avant dîner.

— Et moi aussi, dit Célestin.

— Et moi aussi, dit Tobie, j'ai une commission... pressée à faire faire.

— En avant alors.

Les trois jeunes gens entrent au café qui fait le coin du boulevard et du passage de l'Opéra, et se font donner, avec trois verres de *stoughton-madère*, tout ce qu'il faut pour écrire. Chacun d'eux paraît fort actionné en écrivant. Albert laisse courir sa plume sur le papier, et elle semble ne pas aller encore assez vite pour rendre les pensées qui arrivent en foule à celui qui la conduit. Monsieur Célestin de Valnoir écrit plus lentement, mais à l'expression de son visage on doit présumer qu'il médite avec soin ce que sa plume trace. Quant à Tobie Pigeonnier, c'est lui qui met le plus de temps à écrire, soit que les idées ne lui arrivent pas facilement ou que le sujet soit difficile à traiter ; il se gratte le front, regarde au plafond, écrit deux mots, s'arrête, passe sa main dans ses cheveux, recommence un mot, puis s'arrête encore ; son épître lui cause beaucoup de travail, mais il ne se borne pas à une seule lettre : après avoir cacheté celle qu'il vient de finir, il en recommence une autre. Albert et Célestin, qui ont fini depuis longtemps, lui disent :

— Eh bien, Pigeonnier ! combien de lettres écrivez-vous donc ? est-ce que cela sera encore long ?

— Un moment, messieurs ! encore celle-ci, de grâce ; elle est indispensable... Écoutez donc, pour dîner avec vous je manque deux rendez-vous fort séduisants... ces pauvres petites femmes !... elles seront désolées... mais au moins elles ne m'attendront pas en plein air... plus que deux mots de tendresse, et j'ai fini.

— Parbleu ce n'est pas bien difficile à trouver ! On met : à toi pour la vie ! et on ne sort pas de là.

— C'est trop commun ! moi je mets autre chose.

Enfin monsieur Tobie a terminé sa correspondance. Albert paye le garçon, les trois jeunes gens se lèvent et sortent du café.

— Il s'agit de faire porter ma lettre, dit Tobie.

— Oh ! j'ai mon commissionnaire habituel ! s'écrie Albert... c'est Sanscravate... il est toujours au coin de la rue du Helder, c'est tout près d'ici, allons-y.

— Moi, dit Célestin, je me sers de son camarade... Jean-Ficelle, il est très-intelligent ; il y en a encore un qui se tient aussi près d'eux... c'est un garçon qu'on nomme, je crois, Paul ; il fera la commission de Tobie.

— Soit, messieurs, dit Pigeonnier. En ce cas allons trouver nos commissionnaires... Ah ! à propos... ma lettre pour la belle Herminie.

— Ah ! ma foi, j'ai oublié de l'écrire... nous avons le temps... je la ferai chez le traiteur... mais hâtons-nous... il est déjà cinq heures.

III. — LES COMMISSIONNAIRES.

A l'entrée de la rue du Helder, près du boulevard, trois commissionnaires stationnaient devant une maison de belle apparence.

L'un était couché tout de son long sur ses crochets, qui, étendus à terre horizontalement, et retournés, lui servaient de lit de saule ; c'était un lit un peu étroit, mais par l'habitude qu'il avait de s'étendre dessus, celui qui l'occupait s'y tenait avec aisance et ne tombait jamais dans la ruelle.

L'autre était assis sur un banc de pierre attenant à la maison. Il fumait une pipe et tenait dans ses mains un vieux jeu de cartes horriblement gras et crasseux, avec lequel il semblait s'exercer à faire sauter lestement la coupe et escamoter quelques cartes en les faisant passer adroitement d'une place à une autre.

Le troisième se tenait debout, appuyé contre la muraille, et regardait très-attentivement à l'étage le plus élevé d'une grande maison qui était presque en face de lui.

L'homme couché sur les crochets paraissait dans la force de l'âge ; il était d'une taille moyenne, mais la largeur de ses épaules, la force de ses bras, la grosseur des muscles qui se dessinaient sur ses membres nerveux, annonçaient quelqu'un contre lequel il devait être dangereux d'avoir une lutte à soutenir. Sa figure était franche et riante ; ses petits yeux bleu-clair exprimaient l'insouciance ou la gaieté ; son nez un peu fort était quelquefois très-rouge du bout ; les grosses lèvres de sa bouche avaient de la bonhomie, de la bonté ; et ses cheveux blonds, qui flottaient par grandes mèches au gré du vent, laissaient voir un front vaste, dans lequel les facultés du cerveau devaient être fort à l'aise.

Cet homme, habillé comme presque tous les commissionnaires, d'une grande veste et d'un large pantalon, ne portait rien autour de son cou ; sa chemise, attachée par un bouton, laissait voir un cou beaucoup plus blanc qu'on n'aurait pu le croire, à juger sa peau par celle de ses mains et même de son visage. L'habitude constante de ne jamais porter de cravate en aucune saison, et lors même que le froid était fort rigoureux, avait fait donner à ce commissionnaire le surnom de *Sanscravate*, si bien que ce sobriquet était devenu le seul nom sous lequel il fût connu par les personnes qui l'employaient, et même par la plupart de ses amis.

L'individu assis sur le banc de pierre, et qui semble très-occupé avec ses cartes, est petit et grêle : ses cheveux sont bruns, très-fournis, et descendent fort bas sur un front étroit ; la figure de cet homme annonce cependant de l'esprit, de la ruse même, et l'expression maligne de ses yeux gris semble démentir le jugement que l'on porte habituellement sur les personnes qui ont un front bas. Un petit nez, beaucoup trop retroussé ; une bouche serrée, et un menton qui avance, font de monsieur Jean Ficelle un garçon assez laid, et qui n'inspirerait pas la confiance qu'on aime à ressentir pour un commissionnaire, si une si grande mobilité de physionomie ne déroutait ceux qui voulaient chercher à lire dans la pensée de Jean Ficelle.

Le troisième commissionnaire qui se tient debout et regarde constamment aux mansardes d'une maison en face, est un jeune homme grand, mince et bien fait ; quoiqu'il ne porte aussi qu'un pantalon et une large veste, il y a cependant dans sa tenue un je ne sais quoi, qui, sans être de l'élégance, le distingue du laisser-aller vulgaire de ses camarades ; et comme en général la figure d'une personne a presque toujours quelque chose de ce qui la tournure nous annonce, ce jeune homme, dont les traits sont doux et réguliers, n'a pas non plus l'air commun des gens de son état. Un front haut et bien dessiné, des cheveux d'un beau noir qui sont rejetés de côté avec un abandon qui n'est pas sans grâce ; des yeux bruns, mais dont l'expression est tendre et mélancolique ; une bouche simple et richement garnie ; un visage ovale, presque toujours pâle, annonçant plutôt un tempérament délicat qu'une mauvaise santé, font de ce jeune homme celui que l'on appelle Paul, et qui ne semble pas fait pour être commissionnaire.

— Si Bastringuette n'a pas placé sa violette, je pourrai bien souper par cœur aujourd'hui... Le commerce ne donne pas... mais en revanche l'appétit donne joliment... Crédié !... comme il y a des chambres à louer dans mon ventre !... et un hôtel non garni dans mon estomac !... Comment diable meubler tout ça ?

> Trempe ton pain ! Marie ! trempe ton pain !
> Trempe ton pain dans l'eau claire !...

Nous chanterons cet air-là pour notre souper, et nous n'aurons pas d'indigestion... Mais c'est que Bastringuette ne l'aime guère cette romance-la, et moi pas davantage.

C'est Sanscravate qui vient de faire tout haut ces réflexions, en se retournant sur ses crochets. Après un moment de silence, il reprend :

— Si on n'avait pas sa *bouffarde* pour charmer son temps quand la poche est vide, comme on s'embêterait contre sa destinée... Ah ! bah !... tant pis!... Est-ce que je vas m'attrister à présent... est-ce que je vas tomber dans les pleurards ?... jamais !... ça ne donne pas un sou de plus d'être triste ; et d'ailleurs, comme dit une chanson que j'aime mieux :

> Du courage ! du courage !
> Les amis sont toujours là !

N'est-ce pas, les autres ?... Eh ben !... ne répondez pas tous à la fois... on ne s'y reconnaîtrait plus.

En disant cela, Sanscravate se retourne pour examiner ses camarades. Il hausse les épaules en voyant Jean-Ficelle jouer ses cartes, et murmure :

— Ah ! bon !... voilà Jean-Ficelle qui s'exerce à faire des tours !... Oh ! les cartes ! c'est sa vocation... Mais le plus souvent que je jouerai encore avec toi au brigand... Sacré Ficelle, va !... Tu es trop bien nommé.

Celui auquel ces paroles s'adressent n'y fait pas attention, tant il est préoccupé avec ses cartes, Sanscravate se tourne alors vers Paul, et sourit en disant :

— Ah ! par ici c'est un autre genre !... *C'est l'amour, l'amour, l'amour, qui fait le monde à la ronde !*... Et je dis que voilà un gaillard qui en a sa provision ! Eh ben ! Paul, quand tu te donneras un torticolis à rester ainsi, ça ne fera pas ouvrir les fenêtres du quatrième, si mademoiselle Dumanchon, la couturière, veut qu'elles restent fermées. Elle ne laisse pas flâner ses élèves, mademoiselle Dumanchon... avec ça qu'elle ne manque pas de besogne... parce qu'il paraît qu'elle habille un peu bien. Elle fait des robes qui donnent de la gorge aux femmes qui n'en ont pas, et qui dissimulent les hanches de celles qui en ont trop. C'est ça qui fait mt !... Je suis étonné qu'elle loge encore au quatrième cette couturière-là... Mais il est vrai que dans ce quartier-ci les logements y sont encore chers !... Voyons, Paul, réponds donc... est-ce que tu n'as pas vu ta petite aujourd'hui ?

Le jeune commissionnaire qui regardait en l'air se retourne alors vers Sanscravate en disant :

— Ma petite ?.. Que veux-tu dire ?... Je ne te comprends pas !...

— Ah ben ! alors, si nous faisons la bête... si nous sommes cachés avec les amis... c'est autre chose !... faut le dire... Est-ce que tu crois qu'on ne sait pas que tu es amoureux de l'une des apprenties de la couturière, d'une jolie petite fille qu'on appelle Elina, qui trotte menu quand elle passe devant nous, ce qui ne l'empêche pas de jeter un petit regard en dessous de ton côté.

— Vraiment, Sanscravate !... tu crois qu'elle me regarde quand elle passe...

— Tu ne le voyais pas, peut-être, toi ? hum !... finot !...

— Ah ! je t'assure, Sanscravate... que je n'ai jamais dit à cette demoiselle un mot qui puisse lui faire deviner que j'ose... penser à elle... Je la trouve bien jolie, c'est vrai... et c'est qu'elle est si honnête, si polie quand elle me charge d'une commission... Et il y a tant de gens qui nous traitent, nous autres commissionnaires, comme si nous étions des brutes ou des nègres.

— Ceux qui ont ce genre-là avec moi, je leur rends la monnaie de leur pièce !... On est gentil, je suis gracieux ; on est fier, je suis brutal ! et allez donc !

— Quand on est obligé de travailler pour vivre, il faut pourtant bien servir tout le monde !...

— Du tout ! moi, je choisis.... A la vérité, je me croise souvent les bras.

— Plusieurs fois mademoiselle Elina m'a pris pour porter avec elle des cartons, alors elle me parlait avec tant de bonté... Ah ! cela fait oublier qu'on n'est qu'un pauvre commissionnaire.

— Enfin, tu es amoureux de cette jeune fille, voilà la chose.

— Oh ! non, Sanscravate, tu te trompes... Et d'ailleurs, à quoi cela me servirait-il d'aimer cette charmante personne... Est-ce qu'un homme de ma classe... un homme du peuple, peut se permettre d'élever ses vues sur quelqu'un qui ne descendra pas jusqu'à lui ?...

— Tiens ! on se permet toujours !... on raisonne après... Et puis, il me semble qu'une apprentie couturière, c'est déjà pas une si grande dame !... et pour être commissionnaire, est-ce qu'on n'en vaut pas un autre ? Si une duchesse voulait de moi, je l'adorerais tout de même !... Oh ! Dieu ! si Bastringuette m'entendait, elle me ferait passer le goût du tabac !

— Oui, dit Paul en soupirant, un commissionnaire, par son état même, doit être un honnête homme... Ah ! je ne rougis pas de ma profession... et cependant, il y a eu un moment où je pouvais espérer de vivre dans une position plus élevée !... Un brave homme, m'ayant vu à dix ans, dans la maison de charité où j'étais élevé, me prit en amitié, et ayant besoin chez lui de quelqu'un pour faire les courses, les commissions, offrit de se charger de moi. Monsieur Desroches était un négociant estimable. On s'empressa d'accepter sa proposition. Je quittai cet asile du malheur, où j'avais passé mon enfance, et j'allai habiter dans le Marais, chez mon nouveau protecteur. Satisfait de mon zèle, de la promptitude avec laquelle je remplissais les messages dont il me chargeait, monsieur Desroches me fit apprendre à lire, à écrire, à calculer, m'employa dans ses bureaux... et chaque jour mon bienfaiteur me disait, en me frappant avec amitié sur l'épaule : Cela va bien, Paul, continue, tu feras ton chemin.

— A la bonne heure ! J'appelle ça un bon vieux lapin, moi !... Ah ! c'est ça que tu es un savant et que tu as une tournure autrement astiquée que les nôtres. Eh bien, pourquoi n'es-tu pas resté avec ce brave homme ?... Tu auras fait quelque farce... dame ! on est jeune !...

— Oh ! non ! ce n'est pas cela !.. Je n'aurais jamais quitté ce bon monsieur Desroches !... Mais il y avait huit années que j'habitais chez lui, où lui et sa femme me traitaient comme leur enfant, lorsqu'une banqueroute affreuse ruina complètement mon bienfaiteur... Et ce pauvre homme mourut de douleur et fut obligé lui-même de demander du temps pour le paiement de ses billets...

— Sapristi !... on aurait dû garder de la graine de cet homme-là ! Ils ne sont pas communs au marché, ceux-là !...

— J'avais alors dix-huit ans. J'essayai d'obtenir une place, d'entrer dans quelque maison de commerce... Mais je ne trouvai aucun emploi... Cependant il fallait gagner de l'argent !... il fallait vivre.., J'eus bientôt pris un parti ! J'achetai des crochets, je me mis commissionnaire...

— Et tu fis bien ! Il n'y a pas de sot métier ! comme a dit un troubadour de l'antiquité ! Mais par quel hasard vins-tu te placer dans ce quartier, au lieu de rester dans ton Marais, où tu étais connu ?

— Ah !... c'est justement pour cela. On m'avait vu par là, mis... presque avec élégance, et je ne voulais pas y être revu... avec cette veste... car, vois-tu, Sanscravate, on a beau prendre son parti, il y a pourtant des moments où l'on ne peut pas s'empêcher de se rappeler le passé !

— Je saisis ton sentiment ! d'autant plus que moi-même aussi... C'est un autre genre, mais je m'y rassemble... Je veux dire que je pense quelquefois à mon père... à ma pauvre mère... à ma sœur Adeline ou Liline, comme je l'appelle moi, et qui est si gentille... Ah! dame, j'aurais pu rester près d'eux, en Auvergne, dans notre petit village... Mon père me disait souvent : Reste avec nous, Etienne... (car on ne m'appelle pas Sanscravate, par là) reste avec nous, tu cultiveras mon champ... Nous avons assez de quoi vivre.. Qu'est-ce que tu irais faire à Paris... Mais bah ! les pieds me brûlaient, moi !... je ne pouvais pas rester en place. J'ai dit à mon père : Laissez-moi aller ! je veux faire fortune et rapporter une grosse dot à ma sœur Liline. Mon père m'a laissé partir... et c'est étonnant comme j'amasse !... je n'ai jamais le sou... Ah ! tiens, Paul, quand je pense à cela... j'ai honte de moi, je me battrais si je pouvais m'attraper.

— Calme-toi, mon pauvre Sanscravate, puisque ton père a de quoi vivre, il ne compte pas sur toi, sans doute !...

— J'ai été les voir il y a deux ans et demi ; je savais que ça ferait plaisir à mon père, et puis moi-même j'étais content d'aller les embrasser. J'étais parvenu à amasser trente francs, et je m'étais dit : Avec trente francs et un bâton, j'irai chez nous en me promenant fort à mon aise. Je suis parti... mais Jean Ficelle m'avait fait la conduite, et le second jour je n'avais plus d'argent! C'est égal, je suis arrivé tout de même au pays. J'ai vu ma sœur qui avait quinze ans alors... car j'ai juste six ans de plus qu'elle ; elle est fièrement gentille... et puis des manières, et un langage léché... Il y a une dame de Clermont qui l'a prise en amitié et la fait souvent venir chez elle... Mon pauvre père reste alors tout seul au village ; mais il dit : Il faut que je retourne à Paris, sans quoi mon affaire serait manquée... je reviendrai quand je serai assez riche... et je suis reparti... Et en arrivant, mon pantalon était tellement déchiré qu'on voyait mon derrière ; si bien, qu'à la barrière, ils m'ont pris pour de la contrebande, et ils ont couru après moi en disant : Qu'est-ce que vous cachez là ?... Je ne cache rien, au contraire... j'en fais trop voir... douanez-le si vous voulez... Et... Ah ben, merci ! ils ne m'écoutes plus... Causez donc avec un amoureux! c'est comme si vous parliez tout seul.

Pendant que Sanscravate parlait, Paul venait de reporter ses regards sur les fenêtres de la couturière, et il semblait, en effet, ne plus entendre son camarade. Mais alors le commissionnaire, qui jusque-là n'avait rien dit, pousse une exclamation de joie et saute sur le banc de pierre, en disant :

— Je le tiens... je le fais... oh ! je le tiens joliment !

— Qu'est-ce que tu tiens donc, Jean Ficelle ?

Celui auquel Sanscravate vient d'adresser cette question relève la tête et jette sur ses camarades un regard moqueur, en répondant :

— Ah ! quelque chose qui pourra me servir... pour mettre les jobards dedans...

— Encore un nouveau jeu, je gage, car tu es bigrement joueur !

— Eh bien, pourquoi pas ? On a défendu à Paris les jeux de hasard ; mais les malins, les floueurs du grand monde, trouvent moyen de jouer tout de même. Ils ont des réunions secrètes... des sociétés où, sous le prétexte d'aller pincer son rigodon, on peut se ruiner bien gentiment...

— Comment sais-tu cela, toi ?

— Oh ! je sais tout !... Eh bien, dans la petite classe, parmi le petit monde, pourquoi donc qu'on ne jouerait pas aussi ? Seulement, on agit plus franchement. Les gens qui tiennent des jeux de hasard les établissent en plein vent, sauf à déguerpir à l'arrivée d'un sergent de ville ou d'un agent de police... Vous ne connaissez pas tout ça, vous autres... vous êtes des serins. Écoutez-moi donc un peu pour votre instruction.

— Jolie instruction que tu veux nous donner, je crois !

— Mais ça sert toujours, quand ce ne serait que pour ne pas être dupe des filous... Voyons, Sanscravate, viens t'asseoir à côté de moi.

Sanscravate se décide à aller se placer sur le banc de pierre, à côté de Jean Ficelle, et celui-ci reprend, avec ton d'importance de quelqu'un qui se croit beaucoup plus d'esprit que ceux auxquels il parle :

— C'est aux barrières, sous les arches des ponts, sur les boulevards extérieurs, et près de la halle aux vins, que vont ordinairement se placer les particuliers en blouse et en simple casquette, qu'on appelle des croupiers... ça veut dire : des gens qui tiennent un jeu. Si, en été, vous alliez à six heures du matin près du pont d'Austerlitz, sous les arches du pont du canal, vous verriez alors les jeux en pleine activité. Vous apercevez des groupes d'hommes... d'abord les croupiers et leurs compères, car partout où il y a des jeux de hasard il y a des compères ; ensuite des paysans, des gens de la campagne... des ouvriers qui tiennent leur paie sous la main... ceux-là sont les pigeons... qui se laissent plumer par l'appât du gain.

— En sait-il long, ce Jean Ficelle !... Il paraît que tu as bien étudié tout ça...

— Dans mon intérêt, pour ne pas être le pigeon ! On joue là le biribi, la table-basse, le jeu des jarretières, des trois noix, et quelquefois le loto; mais ce sont les trois premiers qu'on y joue le plus. Le jeu des jarretières, voyez-vous, ça consiste à piquer une épingle dans le centre de la lisière d'un morceau de drap. Celui qui tient le jeu se sert toujours du bas de sa redingote... Si j'en avais une je vous le montrerais tout de suite... On prend un coin en bas, on le plie devant vous très-serré, et on vous la présente de façon que piquer une épingle dans la lisière vous semble la chose du monde la plus facile.

— Eh ben ?

— Eh ben, pas du tout, parce que les croupiers, en roulant le bas de leur redingote, ont le talent d'en faire disparaître le coin, de manière qu'en croyant piquer une lisière, vous piquez toujours en plein drap !...

— Comme je leur z'y piquerais le museau, moi !... Et la table-basse ?

— Ah! là, vous voyez sur une petite table une grande quantité de petites cases numérotées. On vous présente un cornet avec des billes, vous jetez au hasard sur la table, les billes tombent dans les cases, alors on additionne et on vous donne le lot dont le numéro correspond au nombre que vous avez amené... et c'est jamais les gros qui sortent!... C'est du coquet! jolie société!... Mais qu'est-ce que tu faisais donc tout à l'heure en criant : Je le tiens!... Je le sais!

— Ah! c'est le jeu la plus en vogue... c'est le *biribi*.

— Biribi? — Je vas te le faire, ça se joue rien qu'avec trois cartes... comme ça... l'une d'elles sera biribi... Tiens!... c'est l'as de cœur. Il s'agit seulement, pour gagner, de deviner où est le biribi... Mais la malice du croupier consiste à vous faire voir à chaque instant le dessous des cartes, et biribi est toujours dessous; ensuite il place et déplace ses cartes de manière à ce que vous croyiez l'avoir suivi des yeux... Tiens, comme ça... suis bien l'as de cœur... suis-le toujours... sais-tu laquelle des trois est biribi, à présent?

Sanscravate, qui n'a pas perdu les cartes de vue, pose la main sur l'une d'elles en disant :

— L'as de cœur est là.

— Combien paries-tu?

— Un canon.

— C'est dit.

Jean Ficelle retourne la carte et montre, aux regards étonnés de son camarade, que celle qu'il a désignée n'est pas biribi.

Sanscravate est stupéfait. Jean Ficelle recommence deux fois le coup; Sanscravate perd encore deux canons. Il s'écrie :

— Tu es donc sorcier?

— Eh non! Mais tu ne vois pas, quand je fais passer les cartes d'une place à une autre, que je jette toujours celle de dessus en ayant l'air de lancer celle de dessous... Voilà comme on refait le paysan, qui croit n'avoir pas perdu de vue biribi. Mais si par hasard le pigeon a deviné juste, au moment où il va mettre son argent sur la carte qui est vraiment biribi, un compère est là qui lui dit tout bas : Pas celle-là, mon homme, l'autre à gauche; j'en suis sûr, et la preuve, c'est que je pose cent sous dessus. Le paysan se laisse persuader par l'assurance du compère, il pose où celui-ci a mis cinq francs, et il est fumé. Voyons... eh! toi, l'homme aux soupirs, viens donc un peu jouer au biribi avec nous...

Paul jette un regard sur les cartes et fait un signe de tête négatif, en murmurant :

— Je n'aime pas le jeu, moi.

— Il faut bien passer le temps, surtout quand on n'a rien à faire!... Viens jouer un canon... ça ne te ruinera pas...

— Je ne veux pas jouer.

— Hum!... Quel cancre que ce gamin-là! dit Jean Ficelle en se retournant du côté de Sanscravate. Il ne dépenserait jamais un sou avec les amis!... J'appelle pas ça un homme, moi!...

— Paul est plus raisonnable, plus sage que nous; il amasse, il fait bien.

— Il amasse... hum!... Je ne sais pas trop ce qu'il fait de son argent... ça ne lui profite guère... Il est pâle comme un œuf, et sa veste a bien des pièces au coude... Ah!... dame! il fait peut-être des frais pour séduire sa belle... Les femmes, ça ne se prend pas rien qu'avec des soupirs!... Ça aime qu'on finance... les couturières surtout! On dit qu'il leur faut des dîners... des spectacles... des bijoux... La petite Elina doit en manger de tout ça... Elle a l'air d'une petite coquette finie, et...

Paul, en entendant prononcer le nom d'Elina, court sur Jean Ficelle et lui saisit le bras gauche qu'il secoue rudement, en s'écriant :

— Qu'est-ce que tu dis, toi?... Tu oses parler de mademoiselle Elina, je crois, de tenir des propos sur le compte de cette jeune fille!... Prends garde, Jean!... je ne suis pas méchant! mais si tu avais le malheur d'insulter cette demoiselle... tiens!... je te foulerais aux pieds... comme ces cartes!...

— Allons, lâche-moi donc... veux-tu me lâcher... Est-il bête... de marcher sur mes cartes!...

— Le grand malheur!... N'est-ce pas là une belle occupation pour un commissionnaire, que d'apprendre des tours de filous, de voleurs... que de s'étudier à faire des dupes!... Au lieu de manier les cartes avec tant d'adresse, tu ferais bien mieux de raccommoder tes crochets et ta scie!... Mais tu préfères jouer aux cartes!...

— Ah ça, est-ce qu'il n'aura pas bientôt fini celui-là!... fait-il son embarras!... et pourquoi? je vous le demande. Un méchant enfant trouvé... ça n'a ni père ni mère, et ça veut faire de la morale aux autres. Cherche donc tes parents, ça vaudra mieux!...

En s'entendant appeler : *enfant trouvé*, Paul a baissé les yeux vers la terre, et l'expression d'une profonde tristesse se peint sur sa figure; il a lâché le bras de Jean, et faisant quelques pas en arrière, va s'appuyer contre la muraille où il reste sans dire un seul mot.

Mais Sanscravate qui sait que le plus grand chagrin que l'on puisse faire à Paul, est de lui rappeler qu'il a été abandonné par ses parents, et qui voit la douleur qu'expriment tous ses traits, se lève brusquement et met son poing fermé sous le nez de Jean Ficelle, en lui disant :

— Tu n'es qu'un mauvais canard!... et si tu n'avais pas le nez tellement retroussé que je ne le vois la cervelle, je te l'aurais encore un peu relevé... Tu sais que le camarade est vexé de ne pas se connaître de famille... ce n'est pas un crime pourtant, et il vaut mieux ne pas en avoir d'être né d'une vilaine souche! mais enfin, ça l'affecte quand on lui dit ça... et tu fais exprès de le lui rappeler! C'est un vilain trait!... J'ai envie de te rosser... Allons, viens un peu t'allonger avec moi... Je te vas faire prendre un bain de poussière pour te rafraîchir.

Sanscravate a déjà saisi Jean par le milieu du corps, mais Paul court alors se placer entre eux, et il oblige Sanscravate à lâcher prise,

Bastringuette. — Page 4.

en lui disant : — Je ne veux pas que tu te battes pour moi... Quand je voudrai corriger Jean, je saurai bien le faire moi-même... On est toujours assez fort quand on est courageux... mais en m'appelant enfant trouvé, il n'a dit que la vérité... et je n'ai pas le droit de le battre pour cela... seulement qu'il prenne garde d'insulter mademoiselle Elina, de tenir, comme tout à l'heure, des propos sur les couturières... car alors... il verrait ce que pèse mon bras !

Jean Ficelle hausse les épaules en toisant Paul, et murmure.

— Oui, il est fort comme une puce, il ne peut pas monter une commode !

Mais un regard de Sanscravate fait sur-le-champ changer la physionomie de monsieur Jean Ficelle, qui reprend d'un air de bonhomie :

— Mais aussi pourquoi qu'il me jette mes cartes à terre !... si ça m'amuse, moi, de jouer au biribi... est-ce qu'on n'est pas libre ?... Vive la charte !... Avec tout ça, Sanscravate, tu me dois trois canous... les paies-tu ?

— Ah ! avec quoi ? Je ne demanderais pas mieux que de me rincer le cornet... car j'ai une soif qui me dessèche... mais je n'ai pas un monaco !...

Jean Ficelle se rapproche de Sanscravate, et lui dit à l'oreille en lui désignant Paul du coin de l'œil.

— Emprunte-lui quelques noyaux... tu es son ami... entre amis on se prête... moi, si j'en avais, ce serait à ton service, mais je suis aussi dégommé que toi !

— Paul n'en a pas plus que nous ! répond Sanscravate à voix basse : Je l'ai vu ce matin déjeuner avec un vieux croûton bien sec et un verre de coco... Quand un homme fait un pareil repas, c'est qu'il n'est pas calé !

— Mais alors, qu'est-ce qu'il en fait donc de son argent ? car enfin, il en gagne plus que nous... il a un bonheur indécent... Comme les femmes du quartier le trouvent joli garçon, c'est toujours lui de préférence qu'elles prennent pour faire leurs commissions... les bonnes aubaines sont pour lui et nous passent devant le nez... Il doit donc en avoir de l'argent... car il

DEGHOUY

Trois commissionnaires stationnaient devant une maison. — Page 6.

n'en dépense jamais... il refuse de jouer, de boire, d'aller au cabaret... Tiens, je te le répète, c'est un cancre qui amasse, un avare qu'il est !

— Vas-tu recommencer !... Jean Ficelle, tu as envie de te faire cogner... Paul est mon ami... je l'aime... qu'il fasse ce qu'il voudra de son argent, ça ne nous regarde pas... Ce dont je suis sûr, moi, c'est que c'est un brave garçon... car je lui ai vu une fois courir rendre à un monsieur une pièce de vingt francs qu'on lui avait donnée le soir pour vingt sous... Je ne suis pas certain que t'en ferais autant, toi, Biribi.

— Hum !... laisse donc !... tu es coiffé de ce blanc-bec... et pourtant... si j'étais méchant, je te dirais des choses qui te feraient ouvrir les yeux sur son compte : mais tu ne me vois pas clair...

— De quoi ?... encore des bêtises, je gage !

Jean Ficelle avait l'air d'hésiter et de se consulter pour savoir s'il en dirait plus, mais en ce moment trois jeunes gens qui arrivent par le boulevard, se dirigent vers les commissionnaires, et Sanscravate s'écrie : — Ah ! voilà des pratiques !... je souperai ce soir !

IV. — DIFFÉRENTES COMMISSIONS.

Albert, Célestin et Tobie marchent droit aux commissionnaires. Sanscravate court au-devant d'Albert qui se sert habituellement de lui et le paye toujours généreusement ; aussi l'enfant de l'Auvergne ressent-il une vive sympathie pour le jeune homme, dont le ton leste, dégagé, et l'air séducteur lui plaisent beaucoup. Et il s'écrie :

— Voilà un jeune homme qui s'en donne !... qui s'amuse !... qui jouit de la vie ! Ah ! crédié ! si j'avais son physique et sa fortune, voilà comme je voudrais couler ma petite existence !... Trois ou quatre maîtresses à la fois ! c'est gentil, c'est amusant !... on n'a pas le temps de s'ennuyer.

Aussi est-ce avec le sourire sur les lèvres et l'air aussi empressé que dévoué, que Sanscravate écoute Albert qui l'entraîne à l'écart, et lui dit :

— Tiens, prends cette lettre, tu vas la porter chez madame Baldimer, rue Neuve-Vivienne... l'adresse est dessus... Je ne pense pas que cette dame soit chez elle... Cependant, si par hasard elle y était, tu demanderais une réponse... dans le cas contraire tu retournerais dans la soirée, vers huit heures, pour chercher la réponse que je demande, et tu la rapporterais au restaurant de la Maison-Dorée, où je serai.

— Il suffit, Monsieur... et !... peut-on monter chez cette dame ?

— Oui, oui... Aucune précaution à prendre : il n'y a ni père, ni mari, ni tante ! Ah ! Sanscravate, tu passeras aussi chez moi, rue Caumartin. Tu demanderas au concierge, s'il y a des lettres pour moi... s'il y en a, il te connaît, il te les donnera ; et tu me les apporteras en même temps où je t'ai dit.

— Soyez tranquille, Monsieur, c'est compris.

Albert a mis une pièce de cent sous dans la main de Sanscravate, et il le quitte.

Pendant ce temps, Célestin de Valnoir a pris à part Jean Ficelle, qui est son commissionnaire favori, il lui remet une lettre en lui disant bien bas, et en regardant si personne ne peut l'entendre :

— Tu vas porter ce billet chez madame Baldimer... cette dame chez laquelle je t'ai envoyé plusieurs fois...

— Oui, Monsieur, oh ! je sais. Je monterai et je demanderai comme à l'ordinaire mam'zelle Rosa, la femme de chambre, en disant que je viens de votre part.

— C'est cela même. Et si madame Baldimer n'est pas chez elle, Rosa te dira où tu pourras la trouver ; tu y courras, et tu m'apporteras la réponse de cette dame, au restaurant de la Maison-Dorée où je dîne. Je préviendrai le garçon, il m'avertira quand tu seras là.

— Il suffit, Monsieur.

— Ah ! il serait possible que le monsieur qui vient de donner une commission à ton camarade Sanscravate, l'envoyât aussi chez madame Baldimer... Comme il ne faut pas qu'il sache que je t'y envoie, moi, sois prudent... fais attention... laisse aller Sanscravate devant, et attends qu'il soit sorti pour entrer.

— Soyez tranquille ; on ne m'a pas surnommé Ficelle pour rien !... Il ne saura pas où je vais.

— C'est bien.

Célestin s'éloigne du commissionnaire et va rejoindre Albert qui est sur le boulevard.

De son côté, Tobie Pigeonnier a emmené Paul dans l'encoignure d'une porte cochère, et là, après s'être assuré qu'il est assez loin de ses deux amis pour qu'ils ne puissent pas l'entendre, il dit au jeune commissionnaire :

— Mon garçon, êtes-vous adroit, fidèle et intelligent ?

Paul regarde d'un air surpris le petit monsieur qui lui adresse ces questions d'un air mystérieux, comme s'il allait lui confier une conspiration ; il lui répond :

Pour fidèle, Monsieur, c'est mon devoir de l'être ; je serais doublement coupable dans la profession que j'exerce, si j'abusais de la confiance des personnes qui veulent bien m'employer. D'ailleurs, Monsieur, je suis connu dans ce quartier, vous pouvez vous informer de moi. Quant à l'adresse et à l'intelligence, je me suis ordinairement assez bien tiré des commissions dont on m'a chargé...

— C'est bien... c'est très-bien... Je vois que vous n'êtes pas trop bête... vous êtes mon homme, car je déteste les gens bêtes. Écoutez-moi avec la plus sévère attention, attendez... allons un peu plus loin... c'est que j'ai des motifs pour ne pas vouloir que ces messieurs entendent ce que je vais vous dire... Là... restons dans ce coin. Vous allez vous rendre... Ah ! comment vous appelez-vous ?

— Paul, Monsieur.

— Paul... c'est très-bien. Paul, vous allez vous rendre au Temple... au marché du Temple... Vous savez où l'on fait le commerce de vêtements et de linge pour les deux sexes ?... et de chaussures même.

— Je sais, Monsieur.

— Vous irez dans le marché même... par la rotonde... l'endroit où sont les places... on appelle cela des ayons ; vous vous dirigerez vers le côté des marchandes de modes.

— Monsieur veut dire des marchandes de vieux chapeaux.

— Vieux... elles en vendent aussi des neufs... et des guirlandes de fleurs très-fraîches et des bonnets de dames... enfin tous ces jolis brimborions dont les femmes raffolent toujours. Vous demanderez madame Abraham... elle est parfaitement connue... c'est une des grosses marchandes de l'endroit.

— Madame Abraham, très-bien, Monsieur.

— Vous lui remettrez cette lettre... que voici... Est-ce que vous savez lire ?

Paul ne peut retenir un léger sourire en répondant :

— Oh ! oui, Monsieur, et très-couramment.

— Tant mieux, j'en suis bien aise, parce qu'alors vous ne ferez pas de bévue.

Et comme s'il n'était pas bien persuadé que le jeune commissionnaire lui eût dit la vérité, M. Tobie lui met sous les yeux la lettre qu'il allait lui donner, en disant :

— Qu'est-ce qu'il y a là-dessus ?

— A madame, madame *Agar-Abraham*, marchande de modes en gros dans le marché du Temple.

— C'est cela, c'est bien cela... vous lisez parfaitement ; vous donnerez donc cette lettre à cette négociante... et elle vous remettra des fonds pour moi... j'ai des fonds placés chez elle. Vous les recevrez et me les... et me les...

Ici, Tobie, apercevant un monsieur et une dame qui vont passer près de lui, élève la voix et se met à crier en se balançant le corps en arrière :

— Vous me les apporterez à la Maison-Dorée où je dîne... Je dîne... au restaurant de la Maison-Dorée... C'est mon traiteur habituel. Vous demanderez au garçon : monsieur Tobie Pigeonnier... j'y suis très-connu à la Maison-Dorée.

— C'est entendu, Monsieur.

Les passants étant éloignés, le gros jeune homme se remet à parler bas.

— Un instant, Paul, ce n'est pas tout. Si par hasard... car il faut tout prévoir, si madame Abraham ne vous remettait pas d'argent pour moi... les négociants sont parfois gênés... si donc madame Abraham ne vous remettait rien, alors... mais alors seulement, vous vous rendriez à mon domicile, rue de la Ferme-des-Mathurins... l'adresse est sur cette autre lettre... et vous savez lire. Vous irez donc chez moi et vous donnerez ce billet à ma concierge, madame Pluchonneau, le nom est sur l'adresse... vous lui direz que vous attendez une réponse. Par exemple, vous serez peut-être obligé d'attendre un peu longtemps, j'enjoins à ma concierge de faire une course pour moi. Mais vous attendrez dans sa loge, elle a une fort belle loge. Enfin ma concierge vous remettra en revenant de l'argent que vous m'apporterez également à la Maison-Dorée.

— Cela suffit, Monsieur.

— Vous m'avez bien compris, commissionnaire ! Si vous recevez de l'argent de madame Abraham... qui vous remettra sans doute un mot avec pour constater la somme, alors il sera inutile d'aller à mon domicile, et vous me rapporterez le billet pour madame Pluchonneau. Mais si on ne vous remet rien au Temple, vous irez alors rue de la Ferme-des-Mathurins.

— Oui, Monsieur, j'ai bien compris...

— Allez, jeune Paul... Ah ! vous me ferez demander par le garçon... Vous ne me rendrez pas réponse devant ces messieurs... Du secret ! du mystère avant tout.

— Il suffit, Monsieur.

— Allez, je vous donnerai un joli pourboire.

Tobie Pigeonnier va rejoindre ses deux amis qui lui crient de loin :

— Allons donc ! En a-t-il long à dire pour ses belles !...

— Me voici, Messieurs... Ah ! écoutez donc, il faut des procédés... soyons volages, mais soyons galants, je ne connais que ça.

Pendant que les trois jeunes gens s'éloignent par le boulevard, les commissionnaires se sont rapprochés. Sanscravate fait briller la pièce de cinq francs qu'il a reçue, en s'écriant :

— Payé d'avance !... une roue de derrière !... plus que ça de monnaie !... En voilà un jeune homme généreux !... je me battrais pour lui !...

— Mais il t'a peut-être donné des courses un peu longues, dit Jean Ficelle d'un air indifférent.

— Eh non ! des riens du tout... D'abord, rue Neuve-Vivienne... c'est à deux pas... et puis un coup de pied chez lui, rue Caumartin ; d'où je reviens à la Maison-Dorée... tout ça est dans le quartier.

Jean Ficelle a fait un léger clignement d'œil en apprenant que Sanscravate va rue Neuve-Vivienne... et il s'empresse de dire :

— Moi, je vais beaucoup plus loin... faubourg Saint-Honoré... et je ne suis pas payé d'avance.

— Moi, dit Paul en serrant ses crochets derrière une porte cochère, je vais très-loin aussi, et j'ai peur d'en avoir pour longtemps.

— Et où donc vas-tu ? reprend Jean Ficelle.

— Ce monsieur qui m'emploie m'a recommandé la discrétion : d'après cela, il me semble que je ne dois pas dire où il m'envoie.

Jean hausse les épaules en murmurant :

— Hum !... capon, va !

Sanscravate, qui vient de mettre sur sa tête sa casquette de loutre, s'écrie :

— Voyons, les amis... c'est pas tout ça... voilà une journée qui finit bien... je ne sais pas si vous serez aussi galement payés que moi ; mais en tout cas, je régale... soupons ensemble ce soir chez mon petit marchand de vin habituel, rue Saint-Lazare... ça va-t-il ?

— Ça va tout à fait, répond Jean Ficelle ; alors, nous nous y retrouverons ce soir, c'est convenu.

— Moi, je ne puis pas, dit Paul, j'ai affaire... ce soir... Il faut que j'aille voir une personne... très-loin d'ici... et...

— Allons donc, Paul ! je n'entends pas ces raisons-là ! tu feras tes affaires demain... Je veux que tu viennes souper avec nous... Voilà déjà plusieurs fois que je t'invite, et tu refuses toujours... Crédié !... si tu ne viens pas ce soir, je croirai que tu es fier et que tu as peur de t'abaisser en t'asseyant à la même table que moi.

— Fier !... et de quoi ?... murmure Jean, mais assez bas pour que Paul ne l'entende pas, Celui-ci hésite en répondant :

— Ah ! Sanscravate, tu ne peux pas penser que je sois fier !... ne suis-je pas un commissionnaire comme toi ?

— Eh bien alors, tu viendras, c'est convenu... Je cours faire mes commissions. Ah ! les amis, si l'un de vous rencontre Bastringuette avant moi, il lui dira où nous soupons... Si nous nous régalions sans elle, je ne serais pas vivant demain...

En disant ces mots, Sanscravate prend sa course par les boulevards. Jean Ficelle le laisse aller devant, puis il prend le même chemin, en disant :

— Avoir peur qu'une femme ne vous gronde... ne pas oser se régaler sans elle... en voilà de l'agrément !... merci !... et ça se croit un homme... j'appelle ça une poule mouillée, moi !... Les vrais hommes, c'est pas ceux qui tapent le plus dur... mais c'est les malins qui mettent les autres dedans.

Monsieur Jean Ficelle est parti. Paul va en faire autant après avoir jeté encore un regard sur la maison où demeure la couturière, lorsqu'une jeune fille aux cheveux blond cendré, aux yeux bleus, à la bouche riante et fraîche, sort de la porte cochère de cette maison, et, traversant lestement le ruisseau, s'avance vers le côté où est Paul. Cette jeune fille porte une robe de toile bien ordinaire, un tablier noir fixé autour de son corps par une ganse de soie ; enfin, elle est coiffée d'un bonnet bien modeste, et auquel il n'y a ni fleurs, ni rubans ; mais la simplicité de sa mise n'empêche pas qu'on ne la remarque, qu'on ne se retourne même souvent pour la voir encore ; parce que sa figure est charmante, sa taille parfaitement prise, sa tournure gracieuse, sa démarche légère, et qu'il y a enfin dans sa personne ce *je ne sais quoi*, qu'on ne peut pas bien décrire, mais qui se voit bien vite et plaît tout d'abord !... heureux don de la nature, qui donne tous les autres à celles qui le possèdent. Je dis *celles*, parce qu'en général le *je ne sais quoi* en question s'applique plutôt aux femmes qu'aux hommes.

C'est lui qui nous soumet à l'empire de deux yeux qui, pour nous séduire, n'ont pas toujours besoin d'être bien grands, et bien beaux... il leur suffit d'avoir le *je ne sais quoi*. O vous toutes qui le possédez! n'enviez pas les beautés régulières, les profils grecs ou romains, les traits corrects et bien proportionnés de vos rivales! Si vous n'êtes pas de ces femmes qu'on admire, vous êtes de celles que l'on désire, et cela vaut beaucoup mieux.

En apercevant la jeune fille, Paul est resté fixé à sa place, il ne peut plus s'éloigner, et il ôte vivement sa casquette de dessus sa tête tout en baissant les yeux, d'un air craintif, comme n'osant pas se permettre de saluer la petite couturière, mais voulant cependant lui donner une preuve de son respect.

Mais Elina s'est arrêtée devant le jeune commissionnaire; elle lui fait un gracieux sourire, et lui dit :

— Bonsoir, monsieur Paul, ah! je suis bien aise de vous trouver...

— Mademoiselle, auriez-vous besoin de moi pour quelque chose?... oh! parlez, je suis à votre service... le jour, la nuit... quand vous le voudrez... je suis si heureux quand vous voulez bien m'employer!...

En disant cela, Paul lève les yeux, et son regard se porte sur la jeune fille, à qui cela ne semble pas déplaire, mais presque aussitôt, comme s'il se fût repenti de sa témérité, il baisse la tête en soupirant.

— Vous êtes si complaisant pour moi, monsieur Paul, que j'ai pensé à vous que... tenez, voilà ce que c'est : Je demeure chez ma tante madame Vardeine, c'est elle qui a eu soin de moi depuis que mes parents sont morts... elle dit que je lui dois beaucoup, quoique mon père m'ait laissé une petite somme... quinze mille francs, je crois... ce n'est pas une fortune, mais enfin, c'est toujours de quoi exister et se trouver même heureuse en ayant avec cela un état, n'est-ce pas?

— Oui, mademoiselle, avec de l'ordre et du travail, c'est de quoi devenir riche...

— Vraiment, vous croyez!... C'est bien gentil d'être riche!... Eh bien, voyez, ma tante ne cesse pas de me dire qu'elle fait tout pour moi... que je lui coûte beaucoup... que je dépense bien plus que mon argent ne lui rapporte... car, c'est elle qui est ma tutrice, et pourtant, monsieur Paul, si vous saviez ce qu'elle me donne pour mon déjeuner et mon dîner... ah! vous verriez que ce n'est pas trop !... heureusement, je ne suis pas gourmande, quoiqu'elle dise... dix sous pour déjeuner et dîner... est-ce qu'on peut être gourmande avec cela?

— Oh! non, mademoiselle !... Mais c'est bien mal à votre tante de vous donner si peu pour votre nourriture. Certainement votre argent doit lui rapporter à peu près sept cents francs de rente... c'est donc environ trente-neuf sous par jour que vous avez à dépenser... Si elle ne vous en donne que dix pour vous nourrir, elle en garde donc vingt-neuf pour vous loger et vous entretenir.

— Oui! monsieur Paul, je crois que vous vous trompez; ma tante m'a dit que mon argent lui rapportait à peine vingt sous par jour... Il y a loin de là à trente-neuf! et qu'elle y mettait du sien pour m'entretenir.

— Je ne me trompe pas, mademoiselle... Je sais bien calculer, car je n'ai pas été toujours commissionnaire... Pendant huit ans j'ai travaillé dans les bureaux d'un négociant et je faisais des chiffres et des comptes toute la journée.

— Vraiment, monsieur Paul... Ah!... je trouvais aussi... Vous n'avez pas l'air d'un commissionnaire... comme les autres... Vous parlez bien, vous... et vous ne jurez pas... Vous avez donc été obligé de prendre cet état?

— Oui, mademoiselle, mon bienfaiteur est mort !... Je ne possédais rien... Ne trouvant pas de place, j'ai pensé qu'il valait mieux me faire commissionnaire que de trainer mes jours dans la paresse... ou de vivre comme tant de gens aux dépens des autres.

— Vous avez bien raison... Après tout... pour être commissionnaire, on n'est pas méprisable... on n'est pas un domestique, comme le disent ces demoiselles de l'atelier là-haut... Oh! mais c'est pour me faire enrager qu'elles disent cela !... parce que moi je prends toujours votre défense.

— Ma défense ?... Vous parlez donc quelquefois de moi dans votre atelier...

Mademoiselle Elina rougit, en répondant :

— Ah !... c'est-à-dire... nous parlons des commissionnaires... et comme on s'est servi de vous plusieurs fois... Vous êtes bavarde là, je suis descendue pour acheter quelque chose chez la mercière... et je ne vous ai pas encore dit ce que j'avais à vous demander... Ma tante prétend aussi que je suis bavarde... Quant à cela, elle a peut-être un peu raison... c'est qu'il s'amusent de causer... pas avec tout le monde pourtant... mais avec des personnes... qui... nous écoutent bien... C'est-à-dire... mon Dieu ! il me semble que je m'embrouille et que je ne sais plus ce que je dis...

Paul se hasarde à regarder de nouveau la jolie couturière. Celle-ci fait alors une petite mine si drôle, en chiffonnant dans ses mains un coin de son tablier, qu'un sourire échappe au jeune homme et va se prolonger sur les lèvres d'Elina; car entre deux êtres qui se conviennent, un sourire est comme une traînée de poudre : dès que le feu prend d'un côté, il ne tarde pas à se communiquer de l'autre.

— Monsieur Paul, je voulais vous demander si vous pourriez venir m'aider demain matin à déménager,

— Oui, Mademoiselle, avec grand plaisir !

— C'est qu'il faudrait venir de très-bonne heure pour que tout cela fût fini avant l'heure où je viens à l'atelier.

— J'irai aussitôt que vous voudrez, mademoiselle. Vous déménagez donc?

— Oh! c'est toujours dans la même maison. Vous savez que nous logeons rue Taitbout... car vous avez eu quelquefois la complaisance de me porter des paquets jusqu'à ma porte, en disant que c'était trop lourd pour une jeune fille.

— C'était un grand plaisir pour moi, Mademoiselle. Je suis si heureux quand vous voulez bien me permettre... quand je puis... quand j'ai l'honneur...

Paul s'arrête; il s'aperçoit qu'il s'embrouille aussi; mais Elina n'en parait pas étonnée; au contraire, n'était-il pas tout naturel que celui avec qui elle causait éprouvât aussi ce qu'elle venait de ressentir un moment auparavant? les mêmes effets ne doivent-ils pas se reproduire par les mêmes causes ?

— Voyez-vous, monsieur Paul, ma tante a trouvé sur le même carré, au quatrième étage, un autre logement qui est moins cher et où elle assure que nous serons aussi bien. Pour elle, certainement qu'elle sera aussi bien; elle a une chambre tout aussi grande, avec une belle cheminée ! Mais moi, ce n'est pas la même chose ! où nous sommes j'ai une petite pièce pour moi qui ouvrait sur la petite salle d'entrée. Dame ! ce n'était pas grand. Juste de quoi mettre ma couchette, la commode qui me vient de ma mère, deux chaises et une petite table couverte en maroquin rouge, et qui servait de bureau à mon père... C'est tout ce qui me reste de mes parents, et j'y tiens. Eh bien! où nous allions entrer demain, il n'y a pour moi qu'une soupente prise sur une pièce sombre qui sert d'entrée... et certainement je ne pourrai jamais y faire tenir ma commode et ma table ! mais ma tante assure que je serai mieux, que j'aurai plus chaud et que c'est très-sain de coucher dans une soupente.

— Votre tante est très-blâmable, mademoiselle; vous faire coucher dans une soupente ! vous !... mais c'est très-malsain au contraire... Vous auriez le droit d'exiger une chambre pour vous... Elle est donc bien avare ! c'est vous voulez, je lui parlerai, moi, à votre tante; je lui ferai comprendre qu'elle ne doit pas vous traiter aussi mal... que vous ne lui êtes pas à charge et que loin de là, vous...

— Oh! non, non, monsieur Paul; si ma tante savait que j'ai osé me plaindre d'elle... elle se fâcherait !... elle me gronderait... Oh ! il ne faut rien lui dire... Mon Dieu, après tout, qu'importe si je n'ai pas de chambre? je suis si peu chez nous; je pars à huit heures du matin pour me rendre chez ma maîtresse d'apprentissage; le soir, je ne quitte l'atelier qu'à neuf heures, quelquefois plus tard, lorsqu'il y a de l'ouvrage pressé. Ainsi vous voyez bien que je ne suis guère dans ma chambre que pour dormir, et à mon âge on dort bien partout. Et puis, ma tante n'est pas méchante, seulement elle pense d'abord à elle... Oh ! il ne faut pas qu'il lui manque rien, ni pour son déjeuner, ni pour son dîner! mais elle dit qu'une jeune fille doit être économe et sobre; elle a raison, et je vous assure qu'avec mes dix sous j'ai bien assez pour me nourrir... Il y a même des jours où j'économise... Je garde pour le lendemain, et alors je puis me régaler... Ah ! mon Dieu ! comme je bavarde... mais ma maîtresse va me dire que j'ai été bien longtemps, monsieur Paul, qu'il s'agirait donc de m'aider à déménager. Monsieur Paul, il faudrait vous transporter bien tout cela à vous deux. Mais le portier est bien vieux, j'ai peur qu'il ne soit pas assez fort pour porter des meubles avec moi... et si vous pouvez venir...

— Certainement, mademoiselle, je transporterai tout, soyez tranquille, vous n'aurez pas besoin de vous fatiguer !

— Oh! j'espère bien que vous m'aiderai... en ce cas, à demain matin, monsieur Paul, de bonne heure, n'est-ce pas?

— Avant le jour, si vous voulez, mademoiselle.

— Oh! non... Il fait jour avant cinq heures à présent; mais si vous pouvez venir à cinq heures et demie... six heures moins un quart, ce sera bien assez tôt.

— Il suffit, mademoiselle, je serai exact.

— Ah! vous frapperez bien doucement pour ne pas éveiller ma tante, car elle se lève tard, elle! mais nous pourrons transporter tout, excepté son lit.

— Oh! oui, mademoiselle, nous ne ferons pas de bruit.

— Adieu, monsieur Paul... Ah! mon Dieu ! voilà que je ne sais plus ce que je devais acheter chez la mercière... en causant avec vous je l'ai oublié.

— Du fil... du ruban... des aiguilles, peut-être?

— Non, non... Ah! quelle tête j'ai !... Ma foi, tant pis, je vais remonter et je dirai : Madame, il n'y en a pas !... Et on me répondra : Vous avez été tout ce temps-là pour nous dire cela...

— Mais, mademoiselle, voulez-vous que je monte chez madame Dumanchon? je dirai que vous avez oublié... la couleur... ou... la longueur de ce que vous devez acheter.

— Oh! non... car on saurait alors que je vous ai parlé... et ces demoiselles qui se moquent déjà de moi parce que...

— Parce que vous avez la bonté de m'employer de préférence à un autre?

— Oui... et puis que... j'ai dit que vous étiez au-dessus de votre état... Je ne m'étais pas trompée, puisque vous avez été longtemps chez un négociant ; c'est égal... elles sont si méchantes... Allons, tant pis , je vais remonter... J'avouerai que j'ai oublié ce que je devais acheter... On me grondera ! mais c'est un petit malheur.

La jeune fille avait repris assez tristement le chemin de la maison d'où elle était sortie, et elle allait y rentrer quand tout à coup elle fait un bond de joie ; puis, revenant sur ses pas et se mettant à courir, elle passe tout à côté de Paul en lui disant :

— Des baleines... des petites baleines bien minces pour mettre dans le dos d'une robe... Ah ! je m'en souviens à présent... Adieu, à demain !

Elina s'est éloignée en courant, Paul la suit des yeux jusqu'à ce qu'elle ait tourné le boulevard ; il ne la voit plus, et il regarde encore comme si cela prolongeait son bonheur. Mais bientôt il se frappe le front en s'écriant :

— Ah ! mon Dieu ! et les commissions de ce monsieur.

Il va prendre sa course pour réparer le temps perdu, lorsqu'il se sent retenu par sa veste. Il se retourne : c'est la marchande de violettes qui le retient.

— Lâchez-moi, Bastringuette, lâchez-moi... je suis bien pressé... j'ai des commissions à faire...

— Vous êtes pressé... Tiens ! il n'y paraissait pas tout à l'heure , car vous avez jacassé joliment longtemps avec la petite couturière... Elle en joue un peu de son bec, la demoiselle !... Il paraît que vous aviez bien des choses à vous communiquer !... enjôleur !

— C'est justement parce que j'ai causé que je suis en retard... Ah ! Bastringuette, Sanscravate vous attend ce soir pour souper chez son marchand de vin, rue Saint-Lazare... Il veut régaler bientôt le monde...

— En serez-vous, de la ribotte ?...

— Mais... peut-être...

— Je veux que vous en soyez ; sans ça, j'y vais pas... Monstre !... qui sait que je t'aime... que je suis timbrée de son physique !... et qui ne m'honore pas seulement d'un regard... et cause des heures d'une aune avec des chipies de couturières...

— Bastringuette ! je n'ai pas l'habitude de faire des yeux doux aux maîtresses de mes amis... et Sanscravate est le mien.

— Je m'en bats l'œil... je n'ai pas juré que je n'aimerais toute ma vie que le même homme, peut-être !... Ce serait trop monotone ! c'est bon pour les grandes dames de faire de tels serments et de s'en moquer... Moi, j'aime mieux agir franchement , et , devant Sanscravate, je ne me gênais pas pour dire que j'ai une passion pour vous...

— Vous êtes folle... Lâchez-moi... Je le veux.

Paul est parvenu à dégager sa veste que tenait la grande bouquetière, et il s'éloigne en courant.

Bastringuette écrase un de ses bouquets dans ses mains, en murmurant :

— Aimez donc ces animaux-là !... Eh ben ! c'est égal, plus on me rebute, et plus je suis amoureuse !... C'est mon tempérament !... On ne se refait pas !

V. — CONNAISSANCE PLUS INTIME.

Avant de rejoindre les trois jeunes gens qui viennent d'entrer dans le passage du *Panorama*, quelques mots sur eux : il faut toujours tâcher de savoir avec qui l'on se trouve.

Albert Vermoncey, dont l'extérieur est si séduisant, n'a pas encore atteint sa vingt-deuxième année, et il mène la vie la plus dissipée, la plus folle que l'on puisse tenir à Paris. Gâté de trop bonne heure par ses succès près des femmes, il croit de son devoir de les tromper toutes, d'avoir plusieurs maîtresses en même temps, d'entretenir des danseuses, d'afficher de simples bourgeoises, de se moquer des grandes dames, et de s'amuser avec des grisettes.

Pour mener une telle existence il faut avoir de la fortune, ou une belle place, ou beaucoup de crédit. Albert n'a pas de place, mais il a fait son droit, donc il se dit avocat. Il n'y a rien de plus avantageux à Paris que d'avoir fait son droit ; avec cela on ne fait rien et on a une profession. C'est pourquoi, en général, les jeunes gens de bonne famille font beaucoup à faire leur droit.

Mais pour faire figure dans cette position, il est assez nécessaire d'y joindre de la fortune, car on n'a pas l'habitude de rétribuer un avocat qui ne plaide pas, à moins qu'il ne se fasse homme d'affaires ; dans ce cas il prend le titre pompeux de *jurisconsulte* et il a un *cabinet* ; on fait encore son droit pour avoir un cabinet bien achalandé ; car alors on est en état de faire toutes les affaires. Quand on connaît le *Code*, le *Digeste* et les *Authentiques*, on se charge de poursuivre une séparation de corps, une succession, une adoption, une accusation !... et tout cela n'empêche pas de faire encore des vaudevilles et des drames dans ses moments de loisir... je serais bien embarrassé pour trouver ce qu'on ne peut pas faire quand on a fait son droit.

Mais Albert n'a point de cabinet, il ne plaide pas ; il ne va jamais au Palais et il ne songe qu'à s'amuser ; donc il a de la fortune, ou ses parents en ont pour lui ; ce qui n'est pas tout à fait la même chose, ma s les jeunes gens confondent quelquefois.

Le père d'Albert est un homme de quarante et quelques années qui a été fort bien et qui a dû avoir aussi des succès près des dames. Cependant, avant l'âge où les hommes ont l'habitude de se ranger (quand ils se rangent toutefois), monsieur Vermoncey a paru renoncer aux plaisirs. Cette conduite a dû être la suite des malheurs qui sont venus le frapper au sein de ses plus chères affections.

Marié de fort bonne heure à une demoiselle qui avait de la richesse, monsieur Vermoncey, qui ne possédait alors pour tout bien que sa jolie figure, vit son sort changer et la fortune lui sourire. Il se lança dans les spéculations, fut heureux, et se trouva bientôt possesseur d'une vingtaine de mille francs de revenu.

Dans son ménage comme dans ses affaires le sort semblait lui être favorable. Sa femme était douce et bonne ; il ne l'avait épousée que pour sa fortune, mais il s'aperçut bientôt qu'elle méritait d'être aimée pour elle-même, et bien différent de ces maris qui sont d'abord tout de feu et deviennent ensuite de glace, il avait passé de la froideur à l'amour.

Quatre enfants étaient nés de cette union et à fort peu de distance l'un de l'autre. Albert était l'aîné : il avait deux frères et une sœur. Monsieur Vermoncey était heureux et fier de sa nombreuse famille, il se montrait aussi bon père que bon époux.

Mais cette situation était trop heureuse pour durer ; un bonheur parfait semble ne pas être dans l'ordre de la nature, car elle envoie bien vite quelque chose pour le troubler.

C'est peut-être pour dédommager les malheureux et leur faire voir que les souffrances atteignent les plus grands comme les plus petits, les plus riches comme les plus pauvres, C'est afin qu'ils n'envient pas trop le sort de ceux qui sont placés bien haut, et pour leur faire sentir que parfois sous le toit le plus modeste, on a d'aces biens du cœur, de ces jouissances de l'âme que tout l'or du Pérou ne saurait procurer.

L'aîné de ses enfants n'avait que dix ans lorsque monsieur Vermoncey perdit sa femme ; à ce malheur succéda la mort du plus jeune de ses fils ; deux ans plus tard sa fille lui était également enlevée ; puis enfin le dernier frère d'Albert suivit aussi sa mère au tombeau. De cette nombreuse famille, il ne restait donc plus à monsieur Vermoncey, qu'un fils pour lui tenir lieu de tout ce qu'il avait perdu.

Ces événements avaient dû faire naître le profond chagrin qui se peignait presque sans cesse sur le front de monsieur Vermoncey. La mort de sa femme lui avait causé une peine bien amère, mais à chaque enfant qu'il avait perdu cette douleur était devenue plus sombre, plus profonde. Souvent monsieur Vermoncey restait des heures entières accablé par ses pensées, puis lorsqu'il portait ses regards vers le ciel, il y avait dans ses yeux une expression de tristesse et de résignation dont il eût été difficile de n'être point touché.

Toute la tendresse de monsieur Vermoncey était concentrée sur Albert, ce fils qui seul lui restait. Il ne faut donc pas s'étonner si ce jeune homme avait trouvé dans son père une bonté bien grande sur laquelle il se fiait pour excuser ses folies.

Cependant monsieur Vermoncey ne portait point la faiblesse jusqu'à ne pas voir les défauts de son fils ; plusieurs fois il l'avait engagé à se conduire plus sagement ; quelquefois même ses conseils avaient voulu prendre un accent de sévérité, mais ce ton de l'affection qu'il ressentait pour son fils ne tardait pas à l'emporter ; d'ailleurs, Albert promettait de faire moins de folies, et son père ne demandait pas mieux que de le croire.

Malheureusement pour Albert, il s'était lié avec un de ces hommes qui spéculent sur les sottises des autres , et qui, n'ayant point assez de bien pour mener une joyeuse vie, ni assez de talent pour en acquérir, s'attachent à ceux qui ont de la fortune, trouvent moyen de se rendre indispensables, de partager toutes leurs folies, d'être de toutes leurs parties de plaisir, de façon que sans posséder un sou, ou avec un fort modique revenu, ils mènent l'existence la plus agréable. Paris fourmille de ces hommes-là. Ce ne sont pas positivement des escrocs, car ils ne vous volent pas ; ce ne sont pas des intrigants, car ils ont un nom et une espèce de position dans la société, mais ce sont des hommes adroits qui savent profiter rien en profitent de tout.

Monsieur Célestin Valnoir, qui se faisait appeler *de Valnoir* pour s'attirer plus de considération, était un de ces messieurs-là. Il s'était fait l'ami intime d'Albert, comme il y a des gens qui se font l'ami d'une maison, parce qu'ils y trouvent à se faire, enfin de toutes choses bonnes à exploiter. Il ne possédait pas un sou, et on lui donnait quinze mille francs de rentes au moins ; il était fils d'un boucher de la banlieue, et on le croyait noble ; il ne savait ni la musique, ni le dessin, et tranchait en maître sur toutes ces matières ; enfin il n'avait reçu que fort peu d'instruction, et on le croyait un savant. Mais en revanche il possédait ce qui dans le monde tient souvent lieu de tout : une imperturbable assurance et l'adresse de tirer parti des plus petites circonstances pour les tourner à son avantage.

Quant à monsieur Tobie Pigeonnier, né d'une famille pauvre et très-nombreuse, il avait juré de faire fortune. Et pour cela, dès l'âge de huit ans, il se promenait dans les rues pour chercher des épingles qu'il ramassait, amassait et vendait lorsqu'il en avait une certaine quantité. Touché de ses dispositions pour le commerce, un de ses oncles l'avait pris avec lui et en avait fait son petit commis, lui donnant la nourriture pour tout appointement, ce qui n'empêcha pas le jeune homme d'amasser une petite somme; cela paraîtra difficile en songeant qu'il ne gagnait rien; mais Tobie vendait les vieux habits de son oncle : c'étaient les seuls émoluments de sa place. Afin de les rendre plus lucratifs, et pour que les vêtements de son protecteur lui fussent plus vite adjugés, il passait souvent une partie des nuits à frotter avec de la pierre ponce la redingote ou le pantalon de son oncle, l'étoffe devenait bientôt mince comme du papier, et ne tardait pas à craquer de toutes parts. Mais un matin que l'oncle s'était levé plus tôt que de coutume, il avait surpris son neveu en train de lui raffiner le dos de son habit et l'avait aussitôt mis à la porte.

Tobie avait alors risqué sa petite somme dans une spéculation. Un de ses amis voulait ouvrir un fonds de pâtisserie; la galette devenait à la mode à Paris; des fortunes brillantes devaient leur origine à l'amour du Parisien pour la pâte ferme. Pigeonnier avait avancé ses fonds, et en un an il les avait décuplés. Alors, se trouvant en état de faire figure, le jeune Tobie s'était fait courtier marron; mais malgré son intelligence dans les affaires, il gagnait beaucoup moins dans cette partie que lorsqu'il était l'associé d'un marchand de galette; de plus, la vanité s'était emparée de monsieur Pigeonnier; il s'était dit comme bien d'autres : Pour devenir riche, il faut d'abord le paraître : l'eau va à la rivière, par conséquent pour gagner de l'argent il faut que j'aie l'air d'en avoir beaucoup. C'est pourquoi le jeune Tobie avait toujours une mise soignée et affectait les manières et les habitudes d'un riche petit-maître. A la vérité le devant seul de ses chemises était en fine toile de Hollande, le reste était d'une qualité très-grosse et très-commune; la tête de sa canne n'était qu'en plaqué, son lorgnon en maillechort, son épingle en strass; mais cela ne faisait autant d'effet que du fin. De plus, Pigeonnier ne manquait pas de dire sans cesse : J'ai déjeuné chez Véry. Je soupe à la Maison-Dorée. J'ai été hier à l'Opéra. Je vais demain aux Bouffes. J'irai ce soir aux Français.

Au lieu de cela, Tobie Pigeonnier se glissait ordinairement dans les restaurants les plus modestes, à moins qu'il ne lui arrivât de dîner chez lui avec un petit pain et un échantillon de fromage d'Italie; ce qui ne l'empêchait pas d'aller se promener ensuite dans le jardin du Palais-Royal, avec un cure-dent dans sa bouche, lâchant plusieurs boutons de son gilet et disant à toutes ses connaissances :

— Ah! ma foi, je crois que j'ai trop dîné... J'étouffe! On est bien chez Douix... Mais c'est stupide de tant manger que ça!... Je suis un infâme gourmand!

Enfin s'il allait au spectacle, c'était seulement pour se planter sous le péristyle, au moment de la sortie, afin d'écouter ce qu'on disait de la pièce; et lorsque parfois il se permettait d'acheter une contre-marque, c'est qu'elle était tombée à un prix extrêmement minime, parce qu'il n'y avait plus que quelques scènes à jouer.

D'après cela, on doit penser que le petit jeune homme était loin d'avoir toutes les maîtresses qu'il se donnait. Quoiqu'il fût assez joli garçon, surtout aux yeux des personnes qui aiment les nez en bec de perroquet, il se risquait rarement dans une aventure galante, parce qu'en général ces aventures-là demandent avant tout que l'on ait de l'argent dans ses poches. Un jeune homme qui n'a pas le sou peut inspirer une passion, former une tendre liaison, avoir une maîtresse qui l'aime réellement, et, s'il n'a le sou, il a même le droit de se flatter d'être aimé pour lui-même; mais il ne pourra changer souvent d'amour; il ne lui sera pas permis enfin d'être un homme à bonnes fortunes. C'est un métier qui exige une dépense continuelle d'argent et de santé. Tobie ne demandait pas mieux que de dépenser l'une, mais voulait au contraire amasser l'autre.

Lorsque ses brillants amis lui proposaient d'être d'une partie, d'un dîner, Tobie trouvait toujours quelque prétexte pour refuser; mais cette fois, l'espoir de faire la conquête de madame Plays l'avait emporté sur sa réserve habituelle; ensuite, la connaissance de cette dame il entrevoyait dans l'avenir des chances avantageuses pour sa fortune. Monsieur Plays tenait une maison de commission et pouvait lui procurer souvent des affaires. Tous ces motifs réunis avaient déterminé Tobie à accepter la proposition d'Albert; et quoiqu'il se trouvât alors fort à court d'argent, il s'était décidé à être aussi du dîner à la Maison-Dorée.

Maintenant rejoignons les trois jeunes gens qui se promènent dans le passage des Panoramas, en attendant les personnes auxquelles Célestin a donné rendez-vous.

— Il y a toujours foule dans ce passage, dit Albert. En été, on y entre en se promenant; en hiver, pour s'y promener à défaut du boulevard qui est crotté. S'il pleut, on vient s'y mettre à l'abri; s'il fait un soleil brûlant, on vient y chercher l'ombre, et de cette façon il y a toujours du monde.

— Voyons donc les statuettes... Tobie, vous nous aviez dit qu'on faisait votre charge...

— Pas ma charge, mon buste exact.

— Alors ce ne sera pas drôle là...

— Est-ce que Mouillot et Balivan vont se faire attendre!... D'abord Mouillot n'est jamais exact !

— Ah! messieurs, il n'est pas encore la demie...

— Voyons donc les romances nouvelles...

— C'est-à-dire les lithographies nouvelles, car vous savez que la romance ne se vend plus si elle n'a pour couverture quelque gracieux dessin.

— Ce n'est pas très-flatteur pour la musique.

— Mais c'est avantageux pour les dessinateurs. La boutique de Brûlé, successeur de Frère, est toujours remplie de choses charmantes dans ce genre. Tenez, voilà des albums ravissants... Je parle de la reliure.

Tobie semble en extase devant un mannequin placé devant la boutique d'un marchand de nouveautés.

— Est-ce que c'est votre statuette que vous regardez là? dit Célestin en riant.

— Messieurs, vous avez l'air de vous moquer, mais je voudrais ressembler à ce mannequin... J'entends pour la tournure. Voyez donc comme cette petite redingote lui colle bien au dos! C'est ravissant d'être habillé comme cela! Moi, je payerais une redingote soixante francs de façon pour être pincé ainsi.

— On peut être pincé pour moins que cela. Du reste, soyez satisfait, jeune Balivan, je vous assure que vous avez beaucoup de la tournure d'un mannequin.

Tobie regarde Célestin d'un air qui signifie : Vous voudriez bien l'avoir, ma tournure !

En ce moment, Albert s'arrête devant une boutique de bonnets, de rubans et autres parures de femme, dans laquelle deux jeunes personnes assez jolies occupent le comptoir. Il échange avec l'une d'elles des regards expressifs, tandis que la maîtresse du magasin essaye des bonnets à une dame assez laide qui vient d'entrer, et qui n'en trouve pas un à son goût, parce qu'aucun de tous ceux qu'elle a essayés elle n'a pu parvenir à se trouver jolie.

Mais comme la foule augmente autour d'eux, Tobie tire ses compagnons par le bras en leur disant :

— Messieurs, si vous vous arrêtez comme cela ici, prenez bien garde à vos poches. Le passage des Panoramas est fort joli, fort brillant, très-fréquenté, mais je dois vous avertir aussi que c'est un des endroits de Paris où il se commet journellement le plus de vols. Quand un bon bourgeois s'arrête devant la boutique de Susse, ou devant les superbes postiches de Marquis, s'il n'a pas eu constamment sa main sur ses goussets et ses poches, il ne se trouve plus ni montre, ni bourse, ni mouchoir, ni tabatière; c'est surtout de six à neuf heures du soir que les promeneurs étant plus nombreux, les vols sont plus fréquents, Vous voyez alors dans ces galeries des hommes en blouse, en casquette, qui certainement n'auraient point affaire dans ce quartier, et ne passeraient point leur soirée à se promener dans ce passage s'ils n'y exerçaient pas une coupable industrie.

— Vous avez raison, Tobie; et je vois des particuliers porteurs de figures dans lesquelles j'aurais fort peu de confiance. Allons, Albert, viens donc; est-ce que tu es encore amoureux de cette demoiselle de boutique? Eh! d'ailleurs, j'aperçois des messieurs... Ah! Dupétrain est avec eux... Bon! nous allons rire!... Il a toujours des choses extraordinaires à raconter celui-là!...

— Qu'est-ce que c'est que monsieur Dupétrain? demande Tobie.

— Vous ne connaissez pas Dupétrain? Ah! par exemple! tout Paris le connaît!... Un fort bon garçon, auquel il arrive toujours des aventures singulières... Un amateur forcené du magnétisme... Il vous endormira et il vous rendra somnambule si vous voulez... Allons! messieurs, arrivez donc !

Trois jeunes gens qui se donnaient le bras, s'arrêtent alors devant Albert et ses compagnons. On s'aborde en riant, on échange des poignées de main et des bouffées de gaze.

Ces nouveaux venus sont Mouillot, premier commis d'une maison de commerce, grand jeune homme blond, frais, à la figure aimable et joyeuse, et dont l'abord annonce sur-le-champ un bon vivant.

Puis, Balivan, peintre de portraits; figure d'artiste, des traits bizarres, que sans malveillance on pourrait trouver laids, et une tournure qui répond à ses traits; se tenant de travers, la tête affaissée sur une épaule; marchant par saccades, ayant toujours une jambe en retard et lançant ses bras dans l'espace de manière à les faire ressembler de loin aux ailes d'un moulin à vent. Mais avec tout cela de la physionomie, de l'expression dans les traits, un front sur lequel on devine des pensées; des yeux qui ont de l'esprit enfin, ce qui chez les hommes fait pardonner la laideur et l'emporte souvent sur la beauté.

Balivan avait comme peintre un véritable talent, ce qui ne gâte jamais rien, mais il était extrêmement paresseux, ce qui n'est pas rare chez les artistes; de plus, fort étourdi, brouillon et extraordinairement distrait.

Le troisième personnage est celui que Célestin a nommé Dupétrain. C'est un monsieur entre trente et quarante ans, dont la figure carrée, osseuse et jaune, est fort vilaine au premier abord, et paraît encore plus laide lorsqu'on l'examine en détail. Son nez large est épaté sur ses joues à la manière des hommes de couleur; sa bouche immense devient un four quand il parle, parce que pour donner plus d'importance à ses moindres paroles, il articule et prononce jusqu'à la dernière syllabe avec un soin très-fatigant pour ses auditeurs; sa tête est ornée d'une forêt de cheveux qu'il laisse toujours fort longs, ce qui lui donne quelque ressemblance avec un lion; enfin, ses yeux petits, creux et vitrés, semblent vouloir constamment vous fasciner, ou tout au moins vous magnétiser. Tel est le personnage que l'on nomme Dupétrain.

— Tiens ! voilà Pigeonnier ! s'écrie Mouillot en frappant sur l'épaule du gros jeune homme. Est-ce qu'il dîne avec nous ?...

— Oui vraiment, Messieurs, j'ai ce plaisir.

— Ah ! fameux.... Lui, qu'on ne peut jamais avoir... qui est toujours engagé...

— Aujourd'hui, j'ai tout abandonné pour être des vôtres...

— Et puis, il ne dit pas tout... C'est qu'il y a une autre affaire... Mais chut! nous parlerons de cela à table... sans nommer la dame toutefois ; car enfin il faut de la discrétion... n'est-ce pas, Tobie?...

— Où dînons-nous ?

— A la Maison-Dorée.

— Soit ! va pour la Maison-Dorée.

VI. — UN DINER D'HOMMES.

Les jeunes gens sont installés dans un joli salon du restaurant. Mouillot demande une plume et de l'encre pour faire la carte, et Tobie dit à l'oreille d'Albert :

— Et ma lettre pour madame Plays, n'oublions pas cela.

— C'est juste, répond Albert. Garçon, du papier à lettre... pour moi.

— Voudrais-tu aussi faire la carte du dîner? dit Mouillot. Est-ce qu'on ne s'en rapporte pas à moi pour t'ordonner cela dans le bon style ?

— Si fait !... mais c'est autre chose que je vais écrire.

— Un billet doux... Eh ! laisse donc un peu les femmes tranquilles ! Nous sommes ici pour manger et rire.

— Messieurs, voilà de quoi il s'agit... C'est...

Tobie court à Albert en s'écriant :

— Ah ! mon cher ami ! ne compromettons personne !... nous avons dit que nous serions discrets.

— Pourvu qu'il ne nomme pas la dame, dit Célestin, il me semble qu'il peut très-bien raconter l'affaire.

— Certainement, Messieurs, c'est une des mes maîtresses qui cède à Tobie... dans la supposition toutefois qu'elle voudra bien admettre mon remplaçant.

— Ce n'est pas sûr, dit Mouillot en riant; car il n'a pas la taille.

— Est-ce que vous êtes de la conscription? demande Balivau qui n'a pas entendu le commencement de la conversation.

— Non... non... je me suis acheté un homme... Voyons, Albert, ma lettre, car après dîner je crains que nous ne soyons guère en train d'écrire.

— J'envoie tout bonnement Tobie à ma place à un rendez-vous, dit Albert, et je lui donne une lettre d'introduction.

— Eh bien, tu vas faire ta lettre pendant que je ferai la carte de notre dîner... Cela t'inspirera... Justement voilà tout ce qu'il nous faut pour écrire.

Albert s'assied en face de Mouillot, chacun d'eux prend une plume, et, pendant que l'un cherche les phrases pour sa maîtresse, l'autre consulte des yeux la carte du restaurateur.

Albert commence, faisant tout haut sa lettre :

— Femme charmante !...

Mouillot écrit, en annonçant à haute voix ce qu'il commande :

— Potages aux bistres...

— Vous savez combien je vous aime...

— Pour trois ; c'est assez.

— Votre image m'est sans cesse présente...

— Une tête de veau en tortue.

— Quand je vous aperçois je deviens aussitôt...

— Andouillette de Troyes...

— Ivre de bonheur...

— Avec un saumon...

— Mais une affaire urgente me retient en ce moment, chère amie...

— Dinde truffée.

— Pour que vous ne m'attendiez pas au rendez-vous...

— Avec un homard...

— Je vous envoie un ami intime...

— De la plus grande fraîcheur...

— Vous pouvez vous fier à lui...

— S'il sent trop fort, on le reprendra...

— Il vous conduira dans un endroit convenu.

— Avec des asperges.

— Et vous tiendra compagnie.

— A la sauce blanche.

— J'irai vous retrouver le plus tôt possible...

— Entremets sucrés, dessert... champagne.

— Je le charge de vous offrir...

— Le coup du milieu...

— Mille assurances de mon amour...

— Et servez chaud !

— J'espère que voilà une lettre de recommandation avec laquelle on doit être bien accueilli, dit Albert en signant sa lettre.

— Il me semble, Messieurs, que voilà un petit dîner qui sera un peu varié ! dit Mouillot en donnant la carte au garçon.

Quant à Tobie, il remercie Albert, serre précieusement dans sa poche le billet qui doit lui procurer une aventure galante, et crie au garçon :

— Surtout qu'on nous serve promptement... et sans interruption...

— Eh ! mon Dieu ! qu'est-ce qui nous presse donc ? dit l'artiste qui s'est déjà mis à table et se mouche avec sa serviette, parce qu'il croit tenir son mouchoir à sa main. Pour moi, j'aime à rester à table longtemps.

— Oui, mais moi, j'ai un rendez-vous pour ce soir.

— Ah ! Bon... voilà Balivau qui se mouche dans sa serviette... Voilà le commencement des distractions... Nous allons en voir de drôles, si cela continue...

— Dans ma serviette... C'est ma foi vrai !... Je n'en fais jamais d'autre ! et ce qu'il y a de pis, c'est que dernièrement cela m'est arrivé à un grand dîner, où il y avait des marquis !... des députés !... Je vois tout d'un coup que l'on me regarde d'une façon singulière... Jugez de ma confusion, quand une fort jolie dame, assise à côté de moi, me dit d'un air fort aimable :

— Monsieur, c'est sans doute une gageure que vous aviez faite...

— De quoi, Madame...

— De vous servir de votre serviette comme d'un mouchoir.

— Oh ! alors je m'aperçois de ma méprise !... et, dans mon embarras, savez-vous ce que je fais?... Je mets la serviette dans ma poche ! Heureusement qu'alors tout le monde se mit à rire et l'on vit à quel point j'étais distrait.

— En attendant, dit Mouillot, je demande à ne pas être placé à côté de Balivau, parce qu'à table les gens distraits sont fort désagréables... On lui demande des olives, il vous verse de l'eau dans votre vin... On veut du pain, il vous passe du poivre... C'est une continuelle série de déceptions.

— Vous êtes-vous fait magnétiser? demande monsieur Dupétrain en faisant ses yeux fixes sur le peintre.

— Ah ! laissez-moi donc tranquille avec votre magnétisme, vous !... Est-ce que je suis malade là dedans !...

— Comment là dedans? Mais, mon cher ami, est-ce que la puissance du magnétisme n'est pas prouvée, aujourd'hui ?... Est-ce que les personnages les plus distingués ne sont pas les adeptes les plus fervents de *Mesmer*... Est-ce que les femmes du grand monde ne vont pas maintenant se faire endormir, comme jadis elles se faisaient électriser...

— Oh ! parbleu !... voilà une belle autorité que vous me donnez là !... Les dames qui adorent tout ce qui leur promet une sensation nouvelle !... et qui recherchent le plaisir au lieu de la vérité...

— Mais vous, Balivau, vous, incrédule, je parie vous endormir...

— M'endormir ! Quant à cela, c'est très-possible... mais me réveiller, sera plus difficile.

— Messieurs, est-ce que vous n'avez pas bientôt fini avec votre magnétisme ? s'écrie Mouillot ; il me semblait que nous dînions ensemble pour nous amuser. Dupétrain, par grâce, ne nous endormez pas encore... Plus tard je ne dis pas... A table !

On se place. Tobie est un des plus empressés. Il examine le couvert, les hors-d'œuvre, ces verres de diverses dimensions p... s devant chaque convive, et une expression de ravissement illum... toute sa figure. On voit, à la manière dont il boit, dont il savoure tout ce qu'il prend, un homme qui est heureux et qui se dit :

— Puisque m'y voilà, il faut que je m'en donne ! Si je dépense de l'argent, au moins cela me profitera.

— Est-ce que nous ne prenons pas de madère? demande Célestin après avoir achevé son potage.

— Par exemple! Pour qui nous prenez-vous? dit Mouillot.

— Oui ! oui ! du madère ! s'écrie Pigeonnier. Oh ! moi, quand j'y suis... je ne me refuse rien !...

— Garçon ! du madère !...

— En voilà, messieurs ; et quel vin ensuite?

— Beaune première, pour commencer ! Nous verrons après.

— C'est ça ! reprend Tobie en avalant le madère qu'on vient de lui verser. Beaune première... ce qu'il y a de meilleur ! Est-ce qu'il y a rien de trop bon pour nous?... Passez-moi les olives... Passez-moi les anchois... Passez-moi du thon...

— Ah ça! autant dire passez-moi tout ! Comme il y va, ce petit Tobie... Mon cher ami, prenez garde ! pour aller ensuite à un rendez-vous amoureux, il n'est pas prudent d'avoir le ventre trop plein.

— Oh ! j'ai de la place, je demande du madère !...

— Certainement, dit Dupétrain en regardant Tobie, monsieur à une figure ronde et pleine qui n'annonce pas un homme très-nerveux ; eh bien ! je gage que je l'endormirais...

— Dupétrain! s'écrie le grand Mouillot, si tu parles magnétisme pendant le dîner, tu seras à l'amende de cinq francs chaque fois !...

— C'est qu'on ne peut pas parler à présent !...

— Conte-nous quelque chose d'amusant, à la bonne heure... Et toi, Albert, tu ne dis rien !... Est-ce que tu as une passion malheureuse dans le cœur ?

— Moi, une passion ! Ah ! fichtre, non... mais je... Ah! garçon, j'attends un commissionaire. Vous m'avertirez quand on me demandera.

— Moi aussi, dit Célestin.

— Moi aussi, crie Tobie tout en fourrant une poignée d'olives dans sa poche, vous m'avertirez, garçon... car c'est très-important... C'est moi qui suis monsieur Tobie Pigeonnier... On me demandera.

— Tobie ! est-ce que tu vas mettre toutes les olives dans ta poche ?

— Messieurs, je les aime pochées, moi... C'est bien meilleur.

— Oui, dit Célestin en riant, et puis on retrouve ça le lendemain.

— Ah ! c'est meilleur poché ! s'écrie l'artiste. Il faudra que j'en essaye alors.

Et un moment après on passe les radis à Balivan, qui en prend une poignée et la met dans sa poche.

Les premiers plats sont vivement fêtés par les jeunes gens ; lorsqu'arrive la dinde truffée, les convives sont déjà plus calmes ; Tobie, seul, est toujours aussi affamé et il couvre son assiette de truffes, en s'écriant :

— Ma foi, on dîne fort bien ici !

— Pigeonnier ! il paraît que tu n'es pas sûr de toi ! dit Albert en souriant.

— Peste ! dit Mouillot, comme vous chauffez le four !

— Eh bien ! malgré cela, dit Dupétrain, je parie encore que j'endormirais monsieur...

— A l'amende, Dupétrain.

— Balivan, verse-moi donc du beaune. Allons, bon ! j'en étais sûr... Il me met du madère avec !... Messieurs, voulez-vous que je vous donne une idée de la distraction de cet être-là ? Dernièrement, je vais chez lui dans la journée ; sa bonne me dit : Monsieur prend un bain ; il en a fait venir un ; il est dedans. Eh bien ! lui dis-je, ce n'est pas cela qui m'empêchera de lui parler !... Entre hommes !... on ne craint pas de se voir dans l'eau. Là-dessus, j'entre dans la chambre où monsieur se baignait. Qu'est-ce que je vois !... Balivan, tout habillé, tout botté, dans son bain et lisant tranquillement un journal... sans s'apercevoir de ce qu'il y avait d'extraordinaire dans sa manière de se baigner.

— Ah ! ah ! ah !... c'est trop fort... nous allons te dire comme la voisine à table. C'était une gageure, n'est-ce pas, Balivan ?

— Non, messieurs, répond tranquillement l'artiste ; je vous jure que je ne m'étais pas aperçu de ce que je faisais. Si on m'avait apporté mon bain de bonne heure, cela ne serait pas arrivé. Mais voyant qu'il ne venait pas, j'étais sorti ; en rentrant je trouve le bain tout prêt ; j'étais pressé, je me suis mis dedans bien vite en regardant l'heure à ma pendule et en prenant la *Gazette des Tribunaux...* C'est ce maudit journal qui est cause de cela ; je lisais une cause fort intéressante et je me rappelle seulement que je trouvais l'eau lourde sur moi.

— Vous êtes peut-être somnambule, dit Dupétrain, et vous dormiez probablement quand vous êtes entré dans votre bain.

— Dormir ! par exemple ! je vous dis que je revenais de faire une course ; j'étais pressé, je n'avais pas encore déjeuné, et je me suis vivement mis au bain sans penser à me déshabiller.

Pendant cette conversation, le jeune Tobie, qui ne perd pas son temps, a passé partie des truffes qui étaient sur son assiette ; et, après les avoir bien essuyées, il les fourre dans sa poche. Ensuite il s'écrie :

— Passez-moi donc la dinde. Messieurs, je prendrais bien encore quelques truffes avec un peu de volaille.

— Ah ! Pigeonnier ! c'est trop fort, dit Célestin, vous voulez faire des prouesses, mon cher ami !... Vous voulez éclipser Albert.

— Tudieu ! quel appétit ! s'écrie Mouillot. Il doit payer pour deux, ce luron-là... il nous enfonce tous !

— Ecoutez donc, messieurs, j'aime les truffes, moi !...

— On s'en aperçoit.

Albert consulte sa montre, et fait un mouvement d'impatience, en disant :

— Ce commissionnaire ne revient pas !

— Aucun d'eux ne revient.

— Est-ce que vous avez envoyé des bouquets à vos belles, messieurs ? dit Mouillot, cela me rappelle un imbécile de commissionnaire ! Figurez-vous que j'avais pour maîtresse une petite femme bien gentille, toute mignonne, toute gracieuse, de vingt-deux ans à peu près, et qui en paraissait dix-huit. Elle était mariée, et il y avait avec elle une vieille tante du mari, qui était chargée de la surveiller, parce qu'on la connaissait un peu légère. Il fallait donc agir avec précaution. Ma belle m'avait prié de lui envoyer un bouquet, parce qu'elle allait le soir au bal où j'allais aussi. Je vais dans la journée acheter un bouquet charmant chez mademoiselle Prévot, je prends un cabriolet et je me fais conduire dans le quartier de ma dame ; elle demeurait dans un faubourg. Je me fais descendre au coin d'une rue, à trois cents pas de sa demeure. Je cherche des yeux un commissionnaire, enfin j'en aperçois un. Un homme d'une cinquantaine d'années, bien sale, l'air bien ivrogne, mais, enfin, il devait savoir son métier. Je lui fais signe de venir à moi, et je l'emmène à l'écart. Il tâche de se donner un air malin en voyant que j'ai s'agit d'un bouquet à porter. Je lui indique bien la maison, le numéro, et je lui dis : Vous entrerez... Il n'y a pas de portier, vous irez au fond de la cour, il y a là qu'une petite porte, et vous sonnerez. Si c'est monsieur qui vient vous ouvrir, ou bien une vieille femme, vous direz tout bonnement : Voilà le bouquet que madame a commandé à une bouquetière, et qu'elle lui

envoie, et vous vous en irez tout de suite sans dire autre chose ; si, au contraire, c'est une jeune dame qui vous ouvre, alors vous lui direz : Madame, voilà un bouquet ; le monsieur qui vous l'envoie est là-bas au coin de la rue ; et vous écouterez bien ce qu'elle vous répondra pour venir me le redire. Je vous attends ici... Vous comprenez bien ! n'allez pas faire de gaucherie !... Mon commissionnaire fait encore son air fûté, en me répondant : Soyez tranquille, monsieur !... ce n'est pas la première fois que je porte un bouquet, et il s'en va avec le mien. Je le suis des yeux. Je n'étais pas fort tranquille, ce drôle-là avait l'air si bête que je redoutais quelque bévue. Pour commencer, je le vois qui passe la maison que je lui avais cependant bien indiquée ; pourtant, après avoir été trop loin, il revient sur ses pas, et trouve l'endroit ; il entre, et j'attends. Quelques minutes s'écoulent qui me semblent bien longues, enfin, mon homme revient d'un air content de lui. Eh bien, lui dis-je, à qui avez-vous remis le bouquet ? Monsieur, ce sont deux jeunes enfants de neuf à dix ans qui m'ont ouvert, une petite fille et un petit garçon, je leur ai dit : Mes petits amis, voilà un bouquet que je suis chargé d'offrir à madame votre mère, voulez-vous bien la prévenir ?

— Eh ! mon Dieu ! m'écriai-je ! est-ce que je te vous ai dit que cette dame avait des enfants ? Enfin ?

— Alors, monsieur, il est arrivé une dame...

— Jeune, gentille ?

— Mais, pas mal... ma foi, monsieur, dans mon genre.

— C'est donc la vieille, alors, et que lui avez-vous dit ?

— Je lui ai dit : Madame, voilà un bouquet que la bouquetière vous prie d'accepter, ça lui fera bien plaisir, et cette dame m'a répondu : Quelle bouquetière ? Je n'ai pas demandé de bouquet... Où se met-elle cette bouquetière ? Ma foi, madame, ce jeune homme ne me l'a pas dit, mais c'est payé, j'ai ordre de ne rien recevoir.

— Que le diable vous emporte ! dis-je à mon commissionnaire en le congédiant, et vous reconnaîtrai, vous ! Je ne vous enverrai plus porter de bouquets, et en effet, cet animal fut cause d'une scène affreuse entre ma petite dame et son mari, ce qui amena une rupture entre nous. Conclusion : à Paris, les bons commissionnaires sont rares... Ils veulent montrer tant d'intelligence que, quand vous leur remettez un petit billet sans adresse, en leur disant : Vous allez porter cela, ils commencent par prendre le billet et le sauvent avec, en vous criant : Oui, monsieur. Et vous êtes obligé de les rappeler pour leur dire où ils doivent aller.

— Ah ! messieurs, je vous dénonce un autre fait, s'écrie Célestin. Monsieur Tobie Pigeonnier fourre des truffes dans sa poche. Je ne m'étonne pas si elles disparaissent si vite de dessus son assiette.

— Ah ! mon Dieu ! pour deux ou trois que j'y ai mises... Allons, garçon ! ce homard... Ces asperges... Chaud ! chaud !

— A quelle heure allez-vous à votre rendez-vous ? dit Balivan.

— A huit heures et demie.

— Vous avez le temps.

— Mais, pas trop ; écoutez donc, je suis bien aise de manger du dessert aussi.

— Oh ! je bien que vous ne cédez votre part d'aucune chose.

— Quand on a un bon estomac, c'est pour s'en servir. Ce soir, si vous faites une bouillotte, je viendrai vous rejoindre.

— Si nous en ferons une ! s'écrie Mouillot, je l'espère bien... n'est-ce pas, Albert ?

— Oh ! oui... J'ai des revanches à prendre !

— Une bouillotte à mort ! dit Balivan, en mangeant par distraction les asperges par la queue.

— Après cela, messieurs, dit Dupétrain, je vous magnétiserai tous !

— Ah ! il nous embête celui-là !... Dupétrain, magnétises-tu tes maîtresses, quand tu en as ?

— Certainement, je me mets sur-le-champ en rapport avec elles.

— Il leur communique son fluide !

— Et comme, en état de somnambulisme, elles lui avouent tout de suite qu'elles lui font des queues, ça le vexe, et il va en endormir d'autres.

— Messieurs, riez tant que vous voudrez ! répond Dupétrain en prenant un air solennel et appuyant ses coudes sur la table, mais si je vous racontais toutes les choses extraordinaires qui m'ont été révélées par la puissance du magnétisme... vous frémiriez la tête aux pieds...

— Fichtre ! dit Tobie en retournant au homard. Ma foi, on dîne bien ici... C'est votre histoire... C'est donc très-curieux !

— Bon, dit Albert, voilà Tobie qui brûle d'envie de frémir de la tête aux pieds !

— Je vais vous conter un seul fait, reprend Dupétrain, enchanté de ce que Tobie lui prête attention. Une jeune femme dont le mari était en voyage...

En ce moment le garçon entr'ouvre la porte du salon et dit :

— Un commissionnaire dit qu'il demande monsieur Célestin de Valnoir.

— Très-bien, dit Célestin en se levant, je vais lui parler.

Le jeune homme quitte la table et va trouver Jean Ficelle, qui l'attend sur l'escalier, il lui fait signe d'approcher, et Jean Ficelle lui dit, en parlant à voix basse :

— D'abord, mon camarade Sanscravete allait chez la même personne que moi... Je l'ai laissé partir devant, comme vous me l'aviez recommandé, ensuite j'ai entendu pour le voir sortir avant d'entrer.

— Fort bien... Il n'a pu te voir ?

— Oh ! impossible ! Cette dame n'y était pas, mais j'ai trouvé la suivante, mamzelle Rosa, qui m'a dit où était sa maîtresse. C'était chez une de ses amies, rue d'Angoulême, boulevard du Temple. J'y ai couru. J'ai trouvé cette dame, j'ai remis votre lettre. Elle l'a lue et m'a donné ensuite cette réponse pour monsieur.

Jean Ficelle remet une lettre à Célestin. Celui-ci s'empresse de l'ouvrir, va la lire en s'approchant d'un bec de gaz, et paraît satisfait du contenu ; il serre la lettre, prend une pièce de quarante sous et la présente au commissionnaire, en lui disant :

— Tiens, voilà pour toi.

Jean Ficelle fait la grimace en prenant les quarante sous et murmure : — Que ça pour courir rue Neuve-Vivienne, puis d'Angoulême, puis revenir ici, c'est pas gras !

— Mais, drôle ! je parie que la dame à qui tu as remis mon billet t'a déjà payé et grassement ! par conséquent je devrais, moi, ne rien te donner.

M. Jean Ficelle fait un demi-sourire, en répondant : — Monsieur est trop malin ! gnia pas moyen de finasser avec lui.

— Allons, va ; sois discret, et je t'emploierai encore : payé de deux côtés, il me semble que tu dois être content.

— C'est égal, c'est un pleutre ! se dit Jean Ficelle en s'éloignant.

Célestin retourne trouver ses amis.

— La réponse est agréable ! dit Mouillot en regardant Célestin. Ses yeux ont déjà l'air fier du conquérant... Est-elle bien jolie, ta Dulcinée ?

— Oh ! messieurs, il ne s'agit pas de ce que vous pensez... C'est une affaire sérieuse.

— Tu vas te marier ?

— Non... C'est une affaire de Bourse... Quelques capitaux à faire valoir...

— Oh ! si tu veux devenir millionnaire, alors tu peux perdre à la bouillotte... Garçon, ce champagne frappé... Voilà le moment !...

— Messieurs, dit Dupétrain en reposant son coude sur la table, j'étais en train de vous raconter un fait très-curieux : Une jeune femme dont le mari voyageait désirait savoir si loin d'elle...

— Silence !... A bas l'histoire ! voilà le champagne... Allons, Albert, bois donc !... tu n'es pas en train...

— Ah ! c'est que mon commissionnaire ne revient pas ! répond le joli garçon en poussant un soupir qu'il éteint dans un verre de champagne.

— Ni le mien non plus, dit Tobie, mais je m'en moque !... il viendra... En attendant buvons, chantons, rions !... Du champagne à mort !...

— Mais, en effet, il paraît que vous ne vous y trouvez pas mal, dit l'artiste en souriant.

— Pigeonnier, mon ami, ménagez-vous ! sans quoi vous ferez fiasco malgré votre lettre de recommandation.

— Moi ! je boirais du champagne toute la journée sans me griser... J'en ai tellement l'habitude !

Le garçon paraît de nouveau et dit :

— Un commissionnaire demande monsieur Albert Vermoncey.

— Ah ! c'est pour moi ! s'écrie le jeune homme en se levant précipitamment. J'y vais ! j'y vais !...

En un instant Albert a quitté ses amis et rejoint Sanscravate, qui s'empresse de venir à lui, tenant trois lettres dans une main et une seule dans une autre et lui dit, presque tout d'une haleine :

— J'ai fait ce que monsieur m'a dit : d'abord chez la dame, rue Neuve-Vivienne. Personne ; j'ai laissé ma lettre. Rue Caumartin, chez monsieur. Le concierge m'a lâché les trois petits billets que v'là... Ça sent bon... qu'on croirait avoir le nez sur l'éventaire de Bastringuette !... Enfin tout à l'heure je suis retourné chez la dame rue Neuve-Vivienne, et on m'y a remis cette lettre pour monsieur, elle embaume aussi...

— Une lettre d'elle... Ah ! donne... donne...

— Les v'là toutes... d'abord les trois qui étaient chez votre concierge...

Et Sanscravate présente à Albert les trois billets qu'il tient dans sa main gauche. Mais le jeune homme les froisse, les roule dans sa main, n'en fait qu'un paquet qu'il fourre dans sa poche, puis, s'empressant de décacheter l'autre lettre que le commissionnaire tenait seule dans son autre main, il se retire à l'écart pour la lire à son aise ; tandis que Sanscravate sifflotte entre ses dents une cachucha de la Courtille.

A peine Albert a-t-il pris connaissance du contenu de la lettre que lui a répondue madame Baldimer, que l'ivresse la plus vive se peint sur ses traits, il pousse une exclamation de joie, et fouillant à son gousset, y prend deux pièces de cent sous qu'il va mettre dans la main de Sanscravate, en lui disant :

— Tiens, Sanscravate, je suis heureux, je veux aussi que tu sois content.

— Ah ! merci, bourgeois... Ah ! credié, c'est un plaisir de vous servir ; vous jouez facilement du pouce... Aussi je suis toujours là, à vos ordres ! le jour, la nuit !... n'importe quelle heure, dès que vous aurez besoin de moi je marcherai !... Et vous seriez à sec de quibus que je vous servirais tout de même, parce que, voyez-vous ! une fois que je m'attache aux gens, ce n'est plus seulement l'intérêt qui me fait agir, c'est le cœur... c'est...

— Bien, mon garçon, merci... quelque jour peut-être je mettrai ton zèle à l'épreuve... Va t'amuser, va... Moi, je rejoins mes amis.

— Oh ! oui que nous allons faire une noce un peu soignée ! s'écrie Sanscravate en descendant l'escalier quatre à quatre. C'est Bastringuette qui va s'en donner ! elle qui aime les friandises !... Trois roues à manger, un tricycle ! rien que ça ! et allez donc !

Pendant que Sanscravate s'éloigne en chantant, Albert va reprendre sa place à table, en s'écriant :

— A boire ! du champagne ! jouons, grisons-nous !... Ah !

La belle femme sort brusquement du cabinet. — Page 21.

maintenant je suis disposé à faire toutes les folies que vous voudrez !

— Il paraît que toutes les réponses sont agréables, dit Mouillot.

— Oh! très-agréable !... répond Albert, moi je ne le cache pas... c'est une femme qui faisait un peu la cruelle avec moi... et dont par conséquent j'étais encore plus épris... Mais enfin j'ai obtenu un rendez-vous... un tête-à-tête...

— Oh! alors, l'affaire est arrangée.

— Un rendez-vous pour ce soir? demande Célestin en regardant Albert d'un air indifférent.

— Non... ce n'est que pour demain! Ainsi je puis passer la soirée, la nuit même avec vous... Oh! je suis tout à vous.

— Tant mieux, la partie sera chaude.

— Je vous gagnerai, car je suis en bonheur.

— Ce n'est pas sûr : heureux en amour ne veut pas dire heureux au jeu! le proverbe affirme le contraire.

— Moi, je crois qu'un bonheur en amène un autre. Ainsi tenez-vous bien, ce soir !...

— Messieurs, dit monsieur Dupétrain, en posant cette fois ses deux coudes sur la table, et promenant tour à tour ses yeux sur tous les convives pour attirer leur attention : Je crois que le moment est venu...

— De nous endormir? s'écrie Balivan.

— Non! mais de vous conter ce fait extraordinaire que j'allais vous dire tout à l'heure...

— Tenez, messieurs, dit Mouillot, laissons-lui dire son histoire, sans quoi il ne nous laissera pas tranquilles de la soirée. Allons, Dupétrain, mais si ça dure trop longtemps tu ne la finiras pas.

— Oh! messieurs, je suis certain que cette anecdote ne vous semblera pas longue, elle est trop intéressante pour cela. Une jeune femme avait un mari... lequel mari était en voyage...

— Tu nous as déjà dit cela trois fois.

— Cette dame était fort curieuse de savoir si dans ses voyages...

— Un commissionnaire demande monsieur Pigeonnier, dit le garçon en paraissant à la porte.

Tous les jeunes gens se mettent à rire de la figure que fait monsieur Dupétrain, qui se voit toujours interrompu au moment de conter son histoire. Mais Tobie quitte la table, en disant :

— Pardon !... ne la contez pas sans moi... Je vais revenir.

Paul attendait Tobie ; le jeune commissionnaire semblait très-fatigué et la sueur ruisselait encore sur son front. Cependant monsieur Pigeonnier commence par lui dire :

— Vous avez été bien longtemps!... vous revenez bien tard... si j'étais commissionnaire, je serais plus leste que cela !

— Monsieur, il n'y a pas de ma faute, répond Paul. Je suis d'abord allé au marché du Temple trouver madame Agar Abraham...

— Plus bas, commissionnaire !... plus bas !... venez au bas de l'escalier... il passe trop de monde ici.

Tobie descend avec Paul, qu'il emmène dans le coin le plus reculé de la cour, là il s'arrête et lui dit :

— A présent parlez... je vous écoute.

— J'ai remis à madame Abraham la lettre de monsieur.

— Très-bien... où est l'argent qu'elle vous a donné?

— Cette dame ne m'a pas donné d'argent pour monsieur ; mais après avoir lu sa lettre, elle s'est écriée : Mon neveu se moque donc de moi! est-ce qu'il croit que je veux l'entretenir dans ses folies! je ne lui prêterai plus un sou! plus un liard !... et s'il ne me rend pas ce qu'il me doit !...

— Bon! bon! c'est assez !... madame Agar a voulu plaisanter... d'abord je ne suis pas son neveu... mais c'est un terme favori qu'elle emploie avec tout le monde... il y a même des dames de ses pratiques qu'elle nomme son neveu... J'irai lui laver la tête pour lui apprendre à se permettre cette familiarité. Alors vous avez été chez ma concierge... madame Pluchonneau, qui s'est empressée de m'obéir.

— Elle ne s'est pas trop empressée, monsieur. D'abord votre concierge s'est écriée : Est-ce que ce monsieur croit que ça m'amuse des commissions comme ça, aller porter son paletot au Mont-de-Piété !...

— Chut !... chut !... pas si haut donc !... Ces concierges sont d'une insolence... il fait très-chaud chez moi... le soleil y donne toute la journée; je n'ai pas besoin de garder pendant l'été des vêtements d'hiver, pour que les vers me les mangent... avec cela que j'ai tant d'habits... je ne sais où les fourrer; enfin !...

— Enfin, monsieur, votre concierge a d'abord continué de dîner et sans se presser du tout...

— Je la ferai renvoyer par le propriétaire.

— Quand elle a eu dîné, elle est monté chez vous, en s'écriant : Si ce monsieur envoie si souvent au Mont-de-Piété je ne sais pas trop ce qui lui restera pour couvrir son derrière...

— Elle a dit son derrière... ce ne sont pas là ses propres paroles, j'espère ? — Pardonnez-moi, monsieur, je vous rapporte exactement ce qu'elle a dit.

— Elle payera cher ce mot-là... elle ne fera plus mon ménage... je veux dire elle n'aidera plus mon valet de chambre à faire ma cuisine. Mais abrégeons ces détails... ou mange le dessert sans moi...

— Enfin, monsieur, votre concierge a fait faire votre commission. Elle a été fort longtemps, voilà pourquoi je n'ai pu moi-même revenir plus tôt, puisque vous m'aviez dit de l'attendre.

— C'est juste.

— Elle est rentrée de très-mauvaise humeur et m'a remis ceci pour monsieur.

Paul présente au jeune Tobie deux pièces de cinq francs et une de quarante sous qu'il prend, en s'écriant :

— Douze francs !... Qu'est-ce que cela veut dire? douze francs pour un paletot superbe doublé en soie... collet de velours idem... commissionnaire, on a dû vous remettre beaucoup plus...

— Je devrais te briser cette assiette sur la tête. — Page 23.

Le jeune commissionnaire réprime avec peine un mouvement de colère et il se hâte de donner à Tobie un papier, en lui disant :

— Non, monsieur, il n'y avait pas plus d'argent, mais on a joint à cette somme, ce papier, qui vous prouvera que je vous remets exactement ce qu'on m'a donné.

Le papier était la reconnaissance du Mont-de-Piété. Le gros jeune homme le lit et murmure encore :

— Les Arabes!... douze francs!... il y a bien douze francs!... pour un vêtement de luxe qui m'en a coûté cent dix-neuf!... enfin... ils ne le garderont pas longtemps pour leur apprendre... C'est bien, mon garçon... c'est bien.

Et monsieur Pigeonnier allait s'éloigner sans payer son commissionnaire; il se ravise enfin, revient vers Paul, et lui met une pièce de dix sous dans la main, en lui disant :

— Tenez, mon garçon... vo!à votre affaire.

Paul regarde la pièce de dix sous et ne peut s'empêcher de dire :

— Quoi, monsieur... pour avoir passé plus de trois heures à votre service, voilà ce que vous me donnez...

— Trois heures!... trois heures!... ce n'est pas ma faute si vous n'en finissez pas!...

— Mais, monsieur...

— Je ne donne jamais moins de dix sous pour une commission... mais jamais plus!... c'est bien assez.

— J'ai deux commissions pour monsieur... je suis allé d'abord au Temple, et...

— Allons, c'est bon... tenez... ah! mon Dieu, ne pleurez pas...

Tobie tire avec peine quatre sous de sa poche, il les met dans la main de Paul, puis remonte lestement l'escalier du restaurant, tandis que le jeune commissionnaire, qui est resté comme confus et honteux de la façon dont on le traite, s'éloigne tristement de la Maison-Dorée.

Tobie a bien vite repris sa place à table, où pour réparer le temps perdu il se bourre de biscuits, de fruits, de conserves, de confitures; mais quoiqu'il fasse honneur au dessert, en revenant trouver ses amis, sa figure est loin d'exprimer la satisfaction qu'on a lue sur celles de Célestin et d'Albert lorsqu'ils ont quitté leur commissionnaire.

— Cette fois, dit Mouillot, je crois que la réponse n'a pas été aussi agréable que pour tes deux messages précédents... Le jeune Tobie ne me semble pas complètement satisfait... On ne t'aime plus.

— Pardonnez-moi, répond Tobie en se versant du champagne, on m'aime trop au contraire.

— C'est singulier, on jurerait que tu es vexé. Ne mens pas, ta belle te donne ton congé.

— Pas du tout... mais c'est une femme horriblement jalouse... avec qui je devais dîner aujourd'hui... J'ai manqué son rendez-vous pour être des vôtres, et elle m'écrit qu'elle voit bien que je ne l'aime plus et qu'elle va prendre du poison... et ça m'effraye un peu parce qu'elle est capable de le faire comme elle le dit...

— Laisse donc!... tu auras mal lu... c'est du poisson qu'elle va prendre... Montre-nous sa lettre.

— Oh! impossible, messieurs!... c'est une réputation... à respecter.

— Dis donc, tu mets des mendiants dans ta poche à présent, tu les aimes donc pochés aussi?

— Ah! c'est distraction! diable de femme, va!... qui est venue troubler ma joie... Ah! baste!... je ne veux plus y penser... un autre amour m'attend!... A boire!...

Monsieur Dupétrain, qui tousse avec obstination depuis un moment pour attirer l'attention des convives, a replacé ses deux coudes sur la table et dit enfin :

— Messieurs, puisque les trois commissionnaires que vous attendiez vous ont enfin rendu réponse de leurs messages, et que, par conséquent, vous ne serez plus dérangés, je crois que le moment est opportun pour vous raconter mon histoire de somnambulisme...

Les jeunes gens se disposent à écouter; le grand Mouillot tire sa montre et s'écrie :

— Je veux voir ce que l'histoire durera; d'abord je ne donne pas plus de dix minutes... Tiens, Dupétrain, tu vois il est huit heures vingt-cinq.

Monsieur Dupétrain n'a pas regardé la montre et il est déjà parti :

— Une jeune dame, épouse d'un homme qui voyageait, voulait donc...

Mais en ce moment, Albert, comme frappé d'un souvenir subit s'écrie :

— Huit heures vingt-cinq!... Eh bien, Tobie, et votre rendez-vous pour huit heures et demie... vous n'avez pas de temps à perdre, car cette dame n'est pas très-patiente.

Tobie se lève précipitamment, enchanté d'une circonstance qui lui permet de se sauver; sans perdre une minute, il jette sa serviette et court prendre son chapeau, en s'écriant :

— Ah! mon Dieu!... c'est vrai... moi qui l'oubliais... oh! je me sauve... Pardon, messieurs... mais c'est une aventure que je ne veux pas laisser échapper... Albert, vous paierez pour moi... je n'ai pas le temps d'attendre la carte...

— Très-bien!... Reviendrez-vous ce soir nous dire le résultat de l'entrevue?

— Certainement... et faire une partie de bouillotte avec vous... Serez-vous ici?

— Non, dit Mouillot. Si nous voulons rester un peu tard dans la nuit, allons plutôt chez Balivan, on y est plus libre.

— Mon atelier est à votre disposition, messieurs, avec des pipes de tous les pays et de toutes les grandeurs.

— Alors c'est entendu, j'irai vous retrouver chez monsieur Balivan.

— Vous savez mon adresse?...

— Je la sais... je la sais... Au revoir... Ah! monsieur Dupétrain, je vous en prie, attendez-moi pour conter votre histoire.

Dupétrain ne répond rien : il a mis sa tête entre ses mains et fascine son assiette. Les jeunes gens rient, Tobie se sauve.

VII. — MADAME PLAYS. — LES BANQUISTES.

Madame Plays est une femme de vingt-neuf à trente ans et qui paraît bien son âge, parce qu'elle est forte, vigoureusement membrée, et que ses traits sont en proportion avec son corps. Mais si les femmes de cette conformation paraissent de bonne heure dans leur été, elles ont l'agrément de conserver l'apparence de cet âge lorsqu'elles sont avancées dans leur automne; c'est une compensation qui peut même passer pour un avantage.

Madame Plays est une belle femme, sans être cependant trop grande; son embonpoint a pris peut-être un peu trop de développement, malgré cela sa taille se dessine encore avec avantage, une croupe large et rebondie annonce que l'artiste n'a pas besoin de passer par là pour imiter la nature; une jambe vigoureuse mais bien prise, un joli bras, une main grasse, douce, potelée, avec de ces doigts bien effilés qui semblent destinés à ne toucher que des choses agréables, voilà pour le corps. Une figure un peu campagnarde, mais fraîche et gracieuse; un gros nez, une grande bouche de jolies dents, des yeux bruns qui promettent beaucoup, des sourcils qui annoncent encore davantage, voilà pour le physique.

Quant à l'esprit, on n'en parlait pas : il était regardé comme absent. Cette dame était toute matérielle et sensuelle; cependant elle avait eu le tact de se choisir un mari fait pour elle : Un homme de quarante ans, bien bête, mais bien portant; bien frais, pouvant, lorsque sa femme était au dépourvu, remplir toute les charges que lui imposait son rôle de mari, et se trouvant très-heureux lorsque madame voulait bien lui permettre d'entrer dans son emploi. Enfin, un homme qu'elle menait à la baguette, qu'elle trompait la journée, et auquel elle ne permettait pas de dîner en ville sans sa permission.

Un seul fait suffira pour faire apprécier le caractère de monsieur Plays.

Un jour, un de ses amis intimes le rencontre à quelques pas de sa demeure. Il l'aborde et s'aperçoit que monsieur Plays, ordinairement si calme et si tranquille, semble un peu ému et que les prunelles de ses yeux roulent de côté et d'autre avec une expression qui ne leur est pas habituelle.

— J'allais chez toi, Plays, dit le monsieur; mais qu'as-tu donc... tu as l'air un peu agité?

— Monsieur Plays répond en essuyant son front avec son mouchoir :

— Ma foi, écoute donc... Il y a de quoi... Je viens de rentrer chez moi, sans être attendu... Il y a, vois-tu, que ma femme que j'ai une loge pour les Bouffes, j'entre dans sa chambre inopinément, et je la trouve... je la trouve... avec qui de mes cousins... dans une position... Il n'y avait pas à en douter... tu comprends?

— Oh! je comprends parfaitement. Eh bien, et tu n'as rien fait?

— Si. Oh! je m'en suis allé en fermant la porte d'une force!... Ils ont bien dû voir que je n'étais pas content.

Et l'aventure n'avait pas eu d'autres suites, si ce n'est qu'en reparaissant devant sa femme, monsieur Plays avait eu l'air honteux de la façon dont il s'était permis de fermer la porte.

Tel était l'époux d'Herminie Plays. Ce monsieur faisait la commission en gros et gagnait beaucoup d'argent, ce qui était nécessaire dans son ménage, madame en dépensant énormément pour ses plaisirs et sa toilette.

Il est huit heures et demie du soir. Le temps est beau et chaud, car on est encore en été; cependant le jour commence à baisser, et déjà il faut s'approcher tout près des personnes pour bien distinguer leurs traits.

Il y a beaucoup de monde sur l'emplacement où se tient le marché aux fleurs de la Chaussée-d'Antin, c'est-à-dire contre l'église de la Madeleine. Les fleurs ne sont plus en aussi grande quantité, cependant il y a encore de quoi contenter les modestes amateurs qui vont en acheter tard, afin de les payer moins cher.

Depuis dix minutes, une femme fort élégante se promène le long des rosiers, des myrtes et des orangers; quelquefois elle prend sur le côté pour ne pas rester au milieu de ce monde qui vient examiner les arbustes; mais ses regards parcourent toute l'étendue du marché, puis les environs; pas un homme ne passe sans qu'elle l'ait regardé pour s'assurer si ce n'est pas celui qu'elle attend, car vous avez deviné que cette dame est Herminie Plays.

L'impatience se peint dans les yeux de la belle femme : attendre à un rendez-vous est une chose à laquelle elle n'est point habituée, et si monsieur Albert Vermoncey n'était pas un très-joli garçon, il est probable qu'elle aurait déjà quitté la place.

Tout à coup un jeune homme, gros et petit, s'avance vers cette dame, en faisant d'aussi grands pas que ses petites jambes peuvent le lui permettre. Cette dame l'a vu venir, mais elle va détourner la tête, car ce n'est pas le jeune homme qu'elle attend, lorsque le petit monsieur se place devant elle et la salue, en disant:

— C'est bien à madame Plays que j'ai le plaisir de souhaiter le bonsoir?

— Oui, monsieur... Ah! c'est monsieur Tobie Pigeonnier!... je ne vous remettais pas d'abord... il fait déjà un peu sombre...

— Moi, madame, je vous ai reconnue tout de suite... Mais vous avez une de ces tournures qu'il est impossible de confondre avec les autres... et qui vous donne dans l'œil sur-le-champ.

— Vous êtes trop galant, monsieur; mais pardon, je cherche une personne... et je crains...

— Ne cherchez pas, c'est inutile... elle ne viendra pas... du moins en ce moment.

— Comment! que voulez-vous dire?

— Que je viens de la part d'Albert Vermoncey, mon ami intime... qu'une affaire imprévue empêche de se rendre maintenant près de vous...

— Eh quoi! il vous a dit... mais c'est fort indiscret de la part de monsieur Albert... En vérité, les hommes sont cent fois plus bavards que les femmes!

— C'est vrai! ô Dieu, que c'est vrai!...

— J'espère que vous ne croyez pas des choses...

— Je crois seulement que... Albert est bien heureux... quand il est près de vous.

— Ceci est trop aimable! mais enfin que vous a-t-il chargé de me dire?

— Mille excuses... puis de vous conduire... dans un endroit où il viendra nous rejoindre... un peu plus tard.

— Ah! il viendra... et il vous charge de me tenir compagnie...

— Si vous êtes assez bonne pour accepter... cet intérim.

— Ceci me semble un peu léger de la part de monsieur Albert... je ne sais si je dois vous croire...

— Voici une lettre qu'il m'a chargé de vous remettre, afin que vous ayez toute confiance en moi...

Madame Plays prend la lettre que Tobie lui présente, elle l'ouvre, reconnaît la signature d'Albert, essaye de lire quelques mots, mais il fait déjà nuit, et elle replie le billet qu'elle fourre dans son sein en disant:

— Je lirai cela plus tard... mais je vois qu'en effet Albert vous a envoyé près de moi... Quelle étourderie... je le reconnais bien là!... Enfin, où devons-nous nous attendre?

— Je vais vous conduire... Daignez-vous accepter mon bras?

— Il le faut bien. Oh! mais c'est trop original... et je ne puis m'empêcher de rire de cette idée... ah! ah! quel fou que cet Albert!

Madame Plays a pris le bras du jeune Tobie, sur lequel elle s'appuie beaucoup, parce qu'elle fatigue en marchant; mais son cavalier ne se plaint pas de cela; il prend pour une tendre pression ce qui n'est que l'effet de l'embonpoint de cette dame, et, de son côté, il se risque déjà à serrer amoureusement le bras qui est dans le sien.

C'est du côté des Champs-Élysées que Pigeonnier conduit madame Plays. Il sait qu'il trouvera par là des cafés-restaurants avec cabinets particuliers. Il est trop tard pour que sa dame n'ait point dîné, et il aime autant cela, parce qu'il en sera quitte pour des glaces ou du punch, ce qui lui coûtera moins cher: il a déjà fait en lui-même tous ces petits calculs. Il ne voudrait pas dépenser les douze francs qu'il a eus sur son paletot, car il veut garder l'argent pour retourner à la bouillotte, où il espère gagner de quoi solder sa part du dîner.

— Est-ce que vous me menez au Cirque? dit madame Plays en voyant que son cavalier la conduit aux Champs-Élysées.

— Non... Oh! ce n'est pas là qu'Albert doit nous rejoindre... c'est dans un joli petit restaurant... par ici...

— Un restaurant!... mais j'ai dîné, moi.

— Vraiment, vous avez dîné!... ah! c'est fâcheux... enfin, nous prendrons bien toujours quelque chose...

— Mais vous n'avez pas l'air d'être certain de l'endroit où Albert doit nous retrouver...

— Pardonnez-moi... tenez, c'est là...

— Comment! sous cette tente de bateliers?

— Non... mais derrière... ce café... oui, oui, c'est bien là.

Tobie conduit sa dame dans une espèce de café qui a des cabinets au premier étage, et il en demande un au garçon qui vient vers eux. Madame Plays ne semble nullement effarouchée en attendant son cavalier demander un cabinet. C'est une femme qui n'a peur de rien, et qui serait d'ailleurs de force à repousser toute entreprise qui ne lui plairait pas. Elle marche donc d'un pas ferme sur les traces du garçon qui leur fait monter un escalier et enfiler un couloir, puis leur ouvre une petite pièce ayant une fenêtre sur les Champs-Élysées.

— Que pourrais-je vous offrir? dit Tobie à la belle femme... des glaces, du punch?

— Je prendrai des glaces...

— Très-bien... Garçon... des glaces.

Le garçon s'éloigne. Madame Plays s'écrie:

— Prévenez donc ce garçon qu'un monsieur viendra nous demander.

— Ah! c'est juste.

Pigeonnier sort du cabinet, rejoint le garçon dans le couloir, et lui dit:

— N'apportez ni biscuits, ni macarons, ni gaufres avec les glaces... cette dame n'aime pas tout cela... rien que des glaces, vous entendez.

Le garçon prend un air d'humeur, en répondant:

— Nous en servons toujours avec les glaces, mais on n'est pas forcé d'y toucher.

— Oui, mais je vous dis que ce n'est pas la peine de nous en servir.

— Ça suffit, monsieur.

Le gros jeune homme regagne en sautillant le cabinet dans lequel il a laissé sa dame. Celle-ci s'est débarrassée de son chapeau et de son châle.

— Très-bien, se dit Tobie, elle se met à son aise; elle n'a fait aucune façon pour venir en cabinet particulier, d'où je conclus que cela marchera tout seul.

Madame Plays s'est approchée de la fenêtre, en disant:

— Que voit-on par là?

— Oh! rien de beau! répond Tobie, qui préfère que la fenêtre ne soit pas ouverte. On est au-dessus de ces bateleurs qui ont établi tout contre cette maison leur baraque, dans laquelle ils montrent des ours, des panthères, des monstres, je crois. Si j'étais propriétaire de ce restaurant, il me semble que je ne souffrirais pas ce voisinage!

— Et pourquoi? dit la belle femme en souriant, est-ce qu'il ne faut pas que tout le monde vive?

— Tout le monde, oui, mais pas les monstres!... Oh! ma foi, je déteste les monstres.. mais aussi je suis idolâtre de la beauté.

Tobie termine sa phrase en prenant la main de madame Plays, sur laquelle il dépose un baiser; la belle femme se laisse baiser la main sans difficulté.

Le garçon apporte des glaces; il les sert sur la table en regardant d'un air étonné cette dame qui n'aime pas les biscuits; il est fort longtemps pour disposer de la table ses glaces et ses cuillers, quand il a fini il ne s'en va pas; si bien que Pigeonnier est obligé de lui dire:

— C'est bien! quand je voudrai quelque chose, je sonnerai.

Le garçon sort enfin, et Tobie va s'asseoir près de madame Plays, devant laquelle il met une glace, en lui disant:

— Je voudrais bien que pour moi vous ne fussiez pas comme elle.

— Comment! à la vanille?

— Non, je voulais dire... je, pour moi, vous n'étiez pas... de glace.

— Ah! vraiment... Est-ce là ce qu'Albert vous a chargé de me dire?

— Oh! ma foi, écoutez donc... quand nos amis ne sont pas là... et que l'on a un cœur brûlant... et qu'on se trouve près d'une femme aussi jolie!...

Le garçon rouvre brusquement la porte du cabinet en disant:

— Je n'ai apporté ni biscuits, ni macarons... puisque madame n'en veut pas.

— Comment! qui vous a dit que je n'en voulais pas? s'écrie madame Plays.

— Mais, c'est monsieur qui...

Tobie devient pourpre, il lance des regards furibonds au garçon et l'interrompt en s'écriant:

— Qu'est-ce que vous dites?... qu'est-ce que vous venez nous conter?... je vous ai dit: si vos biscuits ne sont pas tendres, je n'en veux pas... si vos macarons sont vieux, gardez-les... Je ne veux offrir à madame que des choses... dignes d'elle.

— Mais, monsieur... cependant, dans le couloir... ce n'est pas ça...

— Si vous entendez de travers, ce n'est pas ma faute... Allons, en voilà assez, laissez-nous.

Le garçon ne répond rien, il baisse le nez d'un air sournois et sort du cabinet.

— Ce garçon est une huître, dit Tobie en se remettant à manger sa glace, il n'a pas l'esprit le fil de mon discours.

— Albert a donc été retenu par des affaires bien importantes... quelque rendez-vous avec une autre femme, peut-être?... Vous êtes sans doute au fait de tout cela... puisqu'il vous confie... ses plus intimes secrets... Les hommes sont tous des scélérats lorsqu'ils sont entre eux.

— Et quand ils sont pris séparément?

— Ah! ma foi, ils ne valent guère mieux; mais du moins alors, font-ils quelquefois vos volontés... Pour vous avoir chargé ce soir de me conduire ici, il faut qu'Albert ait en vous une bien grande confiance en vous!

— Il est certain que je me trouve bien heureux... et quant à sa confiance... j'en abuserais volontiers...

— Vraiment... voilà qui est joli.

— Écoutez donc, si j'avais le bonheur d'être dans les bonnes grâces d'une femme aussi belle que vous, je n'enverrais pas un ami lui tenir compagnie en mon absence...

— Le fait est que cela annonce...

— Beaucoup de fatuité ou une grande indifférence...

— Ah! ah! comme vous habillez votre ami...

— Les absents ont tort!... ce proverbe sera vrai dans tous les temps!

— Vous croyez?... Mais je ne suis peut-être pas de votre avis.

— Oh! si! oh! si!... soyez de mon avis!... Quand on a des yeux qui...

Le garçon rouvre la porte et entre avec deux soucoupes chargées l'une de biscuits, l'autre de macarons, qu'il pose sur la table, en disant :

— C'est tout frais... Goûtez-en... Ils étaient tout chauds hier...

Madame Plays part d'un éclat de rire, car Tobie fait des yeux comme des pistolets; cependant il n'ose rien dire, et le garçon va s'éloigner après avoir placé ses biscuits sur la table, lorsque madame Plays qui a fini sa glace à la vanille, l'appelle en lui disant :

— Garçon, apportez-moi une glace aux fruits. . Quels fruits avez-vous ?

— Madame, nous avons de la fraise et puis de la vanille...

— Je sais bien que vous avez de la vanille, puisque je viens d'en prendre une... Mais je vous demande ce que vous avez en fruits ?

— Madame, nous avons de la fraise... et de la vanille...

— Je comprends, vous n'avez pas autre chose.

— Pardonnez-moi, madame, nous avons encore des glaces panachées.

— A quoi?

— A la vanille et à la fraise.

— Apportez-moi une fraise alors... Et vous, monsieur, vous ne prenez pas une fraise?

Cette question s'adressait à Tobie qui fait son possible pour avoir l'air content, en répondant :

— Non! moi, je ne mange jamais plus d'une glace!... Oh! je m'en garderai bien! J'ai remarqué que... plusieurs glaces cela peut faire beaucoup de mal, ça donne des crampes d'estomac.

— Oh! moi, j'en mangerais une douzaine... j'en prendrais toute la journée que cela ne me ferait rien du tout.

— Diable! se dit Pigeonnier, c'est heureux qu'il n'y ait ici que de la vanille et de la fraise.

Le garçon est allé chercher la fraise qu'il ne tarde pas à rapporter. Il se remet encore à arranger les verres, les cuillers, les carafes, enfin il s'en va. Et madame Plays se met à manger la glace à la fraise, tout en goûtant aussi aux macarons et aux biscuits.

— Les frais vont leur train! se dit en lui-même Tobie. Cette femme-là consomme beaucoup. Si je ne la distrais pas en lui parlant d'amour, les deux soucoupes y passeront... Car j'ai entendu dire qu'avec les femmes il fallait toujours qu'il y eût un sens d'occupé... Tâchons donc de l'occuper d'autre chose.

Et le jeune homme se rapproche de madame Plays; la regarde entre les yeux et pousse un énorme soupir. La belle femme, qui est très-rieuse, s'écrie :

— Eh! mon Dieu! monsieur Tobie... que vous prend-il donc?... vous me faites des yeux... et vous soupirez d'une force...

— Ah! madame... c'est que je m'aperçois qu'Albert a eu bien tort de me charger de rester près de vous.

— Comment!... vous vous repentez d'avoir rendu service à votre ami?

— Et si ce service me coûte mon repos!... mon bonheur... ma tranquillité...

— Ah! ah! ah!... vous plaisantez... et comment donc votre repos est-il compromis?...

En ce moment le paillasse, qui est au-dessous du cabinet dans lequel Tobie a conduit sa dame, se met à annoncer son spectacle tout en frappant avec une baguette sur un grand tableau en toile placé à l'entrée de la baraque. Le bateleur a une voix tellement criarde qu'il est impossible aux personnes qui sont dans les cabinets de ne pas entendre tout ce qu'il dit, même lorsqu'elles voudraient n'y point faire attention, et le dialogue suivant, qui s'établit entre le jeune homme et la belle femme, se trouve nécessairement coupé par les annonces du banquiste :

TOBIE, *voulant prendre la main de madame Plays.*

Vous me demandez comment mon repos est compromis... eh! ne l'avez-vous pas deviné!... O Dieu!...

LE PAILLASSE.

Ça va commencer, messieurs, mesdames, ça va commencer.

MADAME PLAYS.

Laissez ma main... vous vous mettez bien près de moi...

LE PAILLASSE.

C'est l'instant! c'est le moment!... on va cocococo... ommencer!

TOBIE.

Ah! je voudrais être encore plus près... je voudrais...

LE PAILLASSE.

Entrez! entrez!... prenez vos billets!... il n'y en aura pas pour tout le monde!...

MADAME PLAYS.

Ce paillasse est insupportable avec ses cris!...

TOBIE.

Oh! je ne l'écoute pas!... je ne songe qu'à vous... que j'adore... Ah! si je pouvais obtenir un petit coin dans votre cœur!

LE PAILLASSE.

Il y a des places à six, à quatre et même à deux sous pour la commodité du public!

MADAME PLAYS.

Mais, monsieur Tobie, en vérité, j'étais loin de m'attendre... mon cœur ne se donne pas si vite!... et pour en triompher...

LE PAILLASSE.

Messieurs les militaires ne paieront que demi-place et ils pourront garder leurs éperons!

TOBIE.

Ah! s'il ne fallait que vous aimer comme Roland-le-Furieux... j'en suis capable... mon amour est monstrueux!

LE PAILLASSE.

C'est surprenant, c'est étonnant, c'est mirobolant!

MADAME PLAYS.

Et depuis quand donc m'aimez-vous?... cela vient de vous prendre à l'instant!... c'est peu croyable!... qu'ai-je donc tant pour vous plaire?...

LE PAILLASSE.

Des curiosités comme on n'en a jamais vu dans aucune partie du monde!

TOBIE.

Ce que vous avez, madame! ce que vous avez!... vous me demandez... mais à mes yeux vous êtes une divinité!...

LE PAILLASSE.

Une autruche qui a le col aussi long qu'une girafe, et qui montre sa langue quand on ne la lui demande pas!

MADAME PLAYS.

Taisez-vous!... vous en dites autant à bien d'autres je gage... Voyons, monsieur Pigeonnier, combien avez-vous de maîtresses?

LE PAILLASSE.

Trois panthères, qui font les culbutes les plus variées.

TOBIE.

Moi, des maîtresses! je n'en ai pas!... et si j'avais le bonheur de vous intéresser, vous seriez pour moi...

LE PAILLASSE.

Un vrai chameau, infatigable pour tous les exercices du corps, et qui reste sur le dos des journées entières.

MADAME PLAYS.

Mon Dieu! que les cris de cet homme sont ennuyeux... est-ce qu'il n'aura pas bientôt fini?... (*Elle mange un biscuit.*)

LE PAILLASSE.

Voici le moment où les animaux prennent leur nourriture...

TOBIE.

Oh! laissez-moi baiser cette main si douce... caresser ce bras si rond...

LE PAILLASSE.

C'est l'instant où le chameau mâle fait une foule de niches à sa femelle...

MADAME PLAYS.

Ce paillasse m'agace les nerfs... Quelle idée de m'avoir amenée ici... cet Albert choisit bien mal les endroits où il donne rendez-vous... Ah! monsieur Pigeonnier... finissez... je ne veux pas que l'on me touche les genoux comme cela...

LE PAILLASSE.

Prrrrrrr... nez vos billets !

TOBIE, *voulant enlacer la taille de madame Plays.*

Quelle taille élégante!... vous me rappelez la Vénus aux belles... formes.

LE PAILLASSE.

Il y a toujours de la place! si vous êtes contents, vous en ferez part à vos amis et connaissances.

MADAME PLAYS.

Eh bien... que faites-vous?... monsieur Tobie, vous êtes d'une témérité...

LE PAILLASSE.

On va lever la toile... vous allez voir ce que vous allez voir !...

Ici madame Plays se lève avec impatience, en s'écriant :

— Ah ! je n'y tiens plus !... ce bateleur dit des choses !... c'est odieux à entendre !

— Il a fini... oh ! oui, il doit avoir fini d'annoncer son spectacle. Ce bruit nous apprend que l'on entre dans sa baraque.

En effet, un roulement de grosse caisse, quelques fanfares sur la trompette retentissent devant le théâtre des bateleurs. L'annonce est terminée, quelques badauds, quelques jobards entrent sous la maison de toile, et la plupart des autres curieux se dispersent, sachant bien que dans ces sortes de spectacles, ce que l'on voit à la porte est toujours plus amusant que ce qui se montre en dedans.

Tobie prend madame Plays par la main et la reconduit à sa place, car il voudrait renouer la conversation qui commençait à devenir intéressante. La belle femme se laisse conduire, et se rassied en disant :

— Mais Albert ne vient pas, et je commence à trouver sa conduite assez singulière.

Pigeonnier se précipite aux genoux de madame Plays, en s'écriant :

— Eh bien !... s'il ne vient pas, raison de plus pour l'oublier, pour vous venger... pour me céder...

La belle dame semble hésiter et repousse moins sévèrement le petit jeune homme qui est à ses genoux, lorsque, en s'arrangeant son col, sa main froisse le billet qu'elle a placé dans son sein, elle l'en tire alors, en disant : — Ah ! mais à propos... je n'ai pas pu lire sur le boulevard la lettre qu'Albert m'a écrite... Voyons donc un peu ce qu'il me dit, et comment il vous recommande à moi... je verrai d'après cela si je dois vous écouter !...

— Lisez ! lisez ! répond Tobie, qui pense que la lettre d'Albert ne pourra que bien disposer la belle femme en sa faveur.

Madame Plays lit tout bas le billet d'Albert, mais à mesure que ses yeux parcourent la lettre, sa figure s'anime, puis se colore et l'expression du dépit, de la colère se peint dans tous ses traits. Pour comprendre ce changement, il faut se rappeler que le volage Albert a écrit sa missive pendant que son ami Mouillot faisait la carte de leur dîner. Alors, sans s'en douter, sans en être en croyant écrire que des phrases qui lui venaient à la tête, Albert y a aussi mêlé une partie des mets que Mouillot proposait tout haut à la société, il en est résulté une lettre conçue en ces termes :

« Femme charmante, vous savez combien je vous aime... Pour trois » c'est assez. Votre image ne m'est sans cesse présente... Une tête de » veau in tortue. Pour que vous ne m'attendiez pas au rendez-vous, » je vous envoie un ami intime... de la plus grande fraîcheur... Il vous » tiendra compagnie... A la sauce blanche. »

Madame Plays ne veut pas en lire davantage, elle froisse le billet dans ses mains, le jette à terre, se lève vivement en faisant à Tobie des yeux auxquels il ne comprend rien, et lui dit, d'une voix altérée par la colère : — Savez-vous ce que contient cette lettre, monsieur ?

— Si je le sais !... certainement, belle dame, je l'ai en partie dictée à mon ami.

— Ah ! vous l'avez dictée !... Alors vous et votre ami vous êtes deux polissons !

En disant ces mots, madame Plays applique au jeune Tobie un soufflet qui le cloue stupéfait à sa place ; puis prenant vivement son châle et son chapeau, qu'elle place à peu près sur elle, la belle femme sort brusquement du cabinet, sans daigner jeter un regard sur la personne qu'elle y laisse.

Le pauvre Pigeonnier reste quelques minutes sans bouger, encore tout saisi par ce qui vient de lui arriver, puis enfin il se met à parcourir le cabinet à grands pas, en s'écriant :

— Ah ! mais c'est trop fort !... un soufflet... parce que je lui remets ma lettre de recommandation... quand tout à l'heure elle se laissait pincer les genoux... et pincer... C'est inconcevable !... Mais avec tout cela j'en suis pour mes frais... Garçon ! garçon !...

Le garçon arrive, ayant l'air encore plus moqueur. Tobie a pour quatre francs cinquante de dépenses. Il paye en soupirant et se disant tout bas : — Pourvu que je rattrape tout cela à la bouillotte !...

En ce moment le paillasse recommence à frapper sur la toile avec sa baguette, en criant :

— Entrez messieurs, mesdames, vous allez voir ce que vous allez voir... Prrrrrrr... nez vos billets ! vous n'êtes pas contents, on vous rendra votre argent !

— Que le diable t'emporte, toi ! s'écrie Tobie en sortant du cabinet. Je ne suis pas content du tout, j'ai fait des dépenses folles aujourd'hui, et on ne me rendra pas mon argent !...

VIII. — LE CABARET. — SCÈNES POPULAIRES.

Dans un cabaret de la rue Saint-Lazare, une salle, située au premier étage, contenait plusieurs tables ; on montait à cette salle par un escalier qui partait de la boutique et se terminait presque au milieu de la pièce où se rassemblaient les buveurs qui étaient plus libres là qu'en bas.

Cette salle était alors occupée par des ouvriers, des gens du peuple et quelques petits marchands ambulants ; les uns, après une journée laborieuse, venaient prendre un modeste repas, et se refaire de leurs fatigues en soupant au cabaret ; les autres, après avoir paressé une grande partie de leur temps, venaient faire pendant une partie de la nuit ce qu'ils avaient fait le jour.

Ceux qui n'avaient point travaillé, et par conséquent rien gagné, étaient comme de coutume ceux qui dépensaient le plus. L'économie est presque toujours la compagne du travail, comme la débauche est celle de la paresse.

Un compagnon maçon, assis seul devant une table, mangeait avec béatitude un petit morceau de fromage qu'il arrosait avec une chopine de vin ; les invitations, les séductions de ses camarades ne lui auraient pas fait dépenser un sou de plus, car celui-là voulait amasser et ne point rester simple compagnon.

Un peu plus loin, un ouvrier charpentier, la trogne rouge, la figure reluisante, les yeux rapetissés par les vapeurs du vin, avait déjà vidé plusieurs bouteilles, et au lieu de rentrer chez lui, où sa famille l'attendait, se disposait à boire de nouveau ; provoquant ses connaissances et jusqu'aux étrangers pour trouver l'occasion de boire encore ; prêt enfin à dépenser jusqu'au dernier sou de la paye qu'il vient de recevoir, et que sa femme attend en vain pour aller acheter du pain à ses enfants.

A une autre table est un homme d'une cinquantaine d'années ayant les cheveux gris et d'énormes favoris, et dont le costume n'annonce aucune profession. Son menton est enfoncé dans un morceau de toile à matelas qui lui sert de cravate ; un habit, mais percé, rapiécé et beaucoup trop court pour lui ; un pantalon dont on ne voit plus la couleur, et qui est attaché par derrière avec des ficelles qui servent de boucles. Sur sa tête est un chapeau rond, si l'on veut appeler chapeau un morceau de feutre défoncé en plusieurs endroits et qui n'a que des fragments de bords. Tout cela n'empêche pas ce personnage de porter la tête haute, de toiser tous ceux qui arrivent, de taper sans cesse sur la table avec son couteau, d'accompagner ainsi les chansons qu'il fredonne, et enfin, tout en ne consommant qu'un canon et un morceau de pain, de faire à lui seul autant de bruit que plusieurs écots.

Parmi les tables entourées de buveurs, il en est une où l'on fait un repas auquel portent envie la plupart des personnes réunies dans cette salle : c'est celle occupée par Sanscravate, sa maîtresse et les deux autres commissionnaires.

La marchande de violettes est assise à côté de Sanscravate, qui mange, boit, parle, rit, chante, sert, verse, tout cela sans se reposer une minute, et quelquefois même trouvant moyen de faire plusieurs choses à la fois.

Mademoiselle Bastringuette ne semble pas partager la gaieté de son amant ; elle mange beaucoup, parle peu ; de temps à autre elle attache ses regards sur Paul qui est assis en face d'elle : mais celui-ci évite toujours de rencontrer ses yeux, ce qui l'oblige à tenir souvent les siens fixés sur son assiette.

Jean Ficelle est placé devant Sanscravate, il fait honneur au souper, et fonctionne avec une grande dextérité, ce qui ne l'empêche pas de jeter incessamment ses regards à droite et à gauche et de voir tout ce qui se passe dans la salle.

— Qui veut du lapin... encore un peu de gibelotte? dit Sanscravate en se servant d'un énorme plat auquel les convives ont déjà fait une assez forte brèche. Personne ne dit mot? je me sers.

— Passe-m'en un tantinet... dit Jean Ficelle en présentant son assiette.

— A la bonne heure ! s'écrie Sanscravate en servant son camarade, tu vas toi !... t'es jamais fainéant à table... mais... Paul... Ah ! quel traînard.... il ne mange pas.... il boit à peine.... t'es donc malade, petit ?

— Non, vraiment, répond Paul en souriant, mais je n'avais pas très-faim...

— Monsieur a quelque chose qui lui occupe le cœur... et ça lui remplit en même temps l'estomac ! murmure Bastringuette en suçant un petit os.

— Enfin ! reprend Sanscravate, je ne veux pas le gronder, puisqu'il est venu, quoiqu'il n'ait pas déjà l'air de trop s'amuser avec nous...

— Ah ! dame ! dit Bastringuette d'un ton moqueur, nous ne sommes pas dans la couture nous autres !... nous n'habillons pas le beau monde, nous ne sommes pas toute la journée dans des appartements cirés et vernis...

— Est-ce que j'y suis, moi? dit Paul en regardant Bastringuette d'un air sévère.

— Non, mais vous avez des accointances avec des gens qui se donnent des airs ! qui portent des gants ! Bastringuette pousse un soupir, puis reprend :

— Ah ! tiens, décidément j'ai envie de changer d'état... je ne veux plus vendre de bouquets, je veux me lancer plus haut !

— Tu veux vendre des oranges ! dit Sanscravate.

— Ah ! ouiche ! mieux que ça.

— Des harengs?

— Est-il bête! je lui dis que je veux m'élever, et il me ravale au hareng. Je veux me faire... culotière! pour amasser des fonds.

— Des fonds de culottes?

— Pour amasser de quoi avoir une boutique... je ne couds déjà pas si mal, et j'ai toujours eu de la vocation pour les culottes... c'est étonnant, ma mère en vendait sous les piliers des Halles.

— Eh ben, sois tranquille, soleil de mon cœur, pour peu qu'il m'arrive souvent des journées comme aujourd'hui, j'en aurai de ces noyaux pour t'acheter une boutique un peu étoffée.

— Oui! reprend Bastringuette en haussant les épaules, je n'ai qu'à compter sur toi!... c'est étonnant comme tu amasses... tu ne sais pas seulement te faire payer par ceux qui te doivent.

— Bah! on te doit de l'argent à toi? s'écrie Jean Ficelle en regardant Sanscravate avec étonnement. Est-ce que tu as hérité sans en faire part à un ami... Passe-moi encore du lapin alors.

— Eh non; est-ce que tu écoutes Bastringuette? elle veut parler de gens qui j'avais fait le déménagement. Ah! un pauvre déménagement qui ne m'avait guère fatigué!... et puis j'avais scié une demi-voie de bois, et fait quelques commissions... bref, on me devait peut-être six ou sept francs... v'là-t-il pas une belle somme!...

— Enfin, c'est toujours ça, reprend la grande fille. Figurez-vous... c'était l'hiver dernier... il gelait; mais il faisait un soleil superbe, et depuis longtemps j'avais une idée de me faire rouler sur le chemin de fer de Corbeil, pour aller ensuite me promener dans la forêt de Fontainebleau où l'on dit qu'il y a des serpents... et moi je suis curieuse d'en voir, même de gros, je n'ai jamais eu peur de ces êtres-là. Bref, je dis à Sanscravate : Tu vas me mener à Fontainebleau par le chemin de fer, nous ferions là-bas une petite ribotte champêtre... sur l'herbe.. elle sera un peu froide, mais ça n'en sera que plus piquant, j'aime à faire des ribottes sur la mousse. Il y a longtemps que je ne me suis mise au frais, ça me fera du bien. Sanscravate fouille dans sa poche, il ne possédait que cent sous. Je dis : C'est un peu exigu pour faire les choses proprement sur l'herbe, faudrait au moins avoir le double. Voyons, est-ce qu'il n'y a pas moyen de se procurer d'autre quibus? Là-dessus il me répond : J'ai bien quelques pratiques qui me doivent... entre autres cette famille qui demeure au cinquième dans la rue des Martyrs, et que j'ai déménagée il y a six mois. — Eh bien! lui dis-je, si t'étais encore, ils pourraient bien être redéménagés, et sans toi, cette fois. Va donc te faire payer... au bout de six mois, un pauvre commissionnaire a bien le droit de demander son dû! Je le pousse tant qu'il se décide à y aller, mais si vous saviez ce qu'il a fait...

— Il a tout cassé pour se faire payer? dit Jean Ficelle; moi, d'abord c'est ce que j'aurais fait.

— Eh! non, dit Sanscravate, si tu avais vu quelle misère chez ces pauvres gens, tu aurais fait comme moi; tu en aurais été touché. Figurez-vous que j'entre chez mes débiteurs; ils logeaient dans les mansardes... il était près de six heures du matin : je trouve le monsieur encore couché à côté de sa femme. Ils avaient sur la tête de vieilles serviettes en guise de fichus, ce qui les faisait ressembler à des Turcs. Pour se couvrir, n'ayant qu'une vieille couverture toute percée, ils avaient mis tous leurs effets sur leur lit, de vieilles robes, un pantalon, jusqu'à de vieilles boîtes... tout ça sur eux pour leur tenir chaud!... et puis, dans un renfoncement, était le lit de l'enfant, un petit garçon de deux à trois ans, bien gentil, bien rose!... quand je dis le lit... c'en était pas un!... devinez dans quoi était couché l'enfant?... dans un vieux manchon de femme... un manchon qui n'avait presque plus de poils : on avait fourré ce petit là-dedans, et on l'avait placé dans le tiroir d'une commode qu'on avait retiré entièrement et qui servait de couchette. En me voyant entrer, le monsieur me dit : Mon cher ami, si vous venez pour ce que je vous dois, il faudra que vous ayez encore la bonté d'attendre; je suis sans ouvrage depuis quinze jours... nous ne nous levons que le plus tard possible, car nous n'avons plus de quoi nous chauffer... et je n'ai y a de pis, c'est que je ne sais pas trop aujourd'hui avec quoi nous déjeunerons!... Dites-moi un peu si je pouvais demander de l'argent à ces gens-là... je tâchai de les consoler... et je m'en v'lai!...

— Oui! mais il ne vous dit pas tout. s'écrie Bastringuette; non-seulement il ne demanda pas son dû, mais encore il laissa sur la cheminée de ces pauvres gens la seule pièce de cinq francs qu'il possédait... si bien qu'au lieu de rapporter le double de ce qu'il avait, pour nous divertir, il revint sans le sou!

Paul saisit vivement la main de Sanscravate, en s'écriant :

— Ah! c'est bien, Sanscravate!... c'est bien ce que tu as fait là... tu as un bon cœur, tu es un bon garçon!...

— Oh! pardi! v'là grand'chose! répond le commissionnaire en remplissant son verre, il fallait bien faire déjeuner ce petit qui couchait dans le manchon!... Moi, j'ai crédit chez le marchand de vin... je pouvais attendre.

— Si tous les créanciers se conduisaient comme ça! murmure Jean Ficelle, le métier ne vaudrait plus rien. Eh! eh! dis donc, Laboussole, si tes créanciers te donnaient des écus de cinq francs à toi... ça te chausserait joliment...!

Ces paroles étaient adressées au particulier qui depuis longtemps avait avalé son canon, mais continuait de mastiquer son pain sec en battant sur la table avec son couteau, comme s'il eût joué du tambour.

Monsieur Laboussole promène son menton dans sa toile à carreaux en répondant d'un air tout guilleret :

— Je serais millionnaire!... au lieu de cela je suis dégommé... Que voulez-vous? cela se voit tous les jours! et moi aussi j'ai mangé du veau rôti et de la salade!... et j'ai bu du vin à discrétion... on a des hauts et des bas!...

— Mais à c't'heure il n'en a pas de bas! murmure Bastringuette en jetant un coup d'œil sur monsieur Laboussole; il me fait l'effet d'un vieux filou cet homme-là!

— Pas du tout! dit Jean Ficelle, c'est un particulier qui a eu beaucoup de talent dans sa partie... mais; dame! il a subi des revers!

— Quéque c'était sa partie?

— Il était inspecteur à la Halle...

— Diable! c'est une bonne place... et pourquoi l'a-t-il perdue?

— On lui a fait des méchancetés... on lui fourrait des poissons, des volailles dans ses poches... et puis on disait qu'il volait les marchandises... des mauvaisetés, quoi!... et un jour qu'il avait un saumon dans une poche, et un dindon dans l'autre, on a eu l'infamie de l'arrêter et de le destituer pour ça!

— Il ne s'apercevait donc pas quand il avait du poisson sur lui, ce monsieur? dit Bastringuette.

— Apparemment... à la Halle il y en a tant, on marche dessus.

— C'est égal, son innocence lui fait l'effet d'être bigrement troublée!... Et quoi qu'il fait à présent?

— Il donne des cachets au bal de la Belle-en-cuisse, rue des Martyrs... à la barrière... Mais, quand on ne danse pas... il est fumé! et on ne danse pas aujourd'hui.

— Voyons, vieux, est-ce que vous ne voulez pas boire un coup avec nous? dit Sanscravate en faisant un signe à Laboussole. Celui-ci a aussitôt accepté que compris, et il vient avec son verre s'asseoir à la table des commissionnaires, en disant :

— Je ne refuse jamais un verre de vin.

Bastringuette fait un mouvement d'humeur en murmurant entre ses dents :

— Qu'il est bête, ce Sanscravate!... Est-ce que nous avions besoin de ce vieux rissole!... Mais dès qu'il a des sonnettes, celui-là, c'est pour tout le monde! aussi, il ne les garde pas longtemps!

IX. — LE CABARET. — SCÈNES POPULAIRES.

(Suite.)

Paul ne semble pas non plus flatté de se trouver à la même table que le ci-devant inspecteur de la Halle, et il éloigne sa chaise de celle de ce monsieur. Celui-ci saisit cette occasion pour se mettre entièrement à table; et, tirant à lui le plat de lapin dans lequel il ne reste plus que la tête, il se met à la nettoyer avec sa langue, en fredonnant :

— Quand on sait aimer et plaire, a-t-on besoin d'autre bien!

— Ah çà, nous allons prendre un peu de dessert, dit Sanscravate, faut pas rester sur le lapin. Voyons, Bastringuette... quéque tu veux en fait de dessert?

— Du saucisson à l'ail, répond la grande fille.

— Ça va! Ho hé! garçon... quatre saucissons à l'ail... et qu'ils soient musqués dans le bon style... cinq, même... Laboussole en goûtera bien un!... N'est-ce pas, vieux?

— Je n'ai jamais refusé un saucisson! répond ce monsieur en continuant de visiter jusqu'aux moindres cavités de la tête du lapin.

— Tiens! tu manges l'œil! s'écrie Jean Ficelle en regardant Laboussole travailler.

— Je mangerais les tiens si tu étais en gibelotte... J'adore cette friandise.

Les saucissons sont apportés. Chacun en prend un, excepté Paul, qui prétend n'avoir plus faim. Jean Ficelle prend alors son air goguenard, en disant :

— C'est pas assez sucré pour lui!...

Et Bastringuette ajoute :

— Peut-être ben que sa tailleuse pour femme n'aime pas ce goût-là!

— Dis donc, camarade, tu ne vas pas du tout! s'écrie Sanscravate en forçant Paul à laisser de nouveau emplir son verre. Est-ce que tu ne te plais pas avec les amis?

— Il est certain, dit Jean Ficelle, que Paul fait une drôle de mine. On dirait qu'il se trouve vexé d'être au cabaret avec nous.

— Eh! pourquoi donc me supposer ces sentiments? répond Paul, est-ce que je suis autre chose que vous, moi? est-ce que je ne suis pas un commissionnaire aussi? Quant au cabaret... comme j'y vais fort rarement, il n'est pas étonnant que j'y aie l'air moins à mon aise que vous!

— Vous ne fréquentez pas souvent le cabaret! s'écrie Laboussole en savourant son saucisson. Vous avez tort, jeune homme! le cabaret est le seul endroit où l'on puisse jouir de l'existence... C'est le rendez-vous de la bonne société... Je voudrais ne jamais en sortir, moi , du cabaret !...

Paul ne répond pas et tourne le dos à monsieur Laboussole. Jean reprend d'un ton malicieux :

— Ah ! dame ! on ne va pas au cabaret quand on se met en flambard !... et on m'a dit qu'on rencontrait quelquefois Paul ayant sur lui une pelure soignée, et un chapeau au lieu de la casquette...

— Ah, bah ! s'écrie Sanscravate en vidant son verre, comment, camarade, est-ce que tu fais parfois ton crâne ?...

— On s'est trompé, murmure Paul, que ces questions semblent contrarier.

— Moi , j'ai de bons yeux, dit Laboussole en rajustant sur sa tête son espèce de chapeau. Oui, j'ai aperçu le camarade, il n'y a pas plus de huit jours... c'était dans le Marais... et il avait une tenue d'épicier en gros !

— Tiens ! tiens ! dit Bastringuette en fixant sur Paul ses grands yeux noirs, est-ce que vous seriez un prince déguisé en commissionnaire ?... Il me semble que j'ai déjà entendu conter une histoire comme ça... Dites donc, alors, si vous vouliez faire ma fortune... ne vous gênez pas, j'accepte.

— Je ne suis pas autre chose que ce que je parais, répond Paul en poussant un soupir, mais j'ai de bons yeux aussi... et j'ai vu... monsieur... devant lui un jeu de hasard... établi sous le pont d'Austerlitz.

Le ci-devant inspecteur à la Halle se trouble et tâche d'enfoncer son chapeau sur ses yeux ; il lâche un coup d'œil sur Jean Ficelle, et reprend en faisant une voix enrouée :

— C'est possible !... Qu'y a-t-il là d'étonnant ?... On flâne... on se promène... on s'arrête devant un divertissement quelconque... Voilà comment on descend le fleuve de la vie !

— Allons, allons, buvons, chantons ! s'écrie Sanscravate. Eh ! qu'importe comment on soit habillé... qu'importe où l'on se promène ?... Est-ce que nous ne sommes pas nos maîtres ? est-ce que la liberté n'est pas pour tout le monde ?

— C'est mon avis ! répond Laboussole en tendant son verre, dont il avale ensuite le contenu avec toute la facilité d'un Anglais qui ingurgite du champagne. Mais vous êtes ce que j'appelle un homme, vous...

Sanscravate !... et je me fais de vos amis...

— Je crois bien ! dit Bastringuette à demi-voix, il est l'ami de ceux qui régalent !... N'est-ce pas, Paul ?... Eh bien, répondez donc. Cupidon, au lieu de baisser vos yeux comme une demoiselle... Savez-vous que c'est malhonnête, de ne pas regarder une femme... quand elle vous fixe !

Paul ne fait pas semblant d'entendre et ne répond rien. Quant à Sanscravate, les fréquentes rasades qu'il se verse commencent à échauffer sa tête et à brouiller ses yeux ; il ne s'aperçoit point des œillades que sa maîtresse lance à son vis-à-vis ; mais Jean Ficelle, qui observe tout, sourit malignement en disant entre ses dents, mais de manière à pouvoir être entendu de Sanscravate :

— C'est joliment traître, les femmes !... Si j'avais une maîtresse, je ne l'emmènerais jamais en société que quand il n'y aurait personne.

Enfin, reprend le monsieur au chapeau déformé, en attaquant le saucisson que Paul a refusé, il paraît du reste que les affaires ne vont pas mal, mes camarades, car vous menez une vie arrosée de piquette !...

— J'ai fait une bonne soirée ! dit Sanscravate, quinze francs !... pour une commission !

— Peste ! c'est donc un duc et pair, pour qui tu travailles, l'ami ?

— Non, mais c'est un jeune homme qui va bien !... Ah, bigre ! parlez-moi d'un gaillard comme ça... C'est généreux !...

— C'est comme le mien, dit Jean Ficelle, il m'a flanqué une méchante pièce de quarante sous pour avoir frotté plus de deux heures !...

— Le mien m'en a encore moins donné ! dit Paul, et pourtant j'ai dû attendre bien longtemps pour lui en différents endroits !

— Ah ! parlez-moi de ma pratique, reprend Sanscravate, c'est gai ! farceur... ça s'amuse, et ça veut que les autres s'amusent... Voilà un bon enfant... buvons à la santé de monsieur Albert Vermoncey...

— Ça y est... Buvons !...

— Eh bien, Paul... tu ne bois pas ?...

— Je n'ai plus soif.

— Est-ce que ça empêche de boire ?... Va donc !...

— Non, je n'ai pas envie de me griser.

— Ah ! quelle poule ! T'es pas un homme, alors,... t'es une portière !... Est-ce qu'on refuse de trinquer avec les amis ?

— Non, non, dit Jean Ficelle, qui cherche à animer Sanscravate contre le jeune commissionnaire, c'est un affront qu'il nous fait.

— On ne refuse jamais de trinquer ! dit monsieur Laboussole en approchant son verre de celui de Paul ; mais le jeune commissionnaire prend son verre et le jette à terre, en disant :

— Et moi, je ne veux pas trinquer avec vous !

Le monsieur au chapeau déformé prend cette action avec assez d'indifférence, et se contente de répondre :

— Jeune homme... quel casse tête-là... Vous savez le reste ?...

Mais Sanscravate, déjà étourdi par le vin, se lève en s'écriant :

— Sacredié ! sais-tu que je n'aime pas ces manières-là... et si un autre avait fait cela... Mais faudrait pas recommencer, pourtant...

— Eh ben, de quoi !... s'écrie Bastringuette en se levant aussi et se plaçant devant Sanscravate, est-ce que nous allons faire du tapage ?... Alors, je vais crier plus fort, moi !... Est-ce qu'on se fâche avec un ami parce qu'il ne veut pas boire ?... Est-ce que Paul n'est pas son maître ?... Moi, je dis qu'il a raison de ne pas se griser comme vous ! Quand vous êtes gris, vous devenez comme des brutes, vous n'êtes plus bons qu'à vous battre, et si vous croyez qu'on vous aime, alors ! vous vous trompez joliment !

— Tiens ! comme elle prend son parti ! dit Jean Ficelle; vous seriez amoureuse de lui que ça ne serait pas pis.

— Si je suis amoureuse de quelqu'un, répond Bastringuette, en tout cas, ce n'est pas de vous !

Sanscravate, qui s'étourdit de plus en plus, et auquel les demi-mots, les observations perfides de Jean Ficelle commencent à donner de la jalousie, prend le bras de la grande fille, qui est à côté de lui, et le lui secoue assez rudement, en s'écriant :

— Mais il me semble aussi, à moi, que tu prends beaucoup trop la défense du camarade !... Sais-tu que je n'aime pas ça ? Est-ce que tu aurais envie de me faire des traits !...

Bastringuette se lève, retire avec un mouvement violent son bras de la main qui le tenait, et prenant une assiette sur la table, elle la tient sur la tête de Sanscravate qu'elle semble prête à frapper avec. Alors son visage est pâle, ses sourcils se rapprochent, ses regards lancent des éclairs. Il y a dans sa colère quelque chose qui l'embellit, et qui donne presque de la distinction à ses traits ; chacun en est frappé, et Sanscravate demeure immobile, semblant résigné à recevoir le coup qui le menace.

— Je devrais te briser cette assiette sur la tête, dit Bastringuette, oui, je le devrais, pour t'apprendre à m'avoir secoué le bras ainsi rudement !... si je t'aimais encore je le ferais, mais comme je ne t'aime plus, je te pardonne...

En disant ces mots elle replace l'assiette sur la table. Sanscravate la regarde d'un air inquiet, en balbutiant :

— Ah ! tu ne m'aimes plus !...

— Non, répond Bastringuette en appuyant sur ses paroles. Je suis franche, moi !... Je ne veux pas te faire de traits, comme tu as l'air de le craindre !... Mais dès ce moment je ne suis plus ta maîtresse, je reprends ma liberté.

— Quoi !... tout de bon ?

— Oh !... tu vois bien que je n'en fais pas mystère, je le dis devant tout le monde.

— Mais...

— Mais quoi ?... Nous n'étions pas liés ensemble de façon à ne pas nous quitter. Aimerais-tu mieux que je fisse comme les dames du beau monde ?... Que je reste avec toi, en te l'aimant plus, et puis que je te fasse des queues toute la journée ? C'est pas mon genre à moi.

— Si tu ne m'aimes plus... c'est que tu en aimes un autre alors !...

— Pardi !... ça se devine facilement ! murmure Jean Ficelle.

— Que j'aime un autre, qui ! ça ne te regarde plus !... Aime qui tu voudras !... Je m'en fiche comme des favoris de monsieur !

La grande fille désignait Laboussole qui sourit et caresse ses favoris, en disant :

— Toutes les femmes n'en disent pas autant.

— Ah ! c'est comme ça ! s'écrie Sanscravate en vidant son verre, tandis que Bastringuette s'est remise à table d'un air plus calme. Eh ben ! comme tu voudras !... Au diable l'amour ! les femmes !... Buvons, mes amis... buvons !...

— Mais il est tard, dit Paul, j'entends que l'on ferme la bas. Sanscravate, est-ce que nous ne partons pas ?

— Pars si tu veux... moi je reste avec les amis... avec les vrais amis ! répond Sanscravate en jetant sur le jeune commissionnaire un regard courroucé.

— Non... je m'en irai avec toi... tu as assez bu... il ne faut pas te griser.

— Quéque ça fait !... si ça me convient de me griser !... Je suis mon maître aussi !... Je n'ai plus de femme qui me gêne, qui m'ennuie... Ah ! crédié ! comme je vais m'en donner à présent !

— Ça sera du gentil ! murmure Bastringuette. Il fera de belles choses... pour qui je ne veux plus d'hommes qui s'abrutissent à boire... J'aime mieux un amant sobre... c'est plus délicat pour l'amour.

— A boire ! à boire !... du vin, garçon ! s'écrie Sanscravate qui veut s'étourdir encore plus pour le point paraître affligé d'avoir rompu avec sa maîtresse...

— C'est ça, dit Jean Ficelle. Les hommes solides ne boudent pas !... les véreux s'en iront !... on se passera d'eux...

— O mes amis ! s'écrie monsieur Laboussole d'un ton sentimental, quand on est si bien ensemble, il ne faut pas songer à se quitter... passons huit jours ici, ça va-t-il ?... Ah , bah ! ça va !

Paul se penche vers Bastringuette et lui dit tout bas :

— C'est vous qui êtes cause que Sanscravate se grise... Il boit pour oublier le chagrin que vous lui avez fait, en lui disant que vous vouliez le quitter !... et il pourrait en résulter quelque malheur.

— Tant pis !... n, i, ni, c'est lui. Je ne l'aime plus... j'en aime un autre ! et cet autre, c'est toi !...

Paul se recule sans répondre. On entend des éclats de rire partir d'une autre partie de la salle. C'est le charpentier à la rouge trogne qui est entouré de buveurs auxquels il dit :

— Oui, je parie que je le ferais... Oui, oui, je le parie... et qu'un autre ne le fera pas... Ah! mais, vous êtes tous des *feignants*... vous n'osez pas jouter!

— Ah! bon... voilà Cagnoux qui fait ses farces! dit Jean Ficelle. Il défie tout le monde, celui-là !...

Sanscravate quitte sa place et va près du charpentier en disant :

— Qu'est-ce que tu dis donc que tu feras, et que les autres ne feront pas?... en v'là une bonne!... Est-ce que tu crois qu'il n'y a pas ici des lurons qui te valent, Cagnoux?

— Oui, murmure Laboussole en restant à table et vidant tous les restants de bouteille dans son verre. Oui... nous sommes capables de tout, ici! il ne faut pas nous défier.

Le charpentier qui est complètement gris parvient pourtant à se lever, et, tâchant de se tenir sans chanceler, élève en l'air un énorme verre, en disant :

— Voyez-vous ce verre... ça tient une chope... qu'on me l'emplisse d'eau-de-vie, je le vide en un trait... il n'y en a pas un de vous de... fichu pour en faire autant !

— Oh! parbleu, voilà une belle merveille, s'écrie Sanscravate, boire plein ça d'eau-de-vie... ce n'est pas bien difficile.

— Sanscravate est capable de faire cela! dit Jean Ficelle qui a aussi quitté sa place pour venir se mêler aux curieux. Oui, je le connais... il le fera... Moi, si je n'avais pas mal au ventre, je le ferais.

— Je gage six litres pour la société que j'avale plein ce verre d'eau-de-vie, d'un trait, sans me reposer enfin; ça va-t-il, vieux Cagnoux?

— Ça va! répond le charpentier, tape là dedans.

Sanscravate s'avance pour taper dans la main que Cagnoux lui présente; mais alors, celui-ci ne pouvant plus se tenir sur ses jambes, se laisse retomber sur sa chaise, et la main du commissionnaire tombe d'aplomb sur la tête du charpentier, et lui enfonce au nez, une vieille casquette qui le couvrait. De gros éclats de rire partent de tous côtés. Le charpentier y mêle les siens, et se dépêtre de sa coiffure, en criant :

— Qu'on apporte de l'eau-de-vie... et s'il perd, moi, je tiendrai le pari après.

Au lieu de répondre à Bastringuette qui lui demande s'il veut la reconduire, Paul se lève alors et court à Sanscravate auquel il prend la main, en lui disant :

— Sanscravate, tu ne vas pas tenir le pari qu'on te propose... Tu ne vas pas faire la folie de boire plein cet immense verre d'eau-de-vie ?

— Et pourquoi donc pas? répond le commissionnaire en retirant sa main de celle de Paul. Si cela me plaît... est-ce que cela te regarde ?... Va donc faire la cour à Bastringuette, et laisse-nous tranquilles !

— Tu sais très-bien que je ne suis pas amoureux de ta maîtresse !...

— Oh! maintenant, elle ne l'est plus !... qu'elle soit la tienne, ça m'est bien égal.

Le ton dont Sanscravate dit ces mots n'annonce pas qu'il lui soit en effet indifférent de voir la marchande de violettes devenir la conquête de Paul; mais celui-ci essaye de reprendre la main de son camarade, en lui disant :

— Allons, qu'il ne soit plus question de Bastringuette entre nous! Ta querelle avec elle ne me regarde pas... et d'ailleurs, demain vous serez raccommodés. Mais, je t'en supplie, ne bois pas cette énorme quantité d'eau-de-vie, c'est fort dangereux, tu pourrais en mourir !

— Bah! bah! et d'ailleurs, cela m'est bien égal.

— Le pari est engagé! il n'y a plus à reculer, dit Jean Ficelle en se frottant les mains.

— Oui, c'est une chose sacrée! reprend monsieur Laboussole qui s'est enfin décidé à quitter la table où il n'y a plus rien à boire, pour venir se joindre aux personnes rassemblées autour de Sanscravate et de Cagnoux. Je ne connais rien de plus sacré qu'un pari! Une fois, moi, j'avais gagé que je mangerais une énorme carpe frite avec toutes ses arêtes ! Quand j'étais aux trois quarts, j'ai senti que je m'étranglais... mais j'avais parié, j'ai continué. J'en ai eu un mal bien à la gorge avec une arête, que j'ai gardée six mois... mais j'ai gagné le pari qui était de dix sous, et l'honneur était sauvé !

Le garçon marchand de vin arrive avec une grande mesure d'eau-de-vie; tandis qu'il emplit l'immense verre, Paul s'approche encore de Sanscravate, et lui dit :

— Je suis plus raisonnable que les autres... je suis ton ami, écoute-moi, de grâce.

— Toi, tu n'es plus mon ami... d'ailleurs, tu as cassé ton verre pour ne plus trinquer avec moi... je n'ai pas oublié ça.

— Ce n'est pas avec toi que je ne voulais pas trinquer... c'est avec Laboussole, et tu verras plus tard si j'avais raison.

En ce moment les hommes rassemblés dans la salle crient de tous côtés :

Les moindres chiquenaudes qu'elle donne équivalent à de vigoureux coups de poing. — Page 27.

— Allons! c'est versé!... voilà le moment de te montrer, Sanscravate !

— Me voilà ! répond le commissionnaire en repoussant brusquement Paul pour s'approcher de la table sur laquelle est l'objet du pari.

Mais Paul a été plus prompt que Sanscravate, il a couru à la table, il y arrive le premier, et d'un revers de sa main il jette à terre la chope d'eau-de-vie; l'immense verre se brise en éclats et le liquide se répand sur le carreau.

L'action du jeune commissionnaire provoque un murmure de mécontentement et de menace. Quelques buveurs semblent stupéfaits en voyant qu'un homme a pu se résoudre à perdre une aussi grande quantité d'eau-de-vie, et monsieur Laboussole ne craignant pas de tacher son pantalon, se précipite sur-le-champ à quatre pattes, et collant sa bouche sur les flots de liquide, tâche avec sa langue, d'en attraper une partie.

Mais Sanscravate exaspéré par la colère, et qui n'a déjà plus sa raison, court sur Paul et le saisit par le milieu du corps en lui disant d'une voix menaçante :

— C'est une insulte que tu viens de me faire... Tu as voulu m'empêcher de gagner mon pari, mais tu vas m'en rendre raison !... nous allons nous battre, entends-tu ?... et défends-toi bien, car je taperai ferme !...

— Oui, oui, s'écrie Jean Ficelle, il a insulté Sanscravate... il a insulté Cagnoux... il nous a tous offensés en cassant la chope... il faut qu'il soit rossé !... il faut lui donner une leçon !... ça lui apprendra à mieux se conduire dans un cabaret !

Et monsieur Laboussole, tout en continuant de lécher l'eau-de-vie répandue à terre, fait entendre ces mots à demi étouffés par sa position :

— Il faut le battre !.. ou bien il faut le forcer à payer le double d'eau-de-vie pour la société.

Bastringuette s'élance alors au milieu de tous ces hommes qui entourent le jeune commissionnaire, et, se plaçant devant celui-ci, elle s'écrie :

— Est-ce que vous allez vous mettre tous contre lui !... Eh ben, c'est courageux !... une douzaine contre un homme... c'est comme ça que vous êtes braves !... je vous défends de le toucher ! ou je vous griffe tous !

Mais d'un bras vigoureux Sanscravate a fait pirouetter la grande fille de côté, en disant :

— Ce n'est pas contre douze qu'il se battra, c'est contre moi seul... Allons, y es-tu ?

— Non ! répond Paul qui est resté fort calme au milieu de tout ce tumulte, non, je ne me battrai pas contre toi.

— Tu es un lâche alors.

— Je ne suis point un lâche. Que tout autre se présente, et je consens à me battre !... Mais, pas avec toi, Sanscravate, car tu n'as pas ta raison maintenant, et demain tu serais fâché d'avoir frappé ton ami.

— Ah ! il cane ! il cane ! s'écrie Jean Ficelle. Il veut faire croire que Sanscravate a trop bu !...

— C'est à moi que tu as fait une sottise en brisant ce verre... c'est avec moi qu'il faut te battre ! reprend Sanscravate. Allons, crédié... finissons-en, ou je t'assomme !...

Déjà le vigoureux commissionnaire a levé son poing sur Paul qui reste impassible et semble décidé à se laisser frapper... et tous les hommes rassemblés là, se sont reculés comme pour laisser un espace plus grand aux combattants sur lesquels leurs yeux sont attachés.

Mais un incident inattendu vient interrompre cette scène. Des pas lourds, pesants se font entendre dans la boutique du marchand de vin, et ils s'y mêle comme le bruit que font des fusils que l'on pose à terre ; au même moment le garçon marchand de vin paraît au haut de l'escalier, en criant d'un air effaré :

— La garde... voilà la garde... elle va monter ici.

— La garde ! murmurent la plupart des buveurs, qu'est-ce qu'elle vient faire ? — Il n'est pas minuit... — Nous avons encore le droit de boire... — Moi, je ne m'en vais pas...

Elle vient pour autre chose, reprend le garçon ; il y a deux agents

Elle administre force coups de poing à M. Dupêtrain. — Page 29.

de police avec les soldats... ils viennent arrêter quelqu'un, à ce qu'il paraît.

Les ouvriers, les ivrognes semblent assez peu émus à cette nouvelle. Mais monsieur Laboussole, qui était resté à quatre pattes, va se fourrer alors sous une table, quoiqu'il n'y ait point d'eau-de-vie de répandue dessous.

Les soldats et les agents de police montaient presque sur les pas du garçon. Ils entrent dans la salle. Deux des soldats gardent l'escalier.

— Pourquoi diable venez-vous nous déranger ? s'écrie Sanscravate, nous n'avons rien à démêler avec vous !... Est-ce qu'on n'est plus libre de boire, de chanter et de se disputer si ça fait plaisir ?

Les agents, qui ont déjà passé en revue toutes les personnes qui sont dans la salle, ne répondent point à Sanscravate ; mais l'un d'eux s'approche de la table sous laquelle s'est réfugié le ci-devant inspecteur à la halle, et, le tirant par une jambe, le force de quitter sa retraite, en disant :

— Voilà le particulier que nous cherchons... Allons, allons, debout ! il faut bien suivre !

— Messieurs ! s'écrie Laboussole, en tâchant de cacher jusqu'à son nez dans sa cravate, c'est une méprise, je vous assure ; il faut que je sois victime d'une ressemblance malheureuse... Je connais plus de vingt personnes qui me ressemblent !

— Non, non, c'est bien vous que nous cherchons... allons, marchons, et vivement !

— Pourquoi donc arrêtez-vous cet homme ? s'écrie Sanscravate, que Jean Ficelle pousse par derrière en lui soufflant à l'oreille : Défends-le donc ! rosse-les, toi qui es fort !

— Parce que cet homme est un voleur ! s'écrie l'agent en poussant Laboussole devant lui.

Paul regarde alors Sanscravate, qui est resté pâle et immobile : le mot de voleur l'a dégrisé.

X. — SOIRÉE D'ATELIER. — UN FÉTICHE. — LA BOURGUIGNONNE.

Il est fort désagréable d'être trompé dans son attente : mais c'est surtout après un rendez-vous galant que cette déception est plus sensible : vous avez rêvé le bonheur sous les formes les plus gracieuses, voire imagination a enfanté les tableaux les plus tendres, les situations les plus douces. Toutes ces pensées vous ont monté la tête, échauffé l'esprit... quand vous en avez, et tout au moins les sens, à défaut de l'esprit, et de tout cela quand il ne résulte rien de ce qu'on s'était promis, on s'en revient tout confus, comme le corbeau de la fable. Mais si au lieu des baisers que vous espériez prendre, c'est un soufflet que vous avez reçu, il est bien permis de sentir le dépit, la colère se mêler à cette confusion.

On dit qu'un soufflet de femme ne fait pas de mal, c'est sans doute parce que, donné souvent dans un mouvement de vivacité, il est suivi du repentir, et laisse à celui qui l'a reçu la faculté d'en mériter encore.

Mais prenez un soufflet bien sec... et rien avec. Je doute que la plus jolie femme et la plus jolie main vous fassent trouver agréable.

Vous direz peut-être que madame Plays n'avait pas donné de rendez-vous au jeune Tobie? Non; mais elle avait accepté son bras, elle avait bien voulu entrer avec lui dans un cabinet particulier; tout cela, pour des gens qui savent vivre, était déjà dire qu'elle consentait à ce qu'il remplaçât Albert en tout.

Le petit jeune homme se livrait à ses réflexions, tout en faisant le chemin des Champs-Élysées à la rue Taitbout; il marchait extrêmement vite, car il est rare que l'on aille doucement quand on est très-animé; et tout en marchant il se disait:

— Est-ce que par hasard Albert n'aurait pas écrit à cette dame ce qu'il se dictait lui-même tout haut... J'aurais dû lire sa lettre avant de la donner... Est-ce qu'il lui a écrit des horreurs sur mon compte?... Était-ce un coup monté pour se moquer de moi?... Ah! fichtre!... si je savais cela ! ça ne se passerait pas ainsi... c'est que je n'entends pas qu'on se fiche de moi...

Et dans l'ardeur qui l'anime, le jeune homme brandit, tout en marchant, sa belle canne à pomme d'or, comme s'il voulait déjà assommer quelqu'un, et en gesticulant ainsi, il manque de faire sauter en l'air le chapeau d'une dame respectable dont la passe un peu avancée se trouve sous le bout de sa canne dans un moment où il jouait au tambour-major. Heureusement les rubans noués dessous le menton de cette dame retiennent le chapeau qui va seulement se retirer sur ses épaules. Mais le monsieur qui donne le bras à cette dame, et qui trouve fort mauvais qu'un passant se permette de décoiffer son épouse avec sa canne, s'avance sur Tobie et lui dit d'une voix menaçante:

— Dites donc, monsieur! qu'est-ce que c'est que ce grelot là... Vous levez votre canne sur nous... Vous avez failli crever l'œil à mon épouse, et vous renversez son chapeau qui, sans les rubans, aurait volé au milieu du chemin!...

— Ah! monsieur... madame, mille pardons, balbutie Tobie; je suis si préoccupé... Je ne vous voyais pas...

— Comment! est-ce que nous sommes des nains?...

— Non, monsieur... au contraire... vous êtes très-grand... mais quand on pense à autre chose...

— Voilà bien la raison! et nous aussi, monsieur, nous pensons à autre chose... Est-ce que vous croyez que nous pensons à votre canne... Ah! si vous avez perdu un œil à mon épouse, vous n'auriez pas rapporté les vôtres chez vous!...

— J'en suis persuadé, monsieur; je vous demande encore mille pardons!...

— Quand on porte une canne, monsieur, il faut savoir s'en servir.

— C'est justement parce que je pensais à m'en servir que je gesticulais avec...

Pendant ce colloque, la dame a ramené son chapeau sur sa tête, et elle entraîne son mari, en lui disant:

— Allons, mon ami, puisque monsieur l'a fait sans intention... acceptons ses excuses...

— Sans intentions... eh bien! ce serait joli s'il y avait mis de l'intention!... Ah! de par tous les diables, il se croyait tout...

Et le monsieur qui devient de plus en plus furieux à mesure qu'il s'aperçoit que son adversaire est effrayé, veut encore lier une dispute avec lui, et en gesticulant tout près des deux et fait mine de vouloir revenir sur Tobie, mais celui-ci est déjà loin, il a pris ses jambes à son cou, en essayant de fourrer sa canne dans sa poche afin de ne plus faire de malheurs en route.

Cet incident a calmé la colère du jeune homme. Il arrive chez le peintre, en se disant:

— Je ne puis accuser Albert, je n'ai pas de preuve. J'aurais dû ramasser la lettre que madame Plays a froissée dans ses mains et jette dans la chambre... Demain je retournerai à ce café, je demanderai au garçon, s'il a trouvé ce papier. En attendant, je ne serai pas assez sot pour faire ce qui m'est arrivé... Ils se moqueraient de moi... Il faut au contraire leur faire croire que mon triomphe a été complet.

Balivan demeure, rue Taitbout, dans la même maison que la jeune Élina et sa tante. Le peintre est logé au troisième étage; il a trois petites pièces et un atelier assez grand pour lui qui ne fait que le portrait.

Plusieurs fois en rentrant chez lui, le jeune peintre a rencontré la petite couturière qui se rendait à son ouvrage; l'artiste a été frappé de la gentillesse de la jeune fille. En sachant qu'elle était sa voisine il a essayé de lier connaissance, lui a proposé de faire son portrait, si elle voulait bien lui servir de modèle pour une étude qu'il voulait mettre au salon. Mais la petite Élina n'a point accepté ces propositions et n'a jamais voulu consentir à entrer chez le peintre; et cependant c'est bien agréable d'avoir son portrait! Combien de femmes, de jeunes filles se laissent séduire à leur première proposition, par le désir de voir leur figure au salon, et de pouvoir aller entendre les compliments qu'on ne manquera de s'adresser à leur image! Quel plaisir de dire à ses compagnes de l'atelier: Mon portrait est au salon! C'est moi qui suis en paysanne italienne... en suissesse... en nymphe; le peintre a voulu mettre ma figure dans tous ses tableaux. Élina aussi avait éprouvé cette tentation, mais elle avait résisté... Il est vrai que Balivan était bien laid.

L'atelier de l'artiste est éclairé par une carcel posée sur un poêle, et dont les rayons se projettent sur une fort jolie femme peinte en pied, en toilette de bal, et sur la tête d'un vieux militaire dont le nez n'est pas fait; de côté et d'autre, diverses toiles commencées, achevées ou à peine ébauchées sont placées à terre ou accrochées. Quelques bustes en plâtre, des chevalets, un mannequin habillé en femme, des esquisses; quelques portraits refusés au salon ou par les personnes qui les ont fait faire, et que le peintre a relégués dans les coins, les plus obscurs de son atelier achèvent de donner à cet endroit un aspect original.

C'est là, devant une table de jeu placée au milieu de la salle, que quatre jeunes gens se livrent avec ardeur au plaisir du bouillotter. Sur un gueridon, tout près d'eux, le punch flambe dans un immense saladier qui sert de bol; puis des verres, des pipes, des cigares, du tabac, des blagues; et même des tabatières couvrent une petite table en laque de Chine qui a déserté le salon du peintre, pour offrir momentanément son atelier.

Lorsque Tobie arrive, la table de jeu est occupée par Albert, Célestin, Mouillot et un jeune homme qui n'était pas du dîner à la Maison-Dorée, mais qui a rencontré la bande joyeuse quand elle quittait le restaurant, et n'a pas mieux demandé que de se joindre à elle pour passer la soirée à faire la bouillotte.

Ce jeune homme, qui a une figure insignifiante et la plus complète immobilité dans les traits, a les cheveux d'un blond presque blanc et des cils pareils, ce qui lui donne quelque ressemblance avec un Albinos; il pourrait, malgré cela, passer pour un beau garçon, s'il avait l'air moins immobile; mais il possède une douzaine de mille francs de rente que sa famille lui permet de manger à Paris, ce qui fait que dans le monde; et surtout parmi les viveurs, on aime beaucoup la compagnie de M. Varillet; non pas qu'il soit gai et aimable en société; il reste toujours froid, impassible, et le vin même n'a pas le privilège de l'animer; mais il dépense son argent avec la même indifférence qu'il apporte dans toute autre action; et au jeu il perdrait des sommes considérables sans en être plus ému. Tous ses amis l'estiment beaucoup à cause de cela.

L'or et l'argent étalés sur la table, l'air animé des joueurs, annoncent que la partie commence à devenir chaude.

Balivan est en train de verser du punch dans des verres, et monsieur Dupérrain est assis devant le mannequin habillé en femme qu'il a l'air de considérer avec attention.

— Ah! voilà Tobie!... Vive Tobie! s'écrie le peintre en voyant entrer Pigeonnier. Et malgré l'action qu'ils mettent à leur jeu ceux qui tiennent les cartes s'écrient aussi:

— C'est Tobie!... C'est ce Joconde de Tobie!...

Le jeune homme aux cils blancs est le seul qui ne dise rien; il se contente de saluer le nouveau venu comme quelqu'un que l'on connaît peu.

— Oui, messieurs, c'est moi, dit Pigeonnier en s'essuyant le front. Ah! vous êtes déjà bien en train... Je rentre, moi... Je retiens une place...

— Vous rentrerez avec Balivan, dit Célestin. Nous voilà six; deux sortiront au quart d'heure...

— Et monsieur Dupérrain?

— Est-ce que Dupérrain joue?... Je crois, le diable m'emporte, qu'il essaie de magnétiser mon mannequin.

— Eh bien! Tobie, s'écrie Albert, quelles nouvelles de notre dame... Êtes-vous content... A-t-on accepté le remplacement avec bienveillance?

— Je suis très-content, répond Pigeonnier en tâchant de se donner un air confident. Cette dame n'a pas du tout paru fâchée de l'aventure... la traité avec bonté!...

— Très-bien... compris. Enfin l'affaire a marché comme vous vouliez?...

— C'est-à-dire qu'il est impossible d'être plus heureux que je ne l'ai été.

— Que vous avais-je dit?

— Albert, tu n'es pas à ton jeu! dit Célestin.

— Si, si... J'ai ouvert.

— Je fais tout.

— Tenu...

— Enfoncé! J'ai misty.

— Quelle maudite chance! Voilà déjà quatre cents francs que je perds! Allons, Balivan, donne-moi du punch!... que je noie ma perte!...

— Balivan, donne-moi des cigares!

— Balivan, tu m'as promis ta pipe mauresque... tu me la donneras, hein?

— Ah! passe-moi donc ta blague...

— Voilà! Messieurs!... un moment, je ne puis pas suffire à tout... Je vais appeler ma cameriste, à condition que vous la respecterez... Holà! eh! Crevette!

— C'est votre bonne qui s'appelle Crevette? demande Tobie au peintre, en se versant un verre de punch.

— Oui, c'est une Bourguignonne; elle avait un nom qui me déplaisait, elle s'appelait Cateau... vous comprenez qu'ayant j'avais chez moi une dame élégante, je ne pouvais pas dire: Cateau, venez ôter le châle à madame... Cateau, allez chercher une voiture... Parler sans cesse de Cateau devant mes modèles, c'était imprudent; j'ai demandé à ma Bourguignonne son nom de famille, et c'est une Crevette.

La Bourguignonne arrive. C'est une grosse fille aux joues fraîches et rebondies, mais dont les mains et les bras sont énormes et ont la couleur de l'écrevisse. Elle rit assez facilement des plaisanteries très-décolletées que lui adressent les jeunes gens, mais lorsque les gestes se joignent aux paroles, la Bourguignonne fait aller ses mains, et les moindres chiquenaudes qu'elle donne équivalent à de vigoureux coups de poing.

— A boire, Crevette !...

— Du punch ? dit la Bourguignonne.

— De la bière à moi, grosse dondaine... est-elle fraîche... est-elle solide !...

— Allons ! à bas les pattes !... je ne veux pas qu'on me touche !

— Oh ! quel mollet elle doit avoir... Crevette, montre-moi ta jambe, seulement jusqu'à la jarretière, et je te mets de moitié dans mon jeu...

— Non, je ne montre rien du tout...

— Parbleu, elle est jolie la proposition qu'il te fait d'être de moitié dans son jeu !... il perd déjà dix napoléons...

Le jeune Tobie, qui vient d'avaler coup sur coup trois verres de punch pour se mettre à la hauteur de la société, s'approche doucement de la bonne et lui saisit la jambe pendant qu'elle lui tourne le dos, mais la Bourguignonne sans lâcher son plateau lui applique aussitôt un coup de coude dans le nez en criant :

— Ça vous apprendra à me pincher ! je m'en vais coucher... je ne veux plus revenir dans vot' atelier, monsieur, vos amis sont trop entrepreneurs !

Crevette s'éloigne ; Tobie cache son nez dans sa main, et va s'asseoir dans un coin, en murmurant :

— Je ne jouerai plus avec la bonne !... je ne sens plus mon nez !...

— Ce pauvre Tobie !... mais aussi il n'en a jamais assez ! Il revient d'un tête-à-tête délicieux avec une femme charmante... et il faut tout de suite qu'il en conte à une bonne ! Quel séducteur omnibus !...

— Que ferait-il donc, s'écrie Balivan, s'il voyait ma petite voisine au-dessus !...

— Vous avez une jolie voisine ? dit Albert.

— Charmante ! Dix-sept ans au plus je crois !... une taille ravissante et une figure espiègle, mutine... avec de la naïveté, de la grâce, de la décence dans le regard... C'est vraiment une des plus jolies grisettes que j'aie jamais rencontrées !

— Fais-la venir ! s'écrient tous les jeunes gens.

— Balivan fais-la descendre.

— Voulez-vous que je monte la chercher ? dit Tobie en lâchant son nez qui est enflé du coup qu'il a reçu.

— Je la magnétiserai et ça l'amusera, dit monsieur Dupétrain.

— Non, messieurs, répond Balivan, il n'y a pas moyen de la faire venir ici... Parbleu ! si cela se pouvait, je ne demanderais pas mieux. Je lui ai assez souvent offert de lui faire son portrait, de lui donner... de la peindre dans le costume qui lui ferait plaisir...

— Même en Eve si elle l'avait voulu, n'est-ce pas ?

— Toutes mes propositions ont été refusées. C'est une jeune fille sage, à ce qu'il paraît. Elle demeure avec sa tante et ne sort jamais que pour aller à son atelier... elle est couturière.

— Ah ! ah ! mon cher, s'écrie Célestin, c'est une couturière, et vous n'en avez pas triomphé !... d'autres y réussiront, et si je m'en mêlais !...

— Ah ! vous qui êtes superbe, c'est possible !... j'en doute pourtant...

— Qu'est-ce que vous voulez parier...

— A votre jeu donc, messieurs !... dit Mouillot ; sapristi ! j'ai misty et personne ne tient.

— Monsieur avait brelan et il a passé ? s'écrie Tobie ? ah ! quelle boulette !

— Pas du tout... est-ce que nous jouons le brelan ?

— Vous ne jouez pas le brelan... vous ne jouez donc pas la bouillotte ?

— Si fait, mais à la bouillotte on ne joue plus le brelan... D'où diable sortez-vous donc, jeune Pigeonnier ?

— Qu'est-ce qu'on joue alors ?

— Misty.

— Qu'est-ce que c'est que ça, misty ?

— Le valet de trèfle entre deux cartes pareilles et de même couleur, comme par exemple entre deux neuf rouges... entre deux as noirs.

— Ah ! très-bien. Et les brelans ne comptent plus ?

— A moins que misty ne retourne, alors ils sont bons.

— Et les brelans carrés ?

— Oh ! ceux-là sont toujours bons et l'emportent sur tous les mistys.

— Diable ! ça va m'embrouiller tout cela... je ferai des erreurs...

— Mais non !... on s'y met tout de suite.

Monsieur Dupétrain s'approche de Tobie qui est contre la table de jeu et lui dit :

— Pendant que vous ne jouez pas, je puis vous conter cette anecdote concernant le magnétisme, et que vous étiez curieux de connaître... Après votre départ, au dîner, je n'ai pas voulu la dire...

j'ai préféré vous attendre... Une jeune dame mariée, et dont le mari venait de partir pour un voyage...

— Pardon, dit Tobie, mais j'étudie le misty... je ne suis pas bien au fait de cette nouvelle manière de jouer la bouillotte, et je suis bien aise de ne pas me tromper... D'ailleurs, notre quart d'heure est arrivé, messieurs... Qu'est-ce qui sort ?...

— Mouillot et Célestin .. Allons, messieurs, quittez !

— Nous finissons la volante et nous nous levons.

— La volante ? s'écrie Tobie, qu'est-ce encore que cela ?

— Chacun met un jeton quand tout le monde passe, et on remet toujours mise à qui passe.

— Diable, messieurs, mais cela peut s'élever très-haut alors ! vous jouez un jeu d'enfer !

— Est-ce cela vous fait peur, monsieur Tobie ?

— Je ne dis pas... et combien la cave ?

— Cinq francs.

Le gros jeune homme se tâte et se sent sur lui de quoi faire une cave et demie. Cependant il se place au jeu avec assurance et remplace monsieur Célestin, tandis que le peintre prend la place du joyeux Mouillot.

— Célestin a fait sa petite pelote, dit Albert en riant.

— Moi, ma foi non... je me suis refait, voilà tout ! Voyons, Balivan, j'en reviens à la jolie voisine : voulez-vous parier mon portrait que je parviens à la séduire ?

— Je le veux bien. Mais entendons-nous : si je perds, je vous ferai votre portrait pour rien.

— C'est cela.

— Mais si je gagne ?

— Alors je vous paierai le portrait.

— Eh bien ! il est bon enfant ; et où sera donc mon bénéfice alors ?

— Messieurs, dit Mouillot, moi je parie quelque chose de beaucoup plus agréable pour la société... C'est que je fais descendre la petite voisine ici...

— Ah ! c'est plus fort cela.

— Balivan, ne dit-on pas qu'elle demeurait ici dessus ?

— Oui.

— Eh bien ! qu'on me donne un marteau ; je démolis le plafond... il faudra bien que la charmante grisette tombe ici...

— Ah ! ah ! j'adore ce moyen.

Le jeune Tobie, qui a déjà perdu sa cave et qui a pris l'argent du flambeau pour se recaver, n'est plus en train de rire, et s'écrie :

— Ah ! messieurs, parce que vous ne jouez pas maintenant, vous empêchez les autres de jouer... Laissez-nous donc tranquilles ! Moi je perds déjà un argent fou... Je me trompe... J'ai des misty, et je ne les vois pas !

— Ah ! un argent fou !... il est recavé une fois !

— D'ailleurs, mon cher ami, on ne peut pas être heureux de tous les côtés... Vous sortez d'un tête-à-tête où une jolie femme vous a couronné de myrtes... vous pouvez bien perdre votre argent !...

Tobie se mord les lèvres avec colère et ne répond rien.

— Et puis, il a pincé le mollet de Crevette ! s'écrie Mouillot en riant.

— Et il a le nez enflé, dit Célestin. Cet être-là a tous les bonheurs !.. Du punch, messieurs !

— Oui, j'en veux bien... Je fais vingt francs...

— Je tiens tout ! répond Tobie.

— Ça va... abattons.

Les jeux sont abattus. Monsieur Varinet, qui a tenu le tout de Tobie, a un misty, tandis que le gros jeune homme, qui a trois as, se jette sur l'argent, croyant avoir gagné.

Le monsieur aux cils blancs arrête son adversaire avec un grand sang-froid, en lui disant :

— Qu'est-ce que vous faites donc ? ne voyez-vous pas que j'ai misty ?

— Mais, moi, ne voyez-vous pas que j'ai trois as ?

— Vos trois as ne signifient rien, puisque nous ne jouons pas le brelan.

— Ah ! mon Dieu !... j'ai oublié cela... je n'y pensais plus !... Ah ! messieurs, c'est une erreur... le coup doit être nul.

— Pas du tout, dit Albert, il fallait faire attention ; d'ailleurs, avec vos trois as, si vous n'aviez pas rencontré un misty, vous pouviez très-bien gagner... Allons, cher ami, payez... Parbleu ! n'êtes-vous pas bien malade !... vous n'avez pas trente francs devant vous !...

— J'ai trente francs cinquante, et me voilà encore décavé !... C'est gentil !...

— Ingrat !... qui a été heureux en amour, et qui ne veut pas être malheureux au jeu.

— Je ne vois pas la nécessité de toujours perdre !

— Pensez à madame Plays... et plaignez-vous, si vous l'osez !

Le jeune Tobie fait une drôle de figure toutes les fois qu'on lui parle de madame Plays, et il regarde Albert en dessous, en parlant entre ses dents. Cependant, après avoir fouillé dans toutes ses poches, il simule un air étonné en disant :

— Tiens, je n'ai plus d'argent !

— Probablement que vous vous en étiez déjà aperçu, dit Balivan, puisque vous aviez pris l'argent du flambeau.

— Ah ! c'est vrai... Albert, voulez-vous me prêter trois ou quatre napoléons ?

— Ce serait avec grand plaisir, répond Albert ; mais je suis en perte de plus de cinq cents francs, et moi-même j'ai déjà emprunté. Mettez un fétiche, c'est bien plus simple... mettez un sou... une clé... ce que vous voudrez devant vous, et donnez à cela la valeur qu'il vous plaira.

— C'est juste, vous avez raison... je vais mettre un fétiche.

Tobie fouille dans sa poche : il en tire une des olives qu'il y a mises en réserve au dîner, et la place devant lui en disant :

— Ceci vaut cinq cents francs !

Le peintre part d'un éclat de rire, en disant :

— Voilà des olives un peu chères !...

— Je ne m'étonne pas s'il en a empli ses poches ; il en a pris alors au moins pour dix mille francs !..., s'écrie Mouillot. Allons, qui veut du punch ?... j'en verse !...Eh bien ! je ne vois plus notre endormeur... Où donc est Dupétrain ?... il est donc parti ?...

— Probablement, dit Balivan. Il ne joue pas ; et voyant qu'il n'y avait pas moyen de nous conter sor. histoire surprenante, il sera allé se coucher, afin de tâcher d'endormir quelqu'un.

— Et comment s'appelle votre jolie voisine ? demande monsieur Célestin, en s'étendant sur une causeuse.

— Ma voisine... attendez donc... je fais jeu.

— Je tiens, répond Tobie en roulant des yeux effarés. Je fais tout.

— Volontiers.

Tobie abat un misty ; mais Balivan a un brelan carré.

— Vous m'avez dit tout à l'heure que les brelans ne valaient plus rien ! s'écrie le petit jeune homme.

— Oui, mais pas les carrés ! ceux-là l'emportent toujours sur tout.

— Ah ! ma foi, alors, je n'y comprends plus rien ! c'est à y perdre l'esprit !... Je ne sais plus ce que je joue...

— Allons, payez-moi ! Vous êtes bien heureux, je n'ai presque rien devant moi... vingt-et-un francs.

— Avec des bonheurs comme cela, on se ruine... Tenez... changez-moi... je vaux cinq cents francs.

Tobie présente son olive ; mais Balivan la repousse en disant :

— Vous voyez bien que je n'ai pas de quoi vous rendre. Vous me devez vingt-et-un francs.

Quelques instants après, Tobie perd un coup de quinze francs avec monsieur Varinet, qui a beaucoup d'or et d'argent devant lui. Il présente encore son fétiche, en disant :

— Obligez-moi de me changer... ça me sera plus commode pour payer.

Monsieur Varinet prend l'olive, qu'il met devant lui, et rend au jeune Tobie cinq cents francs en or et quatre-vingt-cinq francs en argent. Celui-ci semble recevoir avec beaucoup de plaisir la monnaie de son olive, et en ayant l'air d'arranger son enjeu, il en ôte quelques pièces d'or qu'il glisse dans sa poche.

— Vous me devez vingt-et-un francs, lui dit Balivan.

— Ah ! c'est vrai... Comme ça s'en va ces cinq cents francs !... ils seront bientôt perdus !

— Oh ! vous avez de la marge !...

— Est-ce que notre quart d'heure de nous lever n'est pas venu ?

— Ce n'est pas nous qui nous levons ; ce sont messieurs Varinet et Albert.

— Ah ! je croyais que c'était nous.

— Non, puisque nous venons d'entrer.

Monsieur Tobie semble maintenant avoir très-envie de quitter le jeu ; mais il est forcé de rester, tandis que Mouillot et Célestin prennent les places qu'occupaient Albert et monsieur Varinet. Ce dernier serre précieusement son olive dans son gousset, en disant :

— Il faut que je prenne garde de la perdre... elle vaut un billet de banque !... Si j'allais m'aviser de la manger, ce serait un peu cher !

— Moi, j'ai perdu six cents francs ! dit Albert. Mais je m'en moque ! car j'espère que le proverbe sera juste pour moi comme pour Tobie, et demain alors, je serai heureux en amour ! Ah ! que je voudrais être à demain... et il n'est encore que minuit et demi !

— Minuit et demi ! s'écrie Tobie ; ah ! mon Dieu ! et ma concierge qui n'est pas prévenue... j'ai une peur horrible de ne plus pouvoir rentrer...

— Vous passerez la nuit ici...

— Découcher !... Oh ! par exemple... oh ! non... d'ailleurs, j'ai un rendez-vous chez moi demain de très-bonne heure... et quand je ne dors pas quelques heures je suis malade huit jours !

— Qui est-ce qui m'a fichu ces hommes comme cela ! dit Mouillot ; moi, je veille tant qu'on veut, je bois tant qu'on veut, je fais l'amour tant qu'on veut ! et je me porte toujours bien !

Albert se promène dans l'atelier et s'arrête devant les portraits de femme en disant :

— Que ces peintres sont heureux !... Quand ils ont une jolie femme pour modèle, ils ont le droit de la regarder souvent, longtemps ; de lui commander un sourire !... de la mettre dans la position qui leur plaît le plus !

— C'est un état bien voluptueux ! dit le jeune Pigeonnier, en regar-

dant à chaque instant la montre que Balivan a placée sur la table pour régler les entrées et les sorties des joueurs.

— Eh bien ! messieurs, il me semble que cela ne va plus, dit monsieur Varinet en s'approchant des joueurs.

— Parbleu ! Tobie passe avec des jeux superbes ! s'écrie Balivan. Il paraît qu'il n'a pas envie d'avoir recours à une autre olive.

— J'attends la veine....Ah ! voici l'heure de nous lever !

Pigeonnier s'empresse de quitter sa place, et Balivan est obligé d'en faire autant, ce qu'il fait en disant :

— Nous avions encore au moins une demi-minute à rester... Tobie nous fait quitter trop tôt.

— Une heure moins le quart ! s'écrie le gros jeune homme en regardant une pendule. Ah ! mon Dieu ! ... madame Pluchonneau, ma concierge, a justement l'oreille très-dure !...

Balivan va prendre le bras de Tobie, qui, tout en ayant l'air d'examiner les tableaux, se dirigeait vers la porte, et il le ramène devant le punch, en lui disant :

— Venez donc boire...

— C'est que j'ai déjà beaucoup bu...

— Raison de plus. Voulez-vous fumer ?

— Ah ! oui, si vous vouliez m'aller chercher une de vos pipes étrangères.

— J'en ai là... je n'ai pas besoin de sortir de mon atelier... attendez, je vais vous la bourrer.

Tobie, qui espérait que le peintre le laisserait libre, et qui comptait en profiter pour s'en aller sans être remarqué, est obligé de rester et se ramène dans l'atelier en ayant l'air fort préoccupé.

— Tenez, fumez ça, et vous m'en direz des nouvelles ! dit l'artiste en présentant au jeune homme un narguilé d'une longueur prodigieuse. C'était la pipe d'Ali-Pacha.

— Diable ! si cela allait me rendre féroce de fumer là dedans... C'est égal, je me risque. Mais comment allumer ça ? ce n'est pas facile du tout, ça descend si bas.

— On met une bougie à terre et on en approche sa pipe.

— Ah ! très-bien.

Tobie va prendre une des bougies sur la table de jeu et la pose à terre, en disant :

— Pardon, messieurs, mais c'est pour allumer la pipe d'Ali-Pacha.

A peine le jeune Pigeonnier a-t-il approché de la bougie le foyer de la pipe dont il tient le bout du tuyau dans sa bouche, qu'une détonation semblable à celle d'un coup de pistolet se fait entendre, le narguilé éclate, la bougie est renversée, une fumée épaisse emplit l'atelier, les débris de la pipe ont sauté de tous côtés, et Tobie manque d'avaler un morceau du tuyau qui, au moment de la détonation, lui est entré dans la gorge.

Pigeonnier tombe en arrière. Tout le monde reste saisi, mais, le premier moment passé, des éclats de rire partent de tous côtés, excepté de celui de Tobie, qui a encore dans la bouche le morceau du tuyau qui lui sert de bâillon.

— Qu'est-ce que c'est que ce tabac-là ! s'écrie Mouillot.

— Balivan aura eu quelque distraction, dit Albert.

Le peintre se frappe le front, et regarde le tiroir dans lequel il a cru prendre du tabac, puis s'écrie :

— Ah ! mon Dieu !... Je vois ce que c'est... Mes maudits rapins ont voulu ce matin me donner un fusil à culasse que je voulais essayer... de ces fusils qui se chargent par le bas... Je ne me suis pas aperçu que je prenais de la poudre au lieu de tabac... Ce pauvre Tobie !... que je suis désolé !... Eh bien, qu'est-ce qu'il a donc ?

Tobie ne peut pas crier, mais il montre sa bouche qui est toute grande ouverte, et fait une figure lamentable. On s'empresse d'aller à lui, et, à l'aide d'une petite pince, on retire de sa bouche le morceau de pipe fiché entre sa langue et son palais, comme une âme dans un violon.

— Sacredié ! s'écrie Tobie dès qu'il peut parler, ah ! quelle horreur... me donner une pipe chargée à poudre... — Messieurs, c'est une mauvaise plaisanterie... ça pouvait me tuer !... C'est gentil, le narguilé d'Ali-Pacha !

Balivan a beaucoup de peine à calmer le petit jeune homme et à lui faire comprendre qu'en bourrant la pipe il pensait à tout autre chose, ce qui l'a empêché de faire attention à ce qu'il mettait dedans. Enfin Tobie commence à se remettre de son effroi, et la partie de bouillotte a repris son cours, lorsque des cris aigus se font entendre, ils partent du côté de la cuisine, et Balivan a reconnu la voix de sa bonne.

— Est-ce que Crevette a aussi voulu fumer dans ma pipe d'Ali-Pacha ? dit Mouillot.

— Allons voir ce que c'est !

— Allons secourir la Bourguignonne !

Tous les jeunes gens se précipitent à la suite de Balivan, excepté Tobie, qui profite de ce tumulte pour gagner la porte de sortie, enchanté de s'en aller sans peur de son olive.

Cependant le peintre a pénétré dans la cuisine où il n'y a personne ; il entre alors dans une petite pièce noire où couche sa bonne, là, on aperçoit mademoiselle Crevette, n'ayant sur elle que ce vêtement que les Anglaises rougiraient de nommer, et tenant couché à terre le magnétiseur Dupétrain auquel elle administre force coups de poing, tout en criant :

— Ah ! polisson !... ah ! voyez-vous ce farceur ! Ah ben ! en v'là une idée par exemple ! venir dans ma chambre pendant que je dors, pour me faire... je ne sais pas quoi ! Heureusement que je ne dormais encore que d'un œil, et je l'ai arrêté au moment où il pensait que j'avais trop chaud apparemment, car il me débarrassait de ma couverture.

On parvient, non sans quelque peine, à retirer monsieur Dupétrain des mains de la Bourguignonne, qui voudrait encore le battre ; mais qui, s'apercevant qu'elle est en chemise devant tous les jeunes gens, fait tout à coup un bond pour regagner son lit ; étant un peu lourde pour la gymnastique, elle tombe de côté sur sa couchette, ce qui expose aux regards de la société la partie la plus ronde de son individu.

Les jeunes gens se mettent à battre des mains en s'écriant :

— Bravo ! magnifique ! Ah ! Crevette, encore une culbute !... tu les fais si bien !... Quelle pleine lune !.. Ah ! quel beau temps nous aurons demain !...

La Bourguignonne est furieuse ; elle saisit son vase de nuit, et l'élève en l'air en criant :

— Si vous ne vous en allez pas de ma chambre, je vous le jette à la tête, d'abord.

Balivan, qui sait que sa bonne est fille à faire ce qu'elle vient de dire, parvient à pousser tout le monde dehors. On quitte la chambre de Crevette, et on rentre dans l'atelier.

— Ah ! monsieur Dupétrain, dit Mouillot, vous êtes un gaillard, à ce qu'il paraît...

— C'est bien joli, dit le peintre ; on vous croit parti, et vous glissez dans la chambre de ma bonne !

— Il voulait la magnétiser, il n'y a pas de doute.

— Messieurs, répond Dupétrain en cherchant ses phrases, je vous jure que la chose n'est pas grave, et que... la rustique Bourguignonne s'est trompée sur mes intentions : que voulais-je faire ?... Un essai de magnétisme sur cette grosse nature brute... Je me disais : si je parviens à mettre en extase cette campagnarde... quelle nouvelle preuve de la puissance de mon art !...

— Oui, et il avait ôté la couverture à Crevette pour voir sa grosse nature !...

— Messieurs, pour se mettre en rapport avec un sujet, il est nécessaire...

— Assez, assez! nous ne voulons pas en entendre davantage... Au jeu !... Au jeu!...

— Eh mais... il nous manque quelqu'un, dit Mouillot.

— En effet... Tobie n'est plus là... Tiens, il est donc parti... Pas possible.

On cherche de tous côtés dans l'atelier, croyant que le jeune homme s'est caché pour faire une malice, mais on voit qu'il est réellement parti.

— Oh! il y a longtemps qu'il avait envie de s'en aller, dit Balivan.

— Oui, depuis qu'il a changé son fétiche.

— C'est commode, dit Mouillot, il lui restait encore au moins quatre cent cinquante francs sur la monnaie de son olive, et il est parti avec. Farceur, vous avez là un fétiche scabreux !...

Monsieur Varinet enveloppe avec beaucoup de calme son olive dans du papier, et la remet dans sa poche, en disant :

— Est-ce que vous croyez ce jeune homme capable de laisser ce gage entre mes mains ? Je pense qu'il viendra chez moi le retirer.

— Oh ! il payera, dit Albert, je n'en doute pas!

Célestin hoche la tête, en murmurant :

— C'est possible !... mais il pourrait bien oublier sa dette, et je crois que vous serez obligé de la lui rappeler !... Ne perdez pas votre fétiche !

— Quant à moi, dit Mouillot, je ne donnerais pas un écu de cette olive-là !

Les jeunes gens se remettent au jeu après avoir dit adieu à monsieur Dupétrain qui, cette fois, Balivan reconduit jusque sur le carré, pour être certain qu'il ne se trompera pas de chemin, et ne retournera pas essayer de mettre sa bonne en extase.

Pendant une heure encore le jeu est fort animé. Au bout de ce temps, Albert, qui a perdu douze cents francs, va se jeter sur la causeuse, en disant :

— J'en ai assez, messieurs, je vais dormir jusqu'au jour.

Les quatre joueurs qui restent font encore la bouillotte avec acharnement pendant quelque temps. Puis enfin, Célestin, qui gagne beaucoup, et ne se soucie pas de reperdre, feint aussi d'avoir envie de dormir, et va se jeter sur le divan. Mouillot, Balivan et monsieur Varinet jouent alors à trois pendant assez longtemps, mais Balivan, étant complètement battu, se retire aussi, en disant : Je vais me coucher.

— A nous deux, dit Mouillot au jeune homme blond, un brûlot.

— Comment... est-ce qu'on peut faire la bouillotte à deux ?

— Très-bien, elle est même fort piquante. C'est celui qui fait qui parle, s'il ne voit pas il met un jeton et l'autre fait. C'est un jeu où l'on peut jouer fort longtemps sans se dire un mot, vu qu'on passe très-souvent.

Monsieur Varinet accepte la partie; mais Mouillot, qui a beaucoup

de bonheur à la bouillotte à deux, et qui joue très-finement, a bientôt gagné tout l'argent de son adversaire ; il ne reste plus à monsieur Varinet que son olive qu'il propose de mettre au jeu ; mais Mouillot, qui ne tient pas à la gagner, préfère alors faire aussi un petit somme. Il va se placer sur le divan à côté de Célestin.

Le jeune homme aux cils blancs s'étale, bien sérieusement, dans un fauteuil, et bientôt tout le monde dort dans l'atelier du peintre, où le calme le plus parfait a remplacé les éclats de cette gaieté bruyante que les vapeurs du punch entretenaient.

XI. — LA SOUPENTE.

Après la scène qui s'était passée dans le cabaret, chacun s'était retiré et Paul avait été un des premiers à partir ; mais auparavant il avait jeté sur Sanscravate un regard dans lequel il n'y avait pas la moindre rancune pour les menaces que celui-ci lui avait adressées, et qui, au contraire, semblait attendre qu'une main se présentât en signe de réconciliation. Sanscravate avait paru hésiter un moment : mais Jean Ficelle lui avait dit quelques mots à l'oreille, et alors il avait détourné la tête sans dire une parole au jeune commissionnaire.

Paul a fort peu dormi pendant la nuit, non qu'il songe encore aux scènes du cabaret, mais parce qu'il pense à ce qu'il doit faire le lendemain matin : l'idée qu'il verra Elina, qu'il pourra passer quelque temps auprès d'elle, remplit d'avance son cœur de la joie la plus vive. L'image de la jeune fille est sans cesse devant ses yeux ; penser à une femme qu'on aime, cela vaut mieux que de dormir, les rêves que l'on fait tout éveillé sont quelquefois bien doux. Car ceux-là, on les façonne à sa fantaisie ; et ceux que le sommeil nous procure ne sont pas toujours couleur de rose.

La demie après cinq heures venait de sonner, lorsque Paul tire le bouton de cuivre à la porte de la maison habitée par mademoiselle Elina et sa tante. On n'ouvre pas. Le jeune homme est obligé de sonner deux fois encore, car les portiers de la Chaussée-d'Antin ne se lèvent pas d'aussi bonne heure que leurs confrères du Marais. Enfin, la porte est ouverte et un vieux bonhomme passe sa tête couverte de plusieurs bonnets de coton à travers un vasistas, en disant d'un air colère :

— Qu'est-ce qui se permet donc de se présenter dans la maison à l'heure qu'il est ? Chez qui allez-vous ?... il n'y a personne de levé !

— Pardonnez-moi, monsieur, répond Paul ; je vais chez mademoiselle Elina, pour l'aider à faire son déménagement, et certainement elle doit être levée, car c'est elle qui m'a prié de venir à cinq heures et demie.

— Bon !... c'est amusant ! murmure le portier. Les uns se lèvent au point du jour, les autres ne se couchent pas et passent la nuit à jouer, à faire du sabbat ! c'était indigne cette nuit... le train qu'ils ont fait dans l'atelier du barbouilleur ; quand donc qu'on me fichera tout ce monde-là à la porte ?

Paul ne s'amuse pas à écouter les réflexions du portier, il a déjà gagné l'escalier, et il est bien vite devant la porte du logement de madame Verdeine. Il tousse légèrement et on ouvre aussitôt, car Elina était déjà levée, elle attendait Paul, et peut-être bien n'avait-elle pas beaucoup dormi non plus.

Et si l'on s'étonnait de ce tendre penchant qu'une jeune et jolie couturière éprouvait pour un simple commissionnaire, il faudrait se rappeler que Paul dans ses manières et dans son langage n'avait rien de la rudesse des hommes de son état ; que par les soins d'un homme bienfaisant il avait reçu de l'éducation, et rempli pendant assez longtemps l'emploi de commis, et qu'enfin, forcé par les circonstances à prendre les crochets, il n'avait point alors voulu contracter les habitudes de ses camarades ; qu'il n'avait fréquenté point les cabarets, où on l'avait vu la veille pour la première fois, et que son langage était resté aussi doux que sa voix.

— Me voilà, mademoiselle, dit Paul en saluant la jeune fille d'un air gauche, car rien ne donne l'air gauche aux hommes comme un premier amour, et surtout à ceux qui ne font pas métier de séduire. Il n'en est pas de même des femmes : l'amour leur donne presque toujours de la grâce, de la gentillesse ; en augmentant leur désir de plaire, il rehausse les charmes qu'elles ont et leur en fait quelquefois avoir qu'on ne leur connaissait pas.

— Je viens peut-être trop tôt, mademoiselle, vous n'êtes pas éveillée...

— Oh! non, monsieur Paul, répond la jeune fille avec un charmant sourire. Il y a déjà longtemps que je suis éveillée... je vous attendais... entrez, mais ne faisons pas de bruit, car ma tante dort encore, et je serais bien contente si à son réveil tout était fini.

Le jeune commissionnaire suit Elina qui le fait entrer dans son logement et lui montre la petite pièce qui lui servait de chambre, en lui disant :

— Voilà tout mon mobilier, à moi : une couchette, une armoire en noyer... cette petite table et une chaise ; mais pour meubler une soupente, c'est bien assez, c'est trop peut-être... Je voudrais pourtant bien que tout cela y tînt, car l'armoire était à ma mère, le petit bureau à mon père, et entre ces deux meubles il me semble que je ne suis pas tout à fait orpheline... que papa et maman sont encore là pour veiller sur moi !... On est si heureux d'avoir quelque chose qui ait appartenu à ses parents !... Ah ! je ne donnerais pas ces deux meubles là pour tout l'or du monde... ils sont pourtant vieux et passés de mode... Ma tante disait une fois que cette pauvre armoire n'était plus bonne qu'à brûler... Oh ! mais, je me suis fâchée bien fort ce jour-là !... et ma tante n'a plus redit cela ! Brûler cette armoire dans laquelle ma bonne mère serrait ses robes... ses effets... et ce bureau sur lequel mon père écrivait chaque jour... oh ! jamais ! jamais !... Et quand même je deviendrais riche, ces deux meubles-là me seraient toujours aussi précieux et je ne m'en séparerais pas.

Elina a des larmes dans les yeux en achevant de parler ; Paul la regarde avec attendrissement, avec amour ; la jeune fille lui semble encore plus jolie, car les bons sentiments ont le privilège d'embellir les personnes qui s'y livrent, tandis que les mauvais altèrent et contractent une jolie figure. Orphelins l'un et l'autre... ayant à peine connu nos parents... notre position est la même...

— Vous savez raison, mademoiselle, dit Paul en soupirant ; on doit être heureux d'avoir quelque chose... qui vienne de ses parents !

— Est-ce que vous avez perdu les vôtres, monsieur Paul ?

— Oui, mademoiselle...

— Il y a longtemps ?

— Oui !

— Est-ce qu'ils ne vous ont rien laissé qui leur ait appartenu ?

— Non, mademoiselle... rien !

— Oh ! mon Dieu !... Mais voyez donc quelle singulière ressemblance entre nous deux. Orphelins l'un et l'autre... ayant à peine connu nos parents... notre position est la même...

— Oh ! non, mademoiselle, vous êtes bien plus heureuse, vous !...

— Ah ! oui, parce que j'ai cette armoire et ce petit bureau.

Paul ne répond rien ; il détourne la tête et essuie ses yeux. Elina s'écrie bientôt :

— Mais, je suis bien sotte... Je vous parle de choses qui vous affligent. Voyons... travaillons, nous n'avons pas trop de temps. J'ai la clef de notre nouveau logement, c'est la porte en face ; je vais aller ouvrir.

Pendant que la jeune fille court ouvrir une autre porte sur le carré, Paul démonte la couchette en ayant toujours soin de faire le moins de bruit possible, ensuite il enlève les meubles et commence à les transporter dans le nouveau logement.

Elina lui montre une soupente dont l'entrée donne sur une petite pièce carrée, en lui disant :

— Voilà ma chambre... Il me semble que je ne verrai pas trop clair, là-haut... Enfin... pour se coucher, ma tante dit aussi qu'on n'a pas besoin d'y voir.

— Votre tante a bien peu de bontés pour vous, mademoiselle, dont cependant elle ne doit avoir à dire que du bien.

— Oh ! monsieur Paul, mes tantes ne pensent pas comme... nos amis !... Elles trouvent toujours des motifs pour nous gronder. Attendez, il y a une échelle pour grimper dans ma nouvelle chambre... que je la pose solidement.

— Laissez-moi ce soin, mademoiselle.

Le jeune homme place l'échelle et monte dans la soupente. Elina, qui est restée en bas, lui crie :

— Croyez-vous que tous mes meubles tiendront là dedans ?

— Mais, c'est encore assez grand... Cependant, mademoiselle, si l'on monte votre couchette, il n'y aura plus moyen de placer votre petite armoire et votre petit bureau.

— En ce cas, ne montez pas la couchette, je n'y tiens pas, elle est à ma tante. J'aime bien mieux coucher à terre, et à avoir près de moi les meubles de mes parents.

— Mais vous serez mal, si vous couchez à terre.

— Je serai très-bien. Oh ! je ne suis pas difficile, et je suis bien contente si mon armoire et mon petit bureau peuvent tenir là-haut.

Paul fait ce que désire Elina ; il pose à terre dans un coin de la soupente, les deux matelas qui étaient sur la couchette, ensuite il va chercher l'armoire en noyer et le petit bureau, et parvient à les placer aussi dans la nouvelle chambre de la jeune fille ; celle-ci qui est restée en bas, bat des mains, et fait des sauts de joie en voyant que les deux meubles auxquels elle tient tant peuvent se mettre dans la soupente.

— Ça y est, dit Paul, mais par exemple, mademoiselle, il n'y a plus de place, même pour une chaise.

— Ah ! c'est égal... Je n'ai pas besoin de chaise là-haut, je m'assoirai sur mon lit... Oh ! Il faut que je voie comment vous avez arranger tout cela.

Et la jolie fille grimpe lestement à l'échelle, et entre dans sa soupente sans réfléchir que Paul y était encore. C'est fort imprudent à une demoiselle d'aller dans sa soupente avec un jeune homme. C'est bien plus dangereux quand ce jeune homme est gentil garçon, et qu'il ne nous déplaît pas.

Mais Elina n'avait pas songé à tout cela. Heureusement pour elle, Paul était honnête et timide. Cependant, le cœur le plus honnête peut faillir quand il est bien amoureux ; celui du jeune homme battait avec violence en voyant la jolie fille grimper à l'échelle et entrer dans ce petit réduit, où il n'était pas possible de se tenir entièrement debout.

Il s'était blotti dans un coin de la soupente pour ne point tenir trop de place, et il n'osait pas en bouger.

— Oh ! que c'est bien arrangé ! s'écrie Elina en regardant autour d'elle, tout ça tient... j'aurai tout sous la main... Oh ! que je suis contente !

Et la jeune fille, oubliant qu'elle est dans un endroit très-bas, veut relever la tête pour remercier Paul, mais elle se cogne le front au plafond, et puis elle trébuche et tombe sur ses matelas en poussant un cri.

Paul est bien vite près d'elle ; il lui prend la tête, qu'il examine avec inquiétude, en disant :

— Mon Dieu !... vous... vous êtes fait mal... J'aurais dû vous avertir... Je vais chercher de l'eau... du vulnéraire...

Mais déjà Elina sourit ; elle retient le jeune commissionnaire, en lui disant :

— Ce n'est rien... Cela m'a étourdie, voilà tout... mais c'est passé... J'en serai quitte pour une bosse au front peut-être... dame ! il faut bien faire l'apprentissage de sa soupente.

— Permettez-moi d'aller vous chercher quelque chose, mademoiselle...

— Mais non, je vous dis que c'est inutile ! Donnez-moi votre main...

Elina prend la main de Paul et la pose sur son front en lui disant :

— Sentez-vous quelque chose ?

— Oui, mademoiselle... oh ! il y aura une bosse...

— Ces demoiselles vont toutes se moquer de moi !... On dit qu'en appuyant bien fort dessus, cela empêche la bosse de venir... Voulez-vous appuyer, monsieur Paul ?

— Mais je crains de vous faire mal.

— Non, non... Appuyez, je vous prie, n'ayez pas peur !

Le jeune homme tremblait en appuyant sa main sur le front si blanc et si lisse d'Elina ; les cheveux blond cendré de la jolie couturière s'étaient dérangés, et plusieurs boucles voltigeaient sur la main de Paul dont la chaleur avait augmenté l'émotion, si bien que tout à coup cette main avait glissé, et au lieu de presser le front de la jeune fille, elle s'était arrêtée sur son cœur. Elina l'avait laissé faire, elle ne pensait plus au coup qu'elle s'était donné. Le cœur est presque toujours un dérivatif : quand il est bien occupé, on ne souffre plus ailleurs.

Paul ne savait plus ce qu'il faisait ; mais il balbutiait d'une voix tremblante :

— Pardonnez-moi de vous aimer, mademoiselle ; je sais que c'est bien audacieux à moi... je ne suis pas digne de vous, je ne suis qu'un pauvre commissionnaire... mais cet amour est plus fort que ma raison... il durera toute ma vie... c'est malgré moi que cet aveu m'échappe... Ah ! ne vous fâchez pas... Je ne vous en reparlerai jamais !

Elina n'avait pas du tout l'air fâchée ; ses joues étaient pourpres, ses yeux baissés, et elle balbutiait de son côté :

— Je ne suis pas fâchée... Ce n'est pas un crime d'aimer quelqu'un... Mon Dieu, monsieur Paul... avant que vous ne m'ayez dit... je ne sais pas pourquoi... mais j'avais cru... j'avais devine que vous m'aimiez, et tenez... cela me faisait plaisir... Je ne vous défends pas de m'en parler... au contraire.

— Ah ! mademoiselle, que vous êtes bonne !... et que je serais heureux si... si...

Le jeune homme n'ose pas dire : si vous m'aimiez aussi. Mais ses yeux achèvent la phrase. Elina, qui l'a compris comme s'il avait parlé, lui répond naïvement :

— Je croyais que vous l'aviez aussi deviné.

Paul porte à ses lèvres les mains de la jeune fille, il les couvre de baisers en s'écriant :

— Ah ! je puis donc aussi connaître le bonheur le plus parfait... Je n'ai plus rien à envier à personne... Être aimé de vous... j'ose le croire... Ah ! cette idée doublera mon courage ! Je travaillerai encore plus afin, d'amasser de l'argent... et si je pouvais vous offrir alors un sort heureux... de quoi former un petit établissement... si... Oh ! mais non, c'est impossible... Je ne puis jamais espérer.

La figure de Paul est redevenue triste, ses regards se sont détournés d'Elina. Mais celle-ci lui prend la main et la lui presse doucement, en lui disant :

— Eh bien ! pourquoi donc devenez-vous triste ?... Je me sens si heureuse, moi... Vous croyez donc que je suis ambitieuse et que je ne me contenterai pas du sort que vous pourrez m'offrir ? C'est bien vilain de penser cela de moi.

— Non, mademoiselle, ce n'est pas à l'argent que je pense. Je suis bien sûr que vous êtes comme moi, et que vous ne tenez pas à cela ; mais c'est... c'est... Ah ! mademoiselle, je vais tout vous dire, car je ne veux pas vous tromper, et quoi qu'il m'en coûte de vous faire cet aveu... vous allez savoir qui je suis... et alors vous verrez bien que je ne suis pas digne d'être aimé de vous.

— Mon Dieu ! que voulez-vous donc dire... vous m'effrayez ! Est-ce que vous avez fait quelque chose de mal ?

— Ce n'est pas cela ! Mais tout à l'heure vous disiez que notre sort avait été le même... parce que nous sommes orphelins tous deux... Il n'en est pas ainsi, mademoiselle ; vous avez perdu vos parents, mais vous les connaissez ; vous savez ce qu'ils furent, vous vous rappelez même les baisers de votre père. Mais moi... je ne sais pas quels sont mes parents... Ils existent peut-être, mais je l'ignore. . Ils m'ont repoussé, éloigné de leurs bras... Enfin, je suis un malheureux enfant trouvé !

— Un enfant trouvé !

— Oui, mademoiselle, on m'a mis où l'on porte tous ces pauvres petits que leurs parents ne peuvent pas... ou quelquefois ne veulent pas élever... Il y avait sur moi un papier sur lequel était écrit : Paul de Saint-Cloud. Saint-Cloud, c'est sans doute l'endroit où je suis né. Puis, là, sur l'avant-bras, on m'avait fait une petite croix... que j'ai toujours, car cela ne s'efface jamais... était-ce pour me retrouver, pour me reconnaître un jour, que l'on m'avait fait ces marques ?... Je l'ai espéré longtemps ! Mais maintenant je ne l'espère plus... car j'ai vingt-trois ans passés, et jamais je n'ai entendu parler de mes parents... Et pendant tout le temps que j'ai passé chez monsieur Desroches. . un excellent homme qui, à dix ans, m'a retiré de l'asile de la pitié, pour me prendre chez lui, où il me traitait comme son fils, il fit lui-même bien des démarches pour tâcher d'obtenir quelques renseignements pour me faire connaître mes parents ; mais tout fut inutile, et lorsque mon bienfaiteur me voyait pleurer de chagrin de ne pouvoir embrasser ni mon père, ni ma mère, alors il m'embrassait tendrement, lui, en me disant : Console-toi, mon garçon, la naissance est un jeu du hasard ; ceux qui viennent au monde avec un nom, un rang et une fortune toute faite, ne se donnent quelquefois pas la peine d'avoir des qualités et des talents, parce qu'ils se trouvent assez bien comme ils sont ; mais celui qui arrive dans la vie, privé de tous ces avantages, est obligé de se bien conduire pour acquérir tout ce qui lui manque. Après cela, mon ami, l'avantage serait presque pour celui qui vient au monde sans rien. C'est avec de tels discours que monsieur Desroches me consolait et rendait de la force à mon âme. Mais, je n'en suis pas moins un pauvre enfant trouvé, qui n'a point de nom, de famille à vous offrir. Voilà ce que j'ai dû vous dire, mademoiselle, car il ne faut jamais tromper personne ! Voilà ce qui me fait penser que l'on ne me trouvera jamais digne de devenir votre époux.

Élina a écouté avec un vif intérêt le récit du jeune commissionnaire, des larmes sont venues humecter ses yeux, et lorsqu'il a fini elle lui tend la main, en disant avec cette expression de franchise qui part de l'âme :

— Tenez... je vous la donne, moi, ma main, et ce que vous venez de me dire ne m'empêchera pas de vous aimer... Au contraire... et puisque mes parents sont morts, il me semble que j'ai bien le droit de me choisir un mari.

Paul saisit avec ivresse cette main qu'on lui présente, il la couvre de baisers, en répétant les serments les plus doux. Et dans sa joie naïve la jeune fille s'écrie :

— Mais voyez donc comme les choses changent d'aspect ! cette soupente qui d'abord m'avait paru si laide... je la trouve bien gentille à présent, et je pense que je m'y plairai beaucoup... car je me rappellerai toujours que c'est ici que, pour la première fois, vous m'avez dit que vous m'aimiez.

Paul va répondre par de nouveaux serments, lorsque de grands éclats de rire se font entendre tout près d'eux. Les deux amants s'avancent près de l'entrée de la soupente, et aperçoivent trois jeunes gens, qui sont dans la petite pièce qui donne sur le carré et au bas de l'échelle qui mène à la soupente ; là, ils battent des mains en criant bravo et en riant à gorge déployée.

Ces jeunes gens étaient Albert, Célestin et Mouillot que nous avons laissés endormis chez Balivar, et qui, en ouvrant les yeux, vers six heures du matin, s'étaient d'abord mis à rire de se trouver dans l'atelier du peintre ; ensuite chacun avait songé à regagner son logis, mais arrivés sur le palier, le souvenir de la petite voisine s'était présenté à l'esprit de Célestin qui s'était écrié :

— A propos ! et la petite voisine d'au-dessus... Ah parbleu ! elle doit être endormie chez elle, et je ne m'en irai pas sans l'avoir vue.

— Ni moi non plus, avait dit le grand Mouillot. Je veux juger si elle est aussi bien que Balivar nous l'a annoncé. Au revoir, Albert ; tu es pressé, va-t'en.

— Non pas !... j'ai encore du temps devant moi, et je veux aussi voir la voisine... Je vais avec vous, messieurs.

— Mais comment nous ferons nous ouvrir ?

— C'est bien facile... On frappe... on tappe lourdement des pieds... on fait une grosse voix, et on dit : mam'zelle, c'est le porteur d'eau... Les porteurs d'eau viennent toujours de bonne heure, et on leur ouvre même quand on n'est qu'à demi habillé... On nous ouvrira.

Et les jeunes gens avaient descendu, laissant là monsieur Varinet qui dormait encore avec son olive dans sa poche.

Parvenus à l'étage supérieur, les trois jeunes gens avaient vu avec surprise deux portes ouvertes, ils s'étaient dit :

— Il paraît que nous n'aurons pas besoin de contrefaire le porteur d'eau. Est-ce que la jolie voisine dort avec sa porte ouverte ?... Cela annoncerait une confiance bien ingénue... ou tout le contraire... Par quelle porte allons-nous entrer ?

— Ma foi, au hasard !

Le hasard avait conduit ces messieurs dans la petite chambre où était la soupente. Là, leurs oreilles avaient été frappées par le doux serment d'amour que répétaient Élina et Paul, qui ne les avaient pas entendus arriver, parce que les amants n'entendent qu'eux quand ils jurent de s'adorer. Puis les jeunes gens avaient fait leurs réflexions tout haut.

— Il me paraît que nous venons de trouver un nid ! avait dit Mouillot.

— L'amour d'une soupente ! tableau de genre, avait répondu Albert.

— Et ce Balivar qui nous vante la sagesse de sa petite voisine ! disait Célestin. Je croyais notre artiste plus malin que cela ; mais il paraît qu'il ne connaît pas encore toutes les couleurs !

Et les éclats de rire avaient suivi. Ce qui venait enfin d'avertir les deux amants qu'il y avait du monde près d'eux.

Élina rougit jusqu'au blanc des yeux en apercevant les jeunes gens, Paul se sent frémir de colère, il veut s'élancer sur l'échelle pour descendre, mais Célestin venait de la retirer.

— Il paraît que ça va bien là-haut ! dit Mouillot, nous ne commençons pas mal notre journée.

— Elle est ma foi charmante ! dit Albert, Balivan ne nous a pas trompés.

— Oui, quant à sa figure.

— Que venez-vous faire ici, messieurs ? que demandez-vous ? s'écrie Paul, et pourquoi vous permettez-vous d'ôter l'échelle ?... Remettez-la sur-le-champ !

— Ah ! voilà l'amoureux qui se fâche ! dit Mouillot. Et voyez pourtant... si l'on était méchant ! nous vous tenons la tous les deux... si nous allions avertir les parents de la demoiselle, qu'est-ce que vous diriez ?

— Qu'il n'y a aucun mal, messieurs, à monter dans une soupente quand on y emménage des meubles... et voilà pourquoi je me trouve ici avec mademoiselle.

— Ah ! pas mal !... pas mal !... et c'est toujours pour emménager que vous vous embrassiez... en vous faisant des serments d'amour, jeune séducteur ?

— Messieurs, je n'ai embrassé que la main de mademoiselle. Quant à ce que je lui ai dit, cela ne vous regarde pas... Vous n'aviez pas le droit de nous écouter.

— Voyez-vous ça... alors on ferme les portes... Imprudents que vous êtes !...

— Mais, Dieu me pardonne ! l'amoureux est un de nos commissionnaires... le camarade de Sanscravate !

— Oui, vraiment !... c'est celui qui a fait hier les commissions de Tobie. Ah ! jeune couturière ! est-ce bien possible ! vous donnez dans le commissionnaire ! Mais vous dérogez, jeune fille, votre profession vous permettait mieux que cela... souriant avec d'aussi beaux yeux !

— Messieurs ! respectez mademoiselle, s'écrie Paul d'un air menaçant, ou je vous ferai repentir de vos insultes !

— Toi, drôle ! répond Célestin, commence par te taire, sinon c'est toi que l'on châtiera pour tes impertinences !

— Nous ne remettrons l'échelle qu'à plusieurs conditions, dit Albert, d'abord que la petite couturière se laissera embrasser.

— Moi, dit le gros Mouillot, je demande qu'elle me prenne mesure d'un galopin.

Élina ne répond rien, elle s'était réfugiée toute confuse au fond de la soupente et tâchait de se dérober aux regards. Mais Paul n'est plus maître de sa colère ; il s'élance au risque de se blesser, saute dans la chambre, et d'une main vigoureuse lui arrachant l'échelle, va la replacer à l'entrée de la soupente en s'écriant :

— Et maintenant, que l'on ose encore l'ôter de là, et c'est à moi que l'on aura affaire !

L'action du commissionnaire a été si prompte, si énergique, que les trois jeunes gens en ont été un moment tout saisis. Cependant Célestin revient vers Paul, en lui disant :

— Sors à l'instant d'ici ! Des gens comme nous ne se compromettent pas avec un homme de ton espèce... mais si j'avais une canne je pourrais bien te briser sur les épaules.

Paul va se placer devant Célestin et le regarde de très-près, en lui répondant :

— Des gens comme moi, tout commissionnaires qu'ils soient, valent mieux que des hommes de votre espèce qui ne savent qu'insulter une jeune fille honnête ! Si dans la rue, vous vous croyez beaucoup plus que moi parce que je m'y place pour faire vos commissions, ici, vous êtes bien au-dessous du pauvre homme du peuple qui vit au coin de la borne... car il se conduit avec honneur, lui, tandis que votre conduite à vous, est celle d'un mauvais sujet.

— Ah ! c'est trop fort ! allons, messieurs, est-ce que vous ne m'aiderez pas à corriger ce misérable ?

Albert semble indécis, on dirait que la contenance ferme de Paul lui impose et lui fait sentir en lui-même que ce jeune homme a raison. Mais le gros Mouillot ne veut point reculer devant l'appel de Célestin, il court pour reprendre l'échelle et Célestin essaye de faire quitter à Paul sa position en le tirant par le bras, mais celui-ci repousse si vigoureusement monsieur Célestin, qu'il le fait trébucher sur son ami Mouillot. Cependant ces messieurs s'apprêtent à revenir sur le commissionnaire, lorsque des cris aigus se font entendre, c'est la petite Élina, qui du haut de sa soupente a vu que Paul allait se battre, y mêle les siens en appelant au secours.

— Au voleur! au voleur! répète une voix qui part de l'appartement voisin.

— Ah! mon Dieu! c'est ma tante que l'on vole! dit la jeune Elina. Ah! monsieur Paul, allez donc voir!

Paul ne voulait pas quitter le pied de l'échelle, ni laisser Elina exposée aux entreprises des jeunes gens. Mais l'arrivée d'une vieille femme qui n'a pour tous vêtements qu'une chemise et une camisole, et sur la tête un vieux madras, roulé en forme de turban, vient changer toute la scène; c'est la tante d'Elina qui, oubliant le laisser-aller de sa toilette, se met à courir dans la chambre en criant à tue-tête :

— Au voleur!... il est entré un voleur chez moi... je l'ai vu devant mon lit en m'éveillant!... Messieurs, arrêtez-le, je vous en prie... il y est encore!... je me mets sous votre protection.

Et madame Vardeine veut se précipiter dans les bras des jeunes gens; mais ceux-ci ont la barbarie de repousser les étreintes de cette dame qui est en chemise et en camisole, et qui dans ce moment n'a rien de caché pour eux.

Cependant, aux cris de la vieille femme et de la jeune fille, le portier est monté tenant son balai d'une main et un immense journal de l'autre. Il introduit en premier son balai de bouleau dans la chambre, comme s'il voulait en ôter les araignées, et se montre ensuite en disant d'une voix gutturale :

— Est-ce qu'on se tue ici!... Qu'est-ce que c'est qu'un pareil tapage!... à peine s'il est jour... et vous vous battez déjà!... Je vous déclare que je vais le dire au propriétaire pour qu'il vous fiche tous à la porte...

La tête du portier, coiffée de plusieurs bonnets, laine et coton, mis par étages les uns sur les autres, et celle de madame Vardeine avec son turban de travers, ont quelque chose de si comique, que Mouillot et Albert partent chacun d'un éclat de rire. Pour augmenter la confusion, monsieur Varinet se montre aussi à l'entrée du carré en disant:

— Qu'est-ce que vous faites donc tous ici ?

A l'aspect du jeune blond-blanc, madame Vardeine fait un saut qui fait cruellement danser tout ce qui est dans sa camisole, en s'écriant :

— Voilà mon voleur!... c'est cet homme-là que j'ai aperçu devant mon lit en m'éveillant... je le reconnais à ses cils...

— Eh! mon Dieu, madame! répond tranquillement Varinet, excusez-moi, mais je cherchais ces messieurs... D'en bas je les avais entendu rire... je suis monté, j'ai trouvé une porte ouverte, je suis entré chez vous sans savoir où j'allais...

Madame Vardeine ne semble pas convaincue; le portier tient toujours son balai en l'air, comme s'il voulait balayer tout le monde. Mais l'arrivée de Balivan vient rétablir la paix. Le peintre réclame ses amis en répondant qu'il n'y a pas de voleurs parmi eux, et ceux-ci se décident enfin à s'en aller avec lui; mais avant de partir, chacun d'eux jette encore un regard sur la soupente au bord de laquelle Elina est blottie toute tremblante.

— Elle est charmante, dit Albert!

— Je la reverrai, dit Mouillot.

— Oui, oui, dit Célestin, et chacun recevra ce qu'il mérite pour sa conduite de ce matin.

Paul ne répond rien, mais son regard, attaché sur Célestin, semble le défier et lui annoncer le peu de cas qu'il fait de ses menaces.

XII. — CHEZ LE COMMISSAIRE.

Il était huit heures du matin; Sanscravate était assis à sa place habituelle, mais cette fois il n'était pas étendu sur ses crochets; placé seulement sur l'extrémité, les deux coudes appuyés sur ses genoux et la tête dans ses mains, il regardait autour de lui d'un air mécontent; souvent ses yeux se portaient sur la place de Paul qui était vide; alors il serrait les poings, murmurait quelques mots entre ses dents, puis frappait le pavé avec ses pieds d'un air d'impatience.

Jean Ficelle se promenait de long en large, mesurant toujours à peu près une étendue de vingt pas; passant et repassant sans cesse devant son camarade, auquel, tout en mordant dans un énorme morceau de pain, puis ensuite dans un cervelas qu'il tenait sous son pouce, il adressait de temps à autre la parole:

— Eh ben, Sanscravate, tu ne dis rien ce matin!... Est-ce que la petite ribotte d'hier au soir t'a noué la langue?... T'es pas malade?...

— Non... non... Oh! je n'y pense plus!... je me porte bien.

— Pardié! d'ailleurs, t'étais pas gris! ceux qui diront que t'étais gris en auront menti.

— Il me semble pourtant que j'avais un coup de trop.

— Du tout... tu crois ça parce que tu t'es disputé... et ça t'a échauffé... tu en boirais ben d'autres... Ah! je suis ben fâché que tu n'aies pas pu tenir le pari avec le père Cagnoux... il aurait été joliment enfoncé le vieux Cagnoux... C'est ce pleurard de Paul qui est cause de tout ça... Hom! il a un peu cané le camarade... Refuser de se battre!... ni plus ni moins! j'appelle ça un homme flambé pour la société des amis! Tiens, une comparaison : c'est comme un couvreur qui aurait peur de grimper sur un toit, et qui ne voudrait couvrir que des rez-de-chaussée.

— Mais il voulait bien se battre avec vous autres.

— Ah! oui! de quoi!... des bravades!... des bêtises!... il savait bien qu'en défiant tout le monde, c'était comme s'il ne défiait personne. C'est à toi qu'il avait manqué... et de toutes les façons, c'était à toi qu'il devait réparation : refuser de boire avec des amis... casser leur verre! merci! c'est trop sans gêne.

— Oh! à présent que je suis à jeun, ce n'est pas de cela que je lui en veux. Tu vois bien qu'il avait raison de mépriser ce Laboussole, puisque c'est un voleur, et je rougis maintenant, moi, d'avoir trinqué avec un pareil coquin!

Paul saisit avec ivresse cette main qu'on lui présente; il la couvre de baisers. — Page 51.

— Mais non! pas du tout! tu es dans l'erreur! tu crois que Laboussole est un voleur parce que l'on est venu l'arrêter comme tel!... mais c'est des méchancetés de la justice!... Un homme peut se trouver compromis dans une mauvaise affaire, et il n'est pas un voleur pour ça!... Je suis sûr que Laboussole sortira de là-dedans blanc comme neige!... Viens donc boire un canon... Je régale.

— Merci, je n'ai pas soif.

— Oh! t'as ni soif ni faim, aujourd'hui! Enfin, à ton aise... Tout de même, il n'ose pas venir ce matin, le petit capon, preuve qu'il sent bien qu'il est dans son tort.

— C'est vrai... voilà neuf heures bientôt... et Paul qui est toujours le premier à sa place ordinairement!... il ne vient guère.

Jean Ficelle se promène encore, puis il s'arrête devant Sanscravate, en disant d'un air moqueur :

— Ah! dame! il a peut-être été si occupé cette nuit qu'il se repose ce matin... et voilà!

Sanscravate se lève brusquement en s'écriant d'un air furieux :

— Qu'est-ce que tu entends par là?

— Tiens! j'entends... j'entends... Ah! ma foi, après tout, tu sais bien ce que je veux dire... et je gagerais que je sais avec qui il est à présent!

— C'est avec Bastringuette que tu veux dire... n'est-ce pas?...

— Dame! il me semble qu'elle ne s'est pas gênée hier pour faire voir qu'elle te préférait ce gringalet!... Faut-il que les femmes aient peu de goût! toi, qui es si bel homme!... et qui en ferais trois comme Paul!...

Sanscravate s'efforce de paraître plus calme, en disant :

— Oh! je ne suis pas jaloux de son bonheur; qu'il aille avec Bastringuette si le veut!... Cependant, hier au soir, j'ai bien vu qu'il ne s'en allait pas avec elle quand nous avons quitté le cabaret; il est parti seul... et elle... elle a attendu pour voir si je la suivais, puis elle a filé seule aussi.

— Ah! prout!... des farces... ils se sont rejoints plus loin!... Si on savait où demeure ce Paul, on pourrait ben aller demander s'il est chez lui. Sais-tu sa demeure, Sanscravate?

— Ma foi, non; il m'a dit qu'il restait du côté du faubourg Montmartre; mais v'là tout.

— Diable! dans un faubourg! cherchez donc!... Il y a toujours du mystère avec ce garçon-là... qué drôle de pistolet!

— Que m'importe qu'il soit chez lui... ou chez elle... je m'en fiche! je n'aime plus Bastringuette.

— C'est égal, murmure Jean Ficelle en mordant dans son pain, si un camarade me prenait ma maîtresse sous mon nez... j'aurais beau ne plus l'aimer, ça ne se passerait pas comme ça!

— Et crois tu donc aussi que je ne me vengerai pas! s'écrie Sanscravate en laissant voir toute sa colère et fermant les poings d'un air menaçant.

Jean Ficelle lui frappe sur l'épaule d'un air hypocrite en lui disant :

— A la bonne heure! je te reconnais... tu es toujours un homme...

Sanscravate.

Je me disais aussi : C'est ben étonnant qu'un gaillard comme Sanscravate se laisse vexer sans rien faire... mais je vois que t'as des idées... bravo... t'es un homme.

En ce moment, un petit monsieur tout grêle et habillé de noir, sans pour cela avoir l'air bien mis, s'arrête devant les deux commissionnaires, et leur dit :

— C'est à vous deux que j'ai affaire; n'êtes-vous pas, vous, Sanscravate, et vous, Jean Ficelle?

Les deux commissionnaires font un signe affirmatif, et l'homme noir reprend : — Alors, vous allez vous rendre, s'il vous plaît, chez monsieur le commissaire.

Jean Ficelle se trouble en entendant parler du commissaire, tandis que Sanscravate s'écrie :

— Et pourquoi donc faire que nous irions chez le commissaire? je n'y ai jamais été, moi, et je n'ai rien à démêler avec lui.

— N'étiez-vous pas hier au soir au cabaret du Petit Bacchus où l'on a arrêté un certain Laboussole... ne buviez-vous pas avec lui?

— Oui; mais nous ne le connaissons pas! répond vivement Jean Ficelle.

— Vous direz à monsieur le commissaire ce que vous savez sur cet homme : il veut vous interroger... moi, je n'en sais pas plus, ne manquez pas de venir ce matin.

— Nous irons, monsieur.

Le petit monsieur s'est éloigné. Jean Ficelle est rêveur, Sanscravate fronce le sourcil, en murmurant :

— Aller chez le commissaire... je me félicitais, il n'y a pas encore trois jours, de n'avoir jamais eu affaire à lui!... j'ai eu bien des querelles! je me suis battu bien souvent, mais toujours franchement!... le vaincu ne pouvait pas se plaindre d'être pris en traître, et il n'y avait pas besoin d'un commissaire pour terminer nos querelles. Et aujourd'hui!... parce que j'ai bu avec ce Laboussole... ton ami... et tu dis que tu ne le connais pas maintenant, et que ce n'était pas un voleur... Voyons, au fait, le connais-tu, oui ou non?

— Eh! mon Dieu! est-ce que j'ai besoin de me compromettre pour un autre devant le commissaire!...

— Mais si cet autre est ton ami, s'il est arrêté injustement, tu serais un lâche de ne point chercher à le défendre.

— Oh! parbleu! Laboussole est un malin qui saura ben se tirer d'affaire tout seul... Allons, Sanscravate! ne prends pas d'humeur!... après tout, les gens les plus honnêtes vont chez le commissaire; tu vois bien que nous ne sommes appelés que comme témoins.

— Eh! sacrédié! comment voudrais-tu y être demandé?... allons-y tout de suite alors, il me tarde d'être débarrassé de cette visite.

— Soit!... partons.

— Mais je ne sais pas où demeure ce commissaire, et toi, Jean Ficelle, le sais-tu?

— Oui, viens, ce n'est pas bien loin d'ici; je vais te conduire.

— Et ce Paul qui n'est pas encore arrivé... mais nous le trouverons peut-être aussi chez le commissaire.

3

Les deux commissionnaires se mettent en route et ne tardent pas à arriver au but de leur course.

A Paris, il y a quatre commissaires de police par arrondissement, ce qui fait quarante-huit commissaires en tout. Ce n'est pas trop pour une ville si grande, si peuplée, si agitée, et dans laquelle il arrive chaque jour tant d'événements.

Une lanterne suspendue au-dessus de la porte de la maison vous indique la demeure d'un commissaire; son bureau est rarement élégant, mais pour le monde qu'il reçoit habituellement on comprend qu'il n'y a pas besoin de se mettre en frais, et que chez lui ce serait un luxe inutile de faire frotter. Ceux qui viennent n'ont pas même l'habitude de nettoyer leurs pieds sur un paillasson... quand il y en a un.

Vous entrez dans le bureau où se tiennent ordinairement le commis et le secrétaire; quelquefois le secrétaire a son cabinet particulier dans une pièce à part. Le cabinet de monsieur le commissaire vient ensuite, tout le monde n'y pénètre pas.

Au moment où Sanscravate et Jean Ficelle s'y présentent, un caporal et deux soldats amènent deux femmes et un jeune garçon, lequel tient dans ses bras un petit chien noir, qui est encore dans l'âge le plus tendre.

Une des femmes a cinquante ans; elle est énorme, ce n'est pas un être humain, c'est une masse informe sur laquelle se meut une tête rouge, violette, écarlate, surmontée d'un bonnet sale et dont les brides flottent à l'abandon; c'est une cabaretière.

L'autre femme est plus jeune; elle est mince et pâle, elle n'a pas l'air bon, mais au moins elle ressemble à une femme; elle en porte les vêtements, mais fort modestes, elle a aussi un bonnet et un tablier.

Le jeune garçon, qui peut avoir quatorze ans, possède déjà une face énorme et deux joues rebondies qui lui cachent le nez; il ressemblerait à la grosse cabaretière si celle-ci pouvait ressembler à quelque chose; il est vêtu d'une blouse, petite calotte grecque sur la tête et des souliers sans bas.

Tout cela entre dans le bureau du commissaire en criant, en beuglant, en se disant force injures, et quelquefois le caporal est obligé d'interposer son autorité pour que les deux femmes ne se battent point.

Une foule considérable, qu'amusait la querelle des deux femmes, les a suivies jusqu'à la porte du commissaire, mais il lui est défendu d'aller plus avant.

Le commissaire quitte son cabinet dans lequel on n'entre pas pour des faits vulgaires, il vient au bureau, demande d'abord au caporal ce que ces femmes ont fait.

Un caporal de la ligne n'est pas toujours orateur; celui-ci porte la main au shako et répond:

— Ma foi... c'est... voilà!... vous comprenez bien que je n'en sais rien! mais ces deux femmes faisaient tant de bruit dans la rue, et puis les coups... et c'est le chien que voilà... ce petit roquet pas plus gros que mon poing... est cause qu'on est venu chercher pour mettre le holà... et sapredié! elles s'en disaient en chemin!... mais pour vous dire qui est-ce qui a raison, monsieur le commissaire, je m'en défends.

Le caporal fait deux pas en arrière après avoir présenté le rapport. Le commissaire s'adresse aux deux femmes, en disant:

— Voyons, quelle est la plaignante de vous deux?

Les deux femmes parlent ensemble, et le jeune garçon s'en mêle aussi:

— C'est elle qui a tort, monsieur le commissaire.

— C'est pas vrai, à preuve, elle dit que je lui ai pris son chien.

— Oui, puisqu'on vous a vue.

— Vous mentez!

— Et qu'elle m'a donné un coup de pied dans le gras des jarretières.

— C'est elle qui a pincé à me déchirer ma robe, et qu'on peut encore voir la marque de ses ongles!

— Taisez-vous, insolente! vous pouvez ben dire que vous êtes cause...

— Oui, monsieur le commissaire, c'est elle qui est cause... Je n'étais jamais venue chez vous... v'là ben la première fois je peux vous le dire!

Le jeune garçon, qui a un accent limousin et comme de la bouillie dans la bouche, essaye de parler:

— D'abord... ben sûr... pisque je portais... mon... mon panier... et que... si je l'avais vue... Ah ben!

Pour compléter le charivari, le chien se met à aboyer.

XIII. — SUITE DU PRÉCÉDENT.

— Très-bien, reprend le commissaire en souriant, parce qu'il voit que l'affaire n'est pas grave. Il me paraît que c'est un chien que vous vous disputez. Eh bien, nous allons juger comme Salomon, le faire couper en deux, chacune en aura la moitié.

— C'est ça! s'écrie la grosse masse en lâchant de rire, ce qui fait rebondir son énorme ventre. G'nia qu'à le couper en deux!

— Ah! diable!... Il me paraît que vous n'êtes pas la vraie mère, vous.

— Oh! monsieur le commissaire, je disais ça pour rire... mais c'est bien mon chien, d'ailleurs j'ai eu des témoins.

— Ah! oui! s'écrie la femme maigre. Avec ça que le premier homme qui est entré chez vous, et à qui vous avez dit : N'est-ce pas que c'est là mon chien? a répondu : Je ne l'ai jamais vu.

— Alle ment! alle ment! c'est mon chien. Tout le monde le sait, d'ailleurs il était avec François, mon fils, que v'là; allons, François, fais ta déposition.

François ouvre la bouche et remue les lèvres longtemps avant de pouvoir trouver un mot, tant l'émotion agit sur son moral, enfin d'une voix empâtée, il murmure:

— D'abord... ben sûr... pisque... j'allais avec mon panier... je croyais le chien derrière moi... et qu'elle l'a pris... et pis qu'elle s'est sauvée avec!

— C'est pas vrai, il dit, il faux, monsieur le commissaire. Le chien était devant moi... très-loin... quand je l'ai vu, moi, c'te petite bête, j'ai dit : Il n'a pas de maître... et je l'ai ramassé. S'il avait été à lui, pourquoi qu'il ne m'aurait pas dit : C'est mon chien. Mais il m'a laissé aller, et puis c'est quand madame l'a aperçu qu'il s'est mis à courir après moi, en criant : Au voleur!... Qu'est-ce qui prouve qu'il est plutôt à eux qu'à moi, ce chien?

Le commissaire après avoir pesé ces dépositions dans sa sagesse, dit d'un ton grave au jeune garçon:

— Mettez ce chien à terre, et que ces dames l'appellent chacune de son côté, je l'adjugerai à celle qu'il suivra.

François dépose le petit animal sur le carreau. Les deux femmes se mettent à l'appeler, en lui prodiguant les épithètes les plus tendres. Le chien ne bouge pas, mais il lève une cuisse et commet une grave inconvenance chez monsieur le commissaire.

L'affaire se complique; les deux femmes recommencent à s'injurier; le garçon à bégayer, les soldats à rire et le chien à aboyer. Tout d'un coup la femme maigre se dispose à ôter sa robe pour montrer la piqûre qu'on lui a faite; mais la grosse femme devinant son intention, relève aussitôt sa jupe, et sans craindre de faire voir sa jambe au dessus de la jarretière, s'écrie d'un air triomphant :

— Voyez, monsieur le commissaire, voyez... c'est bleu... c'est tout bleu... et demain, ce sera tout noir!

En effet c'était bleu; à la vérité le reste de la jambe semblait être à peu près de la même couleur. Le commissaire, qui ne se soucie pas d'en voir davantage, dit à l'autre femme :

— Ceci me semble authentique; si vous ne pouvez nous en montrer autant, il est inutile de défaire votre robe.

La femme maigre se décide à ne point se déshabiller, mais elle se met à pleurer en marmottant :

— Qu'elle le garde ce chien!... après tout! mon Dieu qu'elle le garde!... je n'en veux pas!... mais c'est toujours une insolente... on n'appelle pas une personne voleuse, parce qu'elle ramasse un chien dans la rue qui n'a pas de maître!

La cause est jugée, le commissaire fait rayer le rapport. Le chien est adjugé à la grosse femme qui le prend dans ses bras, et s'en va avec François d'un air triomphant, tandis que son antagoniste la suit en murmurant :

— C'est égal, allez! vous me le paierez! et plus cher que vous ne le croyez!

Sanscravate et Jean Ficelle vont pour s'avancer, mais le commissaire leur fait signe de s'asseoir et d'attendre, car il a encore beaucoup d'affaires à juger. Dans le bureau d'un commissaire de police, à Paris, il est rare que la scène reste vide.

D'autres soldats, auxquels une petite femme trapue semble vouloir servir de commandant, bien qu'ils aient aussi un caporal avec eux, viennent d'amener un petit garçon de dix à onze ans, mal vêtu, ou plutôt à peine vêtu. Un pantalon tout en loques laisse voir ses jambes, et une veste de toile qui ne peut plus se boutonner, ne cache pas une chemise noire, toute déchirée, et un corps plus noir encore. Ce petit malheureux, qui, malgré cette apparence misérable, est fort et assez gras, a une figure ignoble, et un regard en dessous qui semble n'avoir jamais regardé le ciel.

Ce jeune voleur, car ce petit garçon est déjà arrêté pour vol, est accusé d'avoir dérobé un pain de munition; la femme trapue porte sous son bras le pain, pièce de conviction; elle explique au commissaire qu'elle est fruitière et vend aussi des pains de munition qui sont à l'entrée de sa boutique; que le petit garçon s'approche d'une table sur laquelle sont ses pains, qu'un autre gamin, qui probablement s'entend avec celui-ci, est venu contre elle et s'est laissé tomber presque dans ses jambes; pendant qu'elle aidait le gamin à se ramasser, son camarade a saisi un pain de munition et s'est mis à fuir avec. Mais elle s'est aperçue à temps, a couru après le petit voleur, qui a été arrêté encore nanti de l'objet dérobé : il ne peut donc pas nier son crime.

Le commissaire s'adresse au petit voleur qui a entendu la déclaration de la fruitière, comme si cela ne le regardait pas, et en battant la retraite avec ses doigts sur le bureau du commis:

Pourquoi as-tu volé ce pain?

Le jeune industriel fait aller son corps de droite à gauche, absolument comme un ours, avance ses deux lèvres, baisse encore plus la tête, et murmure enfin quelques sons qu'on ne saurait prendre pour des paroles.

Le commissaire reprend d'un ton sévère :

— Pourquoi as-tu volé ce pain ? Allons, réponds, et de manière à ce qu'on t'entende.

Une voix sourde et traînarde répond alors :

— Parce que j'avais faim !... V'là deux jours que je n'ai mangé.

— Tu mens ; tu n'as pas la figure de quelqu'un qui pâlit ; et d'ailleurs, si tu avais faim, il fallait entrer chez un boulanger demander du pain, on ne t'en aurait pas refusé. Mais on connaît vos habitudes : tu as volé ce pain de munition pour le revendre, pour avoir trois ou quatre sous que tu seras allé les jouer sur le boulevard ou aux barrières... dis que ce n'est pas vrai ?

Le petit recommence à balancer son corps. Il fait une grimace comme s'il voulait sourire, et ne répond rien.

Le commissaire reprend :

— As-tu des parents ?

— Je ne sais pas.

— Comment ! tu ne sais pas si tu as ton père et ta mère ?

— Je crois que je n'ai pas de père.

— Et ta mère ?

— Elle est marchande de pommes de terre frites.

— Est-ce qu'elle n'a pas le moyen de te faire apprendre un état ?

— Je ne veux pas travailler.

— Tu aimes mieux voler ! tu espères être renfermé avec de petits misérables de ton espèce, près desquels tu achèveras de te perdre. Où demeure ta mère ?

Le petit vaurien se tait. Le commissaire renouvelle sa question.

— Je ne veux pas le dire, je veux pas qu'elle me réclame, je veux pas retourner chez elle.

— Alors on va te mener à la préfecture, et de là tu seras conduit dans une maison où il faudra bien que tu travailles.

Tout ce qu'on vient de lui dire ne paraît nullement émouvoir le jeune misérable ; seulement, pendant que le secrétaire prend la plume pour écrire le rapport pour la préfecture, le petit misérable se met à rire, en disant :

— V'là le griffon qui prend une voltigeante pour broder sur du mince !

Les soldats emmènent le petit voleur, la fruitière remporte son pain. Cette scène a attristé l'âme de Sanscravate ; il jette un coup d'œil à son camarade, mais celui-ci semble fort indifférent à ce qu'il vient d'entendre et de voir.

Un monsieur très-bien mis et se présentant avec de bonnes manières, vient avertir le commissaire que dans la rue voisine, au n° 19, au troisième, au fond de la cour, sous prétexte de tenir un salon de lecture, on tient un jeu clandestin. On fait passer les amateurs par une porte secrète, et du salon de lecture on se trouve dans un salon de roulette et de trente-et-un. Le commissaire est invité de s'y rendre avec ses inspecteurs, le soir sur les dix heures, pour saisir en flagrant délit et de verbaliser. Le monsieur viendra le chercher pour lui servir de guide ; il a eu le talent de se faire introduire comme joueur.

Ce monsieur si bien mis, et qui a de si bonnes manières, est tout simplement un mouchard.

Ensuite, c'est une jeune fille bien gentille, et dont la tournure est assez honnête, qui vient presque en pleurant demander pourquoi monsieur le commissaire lui a écrit de passer à son bureau.

— Mademoiselle, c'est que vous continuez à mettre des pots de fleur sur votre fenêtre, malgré l'ordonnance... et dernièrement encore, une dame qui passait a été arrosée par vous ; je serai obligé de vous mettre à l'amende.

— Mon Dieu ! monsieur le commissaire, pour un petit pot de pensées, c'est bien étonnant que j'aie arrosé une dame, car je fais toujours bien attention quand je mets de l'eau à mes fleurs ; c'est quelque voisine au-dessous qui en aura jeté, et puis cette dame aura regardé aux fenêtres, et voyant un pot de fleurs à la mienne, elle aura cru que cela venait de chez moi.

— Enfin, mademoiselle, vos pots de fleurs pourraient occasionner de graves accidents.

— Ah ! monsieur le commissaire ! un petit pot de pensées !

— Mademoiselle, s'il vous est tombé sur quelqu'un, on aurait aussi bien tué une personne avec un pot de pensées que par une pivoine. Mais si vous aimez tant les fleurs, pourquoi ne placez-vous pas votre pot de pensées sur un meuble dans votre chambre ? Vous en jouirez tout autant, mieux même, et sans danger, car la pensée est une fleur inodore.

La jeune fille baisse les yeux, en répondant :

— Ce ne serait pas la même chose ; si le pot de fleurs était dans ma chambre...

— Il ne le verrait pas... Ah ! je comprends ! ce pot de fleurs sert de signal à votre amoureux, n'est-ce pas ?

La jeune fille sourit et balbutie :

— Oui, monsieur. Tant y a, s'il peut monter, et si par hasard j'ai du monde, je retire les pensées et il ne me monte pas.

— Très-bien ; il paraît qu'il peut monter souvent, car le pot de

pensées est presque toujours en évidence ; et voilà comme la fleur la plus innocente sert aux intrigues des amoureux.

— Oh ! monsieur, le mien m'épousera, j'en suis très-sûre.

— Je désire, mademoiselle ; mais alors faites poser une barre de bois devant votre fenêtre, de manière à ce qu'il n'y ait plus de danger pour les passants ; ce n'est qu'à cette condition que je puis tolérer le pot qui sert de télégraphe à vos amours.

— Eh quoi ! monsieur, si je mets une balustrade, une barre de bois, vous ne me défendrez plus de placer des fleurs à ma fenêtre ?

— Non, vous en mettrez alors autant que vous voudrez.

La jeune fille fait un bond de joie en s'écriant :

— Ah ! quel bonheur ! je mettrai avec mes pensées, un rosier et un œillet !

— Diable ! mademoiselle, mais si chaque fleur sert de signal à un amoureux...

— Oh ! je vais tout de suite faire placer une barre ; j'aurai trois pots, monsieur le commissaire, j'aurai trois pots !...

La jeune fille s'éloigne fort contente. Après elle vient une femme qui accuse son mari de lui avoir donné un soufflet avec une écumoire ; puis un mari qui veut se séparer de sa femme parce qu'elle ne lui donne tous les jours pour dîner que de la soupe à l'oignon ; puis un locataire qui se plaint de son portier, qui l'a laissé passer la nuit dans la rue, sous prétexte qu'il était plus de minuit ; ensuite, c'est une marchande dont on a renversé l'éventaire ; c'est un cabriolet qui a blessé l'âne d'une laitière ; c'est un fiacre qui refuse de marcher ; c'est une boutique qui n'a pas fermé après minuit ; c'est un homme qui s'est noyé ; c'est une jeune fille qui était en train de s'asphyxier ! Quelquefois cela dure ainsi depuis le matin jusqu'au soir, et souvent pendant la nuit on vient encore réveiller le commissaire. A Paris, il faut être de fer pour occuper un tel emploi.

Enfin le commissaire ayant renvoyé cette foule qui l'assiégeait, fait signe aux deux commissionnaires de le suivre dans son cabinet. Là, après avoir fermé sa porte pour n'être pas interrompu, il s'assied devant son bureau et s'adresse d'abord à Sanscravate :

— C'est vous que l'on nomme Sanscravate ?

— Oui, monsieur le commissaire.

— C'est la première fois que vous êtes mandé à mon bureau.

— C'est vrai, monsieur le commissaire.

— Cependant, vous avez dans le quartier la réputation d'une mauvaise tête, d'un tapageur, d'un bambocheur même...

— Ma foi, monsieur le commissaire, il est possible que j'aime à m'amuser, que je sois un peu emporté... que je me batte quelquefois !... c'est dans le sang la vivacité... on ne peut pas se refaire ! mais tout ça n'empêche pas d'être honnête, et je défie qu'on dise que Sanscravate ait jamais fait du tort à quelqu'un.

— Je sais que vous êtes un honnête homme... que votre tête seule est mauvaise, et c'est parce que j'ai cette conviction que j'ai voulu vous parler en particulier afin de pouvoir vous donner de bons avis... C'est la première fois que vous venez à mon bureau, et si vous suivez mes conseils, j'aime à croire que ce sera la dernière.

Jean Ficelle se retourne, en murmurant tout bas :

— Tiens !... de la morale ! nous v'là à l'école chez le Quart-d'œil !

Mais Sanscravate écoute d'un air assez docile le commissaire, qui reprend :

— Les gens les plus vifs, les plus emportés sont ordinairement les plus faciles à mener. Prenez garde seulement, Sanscravate, aux mauvaises connaissances... on est souvent faible de caractère quand on s'abandonne aux premiers mouvements de sa colère, et il y a des gaillards qui, en flattant vos passions, vous entraînent quelquefois dans une mauvaise route.

En disant ces mots, le commissaire regarde Jean Ficelle qui affecte de chantonner entre ses dents.

— Sanscravate, vous étiez hier à table dans un cabaret avec un nommé Laboussole, d'où connaissez-vous cet homme ?

— Ma foi, monsieur le commissaire, je ne le connais que pour l'avoir rencontré au cabaret du petit Bacchus, et puis comme Jean Ficelle l'appelle son ami... je l'avais invité à boire un coup avec nous.

— Moi !... s'écrie Jean Ficelle, je ne le connais pas davantage ! que de l'avoir aussi rencontré au cabaret... Je l'ai appelé rieux... c'est un mot qui se dit entre buveurs... mais je ne le connais pas.

— Vous mentez ! dit le commissaire en regardant sévèrement le commissionnaire ; vous connaissez cet homme, vous savez qu'il tenait un jeu de hasard, un biribi sous le pont d'Austerlitz, on vous a même soupçonné de lui servir de compère...

— Moi ! monsieur le commissaire, ah ! par exemple ! quée fausseté !

— Si j'en avais la certitude, vous ne seriez déjà plus commissionnaire, car vous tromperiez la confiance du public. Quant à vous, Sanscravate, vous voyez le danger qu'il y a de se lier avec des gens que l'on ne connaît pas. Ce Laboussole, outre la punition qu'il mérite pour tenir des jeux de hasard, est encore impliqué dans une grave affaire de vol ; si l'on vous voyait souvent avec de tels hommes, votre probité en serait ternie. Voilà ce que je voulais vous dire. Nous avons déjà trop de fripons dans Paris, et c'est presque toujours en les fréquentant que l'on se perd. Puisque vous ne savez rien de plus sur Laboussole, vous pouvez vous retirer.

— Mais, monsieur le commissaire, reprend Jean Ficelle d'un ton patelin, nous n'étions pas seuls avec Laboussole dans le cabaret, il y avait aussi notre camarade... Paul... un commissionnaire qui se met à côté de nous... pourquoi que vous ne l'interrogez pas aussi ?

— Si nous ne faisons pas venir ce jeune homme devant nous, c'est que probablement nous jugeons que cela n'est pas nécessaire. Notre but, en demandant Sanscravate, était principalement de lui donner de bons avis et de l'engager à se méfier des mauvaises connaissances. Quant à votre jeune camarade, de tels conseils seraient superflus avec lui. Ce n'est ni un bambocheur, ni un homme querelleur, ni un coureur de cabarets : ce que vous pourriez faire de mieux ce serait de le prendre pour modèle. Allez, vous pouvez vous retirer.

Les deux commissionnaires sont sortis de chez le commissaire. Sanscravate est pensif, il semble réfléchir à ce qu'on vient de lui dire, mais son compagnon, qui craint l'effet de ces réflexions, s'écrie :

— Conçoit-on un commissaire qui se permet de donner des avis !... Eh ben ! est-ce que nous ne sommes pas des hommes pour savoir nous conduire... où est-elle donc la liberté alors ?... Qu'il aille faire marcher les fiacres et qu'il nous laisse tranquilles !

— Il paraît qu'il pense beaucoup de bien de Paul ! dit Sanscravate.

Jean Ficelle se pince les lèvres, regarde de côté et murmure :

— Sais-tu que ça me donne de drôles d'idées ça ?

— Quelles idées ?

— Que Paul pourrait ben être un mouchard... et que c'est lui hier qui a fait arrêter Laboussole !

— Tais-toi, Jean Ficelle, n'insulte pas notre camarade... C'est indigne ce que tu dis là.

— Je n'ai peut-être pas tort... est-ce qu'il n'y a pas du louche dans la conduite de Paul ? Est-ce que Laboussole ne l'a pas rencontré mis en flambard... un genre faraud, quoi !

— Tu oses citer le témoignage de Laboussole... d'un voleur !

— Quéque ça prouve... on peut voler et y voir clair... raison de plus même, et d'ailleurs, moi aussi, une fois, j'avais cru, en passant dans le Marais, reconnaître Paul dans un monsieur mis en bourgeois huppé... je suis bien sûr à présent que je ne me suis pas trompé. Pour se déguiser ainsi il faut qu'il fasse plusieurs métiers. C'est un faux commissionnaire, j'en reviens à mon idée : c'est un mouchard !

— Encore une fois, Jean Ficelle, je te défends de dire de pareilles choses.

— En tout cas, tu ne pourras pas m'empêcher de le penser... les idées sont libres comme les opinions !... on ne peut pas empêcher un homme d'avoir ses opinions, ses idées !...

Sanscravate ne répond plus à son camarade, ils sont arrivés à leur place. Paul n'est pas à la sienne.

Jean Ficelle jette un regard goguenard à son camarade en disant :

— Il paraît qu'il fait une fameuse noce aujourd'hui, le protégé du commissaire !

Sanscravate ne répond rien ; mais il serre ses poings ; on voit qu'il a peine à contenir les sentiments qui l'agitent.

Plus d'une heure s'est écoulée lorsque Bastringuette passe sur le boulevard. Elle n'a pas son éventaire, et elle est dans sa grande toilette : bonnet à larges rubans, châle de mérinos et tablier de taffetas noir. Elle jette un coup d'œil de côté en passant près des commissionnaires. Sanscravate détourne vivement la tête et s'éloigne. Mais Jean Ficelle court à la marchande de violettes, qu'il accoste, en lui disant :

— Ah ! nom d'un nom ! sommes-nous pimpante ! Et où donc que nous allons comme ça... au moins à la noce ! il n'est pas possible autrement.

— Dame ! ça pourrait ben être ! répond Bastringuette en affectant un air très-gai. Ça peut-être me charmer... on ne sait pas !... mais ça peut se faire ! Les épouseurs sont toujours là !

Bastringuette s'éloigne sans en dire plus. Jean Ficelle revient près de Sanscravate, le regarde et ne dit rien.

Sanscravate n'y tient pas, au bout d'un moment il s'écrie :

— Que t'a-t-elle dit... Où va-t-elle ? Parle donc !

— Elle avait l'air fièrement en gaieté. Elle a dit qu'elle allait peut-être se marier... Tu comprends l'apologe ?... elle se mariera au treizième arrondissement.

Sanscravate est un moment indécis, enfin il prend une résolution et s'écrie :

— Je veux savoir où elle va... suivons-la... Viens-tu avec moi ?

— Toujours ! Est-ce que je lâche les amis, moi ! d'ailleurs, je ne suis pas en train de travailler aujourd'hui ; en avant, par le pied gauche, marche !

Les deux commissionnaires descendent les boulevards du côté pris par Bastringuette ; ils marchent à grands pas ; l'un regarde à droite, l'autre à gauche ; ils n'aperçoivent pas celle qu'ils veulent suivre.

— Par où diable a-t-elle pris ? dit Sanscravate.

— C'est ben étonnant, répond Jean Ficelle, à moins qu'elle n'ait pas suivi les boulevards... Nous v'là déjà à la porte Saint-Denis !

— Allons toujours, dit Sanscravate. Bastringuette a une cousine qui demeure du côté de la rue Barbette... elle est peut-être allée chez elle.

— Au Marais... ah ! elle a une cousine qui demeure au Marais ! Comme ça se rencontre...

— Qué !?... que veux-tu dire ?

— Oh ! rien...

— Jean Ficelle, je n'aime pas les demi-mots... parle, sacrebleu !

— Eh ben, je veux dire que c'est toujours dans le Marais que l'on rencontre Paul, quand il est déguisé en monsieur... et puis v'là Bastringuette qui passe mise... sur son trente-six et qui se dirige par là... Dame ! si on était mauvaise langue, on pourrait croire que la maîtresse et not' soi-disant camarade s'donnent des rendez-vous... peut-être chez la cousine, que sait-on ? il y a des cousines qui sont complaisantes.

Sanscravate ne répond pas un mot, mais il continue d'arpenter les boulevards tellement vite, que son compagnon est tout essoufflé pour le suivre.

Jean Ficelle va demander à faire une petite halte, mais au lieu de cela, Sanscravate se met tout à coup à courir en s'écriant :

— Je crois que je la vois là-bas... elle entre dans la rue du Temple... il faut la rejoindre.

— Nom d'un petit bonhomme ! dit Jean Ficelle en suivant son camarade ; ma rate aura crevé quand nous l'atteindrons !

XIV. — UN PÈRE ET SON FILS.

Dans une fort belle maison de la rue Caumartin, on apercevait encore de la lumière aux fenêtres d'un appartement situé au second étage. Il était cependant plus de trois heures du matin.

Dans ce quartier élégant, on aurait pu présumer que les personnes qui veillaient encore étaient livrées au plaisir du jeu, de la musique, ou de la danse ; qu'une soirée s'était prolongée, et que le maître ou la maîtresse du logis mettaient leur gloire à ce que le jour surprît chez eux leurs invités.

On se serait trompé. Dans un beau salon, où plusieurs bougies brûlaient encore, un homme était seul, assis dans le coin d'une causeuse ; la tête légèrement inclinée sur sa poitrine, et, à en juger par l'expression de ses traits, par la tristesse de son regard, sa nuit ne s'était pas écoulée au sein des plaisirs.

C'était un homme de quarante-six ans, d'une taille moyenne, d'une tournure distinguée. Sa figure sérieuse avait dû être fort belle. Ses grands yeux bleus étaient encore remplis de charme quand il souriait ; mais cela ne lui arrivait plus que rarement. Sa pâleur habituelle, les lignes nombreuses formées sur son front annonçaient des chagrins, des ennuis, des peines de cœur : toutes choses qui vieillissent avant l'âge ceux qui sont venus au monde avec une âme sensible, et que ne connaissent pas les égoïstes, lesquels, par conséquent, doivent se conserver frais, jeunes et bien portants beaucoup plus longtemps que les autres ; le ciel a tout fait pour ces gens-là !

Ce personnage qui veillait si tard et seul, était monsieur Vermoncey, le père d'Albert.

Ses yeux se portaient souvent sur une pendule placée sur la cheminée. Après avoir regardé l'heure, il écoutait comme dans l'espérance d'entendre le bruit d'une voiture, ou des pas dans la rue, puis il rejetait sa tête en arrière, en se disant :

— Il s'amuse sans doute !... avec ses amis... ou sa maîtresse !... mais il use trop de la vie... il ruine sa santé !... Mon Dieu ! et il ne me reste plus que lui... que lui seul !... mes autres enfants ont suivi leur mère dans la tombe. Si je perdais Albert, que deviendrais-je !... que peut-on faire sur la terre quand on n'a plus personne à aimer !

Et monsieur Vermoncey semblait accablé ; un chagrin profond se lisait dans ses yeux qu'il tenait pendant longtemps attachés sur la terre, comme si d'anciennes douleurs, de tristes souvenirs se fussent mêlés alors à ses inquiétudes présentes. Et il soupirait par moments et murmurait :

— Ma femme que j'aimais tant !... mes enfants que je chérissais !... comme on change cependant !... et quand j'avais l'âge d'Albert, que j'étais loin de penser que les plus douces jouissances sont celles que l'on goûte dans sa famille, près de sa femme et de ses enfants... Mais à vingt-deux ans le cœur n'est pas encore ouvert à ces sentiments... alors, sait-on ce que l'on veut ! ce que l'on aime !... Alors, on traite légèrement les choses les plus graves... on s'en repent ensuite ; mais quelquefois il n'est plus temps.

Puis monsieur Vermoncey se levait, faisait quelques tours dans le salon, et reprenait :

— J'ai tort de m'inquiéter... Albert s'amuse !... J'aurais dû me coucher... mais je cherche en vain le sommeil quand je ne le sais pas rentré ; ah ! depuis quelque temps sa conduite mériterait bien des reproches... il dépense follement son argent... il fait de mauvaises connaissances... mais au fond son cœur est bon... il deviendra raisonnable... il faut bien se rappeler que l'on a été jeune aussi !

En faisant cette réflexion, monsieur Vermoncey baisse de nouveau ses regards vers la terre, son front devient sombre, et il y porte plusieurs fois sa main comme s'il voulait effacer de sa pensée de fâcheux souvenirs.

Cependant le jour était venu ; déjà on entendait dans la rue la charrette de la laitière, les pas lourds du paysan qui revenait de vendre ses légumes ou ses fruits au marché, la petite chanson de l'ouvrier matinal qui se rendait à son ouvrage, et les dialogues qui s'établissaient entre les portiers qui balayaient le devant de leur porte.

Monsieur Vermoncey tire une sonnette ; au bout de quelques instants arrive un domestique dont la figure rouge, les yeux bouffis et la démarche engourdie annoncent qu'il n'a pas fait comme son maître et que ce n'est qu'avec peine qu'il vient de s'arracher au sommeil.

— Florent, mon fils est-il rentré ? dit monsieur Vermoncey, comme cherchant à se persuader qu'il n'a pas bien écouté toute la nuit.

Le domestique se frotte les yeux en répondant :

— Je ne crois pas... Cependant je vais voir chez lui... quelquefois il ne m'éveille pas en rentrant.

— Oh ! non ! il n'est pas rentré ! se dit monsieur Vermoncey en se promenant avec agitation dans l'appartement. Et il est plus de cinq heures du matin... Ordinairement il ne passe pas la nuit entière dehors sans prévenir... Quelque partie de jeu qui se sera prolongée sans doute... Oui, je sais bien que j'ai tort de m'inquiéter, mais c'est plus fort que moi. On expose si follement sa vie quelquefois ! Les intrigues de femmes sont souvent dangereuses !... Tous les maris ne sont pas d'humeur à se laisser tromper sans rien dire !... Mais il semble que plus il y a de difficultés à connaître une femme plus nous attachons de prix à sa possession.

— Monsieur Albert n'est pas rentré depuis hier, dit le domestique en revenant.

— Il suffit, Florent. Je vais dans sa chambre, mais venez m'avertir aussitôt que mon fils reviendra.

Monsieur Vermoncey s'est retiré dans sa chambre à coucher. Là, sont les portraits de sa femme, d'Albert, et des trois enfants qu'il a perdus. Il s'arrête longtemps devant l'image de son épouse. Elle est morte encore jeune et belle, et le portrait la représente ainsi. Une consolation pour ceux qui meurent lorsqu'ils sont encore dans l'été de leur vie, serait de pouvoir se dire qu'en se souvenant d'eux on les rappellera toujours jeunes, et que même dans la pensée, on regrettera qu'ils n'aient pas joui d'une longue carrière dans laquelle on se figure qu'ils auraient avancé sans vieillir.

Après être resté longtemps devant l'image de sa femme qu'il regrette, monsieur Vermoncey porte de tristes regards sur les portraits de ses enfants. Ses yeux se remplissent de larmes, en contemplant ceux qu'il a perdus ; il regarde ensuite le portrait d'Albert qui a été fait plus récemment et dont la ressemblance est parfaite ; il semble que dans les traits du seul fils qui lui reste, il veuille puiser du courage et des consolations ; mais au bout d'un moment ses yeux errent dans la chambre, on dirait qu'ils y cherchent encore un portrait... Enfin il se jette dans un fauteuil, et appuyant sa tête dans une de ses mains, demeure de nouveau plongé dans ses réflexions.

Il était sept heures du matin lorsque Albert rentre chez lui. On doit se rappeler qu'après la nuit passée dans l'atelier du peintre, ces jeunes gens étaient montés pour voir la jolie voisine qu'ils avaient surprise dans la soupente. Albert venait donc seulement de quitter ses amis, lorsqu'à sept heures du matin Florent courut dire à monsieur Vermoncey :

— Voilà monsieur Albert qui rentre à l'instant.

Une expression de joie, de bonheur vient sur-le-champ ranimer les traits abattus de monsieur Vermoncey, car la longue absence de son fils l'avait véritablement inquiété, et un seul mot vient de dissiper toutes ses craintes. Il se lève précipitamment afin de se rendre près d'Albert, puis il s'arrête, en se disant :

— Il se fâchera s'il sait que je l'ai attendu.

Cependant le désir d'embrasser son fils l'emporte et il se rend à son appartement.

Albert loge au même étage que son père : le carré seul sépare son appartement de celui de monsieur Vermoncey. Le jeune homme venait de jeter de côté habit, cravate et gilet, et il passait une robe de chambre lorsque son père entre chez lui.

— Comment ! déjà levé ? s'écrie Albert en l'apercevant.

Pour toute réponse monsieur Vermoncey va embrasser son fils, celui-ci examine son père, en répondant :

— Je gage que vous ne vous êtes pas couché... oui, je vois cela à vos yeux fatigués... vous n'avez pas dormi... et cela peut-être parce que je n'étais pas rentré... vous êtes capable de m'avoir attendu toute la nuit !... Permettez-moi de vous dire que c'est fort ridicule. Est-ce que je suis encore un enfant... Est-ce que je ne puis pas, si l'occasion se présente, rester dans une maison où l'on s'amuse... ou à jouer avec des amis... Enfin, mon père, est-ce que je n'oserai pas passer une nuit dehors, sans que vous m'attendiez encore comme un écolier que l'on croit perdu. Ah ! je vous répète que cela me contrarierait beaucoup.

— Il me semble que je ne vous fais aucun reproche, dit monsieur Vermoncey en reposant ses regards sur Albert.

— Non, vous ne me faites pas de reproches, mais c'est égal ; pensez-vous que je m'amuserai dans une réunion où je me prolongerais tard dans la nuit, si je songe qu'alors vous m'attendez, que vous êtes inquiet de moi ? Tout cela n'arriverait pas si j'avais suivi ma première idée. Je voulais me loger dans une autre maison... comme cela, vous ne sauriez pas à quelle heure je rentre. Je sais bien que vous ne m'empêchez pas de faire ce que je veux... mais on est toujours bien plus libre... et cela vaudrait mieux.

Monsieur Vermoncey répond d'un air triste, mais avec dignité :

— Après tous les malheurs qui sont venus m'accabler, je croyais qu'il m'était permis de vous demander un peu de condescendance à mes désirs. Après avoir perdu votre mère, vos frères, votre sœur ! n'ayant plus que votre présence pour m'aider à supporter mes chagrins, je pensais que vous ne voudriez pas m'en priver, que vous sentiriez combien il m'était nécessaire de pouvoir encore reposer mes yeux sur un de mes enfants... le seul que le ciel ait voulu me conserver. Si vous laissais malgré cela liberté entière, et ne prétendais en rien me mêler de vos actions... quoiqu'un père ait peut-être le droit de surveiller celles de son fils. Mais puisque j'en demandais trop, puisqu'en vous priant d'habiter dans la même maison que moi j'exige de vous un trop grand sacrifice, partez, mon fils, quittez ce logement, je ne vous y retiens plus, et je ne cesserai pas pour cela d'avoir la même affection pour vous.

Pendant que son père lui parle, la figure d'Albert a changé ; il est facile de lire dans ses yeux que les reproches qu'on lui adresse arrivent jusqu'à son cœur. Aussi à peine monsieur Vermoncey a-t-il cessé de parler qu'il court se jeter dans ses bras en lui disant :

— J'ai tort, mon père, j'ai tort !... je suis un fou, un étourdi !... je ne sais ce que je dis !... je vous cause du chagrin, à vous, si bon, si indulgent... si généreux pour moi !... de grâce, pardonnez-moi ! Oubliez tout cela et qu'il ne soit plus jamais question de nous séparer. Ah ! je sais que nulle part je ne serai aussi bien qu'avec vous... Tous ces amis ! tous ces compagnons de plaisir... je vais avec eux parce que cela m'amuse, mais je vous jure que je les apprécie bien ce qu'ils valent... Allons, embrassez-moi... Vous n'êtes plus fâché, n'est-ce pas ?

Pour toute réponse monsieur Vermoncey presse son fils dans ses bras. Il suffit d'un mot de tendresse de la personne que nous aimons, pour nous faire oublier de nombreux sujets de plainte longtemps amassés contre elle. D'ailleurs l'indulgence vaut toujours mieux que la sévérité, tant ces fautes ne sont le plus souvent que des torts que peuvent forcer à rougir.

— Non, mon ami, je ne suis plus fâché ! dit enfin le père d'Albert. Je sais très-bien qu'à ton âge on doit s'amuser et je ne t'en fais pas un crime... Ma tendresse s'alarme trop facilement, j'en conviens !... mais que veux-tu... j'ai eu tant de malheurs à supporter... mon âme a été si cruellement blessée... Ces maux-là se guérissent jamais bien, ils nous laissent une inquiétude continuelle pour le peu de bonheur que le ciel nous a laissé. Ne parlons plus de tout cela. Si tu es heureux, c'est tout ce que je désire... et surtout si tu es toujours franc avec ton père... si tu le regardes comme le meilleur de tes amis... non pas de ceux dont tu parles, qui te suivent à l'heure... Tiens, tu y as entre autres un monsieur Célestin Valnoir, ou de Valnoir, qui est presque toujours avec toi... je n'aime pas ce jeune homme-là... s'il n'était qu'étourdi... que viveur... ce ne serait rien ; mais je ne le crois pas franc...

— Ma foi, mon père, vous pourriez bien avoir raison ; cependant je crois plutôt Célestin égoïste... Oh ! c'est un homme charmant en société, pourvu qu'on ne réclame de lui aucun service ! Du reste, il a le secret de se rendre utile... indispensable... Il commande parfaitement un dîner ; il joue tous les jeux... il parle de tout avec un aplomb qui éblouit, qui captive !... Il trouve moyen de vous faire faire tout ce qu'il veut !

— Prends garde, mon ami, tu es d'un caractère confiant, facile... je sais que tu es sans cesse dans la société de ce Célestin... Je te l'ai dit souvent : il faut être plus difficile dans le choix de ses amis que dans celui de ses maîtresses. Il me semble que depuis quelque temps tu as mené ta fortune grand train... c'était ce qui te revenait de ta mère, tu en étais le maître... Voyons, avoue-moi que maintenant tu n'es plus en fonds.

Albert sourit et baisse les yeux, en murmurant :

— En effet, mon père... puisque vous devinez si bien, je ne chercherai plus à vous le cacher. J'ai fait des folies... beaucoup de folies !... Je me suis laissé aller sans réfléchir... J'ai été fort malheureux au jeu !... Oh ! je sais que c'est une grande sottise... il vaudrait bien mieux ne pas jouer. Je me corrigerai... je ne jouerai plus.

— De sorte que maintenant... tu n'as plus d'argent ?

— Je n'ai plus le sou !... mais je ne manque pas de ressources... de connaissances.

— C'est cela ; tu iras t'adresser à des usuriers qui compléteront ta ruine, au lieu de venir franchement trouver ton père !

— Ah !... c'est que vous avez déjà tant fait pour moi... j'aurais craint d'abuser de votre bonté !...

— Va, pourvu que tu m'aimes, je ne regretterai jamais ce que je ferai pour toi. D'ailleurs, ma fortune ne sera-t-elle pas la tienne un jour... car tu sais bien que je ne me remarierai jamais ! Si je ne te la donne pas tout de suite, c'est qu'étant plus sage que toi je veux au moins te la conserver pour une époque où toi-même tu seras plus raisonnable. Maintenant, je me regarde comme ton intendant, je gère tes biens ; voilà tout...

— Oh ! mon père ! que dites-vous là ! n'êtes-vous pas maître de disposer de votre fortune !

— Et pour qui donc veux-tu que j'en dispose, si ce n'est pour mon fils ! Seulement l'intendant se permettra de faire quelquefois de la morale, mais ensuite il faudra bien qu'il tâche de réparer le *déficit*. Tiens... prends cela, mon ami, il y a dans ce portefeuille dix mille francs ... cela t'évitera la peine de t'adresser à tes amis de plaisir, qui te refuseraient, ou à des usuriers qui, forces d'attendre ma mort pour rentrer dans leurs fonds, te prendraient cent pour cent d'intérêt.

Albert est vivement ému de la bonté de son père, et il repousse le portefeuille, en disant :

— Vous êtes trop bon, mon père. Oh ! vous êtes vraiment trop bon pour moi !... Mais je ne prendrai pas ce portefeuille... je ne dois pas accepter... Vous faites pour moi tant de sacrifices, et vraiment j'en suis indigne ! Je dépense l'argent si follement !... Oh ! non, c'est trop... je n'accepterai pas.

— Et moi, je veux que tu prennes cet argent !... je le veux, entends-tu... ne suis-je pas ton père... refuserais-tu de m'obéir ? Oh ! c'est alors que je me fâcherais sérieusement !

Albert prend le portefeuille et embrasse son père, en lui disant :

— Tenez, vous me gâtez... comme lorsque j'étais enfant !

— Que veux-tu, c'est ma méthode à moi. J'ai toujours pensé que l'on réussissait mieux en s'y prenant ainsi. En te donnant de l'argent pour satisfaire tes folies, j'ai dans l'idée que cela t'amènera à le dépenser moins légèrement.

— Oh ! oui, vous avez raison... je veux me rendre digne de tant d'indulgence.

— Amuse-toi, sois heureux, et aime-moi ; voilà tout ce que je te demande... puis encore de ne pas trop te fier à ton ami Célestin, qui ne m'inspire aucune confiance.

— Je suivrai vos conseils, mon père, je vous le promets.

— Moi, de mon côté, je te promets aussi d'être plus raisonnable. Je ne veillerai plus pour t'attendre, entends-tu, je me coucherai. Cependant, ménage la santé et ne t'aventure pas dans des intrigues dangereuses, qui amènent quelquefois de fâcheux résultats... Allons, je te laisse, et je vais me reposer. C'est bien entendu : rentre à l'heure que tu voudras, à l'avenir je me coucherai.

Monsieur Vermoncey s'est éloigné, et Albert se jette sur un lit de repos, en se disant :

— Mon père est le meilleur des hommes ! Mais au reste ce qu'il fait est peut-être le seul moyen de me rendre sage. Oui, cette bonté que rien ne lasse, et qui, au lieu de m'adresser des reproches, daigne encore payer mes folies, cette tolérance bien douce me fait sentir tous les torts de ma conduite bien mieux que des sermons et de la sévérité. J'ai dissipé en si peu de temps tout le bien de ma mère !... il faudra absolument que je me range, car je ne veux pas que mon père se gêne pour moi, et c'est ce qui arriverait si je continuais à vivre comme je l'ai fait. Car je le connais, il ne voudra jamais me voir dans l'embarras... il s'y mettrait plutôt pour m'en tirer ; voilà ce que je ne dois pas souffrir. C'est donc bien décidé, je vais devenir sage... D'abord je ne jouerai plus... ensuite j'irai un peu moins avec Célestin ; plus j'y réfléchis, plus je crois que mon père ne se trompe pas trop dans ce qu'il pense de lui. J'ai remarqué certaines choses... enfin je serai sur mes gardes. Maintenant ne nous occupons plus que de ma bonne fortune d'aujourd'hui. Madame Baldimer m'accorde un rendez-vous... Singulière femme... J'en suis très-amoureux !.. Est-ce bien de l'amour que j'ai pour elle ?... Voyons... Si au lieu de me résister comme elle l'a fait depuis que je lui fais la cour, elle m'avait cédé après une faible défense... est-ce que mon amour ne serait pas éteint depuis longtemps ?... Je ne sais que me répondre... il me semble que non... Cependant... en réfléchissant bien... Mais à quoi bon !... Tâchons d'abord de triompher de ma conquête. Oh ! par exemple ! dans cette liaison ma fortune ne court aucun risque. Madame Baldimer est riche... du moins elle en a l'apparence... Elle est veuve, par conséquent maîtresse d'elle-même, point de mari à tromper, à redouter. Je suis sûr que mon père lui-même approuverait cette liaison.

Après avoir passé quelque temps à se livrer à ces réflexions, Albert s'endort sur sa causeuse. Quand il s'éveille, sa pendule marque près de midi, et son rendez-vous est pour une heure. Il se hâte de faire sa toilette, dans laquelle il apporte beaucoup de soin, parce qu'il veut soutenir sa réputation d'un des premiers dandys de la capitale, puis, lorsque rien ne manque à sa parure, il sort, prend un cabriolet, et se fait conduire rue Neuve-Vivienne, chez madame Baldimer.

XV. — MADAME BALDIMER. — UN ÉVENTAIL.

Maintenant faisons connaissance avec cette femme dont le jeune Albert se sent si éperdument amoureux, et avec laquelle son ami Célestin entretient des relations si peu intimes.

Madame Baldimer a vingt-huit ans ; quoique fort belle, elle paraît son âge, parce que ses traits purs et réguliers sont cependant prononcés et sévères ; peut-être qu'il y a dans l'expression de sa physionomie quelque chose de mâle fortement trempé, un esprit au-dessus des faiblesses du vulgaire, un caractère ferme et décidé.

Une taille élevée, des formes ravissantes, de la grâce et de la souplesse dans la tournure, ce qui est rare chez les femmes grandes, des yeux noirs pleins de feu, des cheveux de jais, une bouche parfaite-

ment garnie, et qui est parfois ironique, parfois dédaigneuse et quelquefois remplie de séduction ; un teint d'un blanc un peu mat, un beau bras, une main charmante, mais un pied fort long, fort large, fort plat, telle est madame Baldimer, qui porte toujours des robes extrêmement longues, afin de cacher cette partie de sa personne qui ne répond pas à la beauté de son corps et de son visage.

Cette dame habite dans la rue Neuve-Vivienne un appartement digne d'une petite maîtresse à laquelle la fortune a prodigué ses faveurs. Chez elle est réuni ce qui peut flatter les goûts de la femme la plus exigeante, la plus difficile à satisfaire : meubles en bois précieux, bronzes, tableaux, porcelaines, statuettes, chinoiseries, curiosités, rien n'a été oublié ; l'appartement de madame Baldimer renferme ce que la mode offre de plus joli, de plus riche, de plus gracieux. C'est un séjour délicieux où les pieds ne se posent que sur des tapis moelleux, où l'on ne respire qu'un air embaumé par les parfums et les fleurs, où il semble enfin que l'on ait voulu réunir tout ce qui peut séduire l'esprit, les yeux et les sens.

Ce n'est pas la première fois que le jeune Vermoncey va chez madame Baldimer ; après avoir rencontré cette dame dans le monde, séduit par sa beauté, il avait sollicité avec instance la faveur d'aller lui faire sa cour, et cette faveur lui avait été accordée avec une facilité qui lui avait fait espérer une prompte réussite dans son amour. Mais il n'en avait pas été ainsi ; la belle veuve, qui avait d'abord paru flattée de l'effet que ses charmes produisaient sur Albert, avait ensuite reçu avec assez de froideur la brûlante déclaration que le jeune homme n'avait pas tardé à lui faire ; sans le repousser tout à fait, elle ne lui avait donné que peu d'espérance. Tantôt sévère, tantôt rieuse, dédaigneuse ou mélancolique, madame Baldimer se conduisait avec Albert comme une coquette qui veut s'amuser de l'homme qu'elle a subjugué, ou qui ne se croit pas encore assez sûre de sa conquête, et avant de se rendre, veut d'abord par tous les moyens possibles augmenter, affermir le sentiment qu'elle a fait naître.

Découragé, rebuté quelquefois par le peu de succès de ses soupirs, Albert se promettait de ne plus songer à la belle Américaine, car c'était encore sous ce nom que l'on désignait dans le monde madame Baldimer. Pour tâcher de l'oublier, il cessait d'aller dans les sociétés où il pouvait la rencontrer, dans les promenades qu'elle affectionnait. Mais au moment où sa résolution commençait à porter ses fruits, où sa raison allait triompher de son amour, madame Baldimer s'offrait tout à coup à sa vue, soit au spectacle soit au concert, enfin il était certain de la rencontrer n'importe en quel endroit où il allait se promener. Il semblait qu'un malin génie fit alors deviner à cette dame ses moindres actions, et l'envoyât aussitôt sur les pas de celui qui voulait se fuir pour l'oublier et la fuir. La jolie femme employait toutes les séductions qui étaient en son pouvoir pour ramener à ses pieds celui qui voulait se soustraire à son empire ; en revoyant madame Baldimer, Albert oubliait bien vite sa coquetterie et revenait près d'elle plus amoureux que jamais, et se flattant toujours d'être plus heureux.

Cependant depuis quelque temps, au dépit qu'il éprouvait de ne point triompher de la belle Américaine, Albert sentait se joindre les tourments de la jalousie, car il n'était pas le seul que la beauté de madame Baldimer eût séduit, et comme cette dame était coquette, elle accueillait les hommages de plusieurs jeunes gens avec autant de faveur que les siens ; enfin un riche étranger, un Suédois, venait depuis peu de se mettre aussi au nombre de ses adorateurs ; ce monsieur, que l'on appelait le comte Dalhborne, était extrêmement laid ; sa taille, longue et raide, ses grands yeux ternes, sa barbe et ses moustaches rousses qui donnaient à sa personne quelque chose de rébarbatif, ne devaient avoir rien de séduisant pour une petite maîtresse, et pourtant, soit bizarrerie, soit caprice, c'était le comte suédois que depuis quelque temps madame Baldimer semblait voir avec le plus de plaisir.

Albert, outré de dépit, s'était de nouveau promis de ne plus s'occuper de cette dame qui se faisait un jeu de son amour, et les choses en étaient là, lorsque la veille sur le boulevard, une petite citadine en passant devant les jeunes gens, avait dérobé la belle Américaine aux regards de ces messieurs. Nous avons vu ce qui s'en est suivi. Ne pouvant maîtriser le sentiment qui le domine, Albert a donc écrit à madame Baldimer, en la suppliant de lui accorder un rendez-vous, un tête-à-tête, jurant de ne plus reparaître à ses yeux si elle le lui refuse. La réponse est été laconique, mais favorable.

Venez demain à une heure, tel était le billet que le jeune Vermoncey avait reçu de la belle veuve, et qui l'avait rendu si joyeux.

Suivons-le maintenant chez cette dame, où il arrive à l'heure indiquée sur le billet.

Une suivante a introduit le jeune homme dans un petit salon qui a toute la coquetterie d'un boudoir. Madame Baldimer, enveloppée dans une lumineuse blouse de mousseline blanche, nouée seulement autour de sa taille par une torsade d'or, est assise ou plutôt à demi couchée sur un divan. Ses beaux cheveux noirs sont sa seule coiffure, mais la façon originale et nouvelle dont ils sont arrangés, la simplicité élégante de sa mise qui rehausse encore ses charmes, tout se réunit pour donner à cette belle personne quelque chose qui subjuguerait l'être le plus insensible, et Albert n'était rien moins que cela.

À l'aspect de celui qu'elle attendait et dont elle connaît la passion pour sa beauté, un éclair brille dans les yeux de madame Baldimer, son visage s'illumine d'une expression étrange... Est-ce du bonheur, de l'amour, ou simplement de la coquetterie ?... Il aurait fallu être bon physionomiste pour deviner ce qui se passait alors dans le cœur de la belle dame.

Albert salue avec grâce, puis sur un signe de la dame, va prendre place près d'elle.

— J'espère que vous ne vous plaindrez plus de moi, dit madame Baldimer en souriant au jeune homme, je vous ai accordé ce rendez-vous... ce tête-à-tête que vous me demandiez... savez-vous bien que c'est une grande faveur ?

— Pensez-vous, madame, que je n'en sente pas tout le prix... et vous repentiriez-vous déjà de m'avoir procuré un si grand plaisir ?

— Je ne me repens jamais de ce que j'ai fait, car avant d'agir je réfléchis toujours... et je comprends toutes les conséquences de ce que j'accorde... de ce que je permets.

— Ainsi vous me permettez de vous aimer, de vous le dire, d'espérer que vous partagerez mes sentiments... car tout cela est la conséquence de ce charmant tête à-tête que vous m'avez accordé.

— Oh ! doucement, monsieur Albert... vous allez bien vite... M'aimer... je ne vous le défends pas... au contraire... mais il faut que je sois bien certaine de cet amour... il faut que je le croie capable de ne reculer devant aucun obstacle... aucun sacrifice ! avant que je me décide à lui céder.

— Oh ! madame ! n'êtes-vous donc pas certaine du pouvoir de vos charmes, de l'empire que vous exercez sur moi !... Quelle preuve vous faut-il pour croire à mon amour... Parlez, ordonnez, je suis prêt à obéir.

Madame Baldimer regarde Albert bien fixement, mais ce regard profond n'avait rien de tendre et qui annonçât qu'il partît du cœur. Le jeune homme est presque intimidé par la persévérance de ces deux grands yeux noirs attachés sur lui ; il aimerait mieux un peu de trouble et d'embarras, une légère émotion, un soupir, enfin ce qui chez les femmes annonce le moment d'un aveu, d'une défaite ; et le regard de madame Baldimer n'annonçait rien de tout cela.

— Vous avez déjà aimé bien souvent, n'est-ce pas ? murmure enfin la belle veuve.

— Je l'avais cru avant de vous connaître, mais je sens à présent que j'aime seulement depuis que je vous ai vue.

— Ah ! oui, on dit toujours cela à la dernière femme à laquelle on fait la cour... On m'a assuré cependant que vous aviez fait beaucoup de folies pour vos maîtresses.

— Des folies ne prouvent point de l'amour.

— Quelquefois... Et si je voulais que vous en fissiez pour moi...

— Mais je serais trop heureux, si c'était un moyen de vous plaire.

— Ah ! c'est que vous ne me connaissez pas... Je suis fort singulière... Je veux l'homme qui m'aime satisfasse tous mes goûts... tous mes caprices... qu'il les devine même... je ne comprends pas l'amour qui hésite devant un désir de l'objet aimé... Ah ! si j'avais été homme, moi pour prouver mon amour à ma maîtresse, je me serais jeté dans l'eau, dans le feu j'aurais bravé tous les périls, défié tous mes rivaux... enfin, j'aurais bouleversé le monde... et commis des crimes même si elle me les avait demandés...

Albert, qui ne comprend pas très-bien où cette dame veut en venir, la regarde en souriant, et dit :

— Est-ce que vous auriez un petit crime à me commander... ou bien serait-ce un petit service que vous me voir me jeter dans l'eau ?

Madame Baldimer pince ses lèvres avec un mouvement de dépit, en répondant :

— Moi, monsieur !... ô mon Dieu... à quoi allez vous penser... je serais bien désolée que'il vous arrivât le moindre malheur à cause de moi... Je ne sais vraiment pas pourquoi je vous ai dit cela... Je ne pense pas même à ce que je dis...

— Mais du moins pensez-vous à ce qu'on vous dit ? répond Albert en prenant la main de la belle veuve.

Celle-ci sourit, semble réfléchir, puis s'écrie :

— Où demeurez-vous maintenant ?... Est-il vrai que vous ayez changé de logement ?

— Non, madame, je suis toujours dans la même maison...

— Et vous habitez votre père, je crois...

— Sur le même carré que lui...

— Pour un jeune homme qui aime à faire des folies, cela doit être gênant quelquefois d'avoir un tel voisinage.

— Mais non, madame, je suis mon maître, je fais ce que je veux, mon père ne me gêne en rien ; il est si bon !...

— Ah ! il vous aime beaucoup ?

— Oh ! oui, je n'en saurais douter... Et c'est bien naturel... d'une nombreuse famille il ne lui reste que moi.

— Ah ! il n'a pas d'autre enfant que vous...

— J'avais deux frères et une sœur... je suis resté seul.

Madame Baldimer laisse tomber sa tête sur sa poitrine, et semble ensevelie dans ses pensées. Albert reprend bientôt :

— Mais nous parlons de choses bien sérieuses... tandis que je ne voulais vous parler que de mon amour... Voyons, m'aimez-vous un peu ?

Madame Baldimer ne répond rien, mais elle se laisse presser la main, elle pousse un soupir, elle détourne les yeux. Le jeune homme est enchanté, il pense que son amour commence à toucher le cœur qu'il brûle de soumettre, il va porter à ses lèvres la main qu'il presse dans les siennes, lorsque madame Baldimer se lève brusquement et fait quelques tours dans la chambre, en s'écriant d'un ton fort gai :

— Avez-vous vu madame Plays à la dernière soirée du comte Dahlborne... Elle avait un cachemire adorable... un cachemire qui m'a tourné la tête... c'est au point que j'en ai rêvé... que j'y pense sans cesse... le pareil est chez Delille... Ce sont les plus beaux qui soient maintenant à Paris... J'ai eu un moment l'envie de l'acheter... mais il est fort cher... et s'il fallait céder à toutes ses fantaisies, cela serait peu raisonnable...

Albert est resté tout déconcerté. Au moment où il croyait que l'on allait répondre à ses tendres serments, il entend parler de cachemires, cette sortie le désoriente tellement qu'il regarde madame Baldimer d'un air étonné, et ne sait que lui répondre.

Celle-ci revient s'asseoir sur le divan, en lui disant d'un air très-aimable :

— Ah ! pardon... je vous parle toilette à présent... je suis bien étourdie, n'est-ce pas ?

— Vous êtes toujours charmante !... seulement si vous vouliez être un peu plus sensible... quand je vous parle de mon amour vous changez de conversation.

— Mais non... Car cette madame Plays... elle a été votre maîtresse, n'est-ce pas ?

— Non... je vous jure...

— Allons, ne mentez pas... Est-ce que ces choses-là ne se voient pas tout de suite, pour peu que l'on ait d'habitude du monde ! d'ailleurs madame Plays ne s'en cachait pas... au contraire !... elle a un mari qui est si complaisant !

— De grâce ! laissons-la madame Plays... ce n'est pas pour vous parler d'elle que je vous ai demandé un rendez-vous !...

— Je le crois... Mais son cachemire est si joli... et j'avais cru comprendre que c'était vous qui le lui aviez donné...

— Oh ! par exemple !... cela n'est pas !...

— Vous n'en conviendriez pas... un si beau présent !... vous en étiez donc bien amoureux de cette dame !

— Encore une fois, madame, je vous certifie que vous êtes dans l'erreur.

— Allons... c'est possible... je veux bien vous croire !... Ah ! c'est qu'il est admirable ce châle !

Albert ne dit plus rien. Mille idées lui passent par la tête et son front semble s'obscurcir. Madame Baldimer qui s'en aperçoit devient plus gaie, plus tendre, plus rieuse, on dirait qu'elle craint de voir s'évanouir la passion qu'elle a inspirée, et qu'elle fait tous ses efforts pour que l'amour d'Albert ne puisse lui échapper. Celui-ci est tout étourdi par le séduisant ton dont il accable, il renaît à l'espoir de voir enfin sa flamme partagée, et la conduite de madame Baldimer doit en effet donner cette espérance.

Mais en ce moment la suivante entre dans le salon en disant :

— Monsieur le comte Dahlborne demande s'il peut présenter ses hommages à Madame ?

— Mais oui... faites entrer le comte ! répond madame Baldimer d'un air satisfait, tandis qu'Albert, dont les traits se sont contractés en entendant prononcer le nom du comte, s'écrie avec humeur :

— Eh quoi !... vous allez recevoir cet étranger ?... Moi qui espérais jouir d'un tête à tête avec vous !

— N'avons-nous pas toujours le loisir de nous revoir... on a dit que j'y étais... refuser la visite du comte serait une impolitesse.

— Ah ! madame, si vous aviez le plaisir de m'entendre parler de mon amour...

— Oui... mais le monde impose des convenances qu'on ne saurait braver... D'ailleurs, cet étranger est si galant...

— Trop galant avec vous, il reçoit... et ses visites fréquentes...

— Taisez-vous, le voilà !

Le comte Dahlborne se présente avec cet air raide, prétentieux et cérémonieux qu'il conserve toujours. Ce monsieur a plusieurs décorations à sa boutonnière et toutes les manières d'un homme comme il faut ; mais sa figure longue et revêche, même quand il veut faire l'aimable, semble devoir faire fuir le plaisir et les amours. Cependant madame Baldimer accueille avec un charmant sourire le noble étranger, qui va lui baiser la main, fait un grave salut à Albert et se place dans un fauteuil comme un homme de bois que des ressorts feraient mouvoir.

— Vous êtes bien aimable, monsieur le comte, d'avoir pensé à venir me voir, dit la jolie femme en minaudant.

Le Suédois s'incline en répondant d'un air bien sérieux :

— Oh ! je pense toujours !...

— Vous autres, messieurs, qui êtes dans la diplomatie... dans la politique, vous avez bien peu de temps à donner aux dames... aussi êtes-vous doublement très-flattées quand vous songez à leur faire la cour.

— Oh ! j'y songe beaucoup !

Albert ne peut retenir un sourire provoqué par la flegme et le laconisme du Suédois, et il ne souffle mot, curieux de voir si la conversation de ce monsieur continuera sur le même ton. Mais madame Baldimer est trop adroite pour ne point essayer de rendre le comte plus causeur. Elle lui adresse de nouveau la parole.

— Comment avez-vous trouvé le dernier opéra-comique?... Vous savez que nous nous y sommes rencontrés avant-hier!

Monsieur Dalhborne semble chercher dans sa tête, et répond enfin :

— Ah! je ne me souviens plus du tout.

— Il me paraît alors que vous ne vous y êtes pas beaucoup amusé!

Le Suédois ne répond rien, mais il fouille dans la poche de son habit, et en tire un magnifique éventail d'un bois précieux et dans lequel on a sculpté des sujets, des figures, avec une rare perfection; ce travail est enrichi d'incrustations; il le présente à madame Baldimer en lui disant : — J'ai cassé le vôtre au spectacle... Voulez-vous permettre que je le remplace?...

La belle Américaine prend l'éventail qu'elle regarde d'un air enchanté, en s'écriant :

— Oh! mais en vérité, monsieur Dalhborne... ceci est trop beau... je ne sais si je dois accepter... non... c'est vraiment magnifique!... quel travail... quel fini... c'est admirable... je ne puis recevoir ceci en échange de celui que j'avais!

— Alors je vais le casser encore si vous me le rendez...

— Vraiment, vous êtes d'une galanterie... qui fait honte à messieurs les Parisiens... Tenez, monsieur Vermoncey, n'est-il pas vrai que cet éventail est admirable?

Albert, qui a fait une moue très-prononcée depuis que le comte a présenté l'éventail, y jette à peine les yeux en répondant :

— Je me connais peu en ces sortes d'objets.

— Il est impossible de trouver rien de meilleur goût!... Eh bien! monsieur Dalhborne, je le garde, car il serait vraiment dommage que vous le brisiez encore!...

Le Suédois s'incline en murmurant :

— Alors, je suis bien content d'avoir brisé l'autre.

Albert éprouve des mouvements d'impatience, de colère, qu'il a peine à réprimer; il ne peut tenir ses pieds en place, il a l'air de bouillir sur sa chaise.

Albert est de plus en plus contrarié, il se flattait qu'en brisant l'éventail cela provoquerait la colère du Suédois, le dépit de madame Baldimer; enfin il espérait une scène, une querelle; mais le calme imperturbable de l'étranger détruit tout son espoir; il voit qu'il en sera pour sa maladresse ou sa méchanceté, selon que l'on voudra prendre la chose.

Madame Baldimer n'adresse aucun reproche à Albert, elle se contente de dire :

— Il y a des jours où l'on n'est pas heureux.

Puis elle renoue l'entretien avec le comte, qui continue de répondre aussi laconiquement; enfin, adressant de temps à autre à son jeune adorateur un sourire qui semble mêlé d'ironie, elle fait presque à elle seule tous les frais de la conversation.

Albert n'était pas du tout à ce qu'on disait, il répondait tout de travers, mais il était résolu à ne pas céder la place au Suédois et à ne point s'en aller tant que ce monsieur serait là. De son côté, le noble étranger ne semblait pas disposé à s'éloigner, quoiqu'il n'eût pas l'air de s'amuser beaucoup.

Madame Baldimer devine probablement les secrets sentiments de ses deux adorateurs, et après les avoir gardés ainsi assez longtemps, c'est elle qui se lève, en leur disant :

— Messieurs, excusez-moi de vous quitter... mais je pars pour la campagne où je vais passer quelques jours, et voilà l'heure de ma toilette... vous concevez que pour une femme c'est une affaire trop importante pour que cela ne demande pas du temps.

Ces messieurs comprennent qu'ils doivent s'éloigner. Tous deux se lèvent, tous deux prennent congé de la jeune femme. Le Suédois lui baise la main avec beaucoup de gravité; Albert se contente de la lui presser avec force, en lui disant bien bas :

— J'espère vous revoir aussitôt votre retour à Paris.

— J'y compte aussi, répond madame Baldimer à haute voix. Je vous écrirai dès que je serai revenue.

Les deux rivaux sont

C. DEGHOÜY.   BELIN.

La grosse femme devinant son intention, relève aussitôt sa jupe. — Page 34.

La jolie dame, que la jalousie et le dépit du jeune homme semblent rendre très-heureuse, et qui a l'air de vouloir augmenter son tourment, lui présente de nouveau l'éventail, en lui disant :

— Mais regardez-le donc, monsieur, et convenez que vous n'en avez jamais vu d'aussi distingué, d'aussi joli...

Cette fois le jeune homme prend l'éventail qu'on lui présente, il l'élève un peu en l'air, l'ouvre comme pour mieux le regarder, puis il le laisse tomber sur l'angle de sa chaise d'où il roule à terre. Le charmant éventail était trop frêle, trop délicat pour résister à cette double chute, il se brise en plusieurs morceaux.

Madame Baldimer pousse un petit cri, mais qui n'annonce pas un grand désespoir; on pourrait même croire qu'elle s'attendait à cet événement et qu'elle l'avait prévu. Le comte Dalhborne se contente de ramasser les morceaux de l'éventail qu'il remet très-froidement dans sa poche, en disant : — Il y en a d'autres... et peut-être de plus jolis que celui-ci; cela me procurera le plaisir de vous en apporter.

descendus ensemble. Arrivés dans la rue, ils se saluent sans se dire un mot.

Albert regarde le comte s'éloigner et il a envie de remonter chez madame Baldimer, mais il change d'avis et retourne chez lui en se disant :

— Me présenter maintenant... serait une maladresse. Que dirais-je... J'ai brisé cet éventail... elle a bien vu que c'était par colère et elle ne m'a fait aucun reproche. Il faut cependant que je répare cela... Je l'ai privée d'un présent... je lui en dois un autre... Ce cachemire dont elle a tant envie... c'est bien cher... mais qu'importe! Il ne sera pas dit qu'un Suédois sera plus galant que moi... et pourtant... je ne sais... mais il me semble que cette femme-là ne m'aime pas... et moi qui croyais que sa connaissance ne me coûterait rien!... Ah! c'est que j'espérais qu'elle serait plus aimable et moins coquette. Je ferais bien mieux d'oublier madame Baldimer... Je le sais... Pourquoi tant tenir à sa conquête. . Oh! la vanité! la vanité!

XVI. — LE MARAIS. — DU MYSTÈRE.

Sanscravate avait doublé le pas pour gagner la rue du Temple dans laquelle il croyait avoir vu entrer Bastringuette. Lorsqu'il marchait son pas ordinaire, le commissionnaire allait presque aussi vite qu'un fiacre, d'après cela on doit penser que son pas redoublé devait beaucoup fatiguer les personnes qui voulaient le suivre.

Jean Ficelle ne marchait plus, mais il courait pour ne pas perdre de vue son camarade. De temps à autre il lui criait :

— Arrête donc un peu... Il n'y a pas moyen de te suivre, tu veux donc que ma rate enfle comme un ballon... Sacrédié ! tu aurais dû te mettre coureur, tu pourrais même louter avec les chevaux au Champ-de-Mars, je crois que tu les enfoncerais !

Sanscravate est arrivé jusqu'à la rue de la Corderie et il n'a pas revu cette femme qu'il croit être Bastringuette. Là, il s'arrête enfin en regardant autour de lui, et Jean Ficelle s'écrie :

— C'est bien heureux... J'allais débonder ! parole d'honneur ! je crevais comme une rosse de coucou !

— Je ne revois plus cette femme... C'est bien singulier ! dit Sanscravate. Par où diable est-elle passée !

— Et puis était-ce vraiment Bastringuette que tu avais aperçue entrer dans cette rue ? Tu n'en es pas sûr ?

— Non.

— Que faisons-nous maintenant ?

— Puisque nous voilà dans le Marais allons jusqu'à la rue Barbette où demeure la cousine de ma perfide !...

— Soit, allons visiter le Marais, je le veux bien ; peut-être même y ferons-nous d'autres rencontres... Mais par exemple nous n'avons plus besoin de courir, ça ne nous avance à rien. Maintenant nous allons marcher tranquillement bras dessus, bras dessous.

— Est-ce que je courais tout à l'heure ?

— Non, tu n'osais pas ! comme le chemin de fer seulement. Je veux bien t'accompagner, t'aider dans les recherches ; car je suis ton ami, mais, vois-tu, ça me vexe peut-être plus que si c'était à moi... Ah ! dame ! c'est que les amis sont des amis, je ne connais que ça !... Mais c'est pas une raison pour que tu me rendes poussif. D'ailleurs, vois-tu, on découvre bien mieux les choses en allant doucement qu'en courant comme une bombe... Tiens, je vais te faire une comparaison. Par exemple : T'as été en chemin de fer ?

— Oui, j'ai été à Saint-Germain une fois avec Bastringuette.

— Eh ben, qu'est-ce que t'as vu... qu'est-ce que t'as remarqué sur la route ?

— Comment veux-tu qu'on remarque quelque chose en allant comme le vent ?

— Justement ! voilà mon affaire... C'est comme toi tout à l'heure. Qu'est-ce que tu veux apercevoir, découvrir dans la rue en courant comme un cheval qui a pris le mors aux dents ?

— Je crois que tu as raison... donne-moi le bras, nous irons doucement pour faire nos recherches dans le Marais.

Le Marais est, après la Cité, le plus vieux quartier de Paris ; c'est

celui qui, malgré les nombreux changements, agrandissements et embellissements qui ont eu lieu dans cette capitale, a le plus conservé de son aspect primitif. C'est celui où l'on retrouve encore un assez grand nombre de ces vieux hôtels, de ces vieilles maisons habitées par nos pères. Il n'est donc pas étonnant qu'en parcourant ce quartier notre imagination nous reporte à plusieurs siècles en arrière, et que notre mémoire nous rappelle aussitôt tous ces faits du vieil âge avec lesquels on berça notre jeunesse.

Et, en effet, pour peu que vous ayez lu, étudié notre histoire, vous ne pourrez traverser la rue des Tournelles sans vous souvenir qu'il y avait jadis en cet endroit un palais habité par des rois ; que Henri II, pour le tournois dans lequel il fut blessé, fit faire des lices qui allaient depuis la Bastille jusqu'au palais des Tournelles ; que c'est vis-à-vis de la Bastille qu'eut lieu en mil cinq cent soixante-dix-huit, ce duel si fameux entre Quélus, Livarot et Maugiron, contre Ribérac, Schomberg et d'Entragues. Les adversaires se battirent à cinq heures du matin ; Maugiron et Scomberg, qui n'avaient pas dix ans, furent tués sur la place ; Ribérac et Quélus moururent de leurs blessures peu de temps après. Alors la fureur des duels était portée à un tel point qu'il n'était pas rare de voir un père servir de second à son fils !... C'était pourtant l'époque que nous sommes convenus de nommer le bon vieux temps.

Passez-vous dans la rue Sainte-Avoye, vous y cherchez l'hôtel de Mesmes habité par Anne de Montmorency, connétable de France, illustre vieillard qui fut blessé mortellement à l'âge de soixante-quatorze ans à la bataille de Saint-Denis, après avoir d'un coup du pommeau de son épée, brisé en combattant, renversé de cheval celui qui lui criait de se rendre.

La rue Barbette vous rappelle Isabeau de Bavière, cette reine dont la France ne garde pas un bien doux souvenir. Elle y avait un hôtel, qu'elle appelait son petit séjour. C'est là qu'elle se retirait ordinairement pendant les accès de la maladie de Charles VI son époux ; ce qui ne fait pas l'éloge de sa tendresse conjugale : une bonne bourgeoise serait restée près de son mari pour lui prodiguer ses soins.... Mais c'était une reine... et cela se passait dans le bon vieux temps.

Traversez-vous la rue Culture Sainte-Catherine, vous éprouverez comme un sentiment d'effroi en songeant à l'assassinat du connétable de Clisson par Pierre de Craon. Car c'est au coin de cette rue que ce dernier s'était embusqué, dans la nuit du 13 juin 1391. Il était à la tête de quelques misérables et attendait celui dont il avait juré la mort.

Bien que n'ayant qu'un petit couteau pour toute arme, le connétable s'en servit si merveilleusement pour se défendre qu'il ne mourut point de ses blessures.

Si vous allez rue des Lions, vos regards chercheront encore ces bâtiments où étaient renfermés les lions du roi, et votre mémoire vous rappellera aussitôt l'aventure arrivée au chevalier de Lorges.

— J'ai cassé le vôtre au spectacle.. Voulez-vous permettre que je le remplace ?... — Page 40.

Pendant que François 1er s'amusait à voir jouer ses lions, une dame laissa tomber son gant dans l'arène ; elle dit à de Lorges :

— Si vous voulez que je croie à votre amour, allez ramasser mon gant.

Le jeune chevalier descendit, ramassa le gant au milieu des lions, puis remonta le jeter au nez de la dame, à laquelle il ne reparla jamais. C'était encore le bon vieux temps. Aujourd'hui nos dames n'exigent point de pareilles preuves de tendresse, chez nous la galanterie est moins féroce, et on pourrait même lui appliquer ce que l'on a dit de la musique : *Emollit mores nec sinit esse feros*.

Voici tout près de là, la rue des *Nonaindières*, nommée autrefois *Nonains d'Hière*, parce que l'abbaye du village d'Hière y possédait plusieurs propriétés. C'est dans cette austère abbaye que l'usage des œufs ne fut permis que vers le quatorzième siècle ; jusque-là c'était une friandise que l'on regardait comme trop délicate pour des nonnes.

Puis, voilà la rue *Saint-Paul*, qui doit vous rappeler cet hôtel fameux que Charles V fit bâtir ; cet hôtel avec ses jardins occupait tout le terrain entre la rue Saint-Antoine et la rivière, depuis les fossés de la ville jusqu'à l'église de la paroisse Saint-Paul. Dans ce temps-là, les hôtels où logeaient les rois, étaient toujours flanqués de grosses tours, et les jardins plantés d'arbres fruitiers et de vignes. Les rues *Beautreillis* et de la *Cerisaye* ont pris leur nom d'une superbe treille et d'un terrain planté de cerisiers enclavés alors dans les jardins de l'hôtel Saint-Paul. Nous sommes devenus plus fastueux que nos anciens rois, car maintenant dans son parc, le plus petit banquier ne veut avoir que des arbres d'agrément, il rougirait si l'on y trouvait un prunier ou un abricotier.

En passant dans la rue des *Trois Papillons* on doit songer à cette belle, *Diane de Poitiers* que Henri II fit duchesse de Valentinois. Jadis cette rue portait son nom parce qu'elle l'habitait ; je ne saurais vous dire pourquoi on l'a débaptisée, mais j'aimais mieux le nom d'une jolie femme que celui de *Trois Papillons*.

Enfin voilà la *Vieille rue du Temple*... Votre cœur se serre en vous rappelant l'assassinat du duc d'Orléans, qui eut lieu dans cette rue, un soir du mois de novembre 1407, tout près d'une petite maison que l'on appelait l'image de Notre-Dame.

Mais c'est assez nous laisser aller aux souvenirs que ce quartier réveille dans notre mémoire. Si le Marais d'aujourd'hui a encore conservé, dans quelques-unes de ses rues, une partie de sa couleur primitive, il a subi aussi de nombreux changements ; de nouvelles rues, hautes, aérées, des maisons élégantes, comme se sont élevées là où étaient les constructions gothiques et sombres de nos aïeux. Quant aux habitants de ce quartier, ils n'ont plus rien de ces Parisiens qui logeaient dans le Marais à l'époque dont nous évoquons les souvenirs. Mœurs, coutumes, manières, usages, tout est changé, et nous devons nous féliciter des contemporains ; car on a pu voir qu'aux souvenirs d'autrefois se rattachent presque toujours des duels, des assassinats, des guets-apens. Nous sommes moins chevaleresques peut-être, mais, tout en étant aussi braves, nous sommes plus gais, plus aimables et beaucoup moins traîtres que dans le bon vieux temps.

Aujourd'hui les habitants du Marais se meublent presque aussi bien que ceux de la Chaussée-d'Antin. À Paris, il n'y a plus de quartiers arriérés pour les modes, seulement tout le monde ne peut pas ou ne veut pas les suivre. Un petit maître de la rue Saint-Louis a quelquefois aussi bonne tournure que celui du boulevard des Italiens, d'autant plus que rien ne l'empêche d'avoir la même tenue.

Cependant, nous devons dire que dans le Marais, les mœurs ont conservé quelque chose de plus sévère ou de plus patriarcal que dans les autres quartiers de la capitale. On y vit là un peu plus tard, les boutiques s'y ferment un peu plus tôt que dans le centre de la ville ; les demoiselles y ont un air plus soumis devant leurs parents, les jeunes gens n'osent pas encore s'y présenter dans un salon, quand ils répandent au loin une odeur de pipe ou de cigare. Mais ces nuances sont bien légères et ne tarderont pas, sans doute, à se fondre avec la couleur générale.

Les deux commissionnaires marchaient en se tenant bras dessus, bras dessous. Sanscravate avait l'air soucieux, il ne parlait pas, mais se contentait de regarder avec soin autour de lui, d'examiner toutes les personnes qui passaient ; son œil cherchait même à pénétrer jusque dans l'intérieur des boutiques : dans chaque femme qu'il apercevait il espérait reconnaître Bastringuette, qu'il n'aimait plus, ce qu'il croyait, mais à laquelle il pensait toujours. C'est une bien mauvaise manière de cesser d'aimer les gens.

Jean Ficelle sifflait, chantait, fumait ; il tâchait d'égayer son camarade, mais celui-ci lui répondait à peine, et souvent tout de travers, ce qui prouvait qu'il ne l'écoutait guère. Souvent Jean Ficelle voulait s'arrêter. Lorsqu'on passait devant un cabaret, il s'écriait :

— Est-ce que nous ne prenons pas un petit canon ?... le canon de l'amitié ! ça ne se refuse jamais.

Sanscravate refusait cependant ; il continuait de marcher, en disant :

— Plus tard... tout à l'heure ; je ne veux pas boire à présent.

— Tu deviens un drôle d'ami, murmurait Jean Ficelle en se remettant en marche, tu me fais arpenter tout Paris à sec... tu veux donc que j'attrape la pépie comme les dindons.

Les commissionnaires sont arrivés rue Barbette, et Sanscravate indique de loin à son camarade une petite boutique de fruitière, en lui disant :

— C'est là où reste la cousine de Bastringuette.

— Cette fruitière borgne.

— Sans doute, puisque c'est elle qui est la fruitière.

— Eh bien, entrons nous voir si la particulière y est ?

— Je ne voudrais pas qu'elle pût deviner que je la guette. Passe tout seul... tu regarderas avec attention ; la boutique n'est pas grande, il ne te sera pas difficile d'apercevoir toutes les personnes qui seront dedans ; moi, je vais t'attendre ici.

— Convenu. Je vais en éclaireur.

Jean Ficelle laisse Sanscravate contre une allée, et s'avance en se dandinant du côté de la fruitière. Il passe, repasse en regardant chaque fois dans la boutique, puis revient trouver Sanscravate, auquel il dit :

— Pas plus de Bastringuette que d'écrevisses chez la fruitière. Ta poupée n'y est pas.

— Tu auras mal regardé, peut-être.

— Oh ! que si ! c'est pas difficile. Il n'y avait avec la marchande qu'une vieille femme qui cherchait, je crois, une carotte, car elle les passait toutes en revue.

— Ah ! je veux voir moi-même.

Et Sanscravate marche à son tour du côté de la fruitière. Jean Ficelle le suit en sifflant toujours. Lorsqu'ils ont dépassé la fruitière, Sanscravate s'arrête, en murmurant d'un air consterné :

— Elle n'y est pas !

— Pardieu !... j'en étais sûr... J'ai des yeux de faucon, moi. Mais je ne vois pas ce qui pouvait te faire espérer que Bastringuette était là. C'est pour aller dans la mauvaise boutique où l'on vend des ognons brûlés et du vieux fromage de Brie, que la belle se serait requinquée et habillée de ses plus jolies z'hardes. Quand une femme soigne sa parure, c'est qu'elle va retrouver un homme dont elle veut faire la conquête ; il n'y a pas besoin d'être chimiste pour voir ça.

— Oui... oui... tu as raison.

— Oh ! je connais le monde, va... Je ne dis rien quelque fois, mais j'en pense beaucoup plus. Au reste, pour t'empêcher d'entrer chez cette fruitière, demander si on a vu Bastringuette aujourd'hui ?

— Non... elle saurait que j'ai été la chercher... elle croirait que je m'occupe d'elle... je ne veux pas.

— Il me semble qu'elle ne se tromperait pas trop en supposant ça.

— Je te dis que je ne l'aime plus..., que je la déteste... j'aurais voulu seulement la surprendre avec l'autre pour leur dire : Vous êtes des canailles que je méprise, et voilà tout. Vois-tu, Jean Ficelle, désormais les femmes ne me seront plus de rien, c'est trop injuste... je n'aurai plus de maîtresses, je le jure !

— Ne fais pas de serment... c'est des bêtises... Tiens, je vais encore te faire une comparaison : quand une femme a un chat gentil et qu'elle le caresse, qui est bien joueur, bien espiègle, bien flâté, elle ne manque jamais de dire, en embrassant son chat : Si je perdais celui-là, je jure bien que je n'en aurai jamais d'autre... Qu'est-ce qui arrive ? son chat vient à se perdre, et au bout de quelque temps elle ne manque pas d'en prendre un autre chat, dont elle dit ce qu'elle a dit pour le premier. Or, vois-tu, les femmes disent pour leurs amants absolument la même chose que pour leurs chats. Si celui-là me quittait, je n'en aurais jamais d'autre. Et quand leur amant les quitte, elles en prennent toujours un autre, comme quand il s'agit d'un chat. Eh bien ! un homme qui dirait : Je ne veux plus avoir de maîtresse parce que la mienne m'a fait des traits, ce serait encore de même bêtise.

— Mais, moi, j'ai du caractère, de la fermeté ! s'écrie Sanscravate, et pour te prouver que je ne veux plus penser à Bastringuette, c'est que je vais boire, jouer, m'amuser... rigoler avec les amis !

— Eh ! allons donc ! à la bonne heure, voilà qui est parler !... Viens, alors, je vais te conduire au rendez-vous des *Francs-Lapins !* Tu trouveras là des amis solides au poste... As-tu des noyaux, toi ?

— Oui... j'ai encore six ou sept francs de reste de ce que monsieur Albert m'a donné hier.

— Faut les manger ! D'abord, nous ne pouvons plus travailler aujourd'hui, la journée est trop avancée, et tu as besoin de distraction, et moi aussi. En marche, et je vais t'apprendre en route une chanson sur la ribotte qui se chante sur l'air de : *Partant pour la Syrie*, et s'accompagne avec des coups de pincette sur un chaudron ; c'est d'un effet superbe au dessert.

Sanscravate prend le bras de son camarade. On voit qu'il fait son possible pour surmonter son chagrin, et qu'il veut tâcher de paraître gai. Déjà Jean Ficelle, qui se croit chanteur agréable, a commencé la chanson dont il veut régaler son ami, lorsqu'en sortant de la rue Barbette pour entrer dans la Vieille-rue-du-Temple, un jeune homme coiffé d'un chapeau rond, et dont la mise, sans être élégante, est cependant celle d'un bourgeois, passe rapidement près d'eux.

Le jeune homme, qui semble très-préoccupé, a passé sans faire attention aux deux commissionnaires. Mais ceux-ci l'ont regardé, reconnu, et Jean Ficelle s'écrie d'un air triomphant :

— Eh ben... que t'avais-je dit ?... M'étais-je trompé ?... tu viens de le voir... C'est Paul... habillé comme un monsieur du beau monde.

— Oui, c'est lui!... c'est bien lui!... Je n'en reviens pas!...

— Et vois-tu comme il fait son fier quand il a cette tenue flambante? il a passé près de nous sans avoir l'air de nous connaître... Qu'est-ce que cela signifie? est-ce là la mise d'un commissionnaire?... on jurerait d'un commis-voyageur... Tu vois ben qu'il y a du louche, du mystère.

Sanscravate n'écoute plus son camarade, il court sur les traces de Paul; quoique celui-ci marche très-vite, il ne tarde pas à le rejoindre; alors, se plaçant devant lui, il lui barre le passage, en lui disant d'un air où la colère se cache mal sous le ton de la raillerie:

— Où donc cours-tu ainsi?... Ah, bigre!... le voilà fièrement paré, pour un homme qui se plante au coin de la borne pour faire des commissions!

Paul demeure stupéfait en reconnaissant Sanscravate, cependant, s'efforçant de surmonter sa contrariété, il répond:

— Je ne fais pas de commissions aujourd'hui, et, lorsqu'on ne travaille pas, on est bien libre de s'habiller comme on veut.

— C'est possible!... mais, quoique ça, ce n'est pas dans cette tenue qu'on nous rencontre jamais, nous autres, pas même le dimanche, ni le lundi.

— Non! dit Jean Ficelle, qui vient de rejoindre ses deux camarades, et qui se mêle d'un air goguenard à la conversation, non!... nous n'avons pas ce chic-là!... Oh! c'est fichu! faut que Paul fasse un autre état qui soit plus lucratif que le nôtre, pour se pomponner ainsi... Lui qui avec nous est toujours si avare, et ne veut jamais payer une chopine aux amis!

— Je fais ce que je veux! Je ne dois compte de mes actions à personne, répond Paul en jetant sur Jean Ficelle un regard courroucé; je n'espionne pas ce que font les autres, et je m'inquiète fort peu de ce que mérite dire de moi des gens qui devraient, avant tout, savoir se conduire eux-mêmes!

Après avoir dit ces mots, Paul s'éloigne brusquement, laissant là les deux commissionnaires, qui se regardent d'un air désappointé.

— Est-il insolent, ce petit troncé! s'écrie Jean Ficelle; est-ce que ça ne mériterait pas une correction, de voir un... père et mère inconnus, se donner un genre comme ça! Enfin, il vient encore de t'insulter...

— Moi? dit Sanscravate en regardant son camarade avec surprise, et en quoi m'a-t-il insulté?

— Tu n'as donc pas entendu qu'il a dit: Il y a des gens qui, avant d'espionner les autres, devraient savoir se conduire eux-mêmes... Il te regardait en disant cela.

— Il m'a semblé que c'était toi qu'il regardait...

— Du tout!... Oh! il te flagnait.

— Enfin, ce qu'il y a de certain, c'est que Paul n'est pas avec Bastringuette, et que j'avais tort de les croire ensemble.

Sanscravate semble plus heureux; on voit que sa jalousie est en partie dissipée. Jean Ficelle reprend, en faisant un mouvement d'épaules:

— Ils ne sont pas ensemble à présent... c'est vrai... Mais qui est-ce qui prouve qu'ils ne viennent pas de se quitter?... Bastringuette n'est peut-être pas loin!... Moi, j'ai mes idées!... Tiens, je vais te faire une comparaison: c'est comme quand un chat s'obstine à rester dans un grenier parce qu'il sent qu'il y a des souris... Alors, on a beau vouloir le chasser...

— Ah! sacredié, Jean Ficelle! tu m'ennuies avec tes comparaisons!... Voyons, allons voir les Francs-Lapins; tu sais ben que nous voulions noter un brin. Je suis prêt, moi.

Jean Ficelle, au lieu de se mettre en marche, montre à son camarade une maison à allée qui est sur la gauche, en disant:

— C'est de là qu'il est sorti, ce beau monsieur!... et peut-être ben qu'on pourrait savoir où il venait!

— Tu crois que Paul sortait de cette maison? dit Sanscravate en faisant quelques pas vers l'allée qu'on lui indique.

— Oui, oui, j'en suis sûr... Puisque je regardais devant moi, et ne venait personne... Et tout à coup on est sorti de cette allée... C'est lui.

Sanscravate arrive devant la maison, puis il se décide à entrer dans l'allée, qui est assez sombre, et ne laisse apercevoir aucun logement de portier. Jean Ficelle a suivi son camarade, tous deux examinent un moment l'allée, et arrivent enfin jusqu'à un escalier sombre et tortueux qui se trouve au fond.

— Si nous montions? dit Jean Ficelle.

— Et où irons-nous? Qui demanderons-nous?

— Dame! je ne sais pas... mais on peut avoir l'air de se tromper... Nous demanderons une maison à allée qui est sur l'air d'une dame qui est pressée... En v'là un truc... Ou ben nous demanderons si monsieur Paul, commissionnaire est par là.

— Non! non! s'écrie Sanscravate en sortant de l'allée... Après tout, Paul a raison en disant qu'on ne doit pas espionner ses actions... qu'il en est le maître. Je sens que ce n'est pas bien de chercher à surprendre les secrets des gens!... Décidément, ce métier-là ne me va pas... Allons-nous-en...

Jean Ficelle ne dit plus rien, il suit son camarade, mais avec un air d'humeur, et à chaque instant il se retourne pour jeter encore un regard vers la maison d'où il venait de sortir. Tout à coup il saisit le bras de Sanscravate qui marchait un peu devant lui et l'arrête, en lui criant d'une voix aigre:

— Tiens! le v'là le secret de Paul... le v'là qui sort de l'allée. Ah! je l'aurais gagé.

Sanscravate se retourne, et il voit Bastringuette qui sort de la maison qui vient de quitter, et s'en retourne dans la rue Barbette. La grande fille marche assez doucement, elle s'arrête même pour tirer un mouchoir de sa poche et s'essuyer les yeux comme si elle avait pleuré, puis elle continue son chemin.

Sanscravate a eu tout le temps de la considérer, il n'y a pas à douter que ce ne soit elle. Il a même reconnu le foulard qu'elle tire de sa poche, car c'est un présent qu'il lui a fait. Il ne peut détacher ses yeux de dessus sa maîtresse; son teint s'anime, un frémissement nerveux agite toute sa personne, sa bouche murmure:

— C'est elle... dans la même maison avec lui... Oh! il n'y a plus de mystère à présent... ils s'étaient ensemble... c'est assez clair... les traîtres! et ce n'est pas que d'aujourd'hui sans doute qu'ils se rejoignent là!

Puis déjà il fait quelques pas pour courir après Bastringuette qui s'éloigne sans l'avoir aperçu, et Jean Ficelle se frotte les mains en souriant en dessous. Mais son espoir est encore déçu; Sanscravate s'arrête, et faisant un effort sur lui-même, revient sur ses pas, en disant:

— Non... je n'irai pas à elle... car je pourrais m'oublier... dans la colère je ne me connais plus... et je ferais quelque malheur peut-être... non... éloignons-nous d'un autre côté!

— Eh, pardieu!... quand tu donnerais une raclée à une catin qui te trompait!... je ne vois pas où serait le grand malheur!... et pourquoi tu ne te donnes pas cette petite satisfaction-là?

Mais Sanscravate n'écoute plus son camarade. Il marche toujours; il est déjà loin et Jean Ficelle se décide à le suivre, tout en se disant:

— C'est égal! le v'là brouillé à mort avec sa belle, et je suis bien sûr que le jeune camarade recevra son affaire à la première occasion. Après ça, Sanscravate se laissera aller à venir jouer avec les amis, et je l'enfoncerai à la table-basse ou au biribi.

XVII. — LES COUTURIÈRES.

Figurez-vous huit jeunes filles rassemblées dans une grande pièce, que l'on nomme un atelier, probablement parce qu'il n'y a pour tout meuble qu'une immense table longue et des chaises.

Sur la grande table, on pourrait aussi passer pour un comptoir, il y a différentes étoffes, en soie, en laine, en toile, en mousseline; il y a une immense quantité de petits morceaux taillés, les uns en long, les autres en losange, en pointe ou en fichu; enfin il y a des robes que l'on commence, d'autres qui sont presque achevées, d'autres qui sont encore en pièce; puis des rubans, des ganses, des dentelles, et une foule de chiffons à l'usage des couturières qui savent donner à tout cela une forme, de la grâce, de la valeur, et dont nous aurions bien tort de nous moquer, nous autres hommes, car enfin on ne prend tant de soin que pour nous plaire, et si les femmes n'étaient pas coquettes, c'est nous qui serions les plus attrapés.

Les huit jeunes filles sont assises autour du travail, que l'on nomme maintenant la grande table sur laquelle on coupe, j'allais dire l'établi, mais aujourd'hui ce mot-là ne s'emploie plus que chez les ouvriers, et, rappelez-vous qu'une couturière n'est pas une ouvrière, c'est une artiste en robes.

Ces demoiselles peuvent avoir de quinze à vingt-huit ans. L'âge moyen est vingt-deux; quelques-unes sont fort gentilles, deux sont fort laides, les autres ont de ces physiques dont on ne dit rien, mais qui plaisent souvent parce qu'ils ont ce qu'on est convenu de nommer la beauté du diable; ce qui veut dire de la jeunesse. Qui du diable conserve toujours cette beauté-là, c'est un gaillard fort heureux; et je connais une grande quantité de femmes, jadis superbes, qui se contenteraient aujourd'hui de la beauté du diable.

Toutes ces demoiselles cousent avec plus ou moins d'application, ce qui ne les empêche guère de se causer. Les unes ont le nez baissé sur leur aiguille, et ne prennent que peu de part à la conversation; mais il en est plusieurs qui parlent continuellement, ne voulant jamais se taire, même lorsqu'une autre veut raconter quelque chose, et trouvant moyen, en parlant bien fort, d'être entendues par-dessus les autres. Cela produit quelquefois un bruit de voix peu agréable à l'oreille; cela pourrait même passer pour un charivari.

La jeune Elina est au nombre des ouvrières, c'est incontestablement une des plus gentilles, c'est aussi une de celles qui parlent le moins; cette jeune fille l'emporte en effet sur toutes ses compagnes.

Une des demoiselles dont la laideur est la plus désagréable, et qui semble avoir mission de surveiller le travail, parce que sans doute elle n'a pas d'amoureux qui puisse lui donner de distraction, est aussi de celles dont la bouche ne clôt presque pas.

Cependant une grande jeune fille de vingt-quatre ans dont les traits ont du charme, et surtout de la finesse, mais à laquelle on peut reprocher quelque chose d'un peu trop libre dans le ton, les manières et le regard, lutte avec assez d'avantage avec la première ouvrière. Un sténographe serait fort en peine pour suivre ces demoiselles quand elles sont, ce qui s'appelle, en train de parler, et elles y sont presque toujours.

Maintenant écoutons la conversation de l'atelier, et tâchons de comprendre quelque chose au milieu de ce chaos.

— Mademoiselle Laura, qu'est-ce que vous avez fait de la soie grise?

— Elle est sous ton nez, grosse serine, tu l'as pourtant assez long, tu devrais la toucher avec.

Mademoiselle Laura est la grande demoiselle qui, en parlant et en travaillant, se donne des petits mouvements de hanche, comme si elle dansait toujours la *cachucha*; la première ouvrière se nomme mademoiselle Frotard, celle qui vient de demander de la soie est une grosse fille dont l'intelligence semble entièrement absorbée par l'embonpoint, elle se nomme Julienne, mais ses compagnes se permettent de l'appeler Julie, Jules, et quelquefois même Potage. La grosse fille a un très-bon caractère, elle ne se fâche jamais.

— Qui est-ce qui a le satin rose...

— En voilà une robe qui sera élégante, du satin et du velours... est-ce que c'est pour une duchesse?

— Eh, non! c'est pour une actrice de l'Opéra-Comique; elles se mettent bien mieux que les grandes dames, celles-là.

— A propos de l'Opéra-Comique, on dit qu'il y a des loges avec des salons... est-ce vrai ça, mam'zelle Laura?

— Un peu, mon neveu.

— Allons, mesdemoiselles, travaillons donc, ne flânons pas... voilà une robe pour une noce, il faut qu'elle soit faite pour demain; madame Dumanchon l'a promise.

— Il me semble, mademoiselle, que nous travaillons assez, nous ne levons pas les yeux de dessus notre ouvrage... Qu'est-ce que vous voulez qu'on fasse de plus? on n'a pas vingt doigts!

— C'est bien, mademoiselle Augustine... vous croyez que je ne vous vois pas rire en dessous en regardant Euphémie vous ne sait pas faire autre chose!... Hum!... que c'est stupide, ces gens qui rient toujours et pour la moindre chose... et souvent même sans savoir pourquoi.

— Moi, mademoiselle, je ris sans savoir pourquoi!... vous vous trompez, je sais très-bien pourquoi je ris...

— Alors qu'est-ce que c'était tout à l'heure qui vous faisait vous pâmer?

— Tout à l'heure... c'est qu'en relevant la tête j'ai vu Jujules qui bâillait et qui voulait éternuer en même temps, et il a fait une grimace si drôle... ah! ah! ah! ah!... elle ressemblait comme deux gouttes d'eau à l'âne de la laitière que se met au coin de la rue.

— Moi, je ressemble à un âne!...

— Tais-toi, Potage, tu n'as pas la parole... je te la rôte... comme disait un orateur de l'antiquité.

— Ah! mademoiselle Laura! de grâce, un peu plus de décence dans vos propos; vous dites souvent des choses que l'on ne devrait pas entendre dans un atelier de demoiselles... cela déplaît à madame Dumanchon, qui m'en a rendue responsable.

— Qu'est-ce que c'est!... qu'est-ce que vous nous chantez? je dis des indécences, parce que je viens de dire je te *la rôte* en parlant de la parole... Ah bien, en voilà une sévère!... si vous aviez lu le moins du monde dans les *ana*, vous sauriez cette anecdote qui n'effarouche en rien les mœurs, et vous qui faites tant la susceptible aujourd'hui, mademoiselle Frotard, je vous ai entendue parfois nous lâcher des termes... je ne sais pas où vous les avez appris, mais ils étaient *duriusicula*.

— Moi, je lâche des termes... Oh! si j'allais comme vous au bal Saint-Georges, à la bonne heure, je pourrais savoir de jolies choses... mais je défie qu'on m'ait jamais vue dans de tels endroits.

— Ah! vous faites aussi bien de n'y pas aller... qu'est-ce que vous y feriez?... il est probable qu'on ne vous inviterait pas à danser!... et ça vous embêterait. Au reste, apprenez que le bal Saint-Georges est un fort joli endroit... la société y a très-bon genre... et l'honneur d'être un des membres les plus assidus de ces Bal-Clubs! comme disent les *gentlemen* ridés qui viennent y danser l'anglaise et autres gigues animées.

— Où est donc la pointe de velours que j'avais mise là?... Mesdemoiselles, est-ce que vous m'avez pris ma pointe?...

— Vous l'avez dans votre fichu...

— Tiens! c'est vrai... à quoi donc que je pense, ô grand Dieu!

— Ah! ah! ah! elle cherche les objets qu'elle fourre dans son sein... elle finira par chercher son nez...

— Et elle ne le trouvera pas... elle est camarde...

— Ah! ah! ah!

— Bon, voilà encore Euphémie partie!...

— Dame!... est-ce que je peux m'empêcher de rire quand on dit des bêtises?

— Voyez Élina, elle ne rit pas, elle, et elle ne bavarde pas... aussi sa jupe avance.

— Oh! Élina est très-préoccupée... elle est fort pensive depuis quelque temps, voilà pourquoi elle ne cause pas...

La petite Élina répond d'un air sérieux et sans lever les yeux:

— Il me semble qu'il n'est pas défendu de penser.

— Oh! certainement... les idées sont libres... et elles en usent!... elles sont très-heureuses nos idées... elles peuvent voyager, courir les champs... se transporter dans la campagne qui leur plaît... tandis que nous, il nous faut rester là... le derrière sur sa chaise et coudre toute la journée! Dieu! que c'est amusant! Quand donc que j'aurai un million de rente pour me dorloter, dormir et manger des meringues toute la journée... Oh! des meringues... voilà une friandise distinguée.

— Avec quoi que c'est fait? demande la grosse Julienne en regardant Laura.

— Avec des escargots confits... Quand vous entrerez chez un confiseur, demandez-lui une meringue aux escargots, vous verrez comme c'est bon...

— Allons, mesdemoiselles, ne causons pas tant, madame va rentrer... cette robe de bal n'avance pas... et vous savez que nous avons encore deux robes de mariées à livrer cette semaine.

— Deux robes de mariées!... Tout le monde se marie!... Je ne sais pas pourquoi on ne m'épouse pas, moi... et toi, Julietienne, serais-tu bien aise de te marier?

— Moi, oh! non mademoiselle, au contraire, ça me contrarierait beaucoup.

— Tiens! et pourquoi donc?

— Parce que ma cousine m'a dit que quand on était mariée, on ne couchait plus toute seule, et moi qui aime à faire aller mes jambes dans mon lit, je suis sûre que cela me gênerait si j'avais quelqu'un avec moi.

— Oh! que tu es godiche, grosse Julienne!... on couche avec son mari, et ça n'empêche pas du tout de faire aller ses jambes... au contraire!

— Tiens! vous savez ça, mam'zelle Laura... Est-ce que vous êtes mariée, vous?

Mademoiselle Laura se contente de faire un mouvement, en murmurant:

— Laisse-moi donc finir ma manche... tu me troubles dans mes points turcs... Oh! quel soupir Élina vient de pousser... Est-ce que votre déménagement n'est pas fait... jeune rêveuse?

— Si, mademoiselle, tout est fini de ce matin.

— Ah! c'est pour cela que vous êtes venue plus tard qu'à l'ordinaire?

— J'avais prévenu mademoiselle Frotard.

— Et qui est-ce qui vous a déménagée? Est-ce Sanscravate... le Lovelace des cuisinières du quartier?

— Non, mademoiselle, ce n'est pas lui.

— Alors, c'est Jean Ficelle, son camarade... c'est un garçon fort adroit... Je l'ai envoyé une fois porter une lettre... à quelqu'un, pour affaire sérieuse!... j'ai vu qu'il était rempli d'intelligence... Passez-moi le fil d'Écosse, Sophie!

— Oh! mesdemoiselles, vous savez bien qu'Élina a un commissionnaire qu'elle protège... un qu'on appelle Paul, et qui se donne des airs de nous regarder quand nous passons, ce que je trouve par trop hardi; je me promets de lui dire un jour ma façon de penser à cet égard, à ce jeune individu du peuple!

— Est-ce qu'un commissionnaire n'est pas un homme comme un autre? murmure la petite Élina avec dépit. Et pourquoi donc n'aurait-il pas le droit de nous remarquer?

— Un homme comme un autre!... un commissionnaire!... s'écrie une jeune fille qui a l'air pincé, le sourire moqueur et la voix aigre, des gens qui vivent au coin de la borne ou dans les cabarets!... Ah! grand Dieu!... si l'un d'eux se permettait de me regarder trop longtemps, je le remettrais bien vite à sa place.

— Cette bêtise... dit la grosse Julienne, ils y sont toujours à leur place.

— Oh! moi, d'abord, je n'ai pas les goûts canailles... Je ne sortirais pas avec un homme qui n'aurait pas des gants et des sous-pieds!...

— Ah! elle me rappelle la grande Hélène qui a travaillé ici et qui avait le genre de nous dire : moi je vais qu'avec des hommes qui ont des tiges de bottes en maroquin... ceux qui portent les tiges en cuir noir, je ne les fréquente pas, parce que cela n'annonce jamais une bonne tenue.

— Je croyais que les honnêtes gens n'étaient point de la canaille, répond Élina en rougissant de colère, et que l'on ne devait donner ce nom-là qu'aux mauvais sujets et aux fripons!...

— Tiens! Élina qui se rebiffe!... s'écrie la grande Laura; ah! dame! on l'attaque dans son endroit sensible... Bon, j'ai cassé mon aiguille; c'est la cinquième d'aujourd'hui... Ah! ça fait rire Euphémie... C'est donc drôle, ça?

— Ah! ah! ah!... cinq aiguilles!... j'avais entendu dire cinq anguilles!...

XVIII. — LES COUTURIÈRES.

(Suite.)

— Oh! ma chère, les anguilles ça ne se casse pas, ça plie... on en fait tout ce qu'on veut des anguilles... même des matelotes...

— Je connais une chanson là-dessus, dit la grosse Julienne... où l'on dit que les anguilles sont comme les jeunes filles...

— Allons, voilà Potage qui est cause que je me suis piquée, reprend mademoiselle Laura, elle veut parler d'un morceau que l'on chante à l'Opéra-Comique :

> Les anguilles, les jeunes filles,
> Moi, je prends tout dans mes filets.

Voilà le morceau, c'est dans *Mazaniello* que j'ai entendu ça... Oh ! un bien bel opéra... que j'ai vu représenter sur un théâtre de la banlieue... il y avait trois figurants pour faire le peuple napolitain qui se révoltait, et sur ces trois personnages qui composaient la populace, il y avait un petit vieux de quinze à soixante ans, coiffé d'un bonnet rouge, qui courait à chaque instant dans la coulisse remonter un quinquet qui voulait s'éteindre et qui a fini par décrocher le quinquet et le tenir à sa main pour chanter un grand chœur final, dont les paroles sont, je crois :

> Mort ! mort ! aux tyrans !

Et en chantant son chœur, dans lequel il voulait mettre beaucoup de feu, il gesticulait avec son quinquet dans la main, dont il semblait menacer le public, si bien qu'on pouvait croire que son intention était de tuer les tyrans avec de l'huile à brûler. Enfin, au beau milieu du chœur un des trois musiciens qui composaient l'orchestre, se leva avec colère en criant : Sacredié, monsieur Fiston, n'avancez pas tant votre bras, vous jetez de l'huile sur moi... Voilà ma redingote toute tachée... Est-ce qu'on chante l'opéra avec des quinquets, à présent !

— Ah ! mon Dieu ! je n'ai jamais tant ri de ma vie !

— Qu'elle est heureuse, cette Laura, elle va souvent au spectacle.

— Ah ! j'y allais bien plus souvent autrefois... J'avais une connaissance qui me bourrait de billets et de toutes sortes de friandises.

— Un monsieur ?

— Certainement... et un bien joli garçon... Je n'ai jamais vu un homme mettre sa cravate avec autant de coquetterie !... il faisait une rosette bien voluptueuse...

— Mademoiselle Laura, vous allez recommencer à nous dire des choses légères !...

— Ah ça, mademoiselle Frotard, est-ce que je ne puis pas avoir connu un joli garçon... j'ai même le droit d'en avoir connu plusieurs ; j'ai vingt-quatre ans, je ne cache pas mon âge, moi... et je ne fais pas la bégueule !... Certainement je n'ai plus de prétentions pour être rosière...

— Moi, ce sont les loges que je voudrais voir !... je ne serai pas heureuse que je n'aie été là dedans...

— Il faut vous y faire mener par votre amoureux un jour qu'il sera en fonds...

— Mon amoureux, à moi, il n'est jamais en fonds... je ne sais pas ce qu'il fait de son argent... il me régalerait pas d'un verre de cidre ! il prétend qu'il met tout à la caisse d'épargne pour quand nous nous marierons...

— Croyez ça et buvez de l'eau, ma pauvre Sophie !... les épingles s'il vous plaît...

— Les grands ciseaux...

— Voilà.

— Enfin, il m'a menée une seule fois au spectacle, parce qu'on lui avait donné un billet... Ce jour-là, je me rappelle que nous avions dîné chez moi bien légèrement, et que j'avais très-faim au spectacle ; c'était à un théâtre du boulevard, on jouait un grand drame... il était onze heures et demie du soir, et il y avait encore quatre actes à voir... Mais voilà-t-il pas que dans la pièce... où l'on voyait une ferme et des paysans qui revenaient du travail, tout à coup on apporte une grande gamelle et l'on se met à manger la soupe aux choux... Oh ! mais c'est que c'était de la vraie soupe aux choux... ça fumait et ça sentait une odeur délicieuse !... Jugez pour nous qui avions faim, de l'effet que ça nous produisait. J'ai envie de demander à manger sur-le-champ dans les chœurs, dis-je à Oscar ; mais déjà mon amant s'était levé, il avait ouvert la porte de la loge où nous étions seuls, et il appelait l'ouvreuse ; celle-ci étant arrivée, je l'entendis qui lui disait : — Madame, mon épouse se trouve dans une position où l'on ne peut lui refuser... vous savez que les femmes sont sujettes aux caprices les plus singuliers, aux envies les plus bizarres, vous comprenez ce que je veux dire, elle est enceinte. Eh bien, après avoir dîné comme un ange chez Véry, la voilà qui est comme une folle parce qu'elle sent l'odeur de cette soupe aux choux que l'on mange dans cette pièce... elle en veut absolument, il lui en faut... elle me menace de me la donner pour rejeton qu'un potage si on ne satisfait pas son envie. Madame, est-ce qu'il n'y aurait pas moyen de satisfaire à ce désir... il n'est aucun sacrifice dont je ne sois capable pour que mon épouse ne me donne pas un chou pour fils. Là-dessus, l'ouvreuse qui espère une jolie récompense répond : — Soyez tranquille, monsieur, je vais descendre dire cela au contrôle, d'où l'on se rendra sur le théâtre, madame votre épouse aura de la soupe aux choux, j'en fais mon affaire. — Merci mille fois, madame, répond

Oscar. Alors, demandez-en tout de suite beaucoup, car dans sa position, quand nous dînons chez le traiteur, ma femme prend toujours du potage pour quatre, et cela ne lui fait pas le moindre mal. L'ouvreuse s'éloigne. Oscar revient se placer près de moi. Vous jugez si j'avais envie de rire. — Tais-toi, me dit mon amant, et tends le ventre un peu pour certifier la position que je t'ai donnée, nous allons souper aux dépens de l'administration, ça ne lui fera pas de mal et ça nous fera grand plaisir... En effet, au bout de quelques minutes l'ouvreuse entra dans notre loge, elle portait une fort jolie soupière, une assiette creuse et une cuiller ; elle me présenta tout cela en me disant d'un air aimable : — Madame en prendra ce qu'elle voudra, on en a mis plein cette soupière, afin que Madame puisse satisfaire entièrement son envie. — Vous êtes mille fois trop bonne, s'écrie Oscar, mais j'espère aussi que vous serez contente de moi. Là-dessus, l'ouvreuse fait une profonde révérence, et s'en va en refermant la porte de notre loge. A peine sommes-nous seuls, qu'Oscar m'emplit l'assiette de soupe, et gardant la cuillère, se met à dévorer tout ce qui restait dans la soupière, comme il n'y avait qu'une cuillère, je fus obligée d'attendre qu'il eût fini pour manger mon assiette, mais je vous assure que je trouvai la soupe excellente. Quand nous eûmes fini, Oscar appela l'ouvreuse et lui rendit la soupière, l'assiette et la cuillère, en lui disant : — Croiriez-vous que mon épouse a mangé tout ?... Oh ! c'est inconcevable... on fait des tours de force dans sa position ! L'ouvreuse s'écrie qu'elle est enchantée que j'aie satisfait mon envie, et elle s'en va de nouveau en emportant les objets que nous lui avons rendus. A peine est-elle partie, que mon amant me dit : — Mets ton châle et ton chapeau, et tiens-toi prête à partir. Puis il regarde au carreau de la loge, mais il voit avec stupéfaction que notre ouvreuse est assise sur sa chaise dans le corridor, elle vient de charger le garçon limonadier de reporter au théâtre la soupière et l'assiette. Oscar jure entre ses dents, mais comme c'était un gaillard qui n'était jamais embarrassé, il me dit : — Attendons la fin du second acte. L'acte ne tarde pas à finir ; alors mon amant me fait signe de me lever, il me prend le bras, nous sortons de la loge et je m'appuie sur lui comme si j'avais quelque peine à marcher. En passant devant notre ouvreuse, Oscar lui dit : — Concevez-vous quelle chose à cela, madame ? voilà maintenant mon épouse qui veut prendre des glaces... Ah ! que la nature est bizarre dans ses conceptions !

— Mais, monsieur, on aurait pu facilement vous en apporter dans votre loge, dit l'ouvreuse. — Oui, mais je crois que cela ne fera pas de mal à ma femme de prendre un peu l'air... Gardez-nous bien nos places, madame... l'entr'acte est-il long ? — Pas très-long, monsieur. — Alors, viens, ma chère amie, hâtons-nous, car cette glace m'intéresse beaucoup, et je ne voudrais pas en perdre une scène... surtout, madame l'ouvreuse, gardez-nous bien notre loge. En disant cela, Oscar m'entraîne, nous quittons la salle où nous n'avions pas envie de revenir !... L'ouvreuse ne reçut même pas le prix du petit banc qu'elle avait fourré sous mes pieds ; et voilà la seule fois que mon amant m'ait régalée.

L'anecdote que vient de conter mademoiselle Sophie a beaucoup amusé les jeunes élèves en couture. Mademoiselle Euphémie ne peut pas terminer ses éclats de rire, et la grosse Julienne s'écrie :

— Mais, s'ils avaient été dans une loge à salon, c'eût été bien plus commode pour manger... Il doit y avoir aussi des assiettes et des verres, dans ces loges-là...

— Il y a même une cuisine à côté, dit la grande Laura, avec tout ce qu'il faut pour soigner un rôti.

— Oh ! ça doit être amusant ! voir la comédie et tourner la broche en même temps !...

— Mon Dieu ! que vous êtes bavardes aujourd'hui, mesdemoiselles ! Avec toutes vos bêtises, nous ne pourrons pas livrer notre commande !...

— Parler n'empêche pas de coudre, mademoiselle.

— Nous n'avons pas de raisons pour être tristes, nous ! dit la jeune fille aux lèvres pincées. A propos, mesdemoiselles, j'ai rencontré avant-hier notre ancienne camarade Léonie... Ah ! elle donnait le bras à un homme qui avait bien mauvais genre !... et mis... comme un commissionnaire !...

— Ah ! dame ! il y a des femmes qui ont si mauvais goût !...

— Qui portent leurs inclinations si bas !...

— Il y en a qui aimeraient jusqu'à des décrotteurs...

— Tiens ! mais un commissionnaire ou un décrotteur, c'est la même chose.

— Tu crois, Euphémie ?

— Certainement ; quand vous avez envie de faire cirer vos souliers, vous vous approchez d'un commissionnaire, vous mettez votre pied sur ses crochets, et il est obligé de vous cirer tout de suite.

— Ah !... mais s'il n'a pas de cire ?

— Ça ne fait rien ! D'ailleurs, ces gens-là en ont toujours, ils se prêtent leurs outils entre eux.

— Faudra que je me régale, alors... Pour deux sous on peut se satisfaire, je me ferai décrotter par le jeune Paul, le commissionnaire qui fait le monsieur.

La petite Elina ne dit rien, mais elle baisse encore plus la tête sur son ouvrage, car de grosses larmes tombent de ses yeux ; le dépit, la colère la suffoquent, et elle ne voudrait pas qu'on la vît pleurer.

Heureusement, l'arrivée de madame Dumanchon met fin à cette conversation. Quand leur maîtresse est là, les ouvrières n'osent ni parler, ni rire, ni chanter; elles se contentent de temps à autre de se regarder en se faisant des signes ou des grimaces.

Elina est sortie de chez sa maîtresse le cœur gros et les yeux encore rouges, en se disant :

— Mon Dieu! que ces demoiselles sont méchantes!... Mais que diraient-elles donc encore, si elles savaient que ce pauvre Paul, dont elles se moquent tant parce qu'il est commissionnaire, est de plus un enfant trouvé! Oh! mais tout cela ne m'empêche pas de l'aimer, moi, car je suis bien sûre qu'il est honnête, qu'il est bon... qu'il m'aime... Oh! il me l'a dit avec un air si vrai... Et il me semble que, malgré sa condition, il a meilleur genre et s'exprime mieux que tous ces messieurs qui viennent quelquefois parler à ces demoiselles.

Pour tâcher d'oublier la peine qu'elle a éprouvée à son atelier, la jeune fille a bien vite traversé la rue, afin de dire bonsoir à Paul, avant de retourner chez sa tante. Mais son espoir est déçu, Paul n'est pas à sa place, et, après avoir regardé autour d'elle quelques instants pour voir si elle l'apercevra, Elina rentre tristement chez sa tante, se flattant d'être plus heureuse le lendemain.

Ce lendemain est venu; Elina, qui a fort peu dormi et beaucoup rêvé, ce qui d'abord semble difficile à concilier, et arrive pourtant fréquemment, descend de sa soupente, s'habille avec soin, se garde plus souvent dans un petit miroir pour s'assurer qu'elle est bien coiffée, et s'en va, après avoir répondu à sa tante, qui lui demande où elle va de si bonne heure, qu'à l'ouvrage presse, et que madame Dumanchon a bien recommandé qu'on vînt de grand matin.

— Il ne doit pas y avoir encore beaucoup de monde dans la rue, se dit Elina en descendant son escalier, et nous aurons le temps de causer un peu... Oh! je suis bien sûre qu'il le désire autant que moi.

Puis la jeune fille a tout rapidement le trajet qui la sépare de chez sa couturière, elle arrive au coin du boulevard, regarde à l'entrée de la rue à la place où se met Paul; mais il n'y est pas, la place est vide, et point de crochets, de veste, rien qui annonce qu'il soit venu.

Elina soupire en murmurant :

— Il est donc moins pressé de me voir que je le suis, moi!... Mais il a peut-être en affaire ce matin... quelque commission éloignée! et c'est bien pas la place où il n'est pas de retour! Oh! oui, ce doit être cela, car il n'est pas possible qu'il ne désire pas me voir ce matin.

La jeune fille pense qu'il est encore de bien bonne heure pour entrer chez madame Dumanchon, elle va faire un tour sur le boulevard, puis elle revient au coin de la rue. Paul n'est pas venu, mais ses deux camarades, Sanscravate et Jean Ficelle, sont à leur place.

Elina hésite, fait quelques pas dans la rue, puis retourne sur le boulevard, en se disant :

— Mais je ne me suis pas acheté de quoi déjeuner et dîner; il faut pourtant que je vive aujourd'hui, achetons quelque chose, pendant ce temps-là il viendra... puisque ses camarades sont venus, il faut bien qu'il vienne aussi.

Et elle court de nouveau sur le boulevard, va d'un marchand à un autre, hésite entre le pâtissier et l'épicier, entre un petit pain et de la galette, du miel ou du raisine, tout cela afin d'être plus longtemps, et de laisser à Paul le temps d'arriver. Mais il a fallu se décider. Cependant elle revient avec une part de galette à laquelle elle n'a aucune envie de goûter, elle arrive rue du Helder, et Paul n'est pas à sa place. Il faut bien alors qu'elle se résigne à se rendre chez sa couturière sans avoir parlé à Paul, sans même l'avoir aperçu.

Pendant toute la journée les pieds lui brûlent, elle cherche tous les prétextes possibles pour sortir, elle se propose pour faire toutes les commissions; mais son zèle n'a aucun succès, on ne la fait pas sortir, et elle se sent serré, sans espoir de sortir si madame Frotard semble y mettre de l'opposition. Il lui faut donc prendre patience jusqu'au soir.

Mais dès que l'heure est venue, elle part une des premières; elle est à peine dans la rue que déjà ses yeux ont parcouru l'espace... déjà son cœur s'est serré, son espoir n'est pas là.

Ne pas voir l'objet qu'on aime et ne pas savoir où il est, ignorer enfin les causes qui le retiennent loin de soi, est-ce pas de quoi être bien malheureux, et n'avons-nous pas tous éprouvé cela? et le découragement, une tristesse profonde s'emparent alors de notre cœur, il nous semble que tout est perdu et que les jours heureux ne renaîtront jamais pour nous.

C'est dans cette disposition d'esprit que la jeune Elina rentre chez sa tante, elle se retrouve un peu d'espérance que dans sa soupente, parce que la tout lui parle de Paul, parce que c'est là que pour la première fois il lui a avoué qu'il l'aimait.

Le lendemain, Elina se lève aussitôt, s'habille encore plus vite, se hâte de sortir, et n'est pas plus heureuse que la veille. Le jeune commissionnaire n'est point à sa place; elle se promène, elle attend inutilement, il ne vient pas, et le soir, en quittant son ouvrage, elle ne l'aperçoit pas davantage.

Huit jours s'écoulent ainsi; huit jours qui ont semblé éternels à Elina qui ne comprend rien à la disparition de Paul, qui ne sait à quelle conjecture s'arrêter; mais dont le cœur est en proie à l'inquiétude et au chagrin le plus amer. Le neuvième jour enfin, en arrivant le matin, la jeune fille qui cherche encore vainement Paul à sa place, ne peut plus résister aux tourments qu'elle éprouve, et s'approchant de Sanscravate et de Jean Ficelle, qui sont assis à côté l'un de l'autre, elle leur dit d'une voix émue et tremblante :

— J'aurais voulu parler... à... monsieur Paul... votre camarade... est-ce qu'il ne se met plus ici?...

— Vous le voyez bien, répond Sanscravate avec sa brusquerie ordinaire, qui est encore augmentée par l'humeur qu'il éprouve chaque fois qu'il entend prononcer le nom de Paul.

Elina va s'éloigner sans oser en demander plus, mais Jean Ficelle s'empresse de dire, en faisant un air doucereux :

— Si mademoiselle avait besoin de quelqu'un pour lui faire une commission ou porter une lettre... on n'importe quoi, on est à son service, et on pourrait aussi bien que celui qu'elle demande.

— Je vous remercie, répond Elina; mais ce n'est pas pour une commission... que je demandais monsieur Paul, c'est-à-dire... c'est bien pour quelque chose... dont je l'avais prié... il devait me rendre réponse... et depuis dix jours je ne l'ai pas aperçu.

— En effet, mam'zelle, il n'a pas reparu à sa place depuis ce temps-là.

— Et vous ne savez pas ce qui l'en a empêché?... il est peut-être malade?...

Jean Ficelle sourit d'un air gouailleur, en disant :

— Oh! que non... ce n'est pas pour ça qu'il n'est pas revenu.

— Pas pour cela... vous savez donc alors pour quelle raison il est absent?...

— Dame!... nous nous en doutons... D'abord il n'est peut-être plus commissionnaire... c'est un garçon qui avait plusieurs états.

— Plusieurs états? Que voulez-vous dire?

— Ah! c'est un mystère... c'est un personnage à mystères que monsieur Paul!

— Je ne vous comprends pas!

— C'est qu'il ne disa't pas tout ce qu'il faisait, ce monsieur... ensuite il peut y avoir une autre raison... Comme ce jeune farceur a soufflé à Sanscravate sa maîtresse, il a peur que celui-ci ne lui donne une roulée, et il n'ose plus venir se placer à côte de lui... voilà!...

— Et il fait bien, murmure Sanscravate en serrant ses poings, car sacredié! on n'est pas toujours maître de sa patience, et ça se mitonne mal pour lui... je lui en veux, sacrebleu! je lui en veux d'autant plus que j'étais son ami, et quand on déteste ses amis on les déteste plus que les autres.

Elina est devenue très-pâle, elle regarde les deux commissionnaires, elle ne peut plus parler, car ce qu'elle vient d'entendre semble lui avoir ôté la force et la voix, ce n'est qu'au bout de quelques instants qu'elle balbutie :

— Comment... monsieur Paul... a enlevé la maîtresse de... de... Oh! mais non... cela n'est pas... ce n'est pas possible!...

— Pas possible! s'écrie Jean Ficelle en riant. Ah! ma belle jeunesse, vous ne connaissez pas encore les hommes, et vous ne savez pas de quoi qu'ils sont capables... mais nous sommes sûrs de ce que nous disons... nous avons surpris le larron en foire comme on dit... Tenez, je vais vous faire une comparaison...

— Non, monsieur, non! vous avez beau dire! répond la jeune fil'e sans écouter la comparaison que Jean Ficelle veut lui faire, moi, je suis bien sûre que cela n'est pas vrai.

Elina s'éloigne en disant cela, et elle porte son mouchoir à ses yeux pour essuyer ses larmes, car elle est vivement affligée, quoiqu'elle ne veuille pas croire Paul coupable.

Sanscravate la regarde aller, la suivant des yeux avec intérêt, puis il dit :

— Pauvre jeune fille! elle ne le croit pas infidèle... elle a toujours confiance en lui... elle ne veut pas la lui retirer... c'est bien ça, tout de même.

Et une lueur de sérénité semble briller sur le front du commissionnaire qui se demande s'il n'a pas tort de ne point imiter la jeune fille; mais Jean Ficelle s'écrie bientôt :

— Ah! ouiche!... elle a confiance.... le plus souvent, c'est par amour-propre qu'elle a dit cela, mais elle s'est sauvée en pleurant comme un biche.

Sanscravate a repris son air soucieux, et Jean Ficelle se remet à siffler.

XIX. — LA CHASSE A TOBIE. — MONSIEUR PLAYS.

Albert a besoin de revoir ce beau cachemire appartenant à madame Plays, et dont le pareil fait tant envie à madame Baldimer. Mais pour revoir ce châle il faudrait voir celle qui le portait, et le jeune homme ne sait pas trop s'il doit se rendre chez madame Plays; après la manière un peu leste dont il a cessé de la voir en se faisant remplacer par Tobie, il peut craindre de n'être pas bien accueilli, il n'est même pas bien certain que son envoyé ait été bien reçu, car lorsque Pigeonnier est revenu de son rendez-vous. Albert, qui était en train de perdre son argent à la bouillotte et qui avait la tête un peu étourdie par le punch, n'a pas fait attention à ce que le petit Tobie lui a répondu au sujet de sa bonne fortune.

Pour savoir d'abord si le jeune Pigeonnier l'a entièrement remplacé dans le cœur de la superbe Plays, Albert pense que ce qu'il a de mieux à faire est d'aller trouver son successeur. Mais pour le trouver, il fallait avoir son adresse; Tobie avait bien répété plusieurs fois qu'il demeurait rue de la Ferme-des-Mathurins, mais cette rue est longue et Albert ne se sent pas disposé à entrer dans toutes les maisons pour y demander son teur Pigeonnier.

Albert se disait tout cela le lendemain de sa visite chez madame Baldimer, lorsqu'il se promenait, selon sa coutume, sur le boulevard des Italiens en fumant un cigare, lorsqu'il aperçoit son ami Célestin; celui-ci s'empresse de venir à lui et de lui tendre la main.

— Bonjour... comment va cette santé?

— Très bonne.

— Et les amours?

— Mais, pas mal.

— Je gagerais que tu as revu madame Baldimer.

— Tu ne te tromperais pas. Je l'ai vue hier chez elle, elle m'avait accordé un rendez-vous. Mes affaires sont en bon chemin, et à son retour de la campagne, où elle est allée passer quelques jours, j'espère que tout aura n'aura plus de vœux à former.

— Allons, je te fais mon compliment.

Il y avait quelque chose d'ironique dans la manière dont monsieur Célestin emblait féliciter son ami. Albert y fait d'autant moins attention, qu'il est habitué au ton de Célestin qui a toujours l'air de railler les personnes auxquelles il parle; c'est une habitude assez adroite pour cacher son peu de mérite, on se fait railleur ou blagueur, ce qui se remarque beaucoup.

— Je suis fort aise de te rencontrer, tu pourras peut-être m'indiquer ce que je cherche.

— Si c'est une femme fidèle que tu cherches, il me serait difficile de t'en indiquer une, car je n'en connais pas.

— Non! non! c'est tout bonnement la demeure de Tobie Pigeonnier.

— Diable!... mais c'est presque aussi difficile, ce que tu me demandes là... d'abord est-il certain que ce petit Tobie ait une demeure?... je crois qu'il se contente de percher comme les oiseaux, il se pose tantôt ici, tantôt là-bas.

— Allons, ne plaisantons pas, il nous a dit qu'il logeait rue de la Ferme-des-Mathurins.

— Oui mais quel numéro?

— Ah! je l'ignore.

— C'est bien facile de dire: Je demeure rue de la Ferme-des-Mathurins, ou rue de la Paix, ou rue de Rivoli! quand on n'en dit pas plus... on peut se loger ainsi dans les plus beaux quartiers de Paris. Moi, j'ai dans l'idée que le petit Tobie est niché dans quelque cabinet de la rue du Pont-aux-Biches ou de la place du Chevalier-du-Guet! Son départ précipité à notre soirée d'avant-hier chez Balivan... après avoir mis au jeu un fetiche de cinq cents francs que ce pauvre Varinet lui a changé.

— Hum!... Je ne sais pas! mais cela me semble louche! S'il avait perdu les cinq cents francs, passe encore, on dirait, il est gêné pour les rendre; mais il n'a guère perdu que cinquante francs dessus.

— Est-ce qu'il n'a pas été payer Varinet le lendemain?

— Je n'en sais rien, mais je gagerais que non; au reste, nous allons le savoir, voilà justement Varinet et Balivan que j'aperçois prenant du chocolat chez Tortoni.

Albert et Célestin entrent au café et vont se placer près de leurs connaissances, au moment où le peintre trempait un cigare dans son chocolat en croyant tenir sa flûte.

— Ah! vous voilà, mauvais sujets! s'écrie Balivan, est-ce que vous venez de passer encore la nuit à jouer?... Quelle conduite! vous êtes cause qu'hier je n'ai pas pu travailler de la journée...

— Et tu travailles très-bien en ce moment, Balivan... Tiens, regarde, tu manges un superbe cigare en guise de flûte, dans ton chocolat.

— Ah! mon Dieu!... c'est pourtant vrai... Pourquoi aussi ce cigare était-il en rouleau?... je l'avais pris pour une gaufre, et j'adore les gaufres dans le chocolat...

— Messieurs, nous venons vous demander des nouvelles du jeune Tobie... l'avez-vous vu depuis avant-hier, monsieur Varinet?

— Qu'est-ce que c'est que monsieur Tobie? dit le jeune homme aux cils blonds, en ouvrant de grands yeux étonnés.

— C'est le particulier au fetiche... à l'olive...

— Ah! le monsieur qui a mis au jeu une olive de cinq cents francs!

— Justement. A-t-il été chez vous payer sa dette et retirer son gage?

— Non, et la preuve c'est que j'ai toujours son bon dans ma bourse.

Monsieur Varinet tire sa bourse de son gousset, et fait voir, au milieu de pièces d'or, l'olive qui est séchée et considérablement diminuée.

— Pour peu que ce gage vous reste longtemps, dit Balivan, vous n'aurez plus qu'un noyau.

— Messieurs, dit Albert, savez-vous l'adresse de Tobie?

— Non, répond le peintre; si je le savais, j'aurais déjà été chez lui pour lui rappeler son fetiche qu'il ne retire pas. Comme c'est chez moi qu'il a contracté cette dette envers monsieur Varinet, qui voyait Pigeonnier pour la seconde fois, je trouve fort mal à celui-ci de n'être pas plus empressé de s'acquitter.

— Oh! je ne suis pas inquiet du tout, répond monsieur Varinet avec un grand calme.

— Mais, moi, répond Albert, j'ai besoin de voir ce petit Tobie, et je ne manquerai pas de lui rappeler cette dette; car il serait fort désagréable pour vous que monsieur Varinet fût victime de sa confiance dans une personne qu'il a pu croire de nos amis.

— Qu'est-ce qu'il y a? de quels amis parle-t-on? s'écrie le joyeux Mouillot en entrant dans le café et allant donner des poignées de main aux quatre jeunes gens. Messieurs, je viens d'apercevoir Dupetrain causant avec une dame dans la rue de Richelieu, il la tenait serrée contre une porte cochère, je crois qu'il essayait de la magnétiser sur la bouche.

— Eh! c'est Mouillot!...

— Combien as-tu gagné à la bouillotte avant-hier, Mouillot?

— Moi... six cent vingt francs... pas davantage.

— Est-il heureux, cet être-là! il gagne toujours.

— Mouillot, sais-tu l'adresse de Tobie?

— L'adresse de Tobie! pourquoi faire? je ne vous engage jamais à aller chez lui! Quand celui-là offrira un déjeuner à ses amis, les souris danseront le cancan!... A propos, a-t-il payé son fetiche?

— Non, Varinet ne l'a pas vu.

— Pauvre Varinet!... voilà une olive qui lui semblera un peu salée!

— Ainsi tu ne sais pas l'adresse du sieur Pigeonnier?

— Nullement!...

Monsieur Varinet avale son verre d'eau, et dit:

— Ce monsieur m'a dit, la première fois que j'ai eu l'avantage de le voir, qu'il était courtier de commerce! Alors il me semble que son nom et son adresse doivent être dans l'almanach des vingt-cinq mille adresses.

Les quatre jeunes gens se mettent à rire aux éclats en écoutant monsieur Varinet.

— Ah! ah! courtier de commerce!...

— Ceux-là ne sont jamais dans l'almanach!

— Je ne sais pas même s'il est marron!

— A Paris c'est facile de prendre une qualité qu'on n'a pas.

— Il y a bien des gens qui prennent jusqu'à des noms qui ne sont pas à eux.

— Et qui sous le patronage d'un nom honorable réussissent souvent à faire des dupes.

— Qu'est-ce qu'on ne vole pas à Paris!

Cependant monsieur Varinet, qui veut être sûr de son fait, envoie le garçon limonadier lui chercher un almanach de commerce. On consulte le gros volume; mais c'est en vain qu'on y cherche Tobie Pigeonnier, et le grand jeune homme aux cils blonds commence à froncer le sourcil en regardant son olive.

— Écoutez, messieurs, dit Albert, il ne faut pourtant pas que monsieur Varinet soit victime de sa confiance en une personne que nous lui avons fait connaître par nous. Je ne dis pas que Tobie ait l'intention de renier sa dette, je ne le crois même pas; mais de peur qu'il ne l'oublie, je vous propose une chose, c'est de faire dans Paris la chasse à monsieur Pigeonnier; à nous quatre nous parcourrons beaucoup la ville... Moi, je ferai la Chaussée-d'Antin, le faubourg Saint-Honoré et les Champs-Élysées.

— Moi, le Marais et le quartier du Palais-Royal, dit Balivan.

— Moi, je me charge du faubourg Saint-Germain et des boulevards, dit Célestin.

— Et moi, s'écrie Mouillot, je vais partout, je cours de tous côtés, je ferai le reste. Le premier qui apercevra Tobie court dessus, et le conduira chez Varinet, ou l'amènera ici, c'est notre rendez-vous général. Nous y viendrons tous les matins nous rendre compte du résultat de nos recherches.

— C'est convenu! la chasse à Tobie!

— La chasse à Tobie! taïaut! taïaut!

— Mais à propos, messieurs, reprend Mouillot, il me semble que cette chasse ne doit pas nous empêcher de courir aussi les grisettes. Et la petite voisine, Balivan, sais-tu bien qu'elle est charmante? Qu'en fais-tu?

— Oh! messieurs, je vous assure que cette jeune fille est très-sage, et je vous conseille de ne pas vous en occuper, vous perdriez vos peines.

— Sage! reprend Célestin en haussant les épaules; mon cher artiste, je vous croyais plus fort que cela dans la connaissance du sexe!... Nous avons trouvé cette petite vertu dans le fond d'une soupente avec un jeune drôle qui la serrait de près... et auquel je réserve une correction... mais il n'était pas à sa place ce matin, sans quoi!...

— Allons, dit Albert, ne veux-tu pas te battre avec un commissionnaire!... et après tout, il avait raison de défendre cette jeune fille, s'il est son amant.

— Ah ! voilà Albert qui se fait le défenseur de la couturière ! c'est édifiant. Mouillot, je te propose un pari : Quinze napoléons à qui triomphera de cette vertu farouche.

— Ça va ! je tiens le pari. En es-tu, Albert ?

— Non.

— Albert est trop occupé ailleurs, reprend Célestin d'un air moqueur, et puis ne vois-tu pas qu'il s'est constitué le chevalier des grisettes ?

— Messieurs, reprend Balivan, je vous certifie que vous ne gagnerez ni l'un ni l'autre. Ma voisine ne vous écoutera pas.

— C'est ce que vous verrez, lorsque Bastringuette passe ce n'est pas tant pour la petite que pour me venger de ce drôle qui a fait l'insolent avec nous... Cela fait nos commissions, et ça ose nous répondre !... en vérité, cela fait pitié !...

— Les jeunes gens ont quitté le café, ils vont se séparer, lorsque Bastringuette passe sur le boulevard avec ses bouquets.

— Voilà Bastringuette ! s'écrie Albert, parbleu ! elle est toujours dehors, il faut qu'elle nous seconde pour la chasse à Tobie.

— C'est vrai, elle nous servira de traqueur, dit Mouillot.

Les jeunes gens s'approchent de la marchande de violettes, et s'arrêtent devant elle. Bastringuette les regarde tous cinq, et s'écrie :

— Ah ! mon Dieu ! quel paquet de chalands qui m'arrive à la fois !... Comme ça se trouve ! moi qui n'avais pas encore étrenné !... Fleurissez-vous, messieurs, j'ai de quoi orner vos boutonnières.

— Bastringuette, dit Albert, te rappelles-tu ce jeune homme qui était avant-hier avec nous sur le boulevard... et qui mettait son nez sur tous tes bouquets pour mieux les sentir ?

— Ah ! un petit gros, dont la figure a l'air d'une peinture... et qui se met un petit carré de verre sur l'œil ?

— C'est cela... tu y es.

— Eh bien, nous lui faisons la chasse.

— Est-ce que c'est un cerf ?

— Oui... nous craignons même que ce ne soit un cerf-volant !...

— Un cerf-volant !... et vous voulez lui attacher quelque chose à la queue pour qu'il monte plus droit.

— Ah ! ah ! ah !... c'est au contraire pour qu'il ne s'envole pas que nous courons après lui. Si tu le vois, dis-lui qu'une dame le demande chez Tortoni.

— Non, non, messieurs, Tobie ne le croira pas, il sait bien que les dames ne vont guère chez Tortoni, et que ce n'est pas là qu'elles indiqueraient un rendez-vous ; il vaut mieux que Bastringuette dise à notre homme, qu'une dame, qui désire lui parler en tête-à-tête, l'attend à neuf heures du soir... au pâté des Italiens... Tu lui donneras même un beau bouquet, en lui disant que c'est de la part de cette dame. Et quand tu auras fait cela, préviens-en seulement un des garçons du café, et nous y allons tous les jours.

— Bravo ! dit Mouillot, l'idée est fort bonne... si cette bouquetière aperçoit Tobie, et lui dit cela, il n'y a pas de doute qu'il donnera

dans le piége... et nous pincerons ce monsieur au pâté des Italiens.

— Eh bien, Bastringuette, feras-tu ce que nous voulons ?

— Pourquoi pas... si je vois le particulier, pourtant ?

— Oh ! cela va sans dire !... Mais qu'as-tu donc, Bastringuette ? tu n'as pas l'air aussi gai que de coutume, aujourd'hui... est-ce qu'il y a de la brouille dans tes amours ?

La grande fille pousse un soupir, et remonte son éventaire sur ses hanches, en répondant :

— Mes amours !... ah ! je n'en ai plus !... c'est fini ! ils sont couchés.

— Comment ! est-ce que Sanscravate t'a fait des infidélités ?

— Au contraire, c'est moi qui voulais lui en faire.

— Ah ! bravo ! à la bonne heure, voilà de la franchise au moins !
Ah ! messieurs, convenez que bien peu de femmes, tout en faisant comme Bastringuette, auraient répondu comme elle.

— Ah ! dame ! moi, j'y vais pas par quatre chemins... Je ne sais pas dissimuler mes passions. Au reste, je ne voulais pas tromper Sanscravate, je lui avais dit que je ne l'aimais plus.

— Et il veut te forcer à rester avec lui... à l'aimer ?

— Par exemple ! est-ce qu'on force une femme à faire ces choses-là quand ça ne lui convient pas ?... Vous êtes encore joliment de votre hameau, si vous croyez ça... une femme, ça ne se force jamais... on a beau avoir toutes les clefs et tous les rossignols possibles... quand elle ne veut pas, bernique.

— Eh bien ! alors d'où vient donc ta tristesse ?... est-ce que tes nouveaux amours vont déjà mal !

— Je vous dis que je n'en ai plus d'amours... que je n'en veux plus !...

— Mais puisque tu voulais faire infidélité à Sanscravate ?

— C'est bon ! c'est mon affaire, c'est mon secret, ça ne vous regarde pas ! Est-ce que vous êtes mes père et mère pour m'interroger comme ça ?

— Ah ! ah ! messieurs ! prenons garde, notre alliée va se fâcher.

— Tiens, Bastringuette, dit Albert en jetant une pièce de cinq francs sur l'éventaire de la marchande, voilà pour le soin que tu prendras à regarder si tu vois Tobie, et nous t'en promettons deux fois autant si tu l'envoies au rendez-vous comme nous te l'avons dit.

— C'est bon, on tâchera de les gagner. Adieu, mes petits amours.

Bastringuette s'est éloignée, et les deux jeunes gens se sont séparés en se promettant de se retrouver, le lendemain à la même heure devant Tortoni.

Le jour suivant, Albert n'avait pas manqué de se rendre à l'endroit convenu. Il y avait trouvé Mouillot, qui lui avait dit :

— Célestin et Balivan viennent de venir, rien de nouveau, Bastringuette n'a rien dit au café. Et toi, as-tu fait meilleure chasse ?

— Rien du tout, je n'ai pas non plus découvert la trace du gibier.

— A demain, peut-être serons-nous plus heureux.

Le lendemain n'avait pas amené d'autres résultats. Le quatrième

Figurez-vous huit jeunes filles rassemblées dans un atelier. — Page 43.

jour, Balivau était accouru chez Tortoni, où ses amis étaient justement tous réunis, et il leur avait crié en entrant :

— Je l'ai vu... rue de Bondy, près de la porte Saint-Martin, oh ! je l'ai parfaitement reconnu!... et je suis bien certain qu'il m'a vu aussi, car il est devenu pourpre et il a détourné la tête...

— Eh bien!... tu as couru sur lui...

— Que t'a-t-il dit ?

— L'as-tu mené chez Varinet ?

— A-t-il retiré son olive ?

— Mon Dieu, mes enfants, je ne sais pas comment cela s'est fait, je me suis aperçu dans le moment-là que mon cigare était éteint, je suis entré chez un marchand de tabac qui se trouvait justement à côté, pour me rallumer, ça n'a été que l'affaire d'un moment... eh bien ! quand je suis revenu dans la rue, j'ai eu beau regarder de tous côtés, impossible de retrouver Tobie !

— Que le diable t'emporte !...

— Oh ! que je reconnais bien là Balivau ! il aperçoit celui que nous chassons depuis quatre jours, et au lieu de courir dessus, il va allumer son cigare !

— Tu devrais bien te servir de modèle à toi-même ! car tu ne trouveras pas ton pareil.

— Ma foi, messieurs, à ma place, vous en eussiez peut-être fait autant. Un excellent cigare pure Havane !... on ne laisse pas refroidir ça ! c'est comme le café, il faut que cela se prenne chaud. Au reste, nous voilà certains que Tobie est toujours à Paris, c'est quelque chose.

— Eh ! qui en a jamais douté?... mais ça ne sera pas toi qui le feras payer Varinet.

Les jeunes gens s'étaient séparés un peu découragés. Le surlendemain, Albert n'était pas plus avancé, et il savait que madame Baldimer devait d'un moment à l'autre revenir de la campagne : voulant cependant faire l'achat de ce châle si vanté, avant qu'elle ne fût de retour, Albert se décide à affronter la colère de madame Plays et à se présenter chez elle.

Ayant pris son parti, Albert se rend chez madame Plays, mais en route, il a soin d'acheter un délicieux bouquet ; il faut toujours être galant, et c'est surtout un devoir avec une femme qui a eu des bontés pour nous.

Il est deux heures de l'après-midi. C'est l'heure où la superbe Herminie trône dans son boudoir, et y donne audience aux mortels assez favorisés pour avoir leurs entrées dans ce mystérieux séjour.

Albert qui peut se dire : *Nourri dans le sérail, j'en connais les détours*, passe fièrement devant le concierge, se dirige vers un petit escalier particulier, monte un étage, s'arrête devant une porte et frappe presque comme un franc-maçon.

Au bout de quelques instants la porte s'ouvre, une femme de chambre fort laide, mais dont la figure est beaucoup plus spirituelle que celle de sa maîtresse, fait un cri de surprise en apercevant Albert, et dit :

— Ah ! monsieur, qu'il y a longtemps qu'on ne vous avait vu ici...

— C'est vrai, Lisa, je n'ai pas pu venir tous ces jours-ci... Mais, dis-moi : ta maîtresse est-elle visible?... Puis-je me présenter ?

La femme de chambre fait un léger sourire en répondant :

— C'est impossible , monsieur... Madame a ses vapeurs... elle ne peut pas vous recevoir.

— Elle ne peut pas me recevoir... moi ?

— Vous, monsieur.

— Mais jadis elle n'avait jamais ses vapeurs pour moi.

— Ah ! dame, monsieur, c'est que ma maîtresse les a maintenant.

— Fort bien, je comprends, Lisa ; c'est-à-dire que ta maîtresse ne veut plus me recevoir, et voilà la consigne qu'elle t'a donnée pour moi.

La femme de chambre n'ose pas répondre que c'est la vérité ; mais elle sourit en mettant un doigt sur sa bouche. Albert est trop bien élevé pour forcer une consigne ; il rit aussi en regardant la femme de chambre, et s'éloigne, en disant d'un air tragi-comique : — *J'ai mérité mon sort et je dois m'y soumettre.*

Mais arrivé dans la cour , et au moment d'en sortir, Albert s'arrête en se disant :

— Si j'allais faire une visite au mari... Parbleu ! oui... c'est un gaillard qui est capable de me raccommoder avec sa femme ou du moins de me servir beaucoup dans cette circonstance. Allons voir ce cher monsieur Plays.

Albert se dirige cette fois vers le grand escalier ; il demande à un valet de chambre si monsieur Plays est à son bureau, et sur la réponse affirmative, pénètre dans le cabinet du négociant.

L'époux de la superbe Herminie était un petit homme entre deux âges, ni beau ni laid, taillé un peu en poupard, fort rouge de visage, les yeux ronds, très-ouverts, très-saillants ; la bouche toujours vermeille et riante, enfin ce qu'on peut appeler une figure heureuse, et ce monsieur l'était en effet au premier degré.

En apercevant le jeune Vermoncey entrer dans son cabinet, monsieur Plays fait une mine singulière, on voit qu'il est embarrassé et ne sait comment il doit recevoir la personne qui se présente. Cette réception n'étonne nullement Albert, car il sait que monsieur Plays se règle en tout sur sa femme; on est toujours parfaitement accueilli par le mari, tant que l'on est bien dans les papiers de madame ; mais aussitôt qu'elle fait froide mine à quelqu'un ou se brouille avec un de ses adorateurs, le cher époux n'ose plus traiter avec amitié celui auquel madame paraît avoir retiré ses bonnes grâces. Et comme, du reste, monsieur Plays est de ces gens qui voudraient être bien avec tout le monde, les caprices de sa femme le jettent quelquefois dans fort un grand embarras.

— Madame Plays a dit des horreurs de moi à son mari! se dit Albert en voyant le négociant le saluer d'un air guindé...

Et voulant s'amuser de l'embarras de ce pauvre époux qui fait froide mine aux jeunes gens qui cessent de courtiser sa femme, Albert va à monsieur Plays, lui prend la main où celui ci allait la retirer, et la lui secoue avec force, en s'écriant :

— Eh ! bonjour, mon cher monsieur Plays!... Je suis enchanté de

M. Plays est consterné en voyant entrer sa femme. — Page 50.

4

vous trouver... Il y a si longtemps que j'avais envie de vous voir... Mais le temps passe si vite... Voilà huit jours que je veux venir et que je n'en trouve pas le moment.

Monsieur Plays ne sait que répondre; il s'incline, salue, ôte et remet sa plume dans sa bouche, regarde avec crainte autour de lui, comme s'il avait peur de voir arriver sa femme, et balbutie enfin :

— Monsieur Albert... certainement... pas mal... et vous... Vous êtes bien bon... Mais, ma foi... c'est que je travaillais dans ce moment... je faisais quelque chose.

Albert n'a pas l'air de comprendre ce que cette réponse a de peu engageant; il se jette dans un fauteuil et reprend :

— Et les plaisirs, monsieur Plays, comment gouvernons-nous les plaisirs... les amours?... Hom! c'est que vous êtes un amateur, vous, sans que cela paraisse!... Oh! vous avez fait bien des conquêtes... on m'a parlé de vous dans le foyer de l'Opéra, et même dans les coulisses.

Le négociant, qui est flatté de passer pour un homme à bonnes fortunes, sourit, et répond en se frottant les mains :

— Bah! vraiment, on parle de moi à l'Opéra... et dans les coulisses?... Je n'y suis jamais allé cependant, madame Plays ne l'aurait pas souffert!...

— Je le crois, et elle a raison... Mais, sans y aller, on peut connaître de ces dames de théâtre.

— Mais non, je vous assure... Ah! cependant... attendez, je crois qu'un jour une dame m'a prié de lui payer un effet tiré sur moi, et qui avait encore quinze jours à courir, sous prétexte qu'elle avait un petit voyage à faire, mais il me semble qu'elle m'a dit être *marcheuse*.

— Voyez-vous... Ah! vous en convenez, roué que vous êtes!...

— Comment?... Mais je n'ai pas eu l'idée que cette dame pouvait être au théâtre. Elle m'a dit : je suis *marcheuse*; alors, j'ai compris qu'elle aimait à faire de grandes courses à pied.

— Oh! farceur... faites donc l'innocent, vous savez bien que c'est un emploi à l'Opéra...

— Je vous certifie que je ne m'en doutais pas... Comment, il y a des marcheuses?

— Oui, Monsieur, ces dames sont même très à la mode parmi les lorettes.

— Alors il doit y avoir des trotteuses aussi?

— Ah! ah!... vous êtes un grand scélérat, monsieur Plays... Et ce qu'il y a de plus fin dans votre affaire, c'est que vous cachez parfaitement votre jeu!...

Monsieur Plays se met à rire aux éclats; il est ravi d'avoir escompté un effet tiré sur une dame de théâtre, qui a parlé de lui dans les coulisses; mais tout à coup se rappelant que sa femme lui a dit qu'elle ne voulait plus voir Albert, que c'était un jeune homme très-mal élevé, qui s'était conduit fort inconvénablement avec elle en société, le pauvre mari change de visage, se repent d'avoir ri, et, regardant Albert d'un air piteux, murmure :

— Je ne sais pourquoi je ris, car j'ai beaucoup à travailler... J'ai des additions à vérifier... et je suis arriéré... j'ai infiniment d'ouvrage.

Avant que le jeune homme ait pu répondu, une petite porte, qui du fond du cabinet communique dans les appartements, s'ouvre vivement, et madame Plays paraît.

La robuste Herminie est en toilette du matin, mais il y a toujours quelque chose de piquant, de provoquant dans sa mise comme dans ses yeux; une robe de fantaisie qui monte très-haut, enveloppe parfaitement ses charmes, mais les dessine avec une exactitude qui est peut-être d'un effet encore plus attrayant que la nudité; deux globes un peu volumineux, mais très-bien placés, se présentent avec fierté sur une poitrine large et bien effacée, une taille serrée et des hanches très-rebondies servent de piédestal à ce buste; enfin, des cheveux un peu en désordre, et de longs tirebouchons qui retombent jusque sur les épaules, accompagnent fort agréablement la figure de madame Plays; son air ému, son regard courroucé lorsqu'elle entre dans le cabinet de son mari, donnent alors beaucoup d'expression à sa physionomie.

Herminie aperçoit Albert sans surprise; on voit qu'elle pensait le trouver là, mais elle lui lance un regard avec lequel elle a l'air de vouloir le foudroyer. Le jeune homme supporte ce terrible regard comme s'il avait un paratonnerre, et n'y répond que par un profond salut, au travers lequel perce un léger sourire.

Monsieur Plays est consterné en voyant entrer sa femme; il croit qu'elle l'a entendu rire avec Albert, il voit qu'elle a l'air courroucé, il ne sait plus quelle mine faire, et, dans son trouble, mâche sa plume, au lieu de la tenir simplement dans sa bouche.

— Ah! vous au monde ici, Monsieur? dit Herminie en saccadant ses paroles, en regardant alternativement Albert et son mari; je suis fâchée d'avoir troublé votre conversation, Messieurs... Vous avez sans doute des choses fort intéressantes à vous dire... Si j'avais pensé que monsieur Vermoncy fût ici... à coup sûr je n'y serais pas venue.

— Ma chère amie, nous parlions... je ne savais pas non plus... Je ne m'attendais pas à la visite de...

Albert interrompt monsieur Plays, en disant:

— Je m'étais d'abord présenté chez vous, Madame, mais on m'a dit que vous aviez vos vapeurs... que je ne pouvais pas vous voir... et je venais demander à monsieur votre époux des nouvelles de votre santé... dont j'étais inquiet...

— Oui, murmure monsieur Plays, en crachant un petit bout de sa plume, oui, monsieur Albert venait pour...

— Ah! ma santé vous inquiète, Monsieur?... Ah! voilà du nouveau... je ne l'aurais jamais deviné... Ah! ah!... c'est admirable!... On s'amuse aux dépens de quelqu'un... on lui fait des traits indignes... épouvantables... de ces plaisanteries que l'on ne se permettrait pas avec une... grisette!... et puis l'on se présente huit jours après comme si de rien n'était!... avec un air calme... tranquille!... Oh! cela me fait mal, cela me porte sur les nerfs... Je voudrais briser quelque chose!

Tout cela a été dit avec une grande volubilité par la superbe Herminie, qui marche avec agitation dans le cabinet. Son mari s'est reculé quand elle a parlé de briser quelque chose, et il balbutie :

— Moi, j'étais occupé à travailler à chiffrer... et...

— C'est bon, Monsieur, c'est bon... je ne vous demande pas ce que vous faisiez... Eh bien! que mâchez-vous donc en ce moment?... qu'est-ce que vous tortillez sous vos dents?... est-ce que vous chiquez maintenant... il ne vous manquerait plus que cela.

— Non, ma chère amie, non... c'est ma plume que je suçais... en m'amusant.

Albert se met à rire en disant : Voilà un singulier bâton de sucre d'orge!

Herminie elle-même ne peut s'empêcher de sourire, mais elle reprend bien vite son air courroucé, et tourne le dos à son mari pour parler à Albert :

— Je ne l'oublierai jamais cette indigne lettre!... je n'aurais jamais pensé, monsieur, que vous écririez des choses semblables!... C'est bien mauvais genre!

— D'honneur, madame, je ne sais pas ce que vous voulez dire... je ne pensais pas avoir écrit un seul mot qui pût vous offenser...

— Oh! c'est trop fort!... me soutenir cela... Je suis bien fâchée de l'avoir déchirée cette lettre impertinente... mais je la sais par cœur.

Monsieur Plays s'est remis devant son bureau, et il marmotte entre ses dents :

— Cinq et six font onze, et huit... dix-neuf... et huit... dix-neuf...

— Et puis elle était fort bête, cette lettre... votre image m'est sans cesse présente, une tête de veau... est-ce que c'est jolie cela... et je vous envoie un ami intime... de la plus grande fraîcheur. Ah! oui, il était frais votre ami!... quel petit sot!... aussi comme je l'ai traité!...

— Tout ce que vous me dites me confond... je n'y conçois rien! il faut qu'il y ait eu méprise... qu'on se soit trompé...

— Oh! non vraiment c'était bien à mon adresse...

— Dix-neuf et vingt-quatre... quarante-trois... je pose trois... et je retiens... je retiens...

— Taisez-vous donc! monsieur Plays, vous êtes insupportable avec vos calculs! est-ce que j'ai besoin d'entendre ce que vous retenez! Taisez-vous!

Monsieur Plays se tait d'un air consterné, Albert en fait autant; mais il montre alors le délicieux bouquet que jusqu'à ce moment il avait tenu caché derrière son dos. Herminie l'aperçoit, sa figure s'adoucit, elle ne conserve plus qu'un petit air boudeur, en disant :

— Ah! vous avez un bouquet...

— Oui, madame... je comptais vous l'offrir quand je me suis présenté chez vous... mais je n'ai pas été assez heureux pour être reçu.

— Ah! il est fort joli ce bouquet...

Monsieur Plays se retourne doucement vers Albert, et murmure :

— Il est ravissant ce bouquet... je me disais aussi : Cela sent bien bon ici ; et cependant ça ne peut pas être moi.

— Daignerez-vous l'accepter, madame?...

— L'accepter... je ne le devrais pas, car je parierais qu'il ne m'était pas destiné... mais j'aime tant les fleurs... voyons... donnez...

Herminie prend le bouquet qu'Albert lui présente, et le porte à son nez en s'écriant :

— Il sent bien bon... il embaume... mais c'est égal, je vous déteste... je vous en veux à la mort... je vous en veux plus que vous ne veniez chez moi.

— Ah! madame!... me tenir rancune à ce point... et pourquoi? pour un malentendu, pour une bévue peut-être... mais dans laquelle il ne pouvait y avoir aucune intention de vous offenser. Non, vous ne serez pas si cruelle... vous me permettrez encore de me présenter chez vous.

Herminie joue avec son bouquet sans répondre. Monsieur Plays dit à demi-voix en souriant à Albert :

— Elle vous le permettra... je suis sûr qu'elle ne vous en veut plus!...

— Mais de quoi vous mêlez-vous, monsieur Plays?... je vous trouve plaisant de venir vous occuper de mes affaires! Taisez-vous, encore une fois! tout ceci ne vous regarde pas.

Monsieur Plays se met à tailler une plume. Herminie reprend au bout d'un moment :

— D'ailleurs, je n'aime pas les gens qui ont des caprices. Quand on est huit jours sans penser aux personnes, on peut aussi bien être des mois! et quel motif me procurait aujourd'hui la visite de monsieur?

— J'avais en effet un motif, madame, répond Albert en souriant; on m'a beaucoup parlé d'un cachemire que vous portiez à la soirée du comte Dahlborne... il paraît qu'il est merveilleux... on m'a tant

vanté la beauté de ce châle, que j'ai le plus grand désir de le voir...
Est-ce que vous ne serez pas assez bonne pour me le montrer?

Herminie croit qu'Albert prend ce prétexte pour ne point donner
de jalousie à son mari, car elle est loin de supposer que son châle soit
réellement ce qui amène près d'elle son volage; trouvant cette
idée plaisante, elle répond en riant:

— Ah! vous venez pour voir mon cachemire! eh bien! je ne vous
le montrerai pas... il faudrait pour cela vous permettre l'entrée de mon
boudoir, et j'ai juré que vous n'y seriez p'us reçu.

— Mais on jure tant de choses!... les serments d'une jolie femme
sont écrits sur le sable, le plus léger souffle les efface...

— Et ceux des hommes sur quoi sont-ils tracés?

— Sur l'airain... N'est-il pas vrai, monsieur Plays, que nous tenons serments, nous autres?

— Mais oui... cela s'est vu. Moi, par exemple, j'ai fait serment de
ne plus priser en épousant madame Plays, parce qu'elle ne peut pas
sentir entendre éternuer: eh bien! j'ai tenu mon serment... il est
vrai que j'éternue toujours, mais moins souvent.

Pendant que monsieur Plays se permet cette réflexion, sa femme
regarde Albert, et il y a dans ses yeux, un feu, une expression qui
peignent tout autre chose que la colère. De son côté, le jeune homme
la regarde fort tendrement, en lui disant:

— Voyons, ne soyez plus fâchée... consentez à me le montrer...

— Non, il faudrait vous recevoir chez moi...

— J'ai tant envie de le voir...

Herminie sourit malicieusement, en répondant:

— Ah! vous avez envie de le voir.

Monsieur Plays se dandine sur sa chaise, en disant:

— Allons! puisque ça lui fera plaisir... fais-le-lui voir... ma bonne
amie... Dieu! que ce bouquet sent bon!

Herminie est très-attendrie, elle sourit au jeune homme d'une manière très-significative, et lui tend la main en s'écriant:

— Ah! je suis trop faible, je le sens bien... vous en abusez... ah!
Dieu!... Allons, donnez-moi la main, et reconduisez-moi dans mon
appartement. Mais c'est égal, je ne vous le montrerai pas.

Albert prend la main que lui tend madame Plays, et saluant son
mari, s'éloigne avec elle par la petite porte qui est au fond du cabinet.
Monsieur Plays a l'air enchanté, et au moment où Albert passe
près de lui, il lui dit à l'oreille:

— Je la connais, je vous réponds qu'elle vous le montrera.

XX. TRAITÉ SECRET. — LE PATÉ DES ITALIENS.

Il n'était que neuf heures du matin, et déjà Célestin de Valnoir sonnait à la porte de madame Baldimer. Sa femme de chambre Rosa est
venue ouvrir; elle sourit au jeune homme, comme à quelqu'un que
l'on attendait.

— Je me présente de bien bonne heure chez votre maîtresse, dit
monsieur Célestin en prenant un air présomptueux et suffisant, mais
j'ai reçu hier au soir un petit billet de madame Baldimer, qui, en m'annonçant son retour à Paris, me prie de venir ce matin avant neuf
heures... et je suis toujours exact au rendez-vous d'une jolie femme.

— Oui, monsieur; Madame vous attend, car elle m'a dit de vous
introduire dès que vous arriveriez.

— Madame Baldimer est encore couchée, je pense.

— Non, monsieur, Madame s'est levée de bonne heure, parce qu'elle
vous attendait.

— Mon Dieu! mais ce n'était pas une raison!... je lui aurais aussi
bien parlé dans son lit... j'aimais mieux cela même... n'importe, conduisez-moi.

La femme de chambre fait traverser plusieurs pièces à monsieur
Célestin, et l'introduit dans celle où est sa maîtresse. Madame Baldimer est assise dans une chaise longue, enveloppée dans une grande
robe de chambre de velours; ses cheveux sont simplement relevés et
retenus sur sa tête par une espèce de résille; on voit qu'elle n'est point
encore coiffée ni habillée, et qu'en ce moment, elle s'inquiète fort peu
de plaire. Ce qui n'empêche pas que dans cet état elle soit extrêmement jolie; mais les femmes ne sont jamais plus séduisantes
que lorsqu'elles se montrent naturelles et sans apprêts; il est pourtant fort rare qu'elles veuillent bien se laisser voir ainsi.

Madame Baldimer adresse un léger sourire à Célestin et lui montre
une chaise près d'elle, en lui disant:

— Vous êtes exact; c'est fort bien... j'aime cela. L'exactitude est
chose si rare dans le monde... Asseyez-vous donc.

— Vous deviez être certaine, madame, de l'empressement que je
mettrais à me rendre à vos désirs; vous connaissez mon dévouement
à votre personne; vous savez que pour vous plaire il n'est rien dont
je ne sois capable... L'amour me fait même trahir l'amitié...

— L'amitié! répond madame Baldimer en laissant errer sur ses
lèvres un sourire ironique, mais non, je vous assure que vous ne la
trahissez pas!... Est-ce que vous avez jamais été l'ami d'Albert?

— Sans doute, madame, nous sommes très-liés tous deux.

— Vous autres hommes, quand vous vous êtes vus quelquefois dans

une réunion, dans un dîner, quand vos humeurs ont paru se convenir,
que vous avez ri de quelques bons mots débités par ceux que vous
connaissez à peine, vous allez sur-le-champ vous serrer la main... Vous
vous tutoyez... vous voilà intimes comme si vous étiez liés depuis plusieurs années, et vous vous figurez que c'est un ami que vous venez
d'acquérir!... Mais ces amitiés formées si vite se dénouent de même!...
Elles ne sont à l'épreuve d'aucune passion! la vanité, l'amour-propre,
l'intérêt, l'amour, font bientôt évanouir ces beaux sentiments dont on
a fait parade, et l'on est souvent tout étonné en s'apercevant que tous
les ennuis, tous les chagrins, toutes les contrariétés que l'on éprouve
sont l'ouvrage de ceux que l'on nommait ses amis. Chez les femmes,
monsieur, cela n'est pas de même! elles ne prodiguent pas leur amitié
aussi légèrement que vous, mais quand elles la donnent, quand elles
s'attachent à une autre personne de leur sexe, il est rare que ce ne
soit pas pour la vie...

— Mais aussi, il faut que ce soit une personne de leur sexe! s'écrie
Célestin en riant. Ah! vous en convenez vous-même!

— Monsieur, je crois aussi qu'il y a des femmes susceptibles d'aimer
longtemps, toujours même, l'homme qui se sera rendu digne de leur
amour. Mais comme la plupart du temps, elles n'ont affaire qu'à des
ingrats qui se font un jeu de les séduire pour les trahir et les abandonner ensuite, vous conviendrez qu'elles auraient bien tort de ne point
les punir quelquefois du mal qu'ils leur font si souvent.

— Mon Dieu, belle dame, je conviendrai de tout ce que vous voudrez... je dirai que les hommes sont des scélérats, des monstres!
tout ce qui vous fera plaisir... pourvu seulement que vous me permet-
tiez de vous aimer, et que vous m'accordiez le prix dû à mon dévouement... à ma flamme.

Monsieur Célestin s'empare d'une main que la jolie femme laissait
flotter sur les plis de sa robe de chambre, il veut la porter à ses lèvres;
mais madame Baldimer la retire brusquement en lui disant d'un ton
assez sec:

— Monsieur, finissez, je vous prie!... nous n'en sommes pas encore
à ce que je vous récompense... et je ne suis pas femme à payer d'a-
vance!

— Il me semble cependant que je fais tout ce dont nous étions convenus. Quand je vous vis, il y a quelques mois, dans le monde, j'éprou-
vai comme beaucoup d'autres la puissance de vos charmes; quand je
vous parlai d'amour, vous m'avez dit... tenez, voilà vos propres paroles, oh! je ne les ai point oubliées: — Vous êtes fort lié avec le
jeune Albert Vermoncey, eh bien, tenez-moi au courant de tout ce
que fait ce jeune homme, promettez-moi de me servir dans tout ce que
je réclamerai de vous, et à ce prix je récompenserai votre dévouement.
Est-ce là ce que vous m'avez dit?

— Parfaitement!... oh! il n'y a pas un mot de changé!... En effet,
monsieur, quand je vous ai vu dans le monde, le jeune Albert me faisait déjà la cour... vous vous êtes bien vite mis sur les rangs, c'était
tout naturel, Albert était votre ami, et vous deviez naturellement chercher à le supplanter... C'est une chose qui se fait toujours entre amis...

— Mais, madame...

— Est-ce que ce n'est pas vrai, monsieur?

— Quand l'amour parle plus fort que l'amitié...

— Ah! oui!... charmant!... Mais tenez, ce n'était pas la peine de
m'interrompre pour me dire cela!... Je vous jugeai donc sur-le-champ
et je me dis: Je veux m'amuser aux dépens du jeune Vermoncey, je
veux qu'il soit ma victime, qu'il apprenne que toutes les femmes ne
sont pas trop heureuses de lui céder. Voilà un monsieur qui servira
merveilleusement mes projets; il est l'ami intime d'Albert, et il me
fait la cour parce qu'il voit que son ami est très-amoureux de moi, je
puis donc être certaine qu'il ne demandera pas mieux que de me seconder dans tous les pièges que je voudrai tendre à celui dont je veux
me moquer. Alors, je vous ai fait mes propositions et mes conditions:
vous les avez acceptées... Eh bien! monsieur, il me semble que vous
n'avez aucun reproche à m'adresser.

Célestin, qui a écouté madame Baldimer en se mordant parfois les
lèvres d'un air peu satisfait, se penche sur sa chaise, et se balance
légèrement en arrière, tout en répondant:

— Mais, madame, quel sera le terme de tout ceci?... Quand cesse-
rez-vous de tourmenter ce pauvre Albert... et récompenserez-vous mon
amour?...

— Mon Dieu! monsieur, vous êtes bien curieux... bien pressé!... je
ne puis encore vous répondre.

— C'est que je le suis parfois... Excusez ma franchise, madame...

— Oh! parlez, monsieur, votre franchise m'étonnera, mais ne me
blessera pas.

— Je me dis: en croyant aider madame Baldimer à se moquer d'Albert, est-ce que je ne serais pas moi-même sa dupe? Elle veut connaître les actions de mon rival; s'il a l'air de l'oublier, grâce aux
renseignements que je lui donne, elle est bientôt devant ses yeux, il
la trouve partout où il va, et il ne tarde pas longtemps aux regards
qu'elle attache sur lui. Il me semble qu'une femme amoureuse d'Albert
n'en agirait pas autrement, et il serait fort drôle que madame Baldimer s'amusât à mes dépens, lorsque je crois que c'est d'Albert qu'elle
veut se jouer.

— Ah! vous avez pensé cela, monsieur!... mais, en effet, ce serait assez original , et du reste vous mériteriez bien qu'on se moquât de vous.

— Comment, madame?...

— Mais rassurez-vous, il n'en est rien. Je ne suis point amoureuse de monsieur Albert... Moi, l'aimer... ah ! je le hais au contraire !...

En disant ces derniers mots, la figure de madame Baldimer s'est animée, ses yeux semblent lancer des éclairs.

— Vous le haïssez ! dit Célestin d'un air de doute. Hum !... c'est singulier... ordinairement une femme n'a point de haine pour un homme qui n'a pas été son amant... J'aimerais mieux qu'Albert vous fût indifférent... L'indifférence est plus loin de l'amour que la haine !...

— Soyez toujours persuadé, monsieur, que la passion que ce jeune homme prétend éprouver pour moi ne sera jamais satisfaite. Mais il me convient que cette passion ne s'éteigne pas... qu'elle redouble au contraire... Que ce soit coquetterie, haine, caprice ou tout autre sentiment qui me fasse agir... c'est mon secret, monsieur, je ne veux pas vous en dire davantage. Et maintenant, si vous ne voulez plus servir mes desseins, partez, monsieur, il est inutile que vous restiez davantage.

La belle veuve s'est levée en disant cela, mais Célestin la retient par le bras, et la fait se rasseoir, en s'écriant :

— Mon Dieu !... madame ! que vous êtes vive !... que vous êtes prompte dans vos résolutions !... Calmez-vous de grâce !... rien n'est rompu entre nous, je suis votre esclave comme toujours... Parlez, ordonnez, je suis à vos ordres !... Trop heureux de porter vos chaînes... puisque j'ai l'espérance de voir un jour couronner mon amour.

Madame Baldimer sourit en répondant :

— A la bonne heure, et maintenant répondez-moi : j'ai été dix jours absente, qu'a fait Albert pendant ce temps?

— Il ne faut rien vous cacher...

— Vous savez que ce sont nos conventions.

— Il a revu madame Plays.

— Madame Plays... Ah ! fort bien, je devine pourquoi.

— Cette dame a été sa maîtresse, et quand on retourne chez une ancienne maîtresse, il est en effet facile de deviner pourquoi.

Madame Baldimer jette sur Célestin un regard qui signifie : Vous n'êtes qu'un sot ! mais elle se contente de la pantomime, et reprend :

— Après?

— Il a été plusieurs fois chez vous pour savoir si vous étiez revenue de la campagne.

— Je sais cela, mon portier me l'a dit.

— Il a trouvé votre absence fort longue... d'autant plus que vous n'aviez pas dit positivement où vous alliez.

— Ah ! il aurait voulu le savoir... et vous aussi, n'est-ce pas?... Mais continuez...

— Ma foi, c'est tout.

— Comment point d'autre intrigue... de folies... de parties de jeu ?

— Mais non... depuis quelques jours nous sommes d'une sagesse !

— Point de maris trompés, de rivaux à redouter...

— Rien de tout cela... Il y a bien un peu au sujet d'une grisette fort gentille, et qui est courtisée par un commissionnaire; mais Albert n'a pas voulu en être. Du reste, l'affaire n'est pas aussi facile que je l'avais cru d'abord. Ce matin même, je croyais gagner mon pari... mes mesures étaient fort bien prises... la jeune fille devait donner dans un piège fort adroit que je lui avais tendu... Eh bien, pas du tout !... elle l'a évité !... Ces petites grisettes se permettent quelquefois de vouloir être vertueuses... Nous serions bien à plaindre s'il ne nous restait pas les dames du beau monde...

— Ah ! c'est méchant ce que vous dites là... mais prenez garde, il y a aussi des grandes coquettes qui pourraient bien faire comme les grisettes... il ne faut compter sur rien en ce monde... Revenons à ce que vous disiez : une grisette fort gentille, et un pauvre rival un commissionnaire... Oh ! mais ce serait fort piquant cela !... Les commissionnaires ne sont pas endurants, et ces gens-là ne se laissent pas enlever leurs belles ave la complaisance, la patience de la plupart de nos maris du grand monde. Il faut absolument rendre Albert amoureux de cette grisette. Il faut qu'il devienne amoureux de cette grisette. Si elle est jolie, il me semble que c'est bien facile... et vous qui êtes si adroit, monsieur Célestin, est-ce que vous ne sauriez pas arranger cela ? Oh ! ce serait si amusant !...

Célestin écoutait madame Baldimer, et, en entendant cette dame le prier de faire ses efforts pour rendre Albert amoureux d'une grisette, il ne comprenait rien à ses intentions.

— Eh bien, monsieur... est-ce que vous ne m'entendez pas ? s'écrie la belle Américaine, impatientée du silence que gardait le jeune homme.

— Si, madame, je vous entends fort bien... Mais j'avoue que je ne vous comprends plus !... et mon esprit s'égare, quand je me demande où vous voulez en venir. Vous faites tout ce que vous pouvez pour tourner la tête à Albert... S'il a l'air d'être moins épris de vous, vous redoublez de séduction, de coquetteries pour le ramener à vos pieds; et puis voilà que vous voulez que votre adorateur devienne aussi amoureux d'une jolie grisette... et vous me grondez parce que mon ami n'est pas embarqué dans une foule d'autres intrigues !... Je vous le répète, tout cela est diabolique à comprendre.

Madame Baldimer fronce ses beaux sourcils, en répondant :

— Mais il n'est pas besoin que vous me compreniez, monsieur; il suffit, il me semble, que ce soit mon désir.

— J'en suis bien fâché, madame, mais il ne fallait pas rendre Albert si amoureux de vous... Lui, qui autrefois s'enflammait pour toutes les femmes, est maintenant indifférent pour les plus belles... c'est votre faute.

— Vraiment !... vous croyez qu'il m'aime à ce point?...

— J'en ai peur pour lui.

Madame Baldimer semble réfléchir quelques moments, puis elle se lève, et fait un gracieux sourire à Célestin.

— Adieu, monsieur de Valnoir; notre entretien a été long, je n'ai plus rien à vous demander maintenant.

— Vous verrai-je bientôt?

— Je le pense; au reste, je continuerai de vous écrire dès que j'aurai quelque chose à vous demander. Je n'ai pas besoin de vous dire qu'Albert ne doit pas savoir que vous m'avez vue.

Célestin sourit et s'incline, il a pour prendre la main de la belle Américaine, mais déjà celle-ci a disparu du salon.

— Singulière femme ! se dit Célestin en regardant autour de lui avec surprise. Ma foi, j'en ai beaucoup connu, mais jamais dont le cœur fût aussi difficile à déchiffrer que le sien. N'importe , elle est fort belle !... fort élégante !... fort à la mode, et ce sera délicieux de souffler cette conquête à mon cher ami Albert.

Célestin a quitté la demeure de la belle veuve. Sur le boulevard il rencontre Mouillot, qui accourt à lui en criant :

— Victoire !... il est à nous ! nous le tenons, ou du moins nous le tiendrons ce soir.

— Qui donc?

— Eh ! parbleu ! le petit Tobie, l'homme au fétiche.

— Ah, bah ! qui donc l'a trouvé?

— Bastringuette, apparemment, car elle vient de dire à un garçon de Tortoni, qui me l'a redit à l'instant : Ce soir le jeune homme qu'on cherche sera dans le Pâté des Italiens.

— Oh ! c'est délicieux, et ces messieurs savent-ils cela?

— Non, puisque je l'apprends à l'instant. Mais je me charge de le dire à Balivan; toi, va l'apprendre à Albert. Ce soir rendez-vous général ici à huit heures et demie. C'est à neuf heures que Tobie doit se trouver sur la place des Italiens. Il faut nous réunir avant.

— Très-bien ! on y sera.

Bastringuette avait en effet rencontré Tobie la veille assez tard dans une rue écartée; il faisait sombre et monsieur Pigeonnier marchait très-vite. Mais la marchande de violette avait des yeux qui auraient défié ceux d'un aigle, et elle avait reconnu celui qu'on l'avait chargée de chercher.

Depuis la partie de bouillotte dans l'atelier de Balivan, le petit Tobie, qui s'en était allé avec quatre cent cinquante francs dans la poche, n'avait pas été heureux dans ses spéculations; il s'était flatté avec ses fonds de faire quelque bonne affaire, quelque achat avantageux, et de pouvoir bien vite aller retirer son olive; au lieu de cela un créancier qui avait eu l'art de le trouver à son domicile, en passant la nuit devant sa porte, l'avait forcé, en employant des raisons fort brutales, à lui payer un billet de trois cent quatre-vingts francs échu depuis longtemps.

Tobie ne se trouvait donc pas dans la possibilité de retirer son fétiche, c'est pourquoi il ne passait plus sur les boulevards, évitait tous les endroits où il aurait pu rencontrer des témoins de sa dette avec monsieur Varinet, et s'enfuyait dès qu'il apercevait une connaissance; car il lui aurait fallu avouer qu'il n'avait pas de quoi retirer son olive, ce qui eût extrêmement humilié son amour-propre. En gagnant du temps, il espérait parvenir à attendrir sa tante, madame Abraham, ou du moins faire quelque bonne affaire dont le courtage le mettrait à même de payer monsieur Varinet. Dans presque toutes les circonstances épineuses on se figure que l'on est sauvé dès que l'on est parvenu à gagner du temps; on est heureux lorsqu'on en a beaucoup à dépenser et l'on ne réfléchit pas que le temps, c'est la vie, la seule valeur réelle de ce monde; que l'on peut reconquérir la fortune, les honneurs, les faveurs d'une belle ! mais qu'un jour perdu ne se retrouve jamais.

En entendant courir derrière lui, dans la rue, le petit Tobie a éprouvé une vive frayeur, cependant il se rassure lorsqu'il entend une voix de femme lui crier :

— Mais arrêtez donc, monsieur, pisqu'on vous dit qu'on veut vous parler !... fichtre, si c'est comme ça que vous faites courir les femmes, elles ont de l'agrément avec vous.

Tobie s'est arrêté, il examine Bastringuette et lui dit :

— Qu'est-ce que vous me voulez?

— Moi, rien, mon petit chéri, vous êtes trop mignard pour moi... J'aime pas les hommes qui ont les joues roses.

— Ah ! je crois vous reconnaître, vous êtes la marchande de violette?

— Quand il y en a, mon petit chou.

— Si c'est pour m'offrir des fleurs que vous courez après moi, vous auriez bien pu vous éviter cette peine.

— Non, ce n'est pas pour cela; c'est une commission dont on m'a chargée.

— Qui cela?

— Une dame... une très-jolie dame même.

— Une dame... son nom?

— Elle ne me l'a pas dit, et vous pensez bien que je ne le lui ai pas demandé; mais elle vous a dépeint à moi de manière à ce que je ne puisse pas me tromper. Elle a quelque chose à vous dire, elle sera demain à neuf heures du soir sur la place des Italiens, dans le Pâté.

— Demain soir! dans le Pâté.

Tobie réfléchit quelque temps; il cherche quelle peut être cette dame qui désire le voir, et il pense à madame Plays qui l'a quitté si brusquement aux Champs-Élysées et qui maintenant connait peut-être toute la conduite d'Albert, et veut se venger avec lui de l'inconstance de son amant, et le dédommager du mouvement de vivacité auquel elle s'est livrée en le quittant.

— Si Albert lui a écrit des bêtises, se dit Tobie, elle aura su que je n'y étais pour rien, elle se repent de m'avoir si maltraité, et elle veut maintenant me traiter mieux. Cela m'étonne d'autant moins que l'autre soir... dans le petit cabinet, pendant que je lui faisais la cour, elle semblait fort attendrie... l'affaire allait fort bien, et si elle n'avait pas eu l'idée de lire cette maudite lettre, certainement je triomphais.

Tobie se rapproche de Bastringuette et lui dit :

— Comment est cette dame qui vous a chargée de cette commission?

— Mais dame!... c'est une très-belle femme!

— Un peu forte, n'est-ce pas?

— Oui, Monsieur, elle est grassouillette... mais ça lui va bien.

— Des cheveux châtain clair?

— Très-clairs..., presque une blonde.

— C'est cela. La voix un peu mâle?

— Oh! une superbe voix, quand elle parle on dirait un mirliton. Elle doit bien chanter cette dame-là.

— Plus de doute!... c'est elle!

— Vous savez qui?

— Je le crois, après cela j'en connais tant!

— Mais vous irez au rendez-vous, n'est-ce pas, monsieur?

— Oh! assurément.

— Tant mieux; car il parait que cette dame grille d'envie de vous voir... elle a dit : Si j'avais su son adresse, je lui aurais écrit; mais je ne sais pas où il demeure.

— En effet, elle ne me connait pas, et fort peu de personnes auraient pu la lui dire, je ne prodigue pas mon adresse.

— Bonsoir, monsieur; v'là ma commission faite, je vais me coucher... n'oubliez pas votre rendez-vous... dans le Pâté.

— Sois tranquille.

Bastringuette s'était éloignée, et Tobie en avait fait autant, en se disant :

— Il parait qu'elle est payée. J'aime autant cela... j'aime mieux cela, et il s'éloigna en faisant déjà les plus beaux châteaux en Espagne, sur sa liaison avec la tendre Plays.

Célestin se rend chez Albert dans le milieu de la journée; il le trouve en contemplation devant un magnifique cachemire qui est étalé sur un divan.

— Que diable fais-tu là? dit monsieur de Valnoir à son ami.

— Tu le vois, j'admire ce châle... est-ce qu'il n'est pas ravissant?

— Il est superbe, en effet, mais il me semble l'avoir déjà vu sur quelqu'un.

— Tu as vu le pareil à madame Plays.

— Ah! c'est cela... et quel luxe de celui-ci, toi? Est-ce que tu donnes des cachemires à tes maitresses?

— Pourquoi pas... tu me voyais ce châle sur les épaules de la belle Américaine... penserais-tu qu'elle se moque toujours de mon amour?

Célestin se pince la bouche, puis répond :

— Oh! non... je serais forcé de croire que tu es un heureux mortel au contraire... Mais ce cachemire doit coûter cher!...

— Cinq mille francs!

— Peste!... c'est un cadeau de prince... mais je ne crois pas qu'on l'acceptera.

— Et moi, j'en suis sûr du contraire!

— Est-ce que madame Baldimer est de retour de sa campagne?

— Oui, depuis hier au soir... et tiens, vois-tu ce petit billet...

— Rien qu'au parfum je devine qu'il est d'une femme...

— Je viens de le recevoir à l'instant... c'est de la belle veuve... elle m'attend ce soir à dix heures.

— A dix heures... elle donne son rendez-vous un peu tard.

— Tant mieux; en prolongeant l'entretien, je tâcherai de ne m'en aller que le lendemain.

Célestin se retourne pour cacher une nouvelle grimace, dont il n'a pas été maitre, puis il répond d'un ton très-gai :

— En attendant ton voyage d'amour, veux-tu être des nôtres ce soir, un peu avant neuf heures? Il s'agit de pincer le sieur Pigeonnier... qui croit qu'une dame l'attend ce soir place des Italiens.

— Oh! certainement j'en suis!... Ce pauvre Tobie, il faudra nous amuser un peu à ses dépens... mais ensuite, s'il ne peut pas payer, je lui prêterai cinq cents francs pour qu'il s'acquitte avec monsieur Varinet.

— Diable! tu es bien bon enfant... Tu es donc en fonds?

— Mon père est si bon!... il me donne sans que je lui demande!

— Eh, parbleu! il n'a plus que toi, il est juste qu'il satisfasse tes désirs.

— Oh! j'ai trop dépensé d'argent depuis quelque temps... je veux devenir sage!

— C'est pour cela que tu achètes un cachemire de cinq mille francs.

— Ce sera ma dernière folie.

— Et tu veux prêter cinq cents francs à Tobie?

— Je suis si content... je voudrais pouvoir obliger tous mes amis!...

— Si j'avais deviné cela! se dit lui-même Célestin, j'aurais inventé une histoire pour qu'il eût aussi envie de m'obliger.

Puis il reprend tout haut :

— Dinons-nous ensemble, aujourd'hui?

— Ce n'est pas possible. J'ai promis à mon père de diner avec lui... Depuis quelque temps cela est si rare qu'il regarde cela comme une faveur. Et il me semble trop bon pour moi, pour que je ne cherche pas aussi à lui être agréable.

— Tu deviens un modèle de piété filiale!...

— Célestin! s'écrie Albert d'un ton fort sec, je te permets de plaisanter, de blaguer même sur tout ce que tu voudras, excepté sur l'attachement que j'ai pour mon père, c'est un sentiment que l'on doit respecter. Et il me semble que ce serait fort malheureux si dans ce monde il n'y avait plus rien à respecter.

— Eh! mon Dieu! ne te fâche pas!... je n'ai pas eu l'intention que tu crois. A ce soir, nous t'attendrons à l'endroit ordinaire.

Il n'était pas encore neuf heures, mais il faisait nuit depuis assez longtemps, lorsque les jeunes gens qui s'étaient donné rendez-vous sortirent du café de Tortoni pour se diriger sur la place des Italiens. Ils allaient se mettre en marche, lorsque Mouillot s'écrie :

— Un moment, messieurs! nous allions oublier quelque chose. Tenez, prenez ceci.

Et Mouillot donnait une olive à chacun de ses amis.

— Une olive...

— Et pourquoi faire?

— Comment! vous ne devinez pas? Nous allons nous mettre en observation, chacun à un des coins de la place; dès que nous apercevrons Tobie nous marcherons sur lui, et chacun de nous lui présentera son olive en lui demandant cinq cents francs.

— Oh! très bien!... parfait!

— Ce pauvre Tobie... Il y aura de quoi le dégoûter des olives, et lorsqu'il dînera en ville je parie bien qu'il n'en fourrera plus dans ses poches.

Ces messieurs se mettent en route et sont bientôt sur la place des Italiens. Là, ils se séparent, pour former les quatre coins, en se disant :

— Dès que nous apercevrons Tobie, laissons-le arriver au milieu de la place, puis marchons sur lui en même temps, afin que de tous les côtés on lui présente une olive en lui demandant cinq cents francs.

Chacun est à son poste. Cinq minutes s'écoulent Tobie ne parait pas. Cinq minutes s'écoulent encore. Les jeunes gens toussaient de temps à autre avec force, comme pour se dire l'un à l'autre qu'ils étaient toujours là.

Pour se désennuyer, Albert pensait à madame Baldimer chez laquelle il allait bientôt se rendre; il se faisait une fête du plaisir qu'il lui causerait en lui offrant ce châle, objet de ses désirs, et il espérait que sa galanterie serait tendrement récompensée.

Célestin pensait aussi à ses relations avec la belle veuve, puis il se disait par moments :

— Tobie ne viendra pas! Il aura quelques soupçons, quelques craintes.... Nous en serons pour nos olives.

Mouillot tapait des pieds avec impatience en murmurant :

— Ça devient très-embêtant... Je crois que le temps va se gâter avec cela... c'est nous qui tenons les dindons!... Sacrebleu! Messieurs!... Eh là-bas! hum!... est-ce que ça vous amuse?... moi, je commence à en avoir assez!

Balivan était fort préoccupé d'un grand portrait de femme qu'il allait commencer et se demandait, s'il la ferait sur un fond sombre ou un fond clair, dans un salon ou dans un jardin.

Plusieurs minutes s'écoulent encore. Une pluie très-fine commence à tomber. Albert, Célestin et Mouillot vont déserter leurs postes, lorsque les cris, au voleur! à la garde!... au secours... retentissent au milieu de la place :

Les trois jeunes gens courent vers l'endroit d'où partent ces cris : Ils aperçoivent Balivan tenant par le bras un petit monsieur et lui disant :

— Oh! tu as beau crier!... il me faut cinq cents francs pour cette olive!

— Eh! malheureux, que fais-tu, s'écrie Mouillot, veux-tu bien lâcher monsieur... ce n'est pas Tobie!...

L'individu que Balivan avait saisi était un honnête bourgeois qui rôdait devant le théâtre de l'Opéra-Comique, avec l'intention d'acheter une contremarque pour voir une dernière pièce.

Balivan se confond en excuses. Mais l'individu, qui a eu une peur horrible, continue à crier au voleur. Les soldats de garde au théâtre, accourent avec plusieurs sergents de ville, et des curieux viennent de tous côtés. On entoure les jeunes gens, tandis que le monsieur arrêté par Balivan les désigne aux soldats en disant d'une voix éteinte par la frayeur :

— Saisissez ces quatre hommes... Ce sont quatre voleurs... ils ont voulu me prendre cinq cents francs... et je n'avais que quarante sous sur moi !... Celui-ci m'a menacé.... il voulait m'assassiner avec une olive... arrêtez-les.

Les quatre jeunes gens veulent faire comprendre aux soldats que tout cela n'est que le résultat d'une plaisanterie. Mais les sergents de ville les font emmener, en leur disant :

— Vous vous expliquerez au poste.

— Gredin de Toble, se dit Mouillot en suivant les soldats. Nous en voyons de cruelles avec ses olives !

— Et mon rendez-vous ! se disait Albert. Ah ! pourvu qu'ils ne nous gardent pas longtemps !

— Tout cela est la faute de Balivan ! dit Célestin. Avec ses distractions il était impossible qu'il ne fît pas quelque bévue !

Quant au jeune peintre, il marchait au milieu de la foule, en se disant :

— Décidément, je la ferai sur un fond de campagne.

XXI. — LA BROUILLE ET LE RACCOMMODEMENT.

Le lendemain du jour où Élina s'était informée de Paul à ses camarades les commissionnaires, celui-ci était revenu à sa place ayant sa veste, sa casquette et ses crochets ; seulement, on pouvait remarquer que sa figure était plus pâle, ses traits plus fatigués qu'avant l'absence qu'il venait de faire.

Le jeune commissionnaire a été s'asseoir à son endroit habituel, adressant un salut de la tête à Sanscravate et à Jean Ficelle, qui sont à leur place. Le premier se détourne brusquement en apercevant Paul, et ferme ses poings d'un air irrité ; mais Jean Ficelle, au contraire, prend sa mine goguenarde et s'approche de Paul.

— Tiens !... tiens !... v'là l'enfant prodigue revenu ! Eh ! mais oui, c'est bien lui !... Comment, Paul, tu viens te rasseoir près de nous au coin de la rue ? tu te fais donc commissionnaire !

— Je n'ai jamais cessé de l'être, répond Paul en portant ses yeux sur la maison où travaille Élina.

— En v'là une bonne !... Et quand nous t'avons rencontré mis en monsieur calé !... je ne pense pas que tu en faisais des commissions alors... Tu faisais la noce, voilà... et il paraît qu'elle a duré longtemps !... Dix jours de ribotte !... merci !... c'est sans comparaison comme un carnaval complet !

— Tu te trompes, je n'ai point fait de ribotte ; tu sais bien, d'ailleurs, que ce n'est pas dans mes habitudes.

— Oui, avec nous, mais il paraît qu'avec tes maîtresses tu laisses le seigneur. Ah ! je conçois, quand on régale sa belle pendant dix jours, qu'on ne veuille pas ensuite payer un canon aux amis !... Et puis, tu en as tant, de belles !... Eh !... eh ! t'es un *Don Jean*, comme ils disent dans les musiques !... Mais faut prendre garde qu'on ne t'en vole aussi, à toi... Dame !... ça arrive à tout le monde, ces choses-là...

Paul hausse les épaules et ne répond plus rien à Jean Ficelle ; mais il va à Sanscravate dès qu'il lui tourne toujours le dos ; il lui frappe légèrement sur l'épaule, en lui disant :

— Tu es donc toujours fâché contre moi ?... Eh bien, tu as tort, Sanscravate ; oui, tu as tort, car je n'ai rien fait pour cela... Car je t'aime toujours, moi, malgré ta brusquerie ta mauvaise tête, parce que je sais que tu as un bon cœur. Je ne t'ai jamais donné de mauvais conseils, moi, et il me semble que je méritais ta confiance... et tu préfères écouter ceux qui t'entraînent au cabaret avec des gens comme ce Laboussole.

Sanscravate s'est retourné petit à petit il voulait d'abord chercher querelle à Paul, mais, en l'écoutant, il a senti malgré lui sa colère s'apaiser ; puis, lorsqu'il le regarde, lorsqu'il voit ses yeux si doux et si francs se reposer sur les siens, il n'est pas maître de son émotion, l'amitié qu'il portait au jeune commissionnaire se réveille au fond de son âme.

Paul devine de qui se passe dans le cœur de Sanscravate, il lui tend la main, en lui disant :

— Oh ! je sais bien que tu n'es pas méchant !... Tu ne peux pas croire que je sois l'amant de Bastringuette, puisque tu sais que je suis amoureux de cette jeune couturière qui travaille là... en face... mademoiselle Élina... Et d'ailleurs, sans cela même, est-ce que je penserais jamais à la maîtresse de mon ami ?... On t'a dit du mal de moi, et tu as écouté de mauvais propos, parce que tu n'avais pas un peu bu ; mais à présent, que tu es de sang-froid, tu dois bien voir que tout cela n'avait pas le sens commun... Allons... donne-moi la main... et oublions le passé !...

Sanscravate avance la main pour serrer celle de Paul ; cependant, il s'arrête en s'écriant :

— Eh bien, sacredié ! oui, ça me fait de la peine d'être fâché avec toi... Oui, je t'aimais... et je sens que je voudrais pouvoir t'aimer encore... Mais il n'est pas question de propos qu'on m'aurait tenus sur ton compte ; il s'agit de ce que j'ai vu de mes propres yeux. Tu dis

que tu n'as pas d'accointances avec Bastringuette... que tu ne vas pas avec elle... prouve-le-moi et je redeviens ton ami... C'est pas que j'aime encore Bastringuette et que j'aie envie de me raccommoder avec elle !... oh ! g'nia pas de danger !... mais je veux seulement être sûr que mon ami ne m'a pas trahi... autrement dit fait la queue, voilà.

— Et que veux-tu que je fasse... comment puis-je te prouver cela, si ma parole ne te suffit pas ?

— Oh ! c'est très-facile : ce jour où nous t'avons rencontré, mis comme un monsieur... au coin de la rue Barbette... tu sortais d'une maison, dans la vieille rue du Temple... Bastringuette aussi en est sortie de cette maison, quelques minutes après toi... oh ! je l'ai vue !... Tu prétends que tu n'étais pas avec elle ; c'est possible... quoique ça soit louche! Pour me rendre ça plus clair, tu vas me dire de chez qui tu venais... où tu étais enfin. Il me sera facile d'aller m'assurer si tu me dis la vérité... J'aurai ben vite donné un coup de pied jusque-là... Allons, parle, et si dans tout cela il n'y a aucune manigance avec ma perfide... oh ! alors, je reviens, je t'ouvre mes bras... je te demande pardon, et je t'embrasse à t'étouffer !...

Sanscravate a les yeux humides, on voit que son plus grand désir est de pouvoir encore appeler Paul son ami ; il attend avec anxiété sa réponse. Mais celui-ci baisse la tête, sa figure devient sérieuse, et il laisse retomber la main qu'il tendait à son camarade, en murmurant :

— Je suis fâché de ne pouvoir te satisfaire... mais je ne puis pas te dire ce que tu me demandes... Je te répète que ce n'est pas Bastringuette que j'allais voir dans cette maison ; si elle y est venue, c'est sans doute par hasard... mais à coup sûr elle ne m'y cherchait pas plus que je ne l'y cherchais moi-même.

Jean Ficelle, qui s'était approché doucement et attendait avec curiosité ce que Paul allait répondre, se met alors à siffler l'air du : *Va-t'en voir s'ils viennent, Jean, va-t'en voir s'ils viennent !*

Sanscravate fait un mouvement de colère et reprend :

— Comment ! tu ne peux pas me dire chez qui tu allais... quelle est la personne que tu connais dans cette maison... Il me semble pourtant que c'est ben facile... et quand on ne fait pas de mal, on ne s'entoure pas de tant de mystère.

— Apparemment que j'ai des raisons pour agir ainsi.

— Et tu ne veux pas me les dire tes raisons ?

— Cela ne se peut pas !

Sanscravate frappe du pied avec colère, et jure avec énergie, en s'écriant :

— Eh ben ! alors tout est fini entre nous... je ne te connais plus... tu n'es plus mon ami... tu n'es plus même mon camarade... je te défends de me parler encore... entends-tu ! je te le défends... et si jamais tu passais devant moi avec Bastringuette, ce n'est pas que je l'aime encore au moins... je la méprise ! je la déteste... mais c'est égal, si je te voyais avec elle... prends garde ! je ne serai pas toujours patient, et tu passerais un vilain quart d'heure.

Paul ne répond rien, seulement il va prendre ses crochets, et au lieu de les laisser près de ses deux camarades, il va les porter à cinquante pas plus loin, du côté de la maison où travaille Élina ; et c'est là qu'il se place.

Jean Ficelle se rapproche de Sanscravate, qui affecte de regarder du côté du boulevard, et lui dit :

— T'as ben fait de lui donner son paquet, à ce capon-là !... comme il est reste sot quand tu lui as demandé chez *qui qu'il* allait... il n'a pas pu répondre... Pardi !... j'crois ben... il aurait fallu avouer qu'il était fautif... Tiens, une comparaison : c'est comme si tu me voyais ouvrir ta malle et que tu me dises : Quoique tu cherches là dedans ? et moi que je dise : Je cherche quéque chose que je peux pas dire... et toi que tu me dises : Alors dis-le-moi ; et puis moi, que...

— C'est bon ! en v'là assez !... tu n'en finis jamais avec tes comparaisons, et c'est pas amusant.

— Eh ben ! tiens, je vas te proposer quéque chose de plus agréable. La vue de ton rival t'a mis de mauvaise humeur, c'est tout naturel... moi, si j'avais sous les yeux un quéque z'un qui me détournerait mon adorée, je ne serais pas content que je ne l'aie ben battu ; il est vrai que ce serait difficile, car pour le moment je n'en ai pas, d'adorée. Enfin je disais donc, t'as de l'humeur... mais t'as des sonnettes... C't'e grosse femme qui te devait un déménagement depuis longtemps, et qui est venue te payer ce matin, tu n'y comptais pas, c'est donc comme de l'argent trouvé, et l'argent trouvé il faut le dépenser tout de suite, sans quoi ça porte malheur !... Eh ben! ne travaillons plus aujourd'hui... allons licher quéque chose... Tu sais que je connais les bons endroits... serrons nos crochets... et jouissons de not' jeunesse... ça va-t-il ?

Sanscravate hésite, il murmure :

— Ne plus travailler... aujourd'hui, en pleine semaine... quand tout le monde est à son ouvrage...

— Ah ! ouiche ! tout le monde... à qui ça convient ! je vas encore te faire voir aujourd'hui joliment des gaillards qui se donnent de l'agrément ! D'ailleurs, est-ce qu'on ne peut pas faire un extra !... avoir son idée de flânerie... Il y a des jours où l'on n'est pas maître de ça. Ensuite la journée est déjà avancée.

— Avancée... il n'est que neuf heures et demie du matin.

— Eh ben... tu vois ben que la pratique ne donne pas... il ne vien

— Dites-lui que vous m'avez tué.

— Tué !...

— Vous pouvez d'autant mieux lui dire cela que je vais quitter Paris pour quelques mois. Je veux me distraire, je veux surtout oublier entièrement cette femme qui s'est jouée de ma tendresse... Je partirai ce soir même !

— Allons, c'est convenu, je vous ai tué, vous êtes mort !... Elle saura bien plus tard que ce n'est pas vrai; mais qu'importe? pourvu qu'elle m'ait accordé ses faveurs, elle ne pourra pas me les reprendre... Ces choses-là une fois données, ça ne se reprend pas... Il est vrai que les dames ont beau en donner, elles en ont toujours; c'est bien agréable pour celles qui aiment à faire des générosités.

Le cabriolet est arrivé rue Neuve-Vivienne. Albert se fait descendre devant la maison de madame Baldimer, et dit à Tobie:

— Maintenant, courez vite au commissionnaire... qu'il ne porte pas la lettre à mon père.

— Oui, oui... j'y vais... mais, dites-moi donc, Albert, vous m'aviez promis aussi de me prêter... vous savez... pour retirer mon olive.

— Ah! oui. Eh bien, venez chez moi tantôt, ce soir, je vous donnerai cela.

— Je n'y manquerai pas... Ah! vous me ferez plaisir en ne disant pas à ces messieurs que...

Albert n'écoute plus Tobie, il s'est élancé sur l'escalier, il monte les marches sans reprendre haleine. Il arrive devant la porte de madame Baldimer, il sonne. La domestique paraît.

— Votre maîtresse... où est-elle?... Il faut que je lui parle sur-le-champ... il le faut!

Le ton dont le jeune homme a dit ces paroles, son air agité, la pâleur de son visage, tout cela effraye la bonne qui répond:

— Madame est là, monsieur, et j'irais bien lui dire que c'est vous... mais c'est que... en ce moment... n'ose pas entrer... parce que...

— Parce que... voyons, achevez donc...

— C'est que madame n'est pas seule. Il y a un monsieur avec elle...

— Un monsieur... quel monsieur!... Ce ne peut pas être le comte Dalhborne, je le quitte et il est blessé.

— Non, monsieur, ce n'est pas le comte Dalhborne.

— Eh bien! qui?... parlez, Rosa... tenez... prenez ceci, et ne me cachez rien.

Albert emploie l'argument irrésistible, il tire de son gousset plusieurs pièces d'or, et les met dans la main de la femme de chambre, ce qui achève de délier la langue de celle-ci, qui d'ailleurs a une tendre penchant pour le jeune homme, parce qu'il est fort joli garçon, et que, pour beaucoup de femmes, mais surtout pour les jeunes filles, c'est aussi un argument irrésistible.

— Eh bien! monsieur, répond Rosa en parlant bien bas, madame est là avec ce grand jeune homme... il me semble que c'est un de vos amis, je l'ai rencontré quelquefois vous donnant le bras...

— Comment? serait-ce Célestin?

— C'est cela même, c'est monsieur Célestin.

— Et il vient ici?... madame Baldimer le reçoit?

— Mais oui, assez souvent même...

— Il est son amant...

— Non, non, oh! pour ça vous assure qu'il ne l'est pas... ce n'est pas qu'il n'en ait bien le désir, je crois qu'il fait la cour à madame... mais entre nous, je crois qu'elle le fait aller.

— Il venait la voir!... et je ne l'ai donc pas!...

— Pardi, il s'en serait bien gardé, puisqu'il venait raconter à madame tout ce que vous faisiez... et entre nous je crois que madame ne le recevait que pour ça.

— Le misérable!... il serait possible!... se faire mon espion...

— Et ce matin... tout à l'heure, j'ai entendu... parce que, voyez-vous, sans écouter, quand je suis près de la porte, j'entends très-bien... j'ai l'oreille fine... j'ai donc entendu que monsieur Célestin venait dire à madame que vous vous battiez en duel ce matin avec le comte Dalhborne... qu'il vous guettait hier au soir dans la rue, et qu'il vous a entendu dire... à demain, à dix heures, à la porte Saint-Mandé.

— Ah! c'est trop fort!

Albert s'élance vers le salon sans écouter Rosa qui le supplie de ne point la compromettre, il traverse rapidement deux pièces qui conduisent au boudoir, ouvre brusquement la porte de celle-ci, et se trouve devant madame Baldimer et son intime ami Célestin.

La belle Américaine était à demi couchée sur une causeuse, et écoutait monsieur Célestin qui, placé sur une chaise à quelques pas d'elle, semblait lui parler avec feu.

A l'aspect d'Albert tous les deux demeurent pétrifiés; mais chez Célestin ce n'est que le regret de ses amours surpris chez madame Baldimer, tandis que chez celle-ci il y a presque de la consternation, de la rage en voyant ses espérances évanouies.

— C'est moi, dit Albert en allant se jeter dans un fauteuil, vous ne m'attendiez pas à coup sûr... madame se flattait sans doute que le comte Dalhborne aurait délivrée de ma présence, ainsi qu'elle l'en avait prié hier au soir, après m'en avoir dit, tout bas, autant de lui.

La belle Américaine devient d'une pâleur effrayante, monsieur Célestin se lève et prend son chapeau, en disant:

— Ma foi, mon cher ami, j'avais en effet appris que tu te battais en duel ce matin, j'étais venu l'apprendre à madame, parce que sachant qu'elle te porte... le plus tendre intérêt, je pensais... que... qu'elle pourrait peut-être empêcher ce combat...

— Dites donc aussi parce que votre habitude était de venir rendre compte à madame de mes moindres actions, et qu'abusant de la confiance que j'avais en vous, vous trahissiez l'amitié dans l'espoir que cela servirait votre amour.

Monsieur Célestin se pince les lèvres, et perd un peu de son assurance, il balbutie:

— Oh! par exemple... voilà de ces idées !... On m'a calomnié... Je ne suis pas capable... Mais vous avez sans doute à causer tous deux... Je ne veux point gêner votre tête-à-tête... Au revoir, Albert; madame, je vous présente mes hommages.

Et monsieur Célestin est parti sans que les deux personnages auxquels il s'adresse aient eu l'air de s'apercevoir de son départ.

Madame Baldimer a les yeux baissés vers la terre, et paraît absorbée dans l'émotion que vient de lui causer l'arrivée imprévue d'Albert. Celui-ci regarde attentivement cette femme dont la beauté avait enflammé son cœur, et il cherche à trouver dans l'expression de son visage quelque chose qui indique la fausseté de son âme.

Après un examen assez long des traits de cette dame, examen qui ne produit aucune découverte, si ce n'est qu'une figure parfaitement régulière laisse beaucoup moins de prise qu'une autre aux observations du moraliste, Albert a porté aussi ses regards ailleurs, et le hasard les a fait tomber sur les pieds de madame Baldimer qui, dans ce moment, ne pense pas, comme c'est son habitude, à les tenir cachés par sa robe.

Nous avons déjà dit que le pied était le côté défectueux de la belle Américaine, et qu'ainsi que le paon, son orgueil venait échouer devant cette partie de sa personne, que pour cette raison elle ne laissait presque jamais apercevoir.

En voyant ce pied large et plat qui jure si fort avec la taille élégante de cette dame, Albert demeure tout surpris, et plus il regarde ce pied, plus il éprouve quelque chose qui ressemble à du contentement, à du bien-être. Il lui semble que son cœur se soulage; sa colère se dissipe, et il se met enfin à partir d'un éclat de rire en disant:

— Ah! mon Dieu! mais j'étais fou!... Ah!... si je l'avais vu plus tôt!

Madame Baldimer relève la tête en entendant rire Albert, et elle s'aperçoit que ses regards considèrent attentivement ses pieds. Une vive rougeur colore son visage; elle repousse vivement sa robe pour cacher jusqu'à sa chaussure; mais il était trop tard, l'effet était produit. Albert se lève et salue la belle veuve, en lui disant d'un ton railleur:

— Ma foi, madame, et si je les avais vus plus tôt, je vous assure que je ne me serais pas battu pour vous!

Les yeux de madame Baldimer s'allument d'une expression de fureur difficile à décrire. Après avoir dit ces mots, qui étaient la vengeance la plus cruelle qu'il pût tirer d'une femme coquette, Albert est sorti vivement; il se hâte de regagner sa demeure.

En l'apercevant, le concierge de la maison pousse un cri, puis un domestique de son père, qui était dans la cour, pousse un autre cri de joie.

— Eh bien, qu'avez-vous donc? demande Albert, pourquoi ma présence produit-elle sur vous tant d'effet?

— Ah! monsieur, vous voilà! quel bonheur!

— Monsieur, c'est que nous avions bien peur que vous ne fussiez mort..

— Qu'on ne vous eût tué en duel...

— Ah! comme monsieur votre père sera heureux en vous voyant... il était si inquiet... si désolé quand il est parti!

— Et comment mon père sait-il que j'ai eu un duel ce matin... qui a pu le lui apprendre?

— Un commissionnaire, qui est venu avec une lettre... et nous avons bien entendu qu'en descendant l'escalier, monsieur Vermoncey disait: Pourvu que j'arrive à temps pour empêcher ce duel, et qu'il ne soit rien arrivé à mon fils!

Albert est désolé que son père ait appris cette affaire; car il connaît toute sa tendresse pour lui, et il devine quelle doit être son inquiétude en ce moment, mais il ne comprend pas pourquoi le commissionnaire lui a apporté sa lettre, puisque Tobie a dû arriver bien assez à temps pour lui donner contre-ordre.

— Et où est-il allé me chercher? s'écrie Albert. Ma lettre ne parlait pas de l'endroit où je devais me battre, le commissionnaire l'ignorait aussi.

Le portier et le domestique n'en savent pas plus, ils ne peuvent que répéter ce qu'ils savent: Que monsieur Vermoncey était bien inquiet, bien agité; qu'il parlait tout haut en descendant l'escalier; qu'arrivé dans la rue, il s'est arrêté; qu'après avoir parlé quelques instants avec le commissionnaire, il a envoyé celui-ci chercher un cabriolet de la régie; puis que le cabriolet est arrivé, tous deux sont montés dedans et la voiture s'est éloignée extrêmement vite.

On ne sait à quel parti s'arrêter pour tâcher de rejoindre son père; car tandis qu'il le cherchera d'un côté, il est à craindre que monsieur Vermoncey ne soit dans un endroit tout opposé; cependant ne pouvant tenir en place lorsqu'il pense à la peine qu'il cause à son dra pas de commissions aujourd'hui, d'ailleurs nous sommes dans la morte saison !... on ne fait rien du tout.

— C'est pas en ribottant que j'amasserai de l'argent... pour envoyer une dot à Liline, ma sœur.

— Tu m'as dit que ta sœur était jolie ; or, quand les filles sont jolies, elles n'ont pas besoin de dot !... et puis d'ailleurs, est-ce qu'il n'y a pas une dame de Clermont qui lui veut du bien, qui l'a prise avec elle, qui lui fait donner de l'éducation ?

— Oui !.. mais...

— Eh ben, cette dame-là mariera ta sœur, c'est tout clair, et t'as pas besoin de t'en inquiéter,

— Ah ! ma pauvre Liline... c'est que je l'aime bien !... elle est si gentille, si douce, ma sœur... aussi douce que je suis brutal , moi !... Je veux aller au pays au printemps prochain, revoir ma sœur , mon père, et peut-être bien que je resterai avec eux, car à présent je n'ai plus rien qui me retienne à Paris.

Sanscravate soupire profondément en disant cela , et ses yeux se portent sur les boulevards comme s'il y cherchait quelqu'un.

— Eh ben, oui, tu iras à ton pays au printemps prochain, et je te ferai la conduite, si tu veux, même je t'attendrai à la barrière ; mais pour l'instant, si tu ne te donnes pas un peu de plaisir, tu deviendras sec et jaune comme du parchemin ; tu es déjà changé... tu n'as plus tes belles couleurs...

— Oh ! ça m'est bien égal à présent !... je ne veux plus plaire à personne !...

— On ne sait pas ! on ne sait pas ! faut jamais se laisser aller ! l'homme doit toujours être beau , vu qu'il est fait pour séduire, je ne connais que ça. Tiens, une comparaison : c'est comme un cheval qu'on n'étrillerait jamais... son poil ne serait pas luisant !...

Sanscravate tape sur son gousset en disant :

— Il est certain que voilà douze francs qui sont arrivés là , et sur lesquels je ne comptais plus du tout.

— Il faut les tortiller ! tu as douze francs, moi , j'ai quinze sous, nous mettons tout ça ensemble et nous noçons à mort ! Ça y est-il ?

Sanscravate ne sait ce qu'il veut répondre, mais en se retournant il aperçoit Paul qui a les yeux fixés sur lui, alors il se lève brusquement et repousse du pied ses crochets, en s'écriant :

— Oui ! oui !... allons nous amuser... au diable le travail !... tu as raison... et pendant ce temps-là, au moins, je ne verrai plus des gens que je déteste. Partons, Jean Ficelle !... et plus de travail tant que nous aurons de l'argent !

— Bravo !... voilà qui est parlé... il me semble que j'entends le grand Salomon !

En un instant Jean Ficelle a rangé les crochets dans l'endroit où ils les déposent habituellement , puis les deux commissionnaires s'éloignent bras-dessus, bras dessous ; Sanscravate sans regarder Paul, et Jean Ficelle, au contraire, en affectant de jeter des regards moqueurs sur leur jeune camarade.

— Pauvre Sanscravate, se dit Paul en voyant les deux commissionnaires abandonner leur place et leur ouvrage , il se laisse emmener par Jean Ficelle... qui finira peut-être par en faire un mauvais sujet comme lui !

Mais le jeune homme détourne bientôt ses regards pour examiner la porte cochère qui est près de lui ; il est tout attristé de ne pas voir sortir Elina, et se demande ce que doit penser de lui la petite ouvrière qui ne l'a pas aperçu à sa place depuis onze jours.

XXII. — SUITE DU PRÉCÉDENT.

Pendant tout le courant de la journée, Paul a presque toujours les yeux fixés sur la porte de la maison dans laquelle travaille Elina ; s'il s'éloigne pour faire quelque commission, en revenant il y regarde encore, et il espère que celle qu'il aime sortira ; mais la jeune fille ne paraît pas.

Enfin la nuit est venue, puis l'heure où les ouvrières quittent leur ouvrage, à moins que l'on ne veille pour un travail extraordinaire, et Paul est bien déterminé à ne pas s'éloigner sans avoir revu Elina, quand bien même il lui faudrait passer toute la soirée dans la rue.

Mais à neuf heures moins quelques minutes, Elina sort enfin, et quoiqu'il fasse sombre, elle a déjà regardé à la place ordinaire de Paul ; ne l'y voyant pas elle presse sa marche pour retourner chez sa tante, lorsqu'une voix bien connue se fait entendre derrière elle :

— Comme vous allez vite, mademoiselle...

— Ah !... c'est vous, monsieur Paul... vous m'avez presque fait peur... c'est que... je ne suis plus habituée à vous voir... et je ne croyais pas que vous étiez là.

— J'y suis depuis ce matin... j'espérais que vous sortiriez un moment..... mais il a fallu attendre jusqu'au soir... Ah ! cette journée m'a semblé bien longue...

— Vraiment, monsieur... mais moi... depuis onze jours, je croyais aussi vous voir à votre place. Chaque matin... chaque soir... j'arrivais de bien bonne heure afin d'avoir le temps de causer un peu avec vous.... mais il.... monsieur n'y était jamais... j'avais même la

sottise de demander à sortir dans la journée... croyant que vous seriez là... mais j'en étais pour mes courses... Oh ! certainement j'étais bien sotte de penser à... quelqu'un qui ne songeait guère à moi... Quand on pense aux personnes on n'est pas onze jours sans donner de ses nouvelles.

Elina a débité tout cela très-vite, et comme quelqu'un qui ne veut pas laisser refroidir sa colère. Paul l'écoute, en marchant toujours à côté d'elle, il lui répond enfin avec cet accent qui part de l'âme :

— Elina... est-ce que vous pouvez croire que je ne vous aime plus ?

La jeune fille ralentit sa marche, et sa voix annonce déjà moins de colère, en répondant :

— Oui, monsieur, je le crois... j'en suis bien sûre... depuis onze jours ne pas être venu... ne pas avoir trouvé le moyen d'être là, pour me dire au moins un petit mot... oh ! c'est bien vilain.

— Mais croyez-vous donc, mademoiselle, que ce temps ne m'a pas semblé bien long à moi ! que je n'ai pas été malheureux d'être privé du bonheur de vous voir... de vous entendre... Vous, que j'aime tant ? vous... qui êtes ma pensée de tous les instants !

Elina s'arrête tout à fait, et il n'y a plus du tout de colère dans sa voix.

— Eh bien ! monsieur... si cela était vrai... alors pourquoi cette absence ! qu'êtes-vous donc devenu depuis onze jours... ah ! il me semble que c'étaient des mois !

— Croyez qu'il a fallu une circonstance bien forte pour me retenir loin de vous...

— Une circonstance... ce n'est pas répondre ça. Voyons, où étiez-vous... que faisiez-vous ?... On m'a dit que vous étiez un personnage mystérieux, que vous aviez plusieurs états... est-ce vrai ?... Non, vous me l'auriez dit. On m'a assuré aussi que vous aviez enlevé à votre camarade Sanscravate, sa... sa maîtresse.

— Oh ! vous n'avez pas cru cela non plus, n'est-ce pas, mademoiselle ? moi, enlever une maîtresse à un camarade... à un ami... car j'aime Sanscravate, quoiqu'il ait la réputation d'être mauvaise tête, querelleur... Il lui ai vu donner tout ce qu'il possédait... tout le produit de son travail d'une journée, à une pauvre mère qui passait chargée de deux enfants, et n'avait que des haillons pour se couvrir ! Et l'homme qui fait cela ne peut pas être un mauvais sujet !... Moi !... lui enlever sa maîtresse... est-ce que c'est possible !...

— Ah ! voilà aussi ce que j'ai répondu quand on m'a dit cela : Est-ce que c'est possible ! mais ils ont eu l'air de se moquer de moi parce que je ne voulais pas le croire.

— Qui cela ?

— Vos camarades.

— Vous leur avez donc parlé ?

— Mon Dieu, oui... je ne l'aurais pas dû... mais je ne pouvais plus y tenir... ne vous voyant plus, je me disais : Il faut qu'il lui soit arrivé quelque malheur, ou bien qu'il soit malade... Ah ! j'avais un gros chagrin.

— Cette fois, ce n'est plus de la colère, mais ce sont des larmes qui altèrent la voix de la jeune fille, et Paul, qui est tout près d'elle, lui prend la main, et la serre tendrement dans les siennes, en disant :

— Que je suis content... vous m'aimez toujours... Ah ! ce moment me fait oublier tous mes ennuis... Et oser dire que j'en aime une autre que vous... Elina, vous ne le croyez pas ! vous ne le croirez jamais... moi, un pauvre commissionnaire ! ne suis-je pas déjà assez heureux d'être distingué par vous ! que pourrais-je donc espérer de plus ?

— Eh bien ! oui... je crois que vous m'aimez... ah ! je ne veux plus être fâchée, cela fait trop de mal d'être fâchée avec ce qu'on aime... Voyons... je veux bien vous regarder maintenant... Oh ! mais vous me semblez pâli... changé depuis que je ne vous ai vu, vous avez donc été malade ?

— Non, mais la contrariété que j'éprouvais...

— Vous ne m'avez toujours pas dit ce que vous avez fait depuis onze jours ?

— J'étais... près d'une personne, près d'un ami qui était très-malade... il n'avait que moi pour le soigner, je ne pouvais pas le quitter.

— Oh ! alors je ne vous en veux plus. Mais vous ne m'aviez pas encore parlé de cet ami-là !

— C'est que... je le vois rarement... et seulement lorsqu'il a besoin de moi.

— Vous ne me mentez pas ?... vous n'avez enlevé de maîtresse à personne ?...

— Je n'ai pensé qu'à vous.

— Allons, me voilà redevenue heureuse... Ah ! j'avais tant de choses à vous dire... et puis quand on est ensemble... on ne pense plus... c'est-à-dire on pense trop... enfin je ne sais pas comment cela se fait, mais j'oublie tout le reste !

— Chère Elina !

— Ah ! attendez... je me rappelle... D'abord, il y a un monsieur... un jeune homme... vous rappelez-vous un de ceux qui sont venus se moquer de nous quand nous étions dans la soupente ?

— Oh ! oui, je m'en souviens, mais lequel ?

— Ah !... c'est un grand... pas beau... l'air hardi, insolent.

— Je vois qui vous voulez dire... ce doit être monsieur Célestin.

— Eh bien, j'ai remarqué que plusieurs fois il me suivait quand je sortais le soir de chez madame Dumanchon, pour retourner chez nous... Il marchait tout près de moi, puis il me parlait, me disait un tas de choses, de bêtises, je ne sais quoi, car je ne l'écoutais pas, je ne lui répondais jamais, et pour ne pas l'entendre je marchais si vite, oh ! je vous assure qu'il était obligé de courir pour me suivre... et je me disais alors : Si monsieur Paul était là, près de moi, on n'oserait pas me suivre, et je n'aurais pas peur de ce vilain homme.

— Pauvre Elina ! Cet homme aurait-il osé vous insulter ?

— Je ne sais pas s'il m'insultait, je ne l'écoutais pas. Une fois, il a voulu me prendre le bras et me retenir, mais je me suis dégagée si vite en le repoussant, qu'il est resté tout ébahi au milieu de la rue. Enfin il ne me suivait plus, et j'étais bien contente, lorsque ce matin...

— Ce matin...

— Un de vos camarades... pas Sanscravate... l'autre.

— Jean Ficelle ?

— Oui... comme je descendais de chez ma tante, je l'ai trouvé en bas, il m'a dit : Mademoiselle, mon camarade Paul voudrait bien vous parler ; il vous attend chez un petit traiteur ici près, au bout de la rue... je vais vous indiquer l'endroit.

— Le misérable !

— Moi, cela me paraissait drôle ; cependant, comme je m'étais informée de vous, hier, à vos camarades, je crus qu'en effet il vous avait vu, et que vous l'aviez prié de me dire cela. Je suivis ce Jean Ficelle, tout en lui disant : Mais pourquoi monsieur Paul ne vient-il pas lui-même... qui l'en empêche... est-il malade ? A tout cela cet homme se contentait de me répondre d'un air doucereux : Je n'en sais rien, mam'zelle, mais il m'a bien prié de vous dire qu'il avait absolument besoin de vous parler, et moi, je m'acquitte de ma commission. Enfin nous arrivons devant un traiteur, il me dit : C'est là, mon camarade vous attend, entrez sans crainte, demandez Paul, et on vous conduira où il est.

— Oh ! quel infâme que ce Jean Ficelle !... servir les projets d'un homme qui voulait vous outrager. Voilà donc ce qu'il voulait me faire entendre en me disant tout à l'heure qu'on pourrait aussi m'enlever la personne que j'aimais, et moi... j'étais si loin de me douter... je n'avais apporté aucune attention à ses paroles... Mais, ensuite ?

— Eh bien !... j'allais entrer chez le traiteur, lorsque je ne sais quelle réflexion me retint. Ces demoiselles de l'atelier avaient parlé souvent d'endroits où l'on avait voulu les entraîner en se servant d'un prétexte ; il me semble qu'il suffira que je lui fasse dire que je suis là, et il viendra tout de suite. J'attends qu'un garçon vînt à passer, et je lui dis : Veuillez avertir monsieur Paul que je l'attends en bas. Ce garçon se mit à rire en me disant qu'il fallait monter ; mais quand il vit que je persistais à rester dans la rue, il va faire votre commission, et au bout d'un moment je vis arriver ce même jeune homme qui me suivait toujours !... en l'apercevant je poussai un cri,

il voulut me retenir... mais j'étais déjà loin ! remerciant le ciel de n'être pas entrée dans la maison.

Paul a senti la colère enflammer son sang en apprenant que Jean Ficelle sert les projets d'une personne qui ne peut vouloir que perdre Elina. Si en ce moment son camarade était à sa place, il courrait lui demander raison de sa conduite, et se sentirait disposé à lui ôter l'envie de seconder encore les desseins d'un séducteur. Mais Jean Ficelle et Sanscravate n'ont pas reparu depuis le matin, et Paul pour rassurer Elina est obligé de lui promettre qu'il ne cherchera pas querelle à son camarade.

— Tout danger est passé pour moi, dit Élina ; pour gagner de l'argent ce Jean Ficelle aura fait ce qu'on lui avait dit. Certainement ce n'est pas bien de tromper une jeune fille, car il savait que ce n'était pas vous qui me faisiez demander. Mais tous les commissionnaires ne sont pas délicats. Tant pis pour ceux qui ne sont pas honnêtes. Méprisez cet homme, mais ne vous disputez pas avec lui, sans cela, monsieur, je ne vous dirai plus ce qui m'arrivera.

— Eh bien ! je vous obéirai.

— A la bonne heure ; ensuite soyez toujours près de moi le matin, quand je vais à mon ouvrage, le soir, quand je retourne chez ma tante ; soyez mon protecteur, mon ange gardien, de cette manière-là, je n'aurai rien à craindre, et je suis bien sûre qu'on ne voudra plus me faire aller chez un traiteur.

— Être sans cesse près de vous... Ah ! c'est mon vœu le plus cher... mais quelquefois...

— Votre travail... oui, je comprends. Mais tâchez d'être toujours libre le matin et le soir... Est-ce que ce n'est pas assez de travailler toute la journée ?

— Et si on vous faisait prier d'aller dans quelque maison inconnue... n'y consentez jamais !

— Soyez tranquille, je me souviendrai du petit traiteur... Mais si vous aviez pu voir la figure de ce beau monsieur quand il a vu que je lui échappais... Oh ! cela vous aurait fait rire. Mon Dieu ! mais il doit être bien tard... voilà longtemps que nous causons...

— Ah ! il me semble qu'il n'y a qu'un moment !

— Oh ! ce n'est pas que je m'ennuie ! au contraire ; mais ma tante me demandera d'où je viens si tard... Savez-vous l'heure, monsieur Paul ?

— Je n'ai pas de montre, mademoiselle.

— Ni moi non plus... Ah ! nous pouvons regarder en passant... chez l'horloger..... bientôt onze heures.... voyez-vous !... et j'avais encore tant de choses à vous dire !

— Et moi aussi !

— Ce sera pour demain... Me voilà devant ma porte... adieu... à demain.

— A demain.

— Je tâcherai de me rappeler tout ce que j'ai encore à vous dire...

Les deux amants se quittent, regrettant de ne pas avoir le temps de

— Oh ! tu as beau crier !... il me faut cinq cents francs pour cette olive ! — Page 55.

causer davantage. Cela est toujours ainsi tant qu'on s'aime !... car du moment que l'on n'a plus rien à se dire, c'est qu'on a bien moins de plaisir à se voir !

XXIII. — DEUX RIVAUX.

Onze heures du soir venaient de sonner. Madame Baldimer, parée et coiffée avec encore plus de coquetterie qu'à l'ordinaire, était depuis longtemps dans son boudoir ; mais l'impatience, l'inquiétude, le dépit brillaient dans ses yeux. A chaque instant, elle se levait, marchait avec agitation, s'arrêtait pour écouter si l'on ne sonnait pas, puis regardait sa pendule. Pour la troisième fois elle tire le cordon d'une sonnette, et la femme de chambre paraît.

— Rosa... est-ce qu'il n'est venu personne ?

— Mais non, madame.

— C'est inconcevable ! je lui avais donné rendez-vous à dix heures... Il en est onze !... Lui, toujours si empressé !... si exact !... je n'y conçois rien ! Si son amour était heureux, je comprendrais qu'il manquât à un rendez-vous, mais tant qu'un homme n'est pas notre vainqueur il est notre esclave... Est-ce qu'Albert ne serait pas comme les autres ?...

— C'est monsieur Albert Vermoncey que madame attend ce soir ?...

— Eh ! sans doute !

— Et si monsieur le comte Dalhborne venait aussi ?

— Eh bien ! vous le feriez entrer...

— Quand même monsieur Albert serait là ?

— Mais oui... Mon Dieu ! que vous êtes sotte !

La femme de chambre s'éloigne. Madame Baldimer se jette sur un divan, ses yeux sont toujours attachés sur sa pendule, et à mesure que l'aiguille marche, ses traits prennent une expression sérieuse, sombre même ; on dirait qu'avec le temps qui fuit elle voit s'enfuir aussi tous les projets qu'elle avait conçus.

Tout à coup la sonnette se fait entendre. La belle Américaine fait un mouvement presque convulsif en s'écriant : Le voilà ! et ses traits prennent une expression de plaisir et de triomphe.

Presque au même instant la porte s'ouvre. La femme de chambre annonce monsieur Albert Vermoncey, et le jeune homme s'élance joyeusement dans le boudoir, en s'écriant :

— Enfin me voilà !... Ah ! ce n'est pas sans peine, et j'ai bien cru, madame, que ce soir il me serait impossible de jouir du bonheur de vous voir, et de ce doux entretien que je désirais tant !

— Eh ! mon Dieu ! monsieur, que vous est-il donc arrivé ?... Depuis dix heures je vous attends... A peine de retour de la campagne, je m'empresse de vous le faire savoir, j'ai même la bonté de vous dire que je vous attendrai ce soir... Je croyais que vous seriez bien aise de me revoir... Mais au lieu de cela, monsieur ne vient pas... J'ai peut-être eu tort de vous écrire, je vous arrache à vos plaisirs.

— Oh ! ne dites pas cela... Mais veuillez m'entendre !... Figurez-vous une histoire fort drôle... Je sors du corps de garde...

— Du corps de garde ! et qu'aviez-vous fait ?

— Il s'agissait d'une plaisanterie que nous voulions faire à un jeune homme ; moi et trois de mes amis nous l'attendions sur la place des Italiens. Comme il doit cinq cents francs à quelqu'un auquel il a donné pour nantissement une olive (c'est une dette de jeu)... chacun de nous devait dès qu'il paraîtrait courir sur lui en lui demandant cette somme. Mais l'un de nous, fort distrait de sa nature, se trompe et va arrêter un bon bourgeois qui venait là pour acheter une contremarque de l'Opéra-Comique. Le bourgeois a peur, il crie au voleur. Nous accourons, la garde aussi ; bref, on nous emmène tous les quatre au poste du théâtre, et je crois que nous aurions été passer la nuit au violon, si par bonheur un officier de l'état-major, qui est ami de mon père, ne fût venu à passer par là. Il a répondu de nous. On a bien voulu croire alors que nous n'étions pas des voleurs, et on nous a rendu la liberté.

Madame Baldimer rit beaucoup de l'aventure de la place des Italiens. Albert va prendre quelque chose qu'en entrant il a déposé sur un meuble, et il va poser cet objet sur les genoux de la belle veuve, qui est ami de mon disant :

— Tenez, n'est-ce pas cela dont vous aviez envie ?

Madame Baldimer ouvre le papier qui enveloppe un superbe cachemire. Sa figure devient rayonnante, et elle fait un sourire charmant au jeune homme, en murmurant :

— Oh ! mais en vérité, vous êtes d'une galanterie... c'est trop beau... et un cadeau d'un tel prix... je ne puis accepter cela !...

— Vous acceptez bien un magnifique éventail du comte Dalhborne ?

— Il y a loin d'un éventail à ceci... on dira que je vous fais faire des folies...

— Oh ! je serai trop heureux d'en faire, si votre amour en est le prix...

Madame Baldimer ne répond pas, mais elle abandonne à Albert une main que celui-ci couvre de baisers Il veut lui prendre la taille ; elle le repousse doucement, en disant :

— Mais comment avez-vous fait pour savoir que c'était justement ce châle-là dont j'avais envie ?

— Ne m'avez-vous pas dit que c'était le pareil à celui que portait madame Plays à une soirée du comte Dalhborne ?

— Oui, en effet, je me rappelle...

— Eh bien ! je suis allé chez madame Plays, et je lui ai demandé à voir le beau cachemire qu'elle portait ce jour-là.

— Mais je croyais que vous étiez brouillé avec cette dame ?

— J'ai été lui offrir un bouquet, et elle m'a pardonné.

— Rien que pour le bouquet ?...

— Mais oui.

— Hum ! je crois que le châle vous aura coûté quelque chose de plus...

— Vous vous trompez.

— Cette pauvre Herminie !... si elle savait qu'elle n'a dû votre visite qu'au désir que vous aviez de me donner un cachemire pareil à l'un des siens... ah ! ah ! ah !... elle serait furieuse !... Comme les hommes sont traîtres... n'est-ce pas ?

Laboussole.

— On y est bien obligé quelquefois.

— Ah ! ah ! je me fais un plaisir d'aller la voir avec ce cachemire sur moi... elle qui était si fière du sien !... elle sera pétrifiée !...

Madame Baldimer rit toujours. Albert veut ramener la conversation sur un pied plus tendre, et comme ordinairement une femme n'est point sévère quand elle rit, il tâche de profiter de l'accès de gaîté qui vient de prendre à la belle Américaine pour renouveler certaines tentatives qui doivent, à ce qu'il espère, le conduire à une victoire complète ; mais , tout en riant , celle qu'il attaque se défend avec une adresse qui n'annonce pas un cœur disposé à se rendre.

Albert commençait à trouver que madame Baldimer prolongeait un peu trop son tourment, lorsque le bruit de la sonnette se fait entendre de nouveau.

— Qui peut donc vous venir voir si tard? s'écrie Albert ; il est près de minuit et je croyais que ce soir vous ne receviez pas d'autre visite que la mienne.

— Mais en vérité, je n'en attends pas, à moins que ce ne soit le comte Dalhborne... Cet homme m'obsède de ses galanteries... il aura appris mon retour et il accourt...

— Mais on ne vient pas à cette heure, à moins d'être très-bien avec une femme !...

— Ah ! monsieur, ce soupçon...

— Alors, si c'est le comte, renvoyez-le... ne le recevez pas.

Avant que madame Baldimer n'ait répondu, la femme de chambre annonce le comte Dalhborne, et presque aussitôt le Suédois paraît.

La figure d'Albert se contracte. Madame Baldimer fait un gracieux sourire au comte, et celui-ci, toujours froid et compassé, salue avec sa raideur habituelle, va déposer un baiser sur la main de la jolie dame, et s'assied près d'elle, absolument comme si Albert n'était pas là.

Le jeune homme s'amuse à déchirer ses gants, tout en se disant :

— Il faut que cela finisse... je n'ai pas donné un cachemire de cinq mille francs pour voir ce monsieur.

Madame Baldimer trouve d'abord de ces lieux communs que l'on emploie pour imiter une conversation.

Le Suédois répond avec son laconisme ordinaire.

Albert ne dit pas un mot.

Enfin, le comte dans un moment où l'on ne dit rien du tout, tire de sa poche un étui en velours, et le présente à madame Baldimer, en lui disant :

— Voilà un joujou... pour remplacer l'éventail... c'est moins casuel.

La dame ouvre l'étui qui renferme une magnifique lorgnette, d'un travail ravissant ; elle pousse un cri d'admiration , et sortant la lorgnette de l'étui, la présente à Albert, en lui disant :

— Avez-vous jamais rien vu d'aussi galant?

Albert se dit alors :

— Cette femme-là a bien l'air de se ficher de moi !

Cependant, il se contient, et regardant la lorgnette, s'écrie avec un air d'enthousiasme qui ressemble à de la moquerie :

— Oh ! c'est magnifique !... grand Dieu, que c'est beau !... Je voudrais bien savoir où monsieur trouve de si belles choses!

Le Suédois se pince les lèvres et ne répond rien.

Madame Baldimer fait encore de grands éloges de la lorgnette, et Albert, regardant de côté le cachemire qui est resté sur un fauteuil, se dit :

— Ah ! que les hommes sont bêtes quelquefois !...

Cependant la conversation languit. Madame Baldimer ne fait plus que peu d'efforts pour la soutenir. Le Suédois dit un mot ou deux à la fois, mais pas plus. Albert se contente de s'écrier par moments :

— Dieu ! quelle lorgnette !... c'est étourdissant !...

Alors le comte fait une petite grimace imperceptible, en lançant sur le jeune homme un regard à la dérobée.

Minuit a sonné depuis longtemps. Ces messieurs ne semblent pas plus disposés à se céder la place que le jour de l'éventail. Tout à coup madame Baldimer se lève, en disant :

— Messieurs, il est fort tard, je vais me reposer et je vous souhaite le bonsoir.

Les deux hommes se lèvent pour la saluer.

La belle Américaine, en priant Albert de lui donner le cachemire qui est sur un fauteuil, lui dit tout bas :

— Cet homme m'est insupportable... tâchez donc de m'en débarrasser.

Albert se contente de s'incliner.

Puis, en passant près du comte, madame Baldimer murmure à son oreille :

— Ce jeune homme m'obsède sans cesse... trouvez donc moyen de me délivrer de sa présence.

Le Suédois fait aussi un profond salut.

La belle Américaine n'est plus là. Ces deux messieurs sont restés dans le boudoir, réfléchissant chacun à ce que cette dame vient de leur dire tout bas. Puis, se regardant de temps à autre , Albert d'un air railleur, le comte en faisant un petit froncement de sourcil.

Après quelques minutes passées ainsi, c'est le Suédois qui se décide à parler le premier ; il s'avance vers Albert, en lui disant , d'un ton toujours fort cérémonieux :

— Monsieur... il me semble que vous avez eu l'intention de vous moquer de la lorgnette que j'ai offerte à madame Baldimer.

— Ma foi, oui, répond gaîment le jeune homme, et puis, après tout, monsieur, tenez, autant ce motif-là qu'un autre et je crois que nous comprenons tous deux où nous en voulons venir.

— Parfaitement, monsieur... votre heure pour demain , s'il vous plaît?

— Mais, pas trop tôt, si cela vous est égal, car je suis un peu paresseux pour me lever.

— Eh bien, à dix heures?

— Dix heures , soit , à la porte de Saint-Mandé ; il y a par là de petits endroits solitaires fort agréables, et puis c'est moins commun que le bois de Boulogne. Cela vous va-t-il?

— Très-bien, et vos armes?

— Celles que vous voudrez !

— Le pistolet, alors.

— Le pistolet, c'est convenu.

— J'aurai un témoin ; je pense que c'est assez d'un dans ce pays?

— On est libre d'en prendre d'eux , mais , comme vous dites, c'est assez d'un.

— A demain , donc.

— A demain, monsieur le comte ; et maintenant je crois que rien ne nous arrête plus ici.

Le Suédois salue d'un air presque aimable, puis il ouvre la porte du boudoir, en s'arrêtant pour faire à Albert la politesse de le laisser passer le premier ; celui-ci n'en veut rien faire. Après un assaut de cérémonies, le comte passe enfin, et bientôt ces messieurs sont au bas de l'escalier.

Le concierge était endormi, avant qu'il n'ait ouvert sa porte. Albert tire de sa poche un délicieux porte-cigares et en prend un en disant :

— J'ai l'habitude de ne fumer un tous les soirs avant de me coucher.

— Ah ! je suis bien contrarié ! murmura le comte, j'ai oublié le mien, et j'aime aussi beaucoup à fumer en rentrant le soir.

— Alors, permettez-moi, monsieur le comte, de vous en offrir un, dit Albert en présentant son porte-cigares au Suédois. Choisissez... mais je vous réponds que vous en serez content, ils sont excellents.

Monsieur Dalhborne s'incline et prend un cigare. Pendant ce temps, le concierge a ouvert, et Albert allume son Havane à la lampe placée dans la loge. Quand ils sont dans la rue, le jeune homme s'apercevant que son rival n'est point allumé, se penche vers lui en lui présentant le bout de son cigare enflammé; le comte y allume le sien, puis ces messieurs se saluent de nouveau avec la plus grande courtoisie, en se disant encore :

— A demain.

— A dix heures.

— A la porte de Saint-Mandé.

XXIV. — TOBIE CHEVALIER.

Tobie avait quitté Bastringuette, persuadé que la dame qui désirait le voir le lendemain soir ne pouvait être que celle dont il avait manqué triompher aux Champs-Élysées. Il se promettait bien d'être exact au rendez-vous, et ensuite de ne pas conduire sa dame dans un cabinet particulier ayant vue sur les saltimbanques.

Pendant toute la journée qui a précédé l'heure qu'on lui a indiquée pour se rendre à la place des Italiens, le petit jeune homme s'est paré, frisé, pommadé, musqué ; il se dit :

— Ce soir, la voluptueuse Plays ne m'échappera pas... d'ailleurs, puisqu'elle me donne elle-même un rendez-vous, il est probable que son intention n'est pas de se montrer trop cruelle. J'aurai là une maîtresse... comme j'en désire une. Cette femme-là est riche... on dit qu'elle est capable de faire des folies pour un homme qu'elle aime. Si elle voulait me retirer mon olive de chez Varinet... pourquoi pas? jusqu'à ce que ma tante Abraham m'ait donné un intérêt dans son commerce... Allons, je me sens disposé à être très-amoureux.

Le soir est venu ; Tobie, qui est moins craintif depuis qu'il a une bonne fortune en espérance, sort de chez lui à la brune. Il n'est encore que huit heures et demie, et il va se diriger tout doucement vers la place des Italiens, lorsqu'au coin de la rue du Mont-Blanc, une dame qui va traverser la chaussée le frappe par sa tournure, qui est celle de la personne qu'il va retrouver ; en marchant un peu vite, il a bientôt dépassé cette dame, et reconnaît en effet la tendre Herminie. Il s'approche alors et lui présente son bras, en lui disant :

— J'allais au rendez-vous... vous voyez comme je suis empressé, car il n'est pas neuf heures, mais je vois que nous l'étions également tous deux.

Madame Plays fait un mouvement de surprise en voyant un monsieur lui offrir son bras ; puis, reconnaissant Pigeonnier, elle s'écrie :

— Comment, c'est vous, monsieur !... est-ce que vous venez encore pour remplacer votre ami... ce polisson d'Albert !... Ah ! quel monstre que ce jeune homme-là... que je le déteste !

— Mais non, madame... je viens pour moi... j'allais au pâté des Italiens... vous savez bien...

— Comment, je sais? qu'est-ce que cela me fait où vous allez... ?

— Mais vous n'entendez donc pas... je me rendais au pâté des Italiens... à l'heure indiquée...

— Ah! que vous m'ennuyez avec votre pâté, monsieur! je ne comprends pas un mot à ce que vous me dites.

— Comment, madame... mais est-ce que ce n'est pas vous qui m'avez donné un rendez-vous pour ce soir à neuf heures?

— Un rendez-vous!... moi!... vous êtes fou, monsieur! Je ne vous ai jamais donné de rendez-vous!

Tobie est pétrifié, il s'aperçoit qu'il a conçu de fausses espérances; cependant, voulant profiter de sa rencontre avec madame Plays, il reprend :

— On m'avait dit qu'une jolie dame désirait me voir... le portrait que l'on m'avait fait de cette personne était si séduisant... j'ai cru que c'était vous... et malgré la manière un peu... sauvage dont vous m'avez traité la dernière fois que je vous ai vue... je me sentais bien heureux en pensant que j'allais me retrouver avec vous.

Madame Plays n'était jamais insensible à un compliment, elle ne peut s'empêcher de rire en regardant le gros petit jeune homme, puis elle reprend d'un air courroucé :

— Ah! ce n'est pas à vous que j'en veux! mais c'est à ce monstre! à cet ingrat!... concevez-vous qu'il se soit encore moqué de moi!

— Qui cela?

— Mais Albert, monsieur, votre ami...

— Albert... ah!... c'est qu'il y a si longtemps que je ne l'ai vu....

— Eh bien, je l'ai revu, moi, j'ai eu ce bonheur... Ah! je ne voulais pas le revoir, je l'avais consigné!... et sans cet imbécile de monsieur Plays!...

— Je serais bien curieux de connaître cette anecdocte...

— Eh bien, j'accepte votre bras... et je vais la vous la conter...

— Ah! que vous êtes aimable!

— Et peut-être même...

— Peut-être... oh! achevez, femme céleste.

— D'abord, je veux me venger d'Albert, je vous en préviens... et un homme qui serait mon vengeur... je ne sais pas ce que je lui accorderais!...

— O Dieu!... c'est le ciel... c'est l'Olympe... que vous venez de me faire entrevoir, de me venger, je vous le promets... je vous revengerai même!... vous verrez comme je le venge bien!

— Assez! Dieu! que vous êtes libertin!... vous pensez tout de suite des choses...

— Et à quoi donc voulez-vous qu'on pense quand on est près d'une jolie femme?... à brûler du café?

— Oui, monsieur, oui, j'ai revu Albert, il y a quatre jours, il s'est présenté chez moi, on lui a refusé mon entrée, je ne voulais plus le recevoir. Que fait-il alors, il va chez mon mari, s'établit dans son cabinet, mon mari est là pour l'accueillir... il lui fait bonne mine, moi je m'y rends... par hasard, je l'y trouve avec un admirable bouquet. Il me fait des yeux si repentants... j'ai la bonté de me laisser attendrir... Bref, je veux bien qu'il m'accompagne dans mon boudoir, là il me dit... quelques mots agréables... puis il me supplie de lui montrer le délicieux cachemire que j'avais à la soirée du comte Dahlborne, j'adhère à cette fantaisie. Monsieur s'en va ensuite en me donnant un rendez-vous pour le lendemain, rendez-vous auquel il n'est pas venu...

— C'est indigne !...

— Mais ce n'est pas tout... j'ai appris qu'il avait acheté le seul cachemire qui fût pareil au mien, probablement pour en faire présent à que femme qui aura été enchantée du mien... Ainsi, il n'était revenu chez moi que pour voir mon châle... et depuis... je lui ai écrit six fois... il n'est pas revenu et n'a pas même daigné me répondre un mot!

— Ah! cette conduite est fort blâmable!...

— Dites donc que c'est absolument celle d'un gamin!...

— Je n'osais pas le dire, je le pensais. Vous qui méritez si bien d'être adorée... Et quant à la lettre de l'autre jour... je ne l'avais pas lue; je vous l'ai remise de confiance... s'il y avait dedans des choses inconvenantes, vous devez être persuadée que je ne m'en serai pas chargé.

— Je vous crois. Mais venir pour mon châle... acheter le pareil pour quelque femme... me donner un rendez-vous... n'y pas venir... ne répondre à aucune de mes lettres... Oh! c'est trop fort, je suis outragée! c'est-à-dire, monsieur, qu'il me faut du sang!... et... faute de mieux, je me serais adressée à mon mari, je lui aurais monté la tête et il se serait battu avec Albert... oui, il se serait battu! Il fait tout ce que je veux. Mais, tout bien considéré, j'aime mieux que ce ne soit pas lui qui me venge... ce ne serait pas aussi piquant, et puisque vous vous offrez, je vous accepte.

Tobie est un peu embarrassé; il ne s'attendait pas à ce que madame Plays exigerait qu'il se battît en duel avec Albert; il ne pensait pas que sa vengeance serait si sérieuse, et il craint de s'être trop avancé.

La grande dame remarque son indécision et s'écrie :

— Vous hésitez!... vous n'êtes pas digne d'un de mes regards... Quittez-moi le bras, monsieur, et ne me parlez plus! ne me regardez plus! je ne vous connais pas!

— Mais non, non! je n'hésite pas, dit Tobie en retenant le bras qui est sous le sien, je ferai tout ce que vous voudrez... je me battrai avec Albert, puisque cela vous fait plaisir.

— A la bonne heure... vous le tuerez !...

— Je ne puis pas vous répondre de le tuer tout à fait, mais j'y ferai mon possible.

— Enfin, vous le blesserez au moins, et vous me rapporterez une de ses oreilles... Il me semble que je pourrais vous rapporter quelque chose de mieux...

— Ah! vraiment vous tenez à une de ses oreilles... il me semble que je pourrais vous rapporter quelque chose de mieux...

— Enfin un gage de votre victoire.

— Je vous en rapporterai un, je vous le promets.

— Alors vous serez... mon chevalier.

— Est-ce que je ne pourrais pas l'être tout de suite... je ne demande qu'à être armé...

— Quand vous aurez vaincu Albert.

— Donnez-moi au moins l'accolade...

— Y pensez-vous, sur le boulevard?

— Prenons une voiture... on peut très-bien être fait chevalier dans une voiture; j'ai même un de mes amis qui a été reçu franc-maçon dans une citadine.

— Non, monsieur, non, je n'irai pas maintenant en voiture avec vous... Oh! je vous connais, vous êtes trop entreprenant... quand vous m'aurez vengée, c'est différent. Alors il faudra bien que je vous récompense.

— Ah! Dieu! que n'en suis-je là!...

— Il ne tient qu'à vous que ce soit bientôt.

— Oh! je vous réponds que cela ne tardera pas. Je vais me mettre sur les traces d'Albert, et avant peu... vous aurez de mes nouvelles... Je périrai ou vous serez vengée.

— Bravo!... je vous trouve plein d'esprit !... Vous viendrez me dire le résultat de votre duel... car vous serez vainqueur, je n'en doute pas... Vous monterez à mon boudoir par le petit escalier à droite dans la cour, au premier. Vous direz à ma femme de chambre : je suis Tobie, et on vous introduira.

— Ah! je m'évanouirai de joie sur le seuil de votre boudoir !

— Il me semble que vous ferez beaucoup mieux d'entrer.

— J'entrerai, femme adorable! j'entrerai, et vous serez obligée de me mettre à la porte!...

— Maintenant, adieu. Je vous quitte, je vais prendre une voiture et passer la soirée chez une de mes amies.

— Et vous ne voulez pas que je vous accompagne?

— Non. Adieu.

Madame Plays s'est éloignée, et Tobie qui ne songe plus au rendez-vous de la place des Italiens, s'en est retourné chez lui, en se disant :

— Certainement je ne me battrai pas avec Albert, je n'en ai nulle envie; d'ailleurs, je l'aime trop pour me battre avec lui. Mais je lui conterai ma rencontre avec madame Plays, ainsi que la proposition qu'elle m'a faite... Albert est fort bon enfant, il aime à rire, et il m'aidera à trouver un moyen pour lui faire croire que nous nous sommes battus. Ah! oui... mais mon olive!... après tout, ce n'est pas à Albert que je dois... et je lui dirai que Varinet ne s'est pas présenté.

Le lendemain, neuf heures venaient de sonner, lorsque Tobie se présente à la porte d'Albert et demande au domestique son ami est visible.

Le domestique fait entrer Tobie dans la chambre à coucher où le jeune Vermoncey dormait encore.

— C'est moi, mon cher Albert, dit Pigeonnier en parlant très-haut; si vous avez encore envie de dormir, ne vous éveillez pas, je vais m'en aller.

Albert s'éveille, se frotte les yeux, aperçoit Tobie et murmure :

— Comment, c'est vous, Tobie... d'où diable sortez-vous donc?

— Mais de chez moi.

— Et pourquoi n'êtes-vous pas venu hier au soir sur la place des Italiens, où l'on vous attendait?

— Bah! vous savez cela?

— Parbleu, c'est moi, Mouillot, Balivan, Célestin et moi qui vous avions fait donner ce rendez-vous par Bastringuette.

— Vraiment!...

— Une farce que nous voulions vous jouer et nous nous sommes fait arrêter et mettre au corps de garde.

— Ah! bah! ah! charmant! délicieux!...

Le petit jeune homme se roule dans un fauteuil en riant aux larmes.

— Ah çà! pourquoi venez-vous si matin chez moi?... est-ce que vous venez retirer votre fétiche?.. Vous ne savez peut-être pas l'adresse de Varinet?

— Ce n'est pas cela, mon ami... C'est un autre motif... j'ai un service à vous demander.

— Vous venez m'emprunter cinq cents francs.

— Je ne viens pas pour cela, mais si vous pouvez me les prêter, en ce moment ça me fera plaisir.

— Enfin, pourquoi venez-vous m'éveiller?

— D'abord, mon ami, il est déjà tard, et je ne vous aurais pas éveillé si votre domestique ne m'avait pas dit que vous aviez affaire ce matin.

— Ah! mon Dieu! s'écrie Albert en se mettant précipitamment sur son séant, vous m'y faites songer! Quelle heure est-il donc?

— Neuf heures et quart environ.

— Oh! je n'ai pas de temps à perdre... et moi qui me bats ce matin, à dix heures! vite! debout!

— Comment, vous vous battez! dit Tobie en reculant quelques pas et s'imaginant qu'Albert connaît les espérances de madame Plays, mais, non, Albert, non... vous ne vous battrez pas... cela n'en vaut pas la peine... il faut que ce soit un combat pour rire.

— Que diable me chantez-vous... est-ce que vous connaissez le motif de mon duel avec le comte Dalhborne?

— Le comte Dalhborne... ah! c'est avec lui que vous vous battez?...

— Certainement.

Tobie respire plus librement, il passe sa main dans ses cheveux et reprend:

— Non, je ne connais pas cette affaire... je confondais avec une autre... Figurez-vous que madame Plays, que j'ai rencontrée hier au soir, veut absolument que je me batte avec vous.

— Oh! pour celle-là... c'est différent! pauvre femme!... et que lui avez-vous répondu?

— Je lui ai promis de vous tuer.

— Fort bien... écoutez, tout cela peut s'arranger: si le comte me tue, vous direz à la belle Plays que c'est vous qui m'avez tué.

— Ah! par exemple!... ce pauvre Albert... je serais si désolé... Est-ce que vous allez vraiment vous battre?

— Très-certainement. Eh! parbleu, puisque vous voilà, vous serez mon témoin, car je n'aurais pas le temps d'en chercher un autre.

— Votre témoin!...

— Vous n'allez pas me refuser, j'espère?

— Mon ami, c'est que si vous étiez blessé... je me connais, je me trouverais mal, d'abord!

— Allons donc, il faut surmonter ces faiblesses-là... vous serez mon témoin et je vous prête cinq cents francs pour retirer votre olive, et je vous permets de dire à madame Plays que vous m'avez vaincu, blessé, tué... tout ce que vous voudrez.

— Il n'y a pas moyen de refuser. Je me dévoue, je serai votre témoin... Déjeunera-t-on?

— Je ne le pense pas... mais après si je suis vainqueur, oh! rien ne nous en empêchera.

Tout en causant, Albert s'est habillé, il prend sa boîte à pistolets, fait avancer un cabriolet et monte dedans avec Tobie qui est très-pâle et fort ému. En passant sur le boulevard, devant le café de Paris, Albert s'écrie:

— Ah! mon Dieu!... j'ai oublié.

— Quoi donc... est-ce que vous auriez deux duels?

— Non... mais si un malheur m'arrive, je n'ai pas seulement écrit un mot d'adieu à mon père... J'entre à ce café, vous, courez me chercher un commissionnaire... Sanscravate, si vous le trouvez.

— Oui, mon ami.

Albert descend du cabriolet et entre au café écrire sa lettre, pendant ce temps, Tobie retourne au coin de la rue du Helder pour chercher un commissionnaire. Sanscravate et Jean Ficelle n'étaient point à leur place. Mais Tobie aperçoit Paul, il court à lui:

— Mon garçon, vous allez venir avec moi.

— Oui, monsieur.

— On va vous donner une lettre.

— Je la porterai, monsieur.

— Vous la porterez... c'est-à-dire... il est probable que mon ami ne voudra pas que vous la portiez sur-le-champ. C'est une affaire très-grave... il s'agit d'un duel.

— C'est monsieur qui va se battre?

— Non, mais je serai de témoin, c'est presque la même chose... c'est pour son père... Sapristi, tout cela me bouleverse... si nous pouvions empêcher ce duel, il me semble que cela vaudrait beaucoup mieux.

— Que faut-il faire pour cela, monsieur?

— Je n'en sais rien du tout... mais venez toujours.

Paul suit monsieur Pigeonnier. Albert avait écrit sa lettre et attendait déjà près du cabriolet.

— Dépêchons-nous, crie-t-il à Tobie qui n'en va pas plus vite. Je réfléchis que vous auriez pu vous charger de donner cette lettre à mon père si je suis tué...

— Merci, bien obligé, jolie commission!... non du tout, donnez-la à ce garçon.

Albert remet la lettre à Paul, en lui disant:

— Tenez, mon ami, écoutez-moi bien. Si dans deux heures vous ne m'avez pas revu, vous irez porter cette lettre à mon père, monsieur Vermoncey, rue Caumartin... l'adresse est dessus, mais dans deux heures, pas avant!... vous entendez!

— Oui, monsieur.

— Voilà bien. et maintenant, partons, Tobie.

Albert est remonté dans le cabriolet; mais pendant ce temps, Tobie se penche contre Paul et lui dit tout bas:

— Portez cette lettre tout de suite: comme ça, le père sachant que son fils va se battre, empêchera peut-être le duel.

— Allons donc, Tobie!... nous n'avons pas de temps à perdre.

— Me voilà! c'est que je remettais ma bretelle.

Les jeunes gens sont dans le cabriolet, le cocher, stimulé par Albert, fouette son cheval qui part au grand trot, et Paul reste sur le boulevard, tenant dans sa main la lettre adressée à monsieur Vermoncey.

Le jeune commissionnaire se demande ce qu'il doit faire. La vue d'Albert lui a rappelé l'aventure de la soupente, les insolences de monsieur Célestin, et les entreprises formées pour séduire Élina. Il est un moment tenté d'attendre le temps qu'on lui a prescrit pour remettre la lettre. Mais ces sentiments de haine ne pouvaient longtemps exister dans son cœur.

— Ce monsieur Albert n'est pas aussi méchant que les autres, se dit Paul, il se laisse aller à faire des folies... parce que ses amis l'entraînent... comme Sanscravate se laisse emmener par Jean Ficelle; mais je crois aussi que dans le fond il n'est pas méchant... Et s'il était tué... mon Dieu! et je crois avoir entendu dire que son père n'avait plus que lui... qu'il avait perdu tous ses autres enfants... ah! tâchons du moins de lui conserver celui-ci! courons... courons chez lui.

Paul se rend à l'adresse écrite sur la lettre. Il ne connaît pas le père d'Albert, il ne l'a jamais vu, et pourtant l'idée de la douleur qu'il éprouverait, si son fils succombait dans ce duel, lui inspire déjà pour lui le plus vif intérêt.

— Je voudrais parler à monsieur Vermoncey... le père, demande Paul au concierge.

— Au second, la porte à gauche.

— Est-il chez lui?

— Oui, il ne sort pas de si bonne heure.

Le jeune commissionnaire monte lestement l'escalier, sonne à la porte indiquée, et dit au domestique qui lui ouvre:

— Je désirerais parler à monsieur Vermoncey...

— Que lui voulez-vous?

— J'ai une lettre à lui remettre.

— Donnez, je la lui remettrai.

— Oh! non, il faut que je la lui donne moi-même.

— Mais monsieur déjeune, et... Enfin je vais lui dire... Attendez.

— Mais dites-lui que c'est très-pressé, très-important.

Le valet laisse Paul dans l'antichambre, celui-ci se meurt d'impatience. Enfin le domestique revient, et le fait entrer dans une pièce où monsieur Vermoncey était en train de déjeuner.

Le père d'Albert regarde le jeune commissionnaire qui semble en proie à une vive émotion. La figure intéressante et peu commune de Paul prévenant en sa faveur; monsieur Vermoncey lui adresse la parole avec bonté:

— Vous venez me parler, mon ami?

— Oui, monsieur.

— Vous avez une lettre à ce qu'on m'a dit?

— Oui, monsieur.

— Donnez...

— Ah! pardon... il faut avant que je vous dise... comment elle m'a été remise...

— Eh bien, parlez... Mais vous semblez bien agité, mon ami, calmez-vous... Si c'est pour quelque malheureux que vous venez, je tâcherai de faire droit à sa requête.

— Ah! monsieur, ce n'est pas cela... cette lettre que j'apporte... elle est de monsieur votre fils...

— De mon fils?...

— Oui, monsieur, il vient de me la remettre tout à l'heure en me disant: Si tu ne me revois pas dans deux heures, porte cette lettre à mon père; mais pas avant...

— Que signifie?...

— Mais son ami... celui qui était avec lui, m'a dit tout bas: Va tout de suite trouver monsieur Vermoncey... il s'agit d'un duel...

— Un duel... ô mon Dieu!...

Monsieur Vermoncey se lève, prend la lettre que tient Paul, la parcourt et à son tour s'écrie:

— Le malheureux!... il me fait ses adieux... me demande pardon de s'être battu... Ah! il voulait donc me faire mourir aussi. Mais vous dites que c'est à l'instant qu'Albert vous a remis cette lettre.

— Oui, monsieur... là, sur le boulevard.

— Ah! il ne se battra pas, alors! j'empêcherai ce duel... O mon Dieu!... mon fils... le dernier de mes enfants!... le perdre aussi... ce serait trop affreux!...

Monsieur Vermoncey a passé un habit, pris son chapeau, il descend vivement et Paul le suit. Arrivé dans la rue, le père d'Albert regarde Paul avec anxiété, en disant:

— Mais ce duel... vous savez où il doit avoir lieu, n'est-ce pas?

— Mais non, monsieur... on ne me l'a pas dit...

— Quoi! son ami ne vous l'a pas dit...

— Mon Dieu, non! il n'y aura pas pensé, et moi... je n'ai pas songé à le lui demander.

— Quel malheur!... où donc aller... où les trouver?...

— Attendez, monsieur! ces messieurs étaient en cabriolet devant le café de Paris... Ils ne sont point au bois de Boulogne ; car le cabriolet a filé vite du côté de la porte Saint-Denis.

— Ils sont à Vincennes, alors... oui, ce ne peut être que là... nous allons y courir... Tenez, là-bas... un cabriolet de régie... faites-le avancer.

— Oui, monsieur.

Paul court chercher un cabriolet, il le ramène, monsieur Vermoncey monte dedans et dit au commissionnaire :

— Venez avec moi, mon ami, vous me seconderez dans mes recherches...

— Volontiers, monsieur... mais je... je vais monter derrière.

— Non, non... venez là... près de moi... vous comprenez ma peine, je le vois... Ah ! vous m'aiderez à trouver mon fils... à empêcher un affreux malheur... Venez vite !

Paul monte dans le cabriolet, et s'assoit près de monsieur Vermoncey. Celui-ci dit au cocher :

— Vingt francs, quarante francs... ce que vous voudrez, si nous sommes au bois de Vincennes dans une demi-heure.

Le cocher brûle le pavé.

XXV. — DUEL ET SES SUITES. — UN GAGE DE VICTOIRE. — RÉCOMPENSE DE TOBIE.

Albert et Tobie arrivent à la porte de Saint-Mandé comme dix heures sonnaient. Ils descendent de leur cabriolet, et aperçoivent une voiture arrêtée à quelques pas.

— Le comte m'aura devancé, dit Albert, mais il n'est que l'heure, il n'y a point de mal... Oui, je vois là-bas dans l'avenue deux messieurs qui se promènent. Ce sont nos adversaires. Allons, Tobie, en avant.

— Comment ! nos adversaires ! s'écrie Pigeonnier, en marchant comme s'il avait trois pantalons les uns sur les autres, mais je n'ai pas d'adversaire, moi, je ne viens pas pour me battre !

— Oui, oui, c'est bien... soyez tranquille. Autrefois, cependant, les témoins se battaient ; et si vous voulez faire comme du temps des raffinés, sous Louis XIII, par exemple, on se battait quelquefois six contre six ; c'étaient des parties de plaisir !

— Joli plaisir ! je n'admire pas ces mœurs-là.

— Voyons, Tobie, avancez donc... Que diable ! vous avez donc un pantalon qui vous gêne ? vous avez l'air de ne pas pouvoir marcher.

— Oui, ça me coupe, ça me fait très-mal.

Le comte Dalhborne avait pris pour témoin un Suédois, de ses amis, aussi long, aussi raide que lui, et qui se trouvait à Paris depuis quelques jours ; ce monsieur n'entendait presque pas le français et ne savait encore dire dans cette langue que : oui, monsieur, et bien obligé.

Albert s'avance vers son adversaire. On se salue réciproquement avec beaucoup de politesse, et le comte, montrant son témoin, dit à Albert :

— Je vous présente monsieur de Mulberg.

Albert, qui pense que c'est un usage suédois de présenter son témoin, fait alors un pas en arrière et désignant Tobie, qui s'obstine à ne pas avancer, dit :

— Et moi, j'ai l'avantage de vous présenter monsieur Tobie Pigeonnier.

Les saluts recommencent, et monsieur de Mulberg s'approchant de Tobie lui tend la main, en lui disant :

— Bien obligé, monsieur !

— Comment donc ! mais ça n'en vaut pas la peine ! répond Pigeonnier en se laissant serrer la main d'assez mauvaise grâce.

Albert indique un chemin à droite au comte, en disant :

— Allons de ce côté, nous y trouverons une place où nous ne serons ni aperçus ni incommodés.

On se remet en route en suivant Albert. Tobie va toujours à la queue et marche comme s'il avait l'air incommodé.

Albert s'arrête dans une clairière écartée et entourée d'épais buissons, en disant :

— Il me semble que nous serons fort bien ici.

Le comte Dalhborne fait un signe d'assentiment et se retournant vers son ami, lui dit :

— Monsieur de Mulberg, arrangez les conditions avec monsieur.

Monsieur de Mulberg s'avance gravement vers Tobie et se met à lui parler suédois en lui présentant ses pistolets. Tobie lui frappe sur le ventre en s'écriant :

— Tenez ! je crois que vous êtes de mon avis... L'affaire peut s'arranger... De quoi est-il question ? Je parie que c'est une niaiserie.

Monsieur de Mulberg, qui est un homme fort cérémonieux, trouve très-mauvais que le petit jeune homme se permette de lui frapper sur le ventre. Il fronce le sourcil, fait un juron énergique, frappe du pied et présente un pistolet à Tobie, en s'écriant :

— Oui, monsieur ! bien obligé.

Tobie s'éloigne vivement du témoin en disant :

— Comment voulez-vous que je m'entende avec ce monsieur ?.. Il parle et je ne sais quelle langue... et il a toujours l'air de vouloir tirer sur moi.

— Tenez, monsieur le comte dit Albert, je crois que nous nous en

tendrons mieux que nos témoins. Trente pas de distance : nous en marcherons dix l'un sur l'autre quand votre témoin frappera dans ses mains, et on tirera à volonté. Cela vous va-t-il ainsi ?

— Parfaitement.

— Je me place. Tobie, comptez trente pas en partant d'ici.

Tobie n'a pas l'air de savoir s'il veut compter les pas ; enfin il se décide et les fait doubles, en disant à lui-même : Ah ! vous voulez vous battre !... Ah ! vous ne parlez pas de déjeuner... Alors finissez-en tout suite... Et ce monsieur Vermoncey qui n'est pas venu empêcher ce duel... Le commissionnaire ne m'aura pas compris !

Les pas sont comptés, les adversaires en place, monsieur de Mulberg frappe dans sa main, Tobie se couche à plat ventre, en disant :

— On ne sait pas !... On a vu des gens maladroits tuer leurs témoins, mais je ne pense pas qu'ils visent à terre.

Les deux adversaires ont avancé deux ou trois pas, puis ils font feu presque en même temps. Albert a reçu la balle dans le collet de son habit. Le comte Dalhborne est moins heureux, il a le bras gauche percé tout près de l'épaule, et le coup lui a fait faire une pirouette, mais cependant il ne tombe pas.

Albert court à son adversaire en lui disant :

— Vous êtes blessé, monsieur le comte ?

— Oui... le bras... l'épaule, je crois... Oh ! c'est peu de chose. Il me semble que nous pouvons nous en tenir là... Mais vous êtes un brave jeune homme... et je crois devoir vous apprendre ce que madame Baldimer m'a dit hier au soir tout bas en nous quittant.

— Ah ! elle vous a dit quelque chose... et à moi aussi.

— Elle m'a glissé dans l'oreille ces mots : Ce jeune homme m'obsède sans cesse, trouvez donc un moyen de me délivrer de sa présence.

Albert pâlit en entendant ce que sa belle conquête pense de lui.

— Je vous donne ma parole qu'elle m'a dit cela, répète le comte.

— Je vous crois, d'autant plus qu'elle m'a dit à moi, en me parlant de vous : Cet homme m'est insupportable, tâchez donc de m'en débarrasser.

— Voilà une femme qui ne valait pas la peine que deux galants hommes se battissent pour elle... Je vous abandonne sa conquête, monsieur, je ne retourne plus chez elle.

— Oh ! mon amour est passé, monsieur le comte, je vais aller seulement lui faire mes adieux, lui dire que je ne suis plus sa dupe, ensuite je ne la reverrai plus.

Pendant cette conversation Albert soutenait le comte, et monsieur de Mulberg était allé chercher la voiture. Quant à Tobie, aussitôt après les coups de pistolet tirés, il s'était relevé et s'était mis à courir derrière le témoin de monsieur Dalhborne, en lui criant :

— Ce ne sera rien... une blessure au bras... ce n'est pas dangereux !

Mais monsieur de Mulberg, qui a trouvé très-singulier que le témoin de leur adversaire se soit mis à plat ventre au moment du combat, se contente de lui lancer un regard courroucé et s'éloigne de lui, en murmurant :

— Bien obligé, monsieur.

— Va te faire fiche ! Tu m'embêtes, toi ! se dit Pigeonnier en s'en allant vers le cabriolet. On dirait qu'il est fâché que son ami ne soit pas tué !

M. de Mulberg ramène la voiture ; Albert aide le comte à se placer dedans, puis ces messieurs se quittent en se donnant la main.

Albert revient vers le cabriolet. Tobie était déjà dedans. Il s'écrie en voyant son ami :

— Eh bien ! j'espère que nous sommes contents ! Vainqueurs ! et pas une égratignure. C'est ça qui est agréable !... Nous allons déjeuner comme quatre !

— Ah ! je suis furieux !... je suis indigné, répond Albert en montant dans le cabriolet.

— Ah çà ! je n'y comprends plus rien ! dit Tobie. Vous êtes furieux de n'être pas blessé ?

— Eh ! il s'agit bien du combat !... c'est à cette femme que je pense !... cette femme qui s'est jouée de moi, de mon amour... qui espérait peut-être que je serais tué.

— Ah ! bon... C'est pour une femme que vous vous êtes battu... Elles ont donc le diable au corps, ces dames, de vouloir toutes que nous nous battions pour elles.

— Je vais aller chez elle, la confondre... Cocher, fouettez donc votre cheval... vous m'arrêterez rue Neuve-Vivienne... Vous, Tobie, vous irez sur-le-champ trouver le commissionnaire, lui reprendre ma lettre ; vous concevez qu'il ne faut pas que mon père la reçoive, ce serait lui causer des inquiétudes inutiles.

Tobie ne répond rien. Il pense à ce qu'il a dit à Paul de faire, et se demande ce qu'il en sera résulté.

— Ah ! les femmes !... les femmes ! je ne comprends rien à celle-là ! s'écrie Albert. Quelle coquetterie !... quelle perfidie !...

— C'est madame Baldimer, n'est-ce pas ?

— Eh ! oui, c'est elle !... Oh ! je dirai à tout le monde son indigne conduite !... Ce n'est point assez de nos hommages, c'est notre sang qu'il lui faut !...

— Merci ! il n'aura pas du mien... je ne voudrais pas me piquer pour elle. Mais à propos... et notre duel à nous deux... relativement à la Plays.

père, Albert va envoyer chercher un cabriolet, et il est décidé à retourner parcourir Vincennes et Saint-Mandé, lorsque le domestique
qui est sur le pas de la porte, s'écrie :

— Le voilà, monsieur... je reconnais le cabriolet... je vois monsieur
votre père et le commissionnaire qui sont dedans... Oh ! le voilà !...

En effet, au bout de quelques moments, un cabriolet s'arrêtait devant la maison. Albert se tenait dans la rue et déjà de loin il avait
fait des signes pour se faire reconnaître de son père. Monsieur Vermoncey a poussé un cri de joie, et en descendant de la voiture il se
précipite dans les bras de son fils qu'il tient longtemps contre son
cœur. Car si vous avez cru perdre l'objet qui a toute votre tendresse,
l'être qui vous attache le plus à la vie, vous comprendrez tout ce
qu'il y a de bonheur à le retrouver, à le presser dans ses bras. On
craint alors que ce bonheur ne soit qu'un mensonge, et on a besoin
de le prolonger longtemps pour s'assurer qu'on le goûte réellement.

Paul avait les yeux humides de larmes en voyant Albert dans les
bras de monsieur Vermoncey. Il se sentait heureux aussi de ce qu'il
n'était arrivé aucun malheur à ce jeune homme qui était si tendrement chéri de son père. Et cependant, il y avait toujours une triste
pensée qui se mêlait à ses sentiments, lorsqu'il voyait un enfant recevoir des caresses de ses parents.

Enfin, monsieur Vermoncey étant un peu plus calme, se dispose à
monter chez lui avec son fils ; Paul va s'éloigner, mais le père d'Albert,
qui a'en aperçoit lui dit :

— Venez, mon ami, montez avec nous.

Le jeune commissionnaire obéit. Il suit monsieur Vermoncey et son
fils dans leur appartement.

Là, on tâche de s'expliquer, et Albert demande à Paul, pourquoi,
au lieu de suivre ses instructions, il n'a pas attendu que deux heures
se fussent écoulées pour apporter à monsieur Vermoncey la lettre
qu'on lui avait remise. Le commissionnaire raconte ce que Tobie lui
avait dit, et Albert frappe du pied avec colère, en s'écriant :

— Il faut toujours que ce Tobie fasse des siennes ! C'est lui qui a
causé toutes vos inquiétudes.

— Ce jeune homme, dit monsieur Vermoncey, en montrant Paul,
ayant vu votre cabriolet suivre les boulevards du côté de la porte
Saint-Antoine, je pensais que c'était à Vincennes que votre duel avait
lieu. Nous y arrivâmes en fort peu de temps. Après nous être donné
un lieu de rendez-vous, nous battîmes le bois, moi et ce pauvre
garçon... qui m'a secondé avec un zèle dont je ne saurais trop faire
l'éloge ! Nous revînmes à notre rendez-vous, accablés de fatigue et
n'ayant rien découvert. A peu près certain que tu ne te battais pas à
Vincennes, j'allais me faire conduire du côté de Romainville, lorsque
Paul... c'est le nom de ce pauvre garçon, me conseilla de m'informer
d'abord à Saint-Mandé. Là, j'appris qu'on vous avait vu, le duel
devait avoir eu lieu, car un monsieur qui était blessé, avait repassé
dans une voiture qui allait fort doucement. Mais était-ce toi, était-ce
ton adversaire, voilà ce qu'il me fut impossible de savoir ; c'est alors
que je me décidai à revenir ici, en proie à une inquiétude dont tu dois
te faire une idée. Enfin te voilà... je devrais te faire bien des reproches... mais j'aime à croire que le souvenir des tourments que
tourments que j'ai éprouvés aujourd'hui, et que désormais tu ne me
causeras plus un pareil chagrin.

Pendant qu'Albert promet à son père d'être plus sage à l'avenir,
monsieur Vermoncey va à son secrétaire, il y prend dix napoléons,
et s'approchant de Paul, les lui présente en lui disant :

— Tenez, mon ami, acceptez ceci. Ce que vous avez fait aujourd'hui
pour moi, ne se paye pas, je le sais ; car j'ai trouvé en vous ce que
l'on cherche quelquefois bien vainement dans le monde, parmi les
gens qui se disent de nos amis : quelqu'un qui comprenait ma douleur, qui la partageait, et qui a fait tout son possible pour la soulager ; et ce n'était point l'intérêt qui vous guidait... Non, c'était votre
cœur seul,... car j'ai vu des larmes de joie tomber de vos yeux lorsque de loin dans la rue, vous avez aperçu mon fils. Vous êtes bon,
sensible, vous devez être un honnête garçon et faire le bonheur de
vos parents ; prenez donc ceci comme un souvenir de cette journée.

Paul se sent tout ému, il peut à peine balbutier : Mais c'est trop,
monsieur... j'étais déjà payé... je ne veux rien... je suis si content
d'avoir pu vous être utile.

Monsieur Vermoncey prend une main du jeune commissionnaire et
tout en la pressant avec affection, place dedans la somme qu'il tenait,
en disant :

— Allons, allons, acceptez cela... vous me fâcheriez en refusant...
portez cet argent à votre mère, afin qu'elle aussi soit heureuse aujourd'hui.

Paul baisse les yeux sans répondre. Monsieur Vermoncey continue :

— A propos, mon ami, où vous placez-vous ?

— Rue du Helder, monsieur, à l'entrée, du côté du boulevard.
Monsieur votre fils me connaît bien...

— Est-ce que vous étiez son commissionnaire habituel ?

— Non, monsieur... mais c'est mon camarade Sanscravate... qui
se place... pas loin de moi.

— C'est vrai, dit Albert, et si je l'avais trouvé ce matin, ma foi il
est probable que c'est lui qui aurait été chargé de ma commission.

— Eh bien, reprend monsieur Vermoncey, désormais, moi, je ne veux
plus d'autre commissionnaire que vous, mon ami. Quel est votre nom ?

— Paul, monsieur.

— Paul, fort bien, vous l'entendez, vous serez mon commissionnaire... Vous n'en êtes pas fâché, n'est-ce pas ?

— Ah ! bien au contraire, monsieur, et je ferai tous mes efforts pour
mériter votre confiance.

— Je n'en doute pas, mon ami, et maintenant... au revoir.

Paul salue profondément, et s'éloigne tout ému par l'intérêt que
lui a témoigné monsieur Vermoncey, et le cœur rempli d'une joie
nouvelle dont il a peine lui-même à comprendre la cause.

Lorsqu'Albert est seul avec son père, il l'embrasse de nouveau, en
s'écriant :

— Vous aviez raison, toujours raison !... en me disant qu'il y avait
de certaines intrigues dangereuses, de certaines femmes dont la connaissance nous menait plus loin que nous ne voulions... et en me
disant de me méfier de mon ami Célestin dont la mine ne vous
plaisait pas. Oui, mon père, vous aviez deviné juste. Mon ami Célestin
était un traître qui me trompait et voulait m'enlever la femme dont
je recherchais là conquête, et quant à celle-ci, aussi fausse, et plus
perfide encore que Célestin, puisqu'elle n'avait pas l'amour pour
excuse, elle feignait de m'aimer, me donnait de douces espérances, et en secret priait un comte suédois qui lui faisait la cour de
vouloir bien se débarrasser de moi le plus tôt possible.

— Quelle indigne perfidie !... comment toi, jeune, aimable, fait pour
plaire !... est ainsi que les femmes te traitent...

— Oui, mon père... Oh ! mais pas toutes heureusement !...

— Et quelle est donc cette femme dont le cœur est si noir ?

— Une Américaine... ou du moins une dame qui arrive de l'Amérique, car je la crois parfaitement Française ; une soi-disant veuve,
fort belle, je dois en convenir, et qui se fait appeler madame Baldimer.

— Madame Baldimer... voilà la première fois que j'entends prononcer ce nom.

— Elle n'est à Paris que depuis un an, et va dans un certain
monde... un peu excentrique, qui n'est pas celui que vous fréquentez.
Enfin j'ai eu le bonheur de ne blesser que légèrement le comte suédois
avec lequel elle a eu l'art de me faire battre... homme de fort bon ton,
qui comme moi s'est bien promis de ne plus retourner chez cette
dame. J'ai dit à mon cher ami Célestin ce que je pensais de lui. Et
maintenant, mon père, pour que j'oublie entièrement cette affaire et
cette femme qui en fut la cause, permettez-moi de voyager quelques
mois, cela me fera du bien, cela me fera oublier forcément avec ces
habitudes, ces liaisons de Paris qui ne sont pas toutes bonnes, ainsi
que j'ai pu le voir. Je reviendrai neuf, frais et raisonnable : vous le
voulez bien, n'est-ce pas ?

— Oui, mon ami, quoiqu'il m'en coûte d'être privé de ta présence,
je ne suis pas assez égoïste pour m'opposer à un voyage qui ne peut
que t'être favorable. Quitter Paris quelque temps, te fera du bien ensuite ; voir un beau pays ne peut aussi que t'être profitable. Cependant tu ne seras pas absent trop longtemps ?

— Deux ou trois mois au plus.

— Et où veux-tu aller...

— Je n'en sais rien !... je voudrais trouver une occasion pour partir
tout de suite.

— Eh ! mon Dieu, si tu avais envie de connaître la Normandie, mon
docteur, qui est venu me voir hier au soir, me proposait de m'emmener avec lui gratis, dans une excellente chaise de poste que lui
envoie un de ses clients... il part aujourd'hui... à trois heures.

— Aujourd'hui... à trois heures... Ah ! parbleu, ça me va... autant
la Normandie qu'autre chose... D'ailleurs quand j'en aurai assez, j'irai
ailleurs !... Vite, mon père, un mot vous prie au docteur pour lui annoncer
qu'il aura un compagnon de voyage... moi, pendant ce temps je fais
mes petits préparatifs... je mets de l'argent dans ma poche... et fouette,
cocher.

— Tu as encore de l'argent, j'espère.

— Oh ! oui, mon père... certainement je n'ai pas dépensé les dix
mille francs que vous m'avez donnés, il y a quelques jours.

Albert se pince les lèvres en disant cela, le souvenir du cachemire
le fait soupirer ; mais il a bientôt éloigné cette idée, et il court faire
ses préparatifs de départ tandis que monsieur Vermoncey va écrire à
son docteur.

Pendant que tout ceci se passait, Tobie Pigeonnier n'était pas resté
oisif. En quittant Albert il s'est rendu à la place où se met Paul ; le
commissionnaire n'y est pas, et Tobie se dit :

— Quand je l'attendrais, à quoi cela me servira-t-il ?... Je lui avais
dit d'aller porter tout de suite à monsieur Vermoncey la lettre que
son fils lui a remise. A présent il est trop tard pour que je lui dise :
Ne la portez pas. J'avais fait cela dans une bonne intention... Certainement le papa Vermoncey doit avoir reçu la lettre depuis longtemps !
maintenant il doit croire son fils mort, probablement il se désole...
il court la banlieue pour retrouver quelque vestige de son enfant...
c'est un malheur, j'en suis fâché ; mais après tout, quand il reverra
son Albert, il s'apercevra qu'il n'est pas mort et se consolera. Je n'ai
donc plus besoin de m'inquiéter de cette affaire là. Occupons-nous plutôt des miennes. Albert m'a permis de dire que je me suis battu en

duel avec lui et que je l'ai tué... c'est délicieux ; il va voyager long-temps... mon mensonge ne sera pas découvert de sitôt, et d'ici là l'amour m'aura couronné de ses myrtes les plus frais... O superbe Plays ! tu seras à moi !... J'en frissonne d'avance de plaisir... Mais avant de me présenter chez elle, retournons chez moi, afin de faire une toilette des plus soignées.

Tobie se dirige vers sa demeure, mais avant d'entrer dans sa rue, il se souvient qu'il n'a pas déjeuné, comme il en avait l'espérance en étant témoin dans un duel ; son estomac lui dit qu'il doit le satisfaire, toute affaire cessante, et le petit jeune homme, tâtant dans son gousset, s'écrie : — Fichtre !... j'ai quinze francs sur moi, toute ma fortune présente !... si je me régalais, si je faisais un déjeuner à la four-chette, dans le bon style... pourquoi pas ? Albert va me prêter cinq cents francs... pour retirer mon olive, et après tout je ne suis pas forcé d'aller la chercher aujourd'hui même, cette olive... Le monsieur aux cils blonds, qui est très-riche, peut bien atten-dre quelques jours de plus... Pendant ce temps, j'irai voir ma tante Abraham avec mes cinq cents francs dans mes poches, que j'aurai soin de faire sonner pour qu'elle croie que je fais de brillantes affaires ; et elle se décidera enfin à me donner un intérêt dans son commerce... Allons déjeuner au café Anglais. J'ai assez faim pour me régaler.

Et le beau petit Pi-geonnier, se dandinant comme s'il avait sa canne, et déjà tout bouffi de la fortune qu'il espère, se dirige vers le café Anglais, y entre en se tenant la tête haute, va se placer à une table, appelle le garçon à haute voix, demande des huîtres, des rognons, du poulet à la tartare, du vin de Beaune première, et tout cela avec cette assurance d'un homme qui ne regarde pas à la dépense, et qui ne songe qu'à bien déjeu-ner. On le sert avec empressement ; il mange avec délices, son appé-tit augmente après les huîtres, et devient plus impérieux après les rognons. Tobie ne lui re-fuse rien, il le satisfait complétement. Ce n'est qu'après avoir mangé pendant une heure et demie presque sans en-tr'acte qu'il se décide à s'arrêter ; il était temps : sa carte monte à quatorze francs cinquante centimes. Pigeonnier donne généreusement quinze centimes au garçon remet sept sous dans sa poche et se rend à sa demeure, la tête exaltée des pensées d'amour et par la bouteille de beaune première qu'il a consommée.

Tobie fait la revue de ses vêtements, revue qui se trouve beaucoup moins longue qu'il ne l'aurait voulu. Après avoir examiné avec soin ses trois gilets, ses deux pantalons et son unique habit, il met ce qu'il juge être le mieux conservé, ensuite il se frise, il se crêpe, se pom-made, se passe à l'eau de Cologne ; et ne possédant plus d'autres par-fums, il imbibe son mouchoir d'essence de citron pour les taches, ce qui est cause que lorsqu'il passe devant son portier, celui-ci le prend pour un bol de punch à la romaine.

Étant ainsi paré, coiffé et embaumé, le jeune Pigeonnier se dirige vers la demeure de madame Plays, en se disant :

— Elle m'a pris pour son chevalier, je vais lui annoncer que sa vengeance est accomplie... elle sera enchantée de moi... elle récom-pensera ma valeur par les plus doux transports... Ah ! voyons... avec quoi aurai-je tué Albert ?... Au pistolet... non, c'est trop commun... A l'épée... j'aime mieux cela... ça rentre plus dans la manière des chevaliers ; je lui aurai fendu la tête... c'est-à-dire percé la poitrine d'un coup d'épée. Ah ! voilà sa demeure... n'oublions pas les rensei-gnements qu'elle m'a donnés ; le petit escalier à droite... je monterai au premier, je dirai à la femme de chambre : Je suis Tobie, et j'entre-rai tout droit. Ah ! mon Dieu ! mais j'y songe... elle m'avait recom-mandé de lui rapporter un gage de ma victoire... sapristi... j'avais oublié cela... quel gage pourrai-je donc lui rapporter.

Tobie se promène devant la maison de madame Plays, en se grattant la tête pour chercher quel gage il pourrait rapporter, à défaut des oreilles d'Albert qu'on lui avait demandées ; il se fouil-le, il ne trouve sur lui que son mouchoir à l'essence de citron, et les sept sous qui lui restent de ses quinze francs ; il n'y a pas là dedans le moindre gage de victoire un peu présentable.

Tobie va se décider à se présenter, sans gage, lorsqu'en jetant les yeux autour de lui, il aperçoit au loin une de ces énormes carottes placées au-dessus de la boutique des mar-chands de tabac. Cette carotte frappe le gros petit jeune homme, une idée lui saute à l'imagination, il la sai-sit, la retient, ne la lâche pas d'une se-conde, et marchant à grands pas vers la bou-tique du marchand de tabac, il arrive avec son idée qu'il va mettre à exécution.

Les marchands de tabac étant presque tous des femmes, Tobie dit à celle qui est au comptoir :

— Madame, un ci-gare, s'il vous plaît.

— Voilà, monsieur, choisissez.

— Oh ! mais je veux mieux que cela, il me faut un très-beau ci-gare de cinq sous... pour cinq sous on a un fort beau cigare.

— Oui, monsieur, en voici... mais si vous en voulez qui soient encore plus gros, maintenant on en fait de dix sous... c'est magni-fique... c'est presque une carotte. Monsieur en veut-il un de dix sous ?

— Non... non, ce serait trop monstrueux, celui-ci sera bien.

Tobie a choisi un cigare de cinq sous, il le fait envelopper avec soin dans du papier, ce qui étonne la débitante, parce qu'ordinaire-ment les hommes qui lui achètent des cigares, commencent par les allumer. Enfin, muni de son cigare qu'il serre précieusement dans sa poche, il retourne à la maison de madame Plays, en se disant :

— Maintenant je suis en règle, j'ai tout ce qu'il me faut, j'ai mon gage de victoire. Albert a presque sans cesse un cigare à sa bouche, j'aurai trouvé celui-ci dans sa poche, je m'en suis emparé... cela va tout seul... excellente idée que j'ai eue là ! O carotte inspiratrice ! que je suis content de t'avoir aperçue.

Tobie est entré dans la maison, il a passé devant le concierge en

Tobie se couche à plat-ventre. — Page 64.

criant d'un air conquérant : Madame Plays ! puis il prend le petit escalier, monte, sonne, et dit d'un ton mignard, à la femme de chambre qui lui ouvre :

— Veuillez m'annoncer à madame... elle me recevra sur-le-champ ?

— Mais quel est le nom de monsieur ?

— Tobie... je suis Tobie, dites tout simplement à votre délirante maîtresse : Madame, c'est Tobie ; et elle vous comprendra.

La femme de chambre s'éloigne, en se disant :

— Tiens, Tobie ! le drôle de nom... Madame a eu un petit chien qui s'appelait comme cela, il me semble.

Madame Plays était devant un miroir, elle essayait une nouvelle manière de retrousser ses cheveux, qui devait lui donner l'air d'une Lacédémonienne. Madame Plays avait beaucoup de penchant pour les modes grecques, et depuis qu'on lui avait dit que les femmes de Lacédémone dansaient une danse appelée *Bibabis*, qui consistait principalement à se donner des coups de talon dans le derrière, elle passait une partie de sa journée à s'exercer à cette danse, en disant :

— S'il y a des imbéciles qui me disent que c'est le cancan, je leur répondrai : Vous êtes des ânes, c'est le *Bibasis*, une danse renouvelée des Grecs.

Lorsque la femme de chambre lui annonce Tobie, elle fait un bond sur son fauteuil, en s'écriant :

— Tobie !.. ah ! oui, tiens, c'est vrai !.. je n'y pensais plus... Tobie, qu'il entre ! qu'il entre tout de suite.

La femme de chambre introduit le jeune homme et s'en va. Pigeonnier en entrant dans le boudoir, croit devoir se donner un air à la fois tendre et mélancolique, il s'avance donc, et salue d'un air presque tragique madame Plays qui lui dit :

— C'est vous, monsieur... Ah ! mais à propos, vous étiez mon chevalier. Eh bien ? quelle nouvelle venez-vous m'apporter ?

Tobie se pose et répond : — Madame, c'est en effet comme votre chevalier que je reparais devant vous ; vous m'avez chargé de venger votre injure... en me battant avec Albert, je vous ai obéi.

— Ah, bah ! vraiment... vous vous êtes battu.

— Oui, madame...

— Et quand cela ?

— Ce matin même, à Saint-Mandé... mille témoins pourront vous attester que je m'y suis rendu avec Albert.

— Et à quoi vous êtes vous battu ?

— A l'épée, madame.

— Eh bien, quel a été le résultat de ce combat ?

— Madame, j'ai complètement satisfait vos désirs, vous vouliez que je tuasse Albert... je l'ai tué... un coup d'épée dans la poitrine... il est mort sur le coup. J'ai versé des larmes sur ma victoire, je ne rougis pas de l'avouer... Mais ensuite, en mettant ma main sur le cœur de cet infortuné, pour m'assurer s'il respirait encore, j'ai senti dans sa poche ce cigare... je l'ai pris..... vous vouliez un gage de mon triomphe... voici le seul que je puisse vous offrir.

Madame Plays a écouté Tobie comme quelqu'un qui doute de ce qu'il entend, mais lorsqu'il a fini de parler, elle s'élance vers lui d'un air furieux, et lui arrachant le cigare qu'il lui présente, s'écrie :

— Vous l'avez tué ! il serait possible ! un si joli garçon !.. le seul homme que j'aie jamais aimé... car je me le disais encore ce matin : Je n'ai jamais aimé que cet homme-là ! Et vous avez eu l'infamie de le tuer ! et vous venez me le dire ! assassin que vous êtes !

Tobie reste tout saisi, et balbutie :

— Mais, madame, je n'ai fait qu'exécuter vos ordres... c'est vous qui m'avez ordonné de vous venger...

— Ce n'est pas vrai !.. je n'ai pas pu dire cela.., ou alors j'étais folle... vous ne deviez pas m'écouter.

— Mais, madame...

— Tuer Albert ! un si beau brun... de si jolis yeux... éloignez-vous de ma présence, monsieur, sortez bien vite, ou je ne réponds pas des effets de ma colère... sortez, monstre, drôle que vous êtes !

— Comment, madame, quand je me bats pour vous venger...

— Oh ! quelle horreur ! dire que c'est moi qui... Oh ! allez-vous-en, monsieur.

Mme Plays, voyant que Tobie ne bouge pas, le pousse vigoureusement vers la porte, le petit jeune homme qui a manqué tomber, se retient à un meuble et reste indécis sur ce qu'il doit faire ; pendant ce temps, la superbe dame a été ouvrir elle-même la porte de son boudoir, et, pendant que Pigeonnier lui tourne le dos, elle lui allonga un grand coup de pied dans le derrière, en s'écriant :

— Ah ! tu ne veux pas t'en aller !

Cette fois Tobie a été poussé hors de l'appartement dont on referme aussitôt la porte sur lui. Il devient furieux à son tour, et descend l'escalier, en se disant :

— Ah ! sacredieu ! c'est trop fort aussi !.. ah ! j'en ai assez de cette dame-là... l'autre jour, un soufflet... aujourd'hui, un coup de pied... qu'est-ce que ce serait donc à la première fois... Ah ! elle est vexée que j'aie tué Albert ; ah ! elle fait la petite *Hermione*, et moi, on me traite comme *Oreste*... Ah ! c'est-à-dire qu'Oreste, au moins, ne reçoit pas de coup de pied au derrière ; elle a ajouté cela !... Ah ! tu pleures la mort d'Albert... eh bien ! pour la punir, je ne lui dirai pas que ce n'est pas vrai... Ah ! bigre ! quelle bonne fortune... merci ! j'en veux plus.

Et tout en se tenant la partie qu'on vient de frapper, Tobie se rend chez Albert pour y toucher les cinq cents francs que celui-ci a promis de lui prêter, ce qui doit servir de léniment au désagrément qu'il vient d'éprouver.

Mais quand il arrive chez son ami, le domestique lui dit:

— Monsieur Albert vient de partir, il y a une demi-heure, pour la Normandie.

— Il est parti, et il n'a rien laissé pour moi ?

— Non, monsieur.

Tobie a envie de se casser la tête contre la muraille, il s'éloigne en se disant :

Le vin et le jeu ont bientôt étourdi Sanscravate. — Page 70.

— Voilà le bouquet... et il me reste deux sous! allez donc faire sonner ça aux oreilles de ma tante Ahraham, pour qu'elle m'associe à sa maison.

XXVI. — UN NOUVEAU PROTECTEUR.

Quelques jours s'étaient écoulés depuis qu'Albert avait quitté Paris. Son brusque départ avait beaucoup surpris ses amis, ses compagnons de plaisir, et, n'en connaissant pas la cause, chacun avait fait là-dessus ses conjectures.

Mouillot avait dit :

— Il aura trouvé qu'on ne s'amusait plus assez à Paris, et il est allé chercher des aventures ailleurs.

Monsieur Dupérrain s'était écrié :

— Il suit sans doute quelque femme qui l'aura magnétisé et qui peut, sous la puissance de son fluide, le faire aller au bout du monde.

Balivan, toujours distrait, avait dit d'abord :

— Comment! Albert a quitté Paris... C'est bien singulier... Est-ce qu'il est allé prendre des croquis?

Puis le lendemain et les jours suivants le jeune peintre n'avait pas manqué de dire, en fumant son cigare sur le boulevard :

— C'est étonnant... Je n'ai pas rencontré Albert aujourd'hui.

Monsieur Varinet, le jeune homme aux cils blonds et possesseur de l'olive appartenant à Tobie, n'avait rien dit du tout.

Il y avait deux personnes qui auraient pu apprendre à ces messieurs la cause du départ d'Albert : d'abord Tobie Pigeonnier, qui s'était trouvé témoin dans ce duel, chose dont il se serait vanté partout s'il n'avait pas été forcé de fuir de nouveau la présence de ses amis ; mais étant moins que jamais en état de retirer son fétiche et de faire figure dans le beau monde, le petit jeune homme avait disparu. On ne le rencontrait nulle part, ni le jour ni le soir, on pouvait aussi le croire parti ou mort, et monsieur Varinet continuait à regarder d'un air assez méfiant le petit fruit desséché qui était toujours dans le fond de sa bourse.

Ensuite, il y avait monsieur Célestin de Valnoir ; ce monsieur, qui avait su le duel d'Albert, n'avait tardé non plus à apprendre son départ de Paris. A peine a-t-il été certain de ce fait qu'il s'est hâté de se rendre chez madame Baldimer pour l'en instruire.

Cette dame, dont la physionomie a pris un caractère encore plus sérieux depuis sa rupture avec le jeune Vermoncey, reçoit froidement la visite de Célestin ; après avoir écouté ce qu'il lui dit comme une chose qu'elle savait déjà, elle lui répond sèchement :

— Votre intime ami est parti sans vous! je crois que décidément il vous traite tous deux de même; votre disgrâce est complète. D'après cela je pense, Monsieur, que désormais vous n'en saurez pas plus que moi sur ses affaires, et vous n'aurez plus besoin de vous déranger pour m'être agréable.

Monsieur Célestin tâche de prendre un air sentimental, en disant :

— Ce ne sera plus pour vous parler d'Albert que je viendrai, madame, ce sera pour vous entretenir de moi, de mon amour pour vous. Je me suis entièrement brouillé avec moi ami, car Albert m'avait trouvé chez vous, il est trop jaloux pour me le pardonner cela. Peu m'importe, au reste, sa haine ou son indifférence, puisque vous m'avez promis de me récompenser.

Madame Baldimer s'est levée et fait une révérence à monsieur Célestin, en lui disant :

— Je tiendrai ma promesse, Monsieur, vous le verrez bientôt.

En effet, le lendemain Célestin reçoit un paquet soigneusement fermé, et un petit billet de la main de madame Baldimer, qui ne renferme que ces mots :

« J'ai promis de récompenser ce que vous faisiez pour moi, je tiens » ma promesse, Monsieur ; veuillez accepter les deux objets que je » vous envoie, c'est votre récompense. »

Célestin s'est hâté d'ouvrir ce paquet : il contient le superbe cachemire qu'Albert avait offert à la belle Américaine, et la magnifique lorgnette dont le comte Dahlborne lui avait fait présent. Ainsi cette dame récompensait Célestin en lui envoyant les cadeaux qu'elle avait reçus de ses deux adorateurs.

Monsieur Célestin s'est d'abord mordu les lèvres avec dépit, en murmurant :

— Pour qui donc me prend-elle!... Je la trouve fort impertinente cette dame! M'offrir une récompense de ce genre!... Je vais lui renvoyer bien vite son paquet.

Mais après avoir examiné le cachemire et la lorgnette, monsieur Célestin ne renvoie rien; il se décide au contraire à garder tout, en se disant :

— Cela me servira à en séduire une autre.

Madame Baldimer avait parfaitement jugé ce monsieur.

Paul avait repris son état; comme autrefois, chaque matin il arrivait de très-bonne heure à sa place, mais aussi Elina se rendait chez sa couturière avant qu'aucune de ses camarades de l'atelier eût quitté son lit, ce qui ne l'empêchait pas de n'arriver quelquefois que la dernière chez madame Dumanchon, car chaque matin on s'arrêtait, on

ralentissait sa marche en apercevant le jeune commissionnaire ; de son côté, celui-ci venait bien vite au-devant de la jeune fille. Il est rare que dans une rue il n'y ait pas toujours quelque porte bâtarde, quelque allée, ou tout au moins le dessous d'une porte cochère qui offre un refuge aux causeurs, qui sont bien aises de ne pas rester exposés aux regards de tous les passants. Les amoureux surtout recherchent les abris, les petits coins, les endroits obscurs ; s'ils marchent ensemble dans la rue, vous les verrez regarder du coin de l'œil à droite et à gauche, aspirant après une allée bien noire, et trouvant fort ridicule que les nouvelles maisons aient presque toutes des portes cochères. Enfin, aussitôt qu'ils ont déniché le réduit le plus modeste, ils courent s'y établir pour causer un moment.

Ce moment-là dure souvent des heures entières. Quelquefois une portière, qui trouve très-mauvais que l'on cause, quand ce n'est pas avec elle, crie avec impertinence du fond de l'allée :

— Est-ce que vous n'avez pas bientôt fini de bavarder là-bas... eh !... Ils sont sans gêne, ceux-là ! Ils se donnent des rendez-vous dans mon allée !... Ils barrent le passage, ça leur z'y est bien égal... Si on n'avait pas l'œil sur eux, je ne sais pas trop à quoi ils se livreraient dans nos lieux! Dieu ! que le monde devient chimérique !...

Une autre ne dit rien, mais elle se met à balayer des mares d'eau, qu'elle pousse dans les jambes du couple arrêté sous sa porte. Ou bien, elle va fermer l'entrée de la maison, en disant aux causeurs :

— Chez qui que vous allez? Vous voyez bien que vous ne pouvez pas rester là.

Mais tous ces petits désagréments glissent légèrement sur l'humeur conciliante des amoureux. S'ils sont forcés de s'éloigner, ils vont s'arrêter un peu plus loin ou bien ils bravent le balayage, les méchants propos, les sottes plaisanteries et les regards curieux des commères qui, les trois quarts du temps, servent d'auxiliaires aux portières. Que leur importe à eux, ce qui se dit, ce qui se passe autour d'eux ; souvent ils ne le voient pas. C'est un si grand plaisir de s'aimer et de se le dire, de regarder dans les yeux de l'objet chéri, de se parler tout bas, de se comprendre à demi-mot, de se renvoyer de brûlants soupirs et de tièdes haleines. Quand on goûte bien ce bonheur-là, il nous absorbe et ne nous laisse plus de sens pour sentir autre chose. Elle avait bien raison, cette dame du bon vieux temps qui, voyant son chevalier lui chercher un refuge contre la pluie, s'écriait :

— Vous ne m'aimez plus! car sans cela vous ne vous apercevriez pas qu'il pleut.

Elina contait à Paul tout ce qu'elle faisait, tout ce qu'elle pensait, tous les petits projets qu'elle formait pendant la journée et quelquefois pendant la nuit, parce que la nuit on ne dort pas toujours, surtout si l'on est bien amoureux.

Le jeune commissionnaire recevait avec intérêt ces douces confidences, car dans les projets d'Elina, il était toujours question de lui. La petite couturière n'avait pas une pensée, une espérance, un désir qui ne se rapportât à Paul ; et elle le lui disait avec une naïveté, une franchise qui enchantait son amoureux. Mais malgré cela, celui-ci était souvent triste, et alors cela chagrinait la jeune fille qui lui dit un matin :

— Mais, vous n'êtes donc pas content que je vous fasse part de toutes mes pensées... Vous n'approuvez donc pas mes plans pour l'avenir? Au lieu d'être satisfait de voir que je pense sans cesse à vous, cela semble vous attrister de voir que je fasse de la peine ; alors, monsieur, si c'est comme cela, je ne vous dirai plus rien !

— Oh ! ne croyez pas cela, mademoiselle, s'écrie Paul en prenant la main d'Elina. Je vous écoute avec bien du plaisir, je suis trop heureux de vous entendre, de voir que je suis toujours présent à votre pensée. Mais c'est que malgré moi... je pense...

— Quoi donc?

— Que tous ces projets ne se réaliseront pas sans doute !... Car pour que je puisse vous épouser... pour que j'aie le bonheur de vous nommer ma femme, il faudrait que j'eusse... de l'argent devant moi... Votre tante, madame Verdaine, ne consentira jamais à vous donner à un pauvre commissionnaire... et elle aura raison !... Oh ! oui, les parents ont toujours raison. Vous êtes faite pour trouver un jeune homme riche... établi... un homme de l'état honorable de vous exposer à rougir de votre époux... non que je méprise ma profession !... bien loin de là... mais enfin le monde a ses coutumes, ses exigences, ses lois que l'on doit respecter. Celui qui se place au coin de la rue pour faire des commissions, ne peut pas être reçu dans le salon du plus petit bourgeois... Et vous, Elina, avec vos grâces, votre esprit, votre gentillesse vous pouvez faire le bonheur d'un homme qui pourra vous mener dans le monde... qui aura une position agréable, un nom à vous offrir... Tandis que moi, tout me manque à la fois... Ah ! vous voyez bien que j'ai tort de vous aimer et que j'ai raison d'être triste.

Pendant que son jeune ami lui dit cela, la petite Elina témoigne par mille marques d'impatience combien elle est loin de partager ses idées. Enfin elle le laisse à peine achever, et s'écrie :

— Taisez-vous!... oh ! taisez-vous bien vite, car c'est très-vilain ce que vous dites là!... Ah ! vous ne voulez pas que je vous aime parce que vous êtes commissionnaire; mais moi, monsieur, je veux vous aimer, et je vous aimerai malgré vous. D'ailleurs ce que vous dites n'est pas juste; est-ce que vous êtes un commissionnaire comme un autre, vous? est-ce que vous parlez en jurant? est-ce que vous êtes grossier? est-ce que vous avez les manières communes? Mais, non, au contraire... vous pourriez bien aller dans un salon, vous, oh! certainement vous n'y seriez pas déplacé, il vous suffirait pour cela, de changer cette veste contre un habit, est-ce que cela est si difficile!

— Non... mais l'habit ne suffit pas!...

— Pardonnez-moi, monsieur, l'habit est de l'éducation... mais d'ailleurs êtes-vous donc obligé de rester toujours commissionnaire?... Quand nous nous marierons vous prendrez un autre état... vous aurez amassé quelque chose... car vous ne devez pas dépenser beaucoup d'argent, vous êtes si sage! vous n'allez jamais au cabaret,, vous... aussi quelquefois j'ai entendu vos camarades qui disaient : Il doit amasser bien des écus... il travaille beaucoup et il ne s'amuse jamais!

Paul baisse les yeux en répondant :

— Hélas, non, mademoiselle, je n'ai rien amassé, je ne possède rien!...

— Mais alors que faites-vous donc de votre argent? s'écrie Élina. Vous ne le donnez pas à vos parents, puisque vous n'en avez pas.

Le jeune commissionnaire rougit et balbutie : — Mademoiselle... je n'ai rien pu amasser... ce n'est pas ma faute...

Élina, qui craint d'avoir fâché son ami, reprend aussitôt :

— Oh! mais, pardonnez-moi de vous avoir dit cela... mon Dieu! vous allez peut-être croire que je tiens à l'argent?... oh! cela m'est bien égal, allez... ne vous chagrinez pas, monsieur Paul, nous en aurons toujours assez pour nous. D'ailleurs je suis riche, moi, vous savez bien... la somme que m'a laissée mon père... quand je serai majeure il faudra bien que ma tante me la rende. Alors ce sera à vous, et avec cela, vous voyez bien que nous aurons de quoi former un très-joli commerce... Allons, monsieur, ne soyez plus triste, puisque je vous dis que nous serons un jour très-heureux.

Paul baise en soupirant la main d'Élina, bientôt le sourire reparaît sur ses lèvres, l'amour dans ses yeux; comment pourrait-on se plaindre lorsqu'on se voit si tendrement aimé?

C'était souvent ainsi que se terminaient les entretiens qui avaient lieu dans un coin de la rue,, sous une porte cochère, ou à l'entrée d'une allée.

On n'échange pas toujours d'aussi douces paroles sous les brillants lambris d'un salon.

Ce que je dis là n'est pas pour vous engager à faire l'amour au coin d'une borne!... mais c'est seulement pour vous prouver qu'on peut le faire partout. Il faut bien que le pauvre ait quelques dédommagements.

Après ces douces conversations avec la petite couturière, Paul revenait à sa place plus léger, plus content; et alors ses yeux cherchaient Sanscravate, avec lequel il voulait se raccommoder, parce qu'il sent pour lui dans le fond de son cœur quelque chose qu'il ne peut vaincre. C'est que les sentiments vrais ne s'éteignent pas facilement, et lorsque vous éprouvez de la sympathie pour quelqu'un, c'est comme le naturel, on a beau vouloir la chasser, elle revient au galop.

Mais Sanscravate n'était presque jamais à sa place, à peine avait-il gagné quelques sous, que Jean Ficelle l'emmenait pour les dépenser.

Il y a déjà quelque temps qu'Albert est parti, lorsqu'un jour un monsieur s'arrête devant Paul, qui était assis sur ses crochets, et lui dit :

— Je vous cherchais, mon ami, j'ai besoin de vos services... me reconnaissez-vous?

Paul répond vivement et d'une voix émue :

— Oh! oui, monsieur, vous êtes le père de monsieur Albert; je serais bien coupable de vous avoir oublié... vous avez été si bon pour moi.

Monsieur Vermoncey sourit en répondant : — Je n'ai été que Paul. Mais veuillez me suivre, j'ai plusieurs commissions à vous donner.

Paul suit monsieur Vermoncey, qui le fait marcher chez lui, et là, le charge de porter plusieurs lettres dont il doit rapporter les réponses, soit verbales, soit par écrit. Le jeune homme se met aussitôt en course; il s'acquitte de ses commissions avec promptitude et zèle; la plupart des personnes chez lesquelles on l'a envoyé ne lui ayant pas donné de réponses écrites, il faut qu'il retienne avec exactitude ce que chacune d'elles lui a dit. Mais Paul a une excellente mémoire et il rapporte fidèlement à monsieur Vermoncey ce qu'on lui a transmis.

Le père d'Albert est surpris de l'excessive promptitude avec laquelle Paul vient de se rendre dans plusieurs quartiers éloignés de sa demeure, et très-satisfait de la manière dont il a rempli ses commissions. Il le paye généreusement, en lui disant :

— C'est bien, mon ami, c'est fort bien!... mais en vérité, une autre fois il faudra vous presser un peu moins pour faire vos courses... à peine une heure et quart pour aller aux quatre coins de Paris!... ce n'est pas marcher cela... c'est aller comme le vent!... Je ne veux pas que vous vous r'ndiez malade à mon service.

— Oh! né craignez rien pour ma santé, monsieur, c'est un plaisir pour moi de vous prouver mon zèle.

XXVII. — UN NOUVEAU PROTECTEUR.

(Suite.)

Monsieur Vermoncey semble étonné de la manière dont le jeune commissionnaire s'exprime. Il le regarde quelques instants, puis le congédie, en lui disant :

— A une autre fois, mais à condition que vous irez moins vite.

A huit jours de là, le domestique de monsieur Vermoncey vient chercher Paul, celui-ci se hâte de le suivre. On l'introduit dans l'appartement, et le valet le laisse dans la bibliothèque, en lui disant :

— Je vais avertir monsieur que vous êtes là.

Au bout de quelques instants le domestique revient lui dire :

— Monsieur n'a pas achevé la lettre qu'il écrivait, et il a maintenant une visite; il m'a dit de vous prier d'attendre un peu si vous avez le temps.

— Oui, oui... tant que monsieur voudra, répond Paul.

— Alors restez ici... c'est plus commode... on ne passe pas par cette pièce.

Paul reste seul, il s'assied et jette timidement ses regards autour de lui. Des rayons chargés de livres sont placés sur les quatre côtés de la muraille, de grandes portes à vitres et à coulisseaux défendent les volumes contre la poussière, mais plusieurs de ces portes sont ouvertes, et les livres sont à la disposition des amateurs.

Le jeune homme regarde quelque temps avec une sorte d'envie tous ces trésors de l'esprit et de la science, qui sont rassemblés dans un si petit espace; il lit les noms de Voltaire, Rousseau, Corneille, Molière, Montaigne, la Fontaine, et se dit :

— Mon Dieu, que l'on est heureux de posséder tout cela!... d'être en si bonne compagnie... car l'esprit d'un auteur... c'est lui... ses œuvres, c'est sa pensée, en le lisant on peut se figurer qu'on l'écoute! que c'est lui qui parle!... Heureux le génie! il ne meurt pas, lui! Est-ce que l'on peut jamais avoir un moment d'ennui quand on est avec ces hommes-là !...

Paul pousse un soupir, et songeant qu'il doit peut-être attendre longtemps dans la bibliothèque, il ne pense pas faire de mal en ouvrant un de ces livres qui sont devant lui, il avance la main et saisit le premier volume qui s'offre à lui. Ce sont les Maximes de Larochefoucauld, il se rassoit et lit avidement.

Il y a déjà assez longtemps que Paul est dans la bibliothèque, mais il lit toujours, et le temps passe vite pour lui. Tout à coup il se sent frapper légèrement sur l'épaule, il se détourne et aperçoit monsieur Vermoncey qui lui dit en souriant :

— Ah! je vous y prends.

Le jeune commissionnaire rougit et se lève vivement, en balbutiant :

— Veuillez me pardonner, monsieur, si j'ai osé prendre un de ces livres... mais je devais attendre... et j'ai pensé que...

— Il n'est pas besoin de vous excuser, mon ami, ce n'est point une faute que vous avez commise... Ah! vous aimez la lecture, cela fait votre éloge au contraire... Que lisez-vous là?

— Les Maximes de Larochefoucauld.

— C'est un ouvrage un peu sérieux... et qu'en pensez-vous?

— Ce qu'il dit est bien triste... et ne fait pas penser beaucoup de bien des hommes... j'ai pourtant peur que cela ne soit vrai!

Monsieur Vermoncey regarde Paul avec surprise, et lui dit :

— Mais en vérité, mon ami, vous n'êtes pas un commissionnaire ordinaire; je m'étais déjà aperçu, en vous écoutant, que vous vous exprimiez beaucoup mieux qu'on ne le fait dans votre classe... aujourd'hui votre jugement sur ce livre me prouve que je ne m'étais pas trompé; vous avez donc reçu de l'éducation?

— Oui, monsieur. Un digne homme, qui n'avait pas d'enfant, s'intéressa à moi, il me prit chez lui... j'avais à peine dix ans, il eut la bonté de me faire étudier... et j'étais si heureux de ne point rester ignorant que je profitai assez bien des leçons qu'on me donna.

— Comment se fait-il, alors, que votre protecteur vous ait laissé devenir commissionnaire, puisqu'il vous avait fait donner de l'éducation? il devait achever son ouvrage, vous trouver un emploi.

— Ah! monsieur, ce n'est pas la faute de cet excellent homme, il m'avait placé auprès de lui comme son commis... mais à sa mort, je perdis tout! emploi et protecteur... c'est alors que je me fis commissionnaire... il fallait gagner de l'argent...

— Pour aider vos parents, sans doute?

Paul baisse les yeux et murmure bien bas :

— Oui... oui, monsieur... c'était... pour eux.

— Ah! je vous comprends! s'écrie monsieur Vermoncey, vous êtes un bon fils, vous avez sacrifié vos espérances, votre avenir à la nécessité qui vous disait qu'il fallait sur-le-champ secourir ceux qui vous avaient donné l'existence... pauvre garçon!... cette conduite est belle. Mais il faut que vous quittiez enfin un état qui n'est pas fait pour vous... Oui... oui... je me charge, moi, de vous trouver un emploi honorable et lucratif.

— Ah! monsieur... tant de bontés...

— Eh! non!... ce n'est que justice! On voit bien que vous ne deviez pas être commissionnaire! Vous savez écrire?

— Oui, monsieur, mon écriture est assez belle ; je sais aussi calculer...

— Très-bien ! soyez tranquille, je vous placerai. Je ne vous réponds pas que ce sera dans peu de jours, car à Paris les moindres emplois sont si courus qu'il en est rarement de vacants ; mais je vous promets que cela sera... oui, avant trois mois, vous aurez changé de position !...

— Mon Dieu, monsieur, comment ai-je mérité que vous me portiez tant d'intérêt ?

— D'abord par tout ce que vous avez fait, la première fois que je vous ai vu, pour m'aider à retrouver mon fils... et puis... vous m'avez plu sur-le-champ... j'ai deviné que vous étiez un bon sujet... Comptez sur moi désormais, je veux remplacer le protecteur que vous avez perdu...

— Ah ! monsieur.

Paul, par un mouvement involontaire, saisit la main de monsieur Vermoncey et la porte à ses lèvres, puis il la laisse retomber et se recule, comme s'il craignait d'avoir offensé le père d'Albert ; mais celui-ci, qui se sent tout attendri, lui prend lui-même la main, et la presse avec affection, en lui disant :

— Allons, allons, de la joie, mon ami, vous ferez votre chemin. Mais en attendant que votre position change, voulez-vous encore me faire une commission, me porter cette lettre et cette caisse que j'envoie à un de mes amis ?

— Oh ! tout ce que vous voudrez, monsieur, je suis à vos ordres... J'y serai toujours : lors même que ma situation changerait, mon dévouement pour vous resterait le même. Vous verrez que mon cœur n'est point ingrat.

Paul prend la lettre et la caisse, et se hâte de se rendre où monsieur Vermoncey l'envoie. Il s'acquitte de sa commission avec son zèle accoutumé, et son nouveau protecteur en le congédiant lui dit encore :

— Je ne vous oublierai pas, mon ami, je vais travailler à vous placer, car désormais je ne serai content que quand je vous verrai occuper un emploi digne de votre éducation et de vos manières.

Paul remercie encore monsieur Vermoncey, et s'éloigne en rendant grâce au ciel qui lui a fait trouver un nouveau protecteur. Alors il commence à croire que les charmants projets d'Élina s'accompliront, et que ces rêves de bonheur dont elle l'entretient si souvent pourront quelque jour se réaliser.

XXVIII. — LE VIN. — LE JEU. — LES COUPS.

Il est onze heures du matin ; Sanscravate, qui a fait une très-bonne journée la veille, en portant plusieurs billets doux pour des jeunes fashionables qui sont toujours généreux quand ils sont heureux, est allé comme de coutume se promener avec Jean Ficelle, qui le conduit toujours du côté du pont d'Austerlitz, à l'endroit où se tiennent ordinairement les jeux de hasard.

Tout en marchant, ces messieurs, qui se sont déjà rafraîchis plusieurs fois, causent d'une manière fort animée ; ce qu'il y a de plus plaisant, c'est que l'un parle d'une chose, et l'autre en raconte une autre, aucun d'eux ne s'écoute et ne se répond, ce qui ne les empêche pas de continuer.

— Oui ! dit Sanscravate, je n'y pense pas plus que si je ne l'avais jamais connue... Ah ! mon Dieu !... on me demanderait à présent quelle était la couleur des yeux de Bastringuette, que je serais embarrassé pour répondre... je ne m'en souviens plus...

— Et tu vois ben, dit Jean Ficelle, il y en a qui prétendent qu'on ne gagne jamais au jeu... Mais c'est des bêtises ! et la preuve c'est que moi, j'y aurais fait ma fortune, si je n'avais pas été un poltron !

— Après ça, pour dire qu'elle n'était pas gentille... qu'elle n'avait pas quéque chose d'agaçant !... je mentirais si je le niais... Mais toutes les femmes ont quéque chose d'agaçant... Parbleu !... il ne faut pas être amoureux pour s'en apercevoir...

— Tiens, je vas te faire une comparaison : Tu n'as rien... et tu risques ce que tu as... alors, tu gagnes !... Mais tu as quelque chose et tu as peur de la perdre... Alors, tu ne veux pas le risquer... et tu manques ta fortune !...

— Et cet autre qui me regarde toujours... qui a l'air de vouloir me parler... Oh ! qu'il y vienne... je le recevrai bien... Ce n'est pas que je l'ai vu dans Bastringuette. Non... ça, je dois en convenir... depuis ce jour... dans la rue Barbette... où nous avons rencontré Paul en monsieur... et ma perfide un peu plus loin... je ne l'ai jamais vu avec elle... et ils font bien de se cacher !... Car s'ils avaient l'air de me narguer... nom d'un nom !... ça irait mal !...

— Et puis ensuite... il y en a qui sont malins !... qui gagnent toujours... Je connais un particulier bien distingué qui se fait six francs par jour avec le Biribi, voilà un état qui m'irait !...

Tout à coup Jean Ficelle fait arrêter son camarade, en lui disant :

— Tiens, ils sont déjà en train de farceurs !... Ils travaillent de bonne heure ! ce ne sont pas des feignants !

Les commissionnaires étaient arrivés alors sur le bord de l'eau, devant un jeu de Table-basse, tenu par un grand gaillard qui n'était pas un moment sans parler, il étourdissait son auditoire par son babil continuel.

Beaucoup de gens d'assez mauvaise mine sont rassemblés autour du jeu. Mais en ce moment deux hommes de la campagne s'approchent, les spectateurs leur font place, et le banquiste leur présente un cornet avec des billes, en s'écriant :

— Allons, messieurs, tirez ! à tous coups on amène un lot, ce n'est que vingt sous par coup ; et pour vingt sous il ne tient qu'à vous de gagner une superbe montre en argent à répétition, ou un couvert de ce même métal, que vous aurez si l'on vous offre un couvert de ce même métal, que vous aurez le plaisir d'offrir à votre épouse ; ou une timbale... toujours du susdit métal, dont vous pourrez faire hommage à votre respectable mère, si vous avez encore le bonheur de la posséder.

Les paysans se laissent tenter, l'un d'eux prend le cornet, lance les billes, Jean-Pierre compte. (Jean-Pierre est le petit nom, le sobriquet que se donnent les banquistes.) Il compte avec une facilité, une dextérité extraordinaire ; sa manière d'additionner vous semble toujours juste, et pourtant on ne gagne jamais que des petits lots de la valeur de deux ou trois sous.

Jean-Pierre s'écrie :

— Allons, messieurs, continuez, poursuivez ! redoublez ! le coup a été bon pour Jean-Pierre, mais la veine va changer ! vous aurez les gros lots, messieurs, et Jean-Pierre sera enfoncé... Mais il sera toujours trop heureux de tenir ses engagements avec l'honorable société.

Le paysan qui, pour vingt sous, n'a gagné qu'une botte d'allumettes chimiques, joue de nouveau dans l'espoir d'être plus heureux, et bientôt le produit de ses choux, de ses haricots et de ses fraises passe dans les poches de Jean-Pierre.

Tandis que l'habitant de la campagne reste tout hébété d'avoir perdu son argent, un ouvrier s'approche à son tour du jeu de la table-basse, puis après avoir regardé quelque temps, il s'écrie :

— J'aime mieux le biribi !

— Voilà, monsieur ! voilà le biribi demandé ! s'écrie le croupier en tirant trois cartes d'un tablier attaché devant lui, et auquel est une poche monstre, dont l'ouverture béante semble prête à enfouir tout l'argent et toute la monnaie de la société.

Pendant que le banquiste dispose sa table de biribi et fait voltiger ses trois cartes avec une adresse remarquable, un autre ouvrier qui a suivi son camarade, lui dit :

— Ne joue donc pas, Benoît, viens ! c'est des bêtises ces jeux-là, tu sais bien qu'on y perd toujours.

— Comment, monsieur, vous prétendez qu'on perd toujours avec moi ! s'écrie le croupier après avoir craché pour parler avec plus de volubilité. Mais, monsieur, vous n'avez donc pas été témoin de tous les coups que je viens de perdre... il n'y a qu'un moment... demandez à l'honorable compagnie si depuis une demi-heure je n'ai pas payé plus de cent francs, oui, monsieur, cent francs ! et je ne dis pas trop, et je ne compte pas une montre d'argent qui m'a gagné ce monsieur là-bas, qui a de si beaux favoris ! ni les boucles d'oreilles en or pur et contrôlé que j'ai racheté douze francs à ce petit jeune homme qui est si content, et qui se promet d'en soulager sa vertueuse mère, laquelle, depuis soixante ans, désirait prendre du chocolat ! n'est-il pas vrai, petit jeune homme ?... Vous voyez, il vous montre ses douze francs qu'il presse sur son cœur... Là ! on ne gagne jamais avec moi, messieurs ; mais ce jeu est pur de toute tricherie, c'est à vous seulement de deviner où est la carte nommée biribi... Ce n'est pas ma faute quand vous ne devinez pas !... Elles sont énormes les sommes que j'ai déjà payées en perdant ! Après cela, si je vous disais que je perds toujours je mentirais ; non, messieurs, je ne perds pas toujours ; mais la chance est égale pour tous, et si vous avez le coup-d'œil juste, si vous devinez dans trois cartes... c'est bien peu... trois... rien que trois cartes !... si vous devinez, redis-je, celle qui est biribi, c'est indubitablement Jean-Pierre qui est enfoncé. Allons, messieurs, faites votre jeu ! je prise maintenant, et j'empoche. Tenez, regardez bien !... je prie comptant, je m'en vais, j'empoche ! Allons, messieurs, faites votre jeu ! je prie comptant, et j'empoche ! et je suis comptant, et j'empoche !... en voilà de ce quibus ! il ne tient qu'à vous qu'il passe de mes poches dans les vôtres.

Le banquiste termine son discours en tapant sur l'argent qui est dans son gousset, et l'ouvrier, étourdi par ce flux de paroles prononcées sans reprendre haleine, se décide à tenter la fortune ; il suit des yeux les trois cartes que Jean-Pierre fait passer de gauche à droite et de droite à gauche avec une vitesse qui fait mal aux yeux, puis, se croyant sûr de son affaire, il pose sur l'une d'elles tout l'argent qu'il a reçu pour sa semaine, et avec lequel doit vivre sa famille, il s'écrie d'un air exalté :

— Tenez vous tout ça d'un coup ?

— Pourquoi pas, monsieur ? Jean-Pierre ne recule jamais !... il tient tout ce qu'on veut... vos habits, vos mouchoirs à défaut d'argent !... Jean-Pierre fait tout pour vous être agréable.

— Ça va alors... v'là le biribi... Tournez.

Le banquiste tourne la carte, l'ouvrier a perdu... il demeure morne et consterné, tandis que le paysan, qui a aussi été dépouillé, rit d'un air bête, en disant :

— Il n'est pas plus malin que moi, celui-là !

Cependant, poussé par Jean Ficelle, qui se prétend certain de le faire gagner, Sanscravate se va laisser aller à jouer au biribi... mais un compère accourt, il vient de signaler un sergent de ville à l'horizon. En un instant, les jeux sont enlevés, fermés, emportés par les Jean-Pierre qui s'éloignent de toutes leurs jambes, tandis que les dupes

SANSCRAVATE. 69

restent là, tâtant leurs goussets vides, et se demandant : l'un, s'il retournera dans son village sans le produit de sa vente au marché ; l'autre, s'il osera reparaître devant ses enfants qui vont lui demander de quoi acheter du pain.

Sanscravate et Jean Ficelle se sont remis en marche ; ce dernier s'écrie :

— Nous sommes arrivés trop tard ! c'est dommage ! j'ai idée que nous aurions fait sauter la banque... et alors, quelle noce !... nous n'aurions pas travaillé de huit jours !

— Moi, j'aime mieux ne pas avoir joué, dit Sanscravate ; l'argent s'en va trop vite comme cela... et puis le jeu, c'est un vilain défaut !...

— Ah ! ouiche !... est-ce qu'il ne faut pas que l'homme s'amuse ? est-ce qu'il n'est pas né pour jouir de l'existence ?... Ce sont les capons comme Paul qui disent ça !... Moi, je soutiens que les jeux sont l'assaisonnement de la vie... tiens, une comparaison...

— Ah ! zut ! v'là un cabaret là-bas, j'aime mieux ça que ton birlbi.

Au moment où les deux commissionnaires vont entrer dans le cabaret, un homme les arrête par derrière, en leur disant :

— Est-ce qu'on passe fier comme ça devant un ami ?

Sanscravate se retourne ainsi que Jean Ficelle, et ce dernier pousse une exclamation de joie, en disant :

— Eh ! c'est Laboussole ! ce brave Laboussole !... Ah ! en voilà une surprise.

C'était en effet monsieur Laboussole qui était devant les deux commissionnaires ; mais sa mise était un peu moins misérable qu'autrefois : il portait une redingote de castorine marron, extrêmement longue et large, car il marchait presque dessus ; il était évident que ce vêtement n'avait pas été fait pour lui, mais cela ne l'empêchait pas de se carrer dedans, et de se regarder souvent avec complaisance, comme pour admirer sa redingote. Quant au chapeau, il était le même ; mais au lieu d'un morceau de toile à carreaux pour cravate, monsieur Laboussole avait un bausse-col noir en velours de coton ; ce col-cravate n'était pas de la première fraîcheur, néanmoins cela donnait à celui qui le portait quelque chose de guerrier. Ajoutez à cela une paire de moustaches qui n'était encore qu'à son adolescence, et qui s'obstinait à pousser noire d'un côté et grise de l'autre ; tel était Laboussole lorsqu'il arrêta les deux commissionnaires.

— Comment, c'est toi, vieux ! reprend Jean Ficelle en secouant la main de Laboussole. Y a-t-il longtemps qu'on ne t'a vu !... voilà trois mois et demi bientôt.

— Oui, dit Sanscravate, qui me semble pas aussi charmé de la rencontre, pas depuis le jour où nous étions ensemble à boire... rue Saint-Lazare... et qu'on est venu arrêter monsieur...

— Ah ! oui... en effet ! je me rappelle, répond monsieur Laboussole en prenant un air de bonhomie. Vous étiez présents lors de cette arrestation ... un quiproquo, mes enfants, un malheureux quiproquo, et pas autre chose !... On m'avait pris pour un autre... et après m'avoir gardé deux mois en prison, on s'est empressé de me relâcher... Ils m'ont même fait des excuses... que j'ai acceptées, mais c'est toujours fort désagréable. J'avais envie de plaider, de demander des dommages et intérêts, mais enfin, on m'a dit : Ton innocence n'a jamais été douteuse, la société t'a toujours rendu justice, ça doit te suffire.

— Oh ! pardié, j'ai toujours bien pensé que ton innocence n'était pas coupable, et je l'ai dit plus d'une fois à Sanscravate. N'est-ce pas, Sanscravate, que je t'ai dit : On a eu tort d'arrêter Laboussole, il est blanc comme ma chemise !...

Sanscravate fait un signe affirmatif, et Laboussole lui saisit la main et la lui secoue, en lui disant :

— Mes enfants, votre estime m'est bien agréable. Oui, certes, je suis au moins aussi blanc que la chemise de Jean Ficelle... peut-être plus même... mais je crois que vous entriez chez le marchand de vin, il ne faut pas que je vous en empêche.

— Au contraire, tu vas entrer te rafraîchir avec nous... Est-ce que des amis peuvent se revoir à sec !...

— Volontiers, mes enfants... entrons ; j'éprouvais justement le besoin de m'humecter.

Les trois hommes entrent chez le marchand de vin. Jean Ficelle demande une petite salle particulière ; on les sert dans une pièce où il n'y a que deux tables, mais aucune n'est occupée. On apporte du vin, et les verres sont plusieurs fois emplis et vidés. Monsieur Laboussole paraît enchanté d'avoir rencontré ces deux commissionnaires ; Jean Ficelle se montre aussi fort content, et après avoir bu quelques verres de vin, Sanscravate est devenu lui-même de fort bonne humeur.

— Ah çà, mais, dit Jean Ficelle en considérant Laboussole, il me semble, mon ancien, que les affaires ne sont pas devenues mauvaises de puis que nous ne t'avons vu ?... Sais-tu que te voilà mis comme un propriétaire de l'île Saint-Louis ?... Bigre... quel chic !...

— Oui, reprend Laboussole en se drapant dans sa castorine. Je suis maintenant dans une jolie passe !... J'ai un emploi dans une entreprise où il y a de l'idée que je ferai fortune.

— Diable ! t'es pas dégoûté !

— Et quelle espèce d'entreprise est-ce donc ? demande Sanscravate.

— Mes enfants, c'est quelque chose de neuf... d'ingénieux : figurez-vous qu'une société de capitalistes a eu l'idée de former une assurance contre les punaises, et généralement tous les insectes quelconques qui dévorent l'humanité... car vous n'ignorez pas que l'humanité est rongée par les insectes, et même si on n'y prend garde le monde doit finir par là. Or donc, cette entreprise a réalisé un capital social d'un million... Vous comprenez qu'avec un million ce serait bien le diable si on ne détruisait pas toutes les punaises de l'Europe... c'est une affaire superbe... les actions montent ! montent que c'en est effrayant !

— Tiens !... tiens !... drôle d'assurance...

— Messieurs, on assure tout !... l'existence... la fortune... les femmes... oui, messieurs, on va former une société qui vous garantira la fidélité de vos épouses, de vos maîtresses !... il n'y aura plus de cocus, messieurs. Quelle vaste entreprise ! et quel siècle que celui qui aura vu cela ! Mais on n'a pas encore pu réunir assez de fonds pour faire marcher l'affaire, il paraît qu'il en faut beaucoup !... A propos de cela, et votre tendre amie Bastringuette, je ne l'aperçois pas à vos côtés, mon cher Sanscravate... 'aurait-elle la rougeole ?

Sanscravate fronce le sourcil, en répondant :

— Oh ! il y a longtemps que je ne la vois plus ! que je ne pense plus à elle !

— Ah bah !... vous aurait-elle fait... ce que nous disions tout à l'heure...

— Apparemment !

— Allons ! allons, ne parlons plus de Bastringuette ! s'écrie Jean Ficelle. Tu vois bien, Laboussole, que cela donne de l'humeur au camarade.

— Oh ! pardon... mes enfants, pardon !... j'ai été imprudent !... c'est l'amitié qui m'égarait... buvons !...

— Et quelle place as-tu donc dans les punaises, toi ?

— Une fort belle, je suis inspecteur ; nous envoyons les commis préposés à la destruction, ensuite, j'arrive chez l'assuré, je le visite, je regarde, je fouille partout ! et après que j'ai passé par là, je vous défie de trouver la moindre chose chez lui.

— Est-ce qu'on exige des moustaches dans ton emploi, que tu laisses pousser les tiennes ?

— On n'en exige pas absolument, mais dans toutes les belles places on porte des moustaches, et j'ai senti que je me devais cela à moi-même. A votre santé, mes braves !... Au plaisir que j'ai de me retrouver dans votre sein !

Monsieur Laboussole devient attendrissant à force de sentiment. On boit, on trinque ; les bouteilles sont lestement remplacées par d'autres ; les têtes s'échauffent, surtout celle de Sanscravate, qui prend feu facilement. Bientôt Jean Ficelle demande un jeu de cartes au garçon marchand de vin, en s'écriant :

— Laboussole, je te fais une partie... un piquet... le jeu des gens honnêtes... seulement pour la chose de s'amuser, de passer le temps... et de voir si tu es fort.

— Je joue comme une huître, répond monsieur Laboussole, mais je ne t'en jouerai pas moins tout ce que tu voudras... Parce que je dis : La chance peut me venir... Buvons !...

Le garçon apporte des cartes. Jean Ficelle les prend et se place en face de Laboussole, en disant :

— A nous deux ! Sanscravate ne joue pas, il n'aime pas le jeu.

— Et pourquoi donc que je ne jouerais pas ? s'écrie Sanscravate en frappant sur la table avec force. Le piquet !... mais au contraire, c'est mon jeu favori... J'y suis très-fort.

— Eh ! tu joueras tout à l'heure !... répond Jean Ficelle en clignant de l'œil à son vis-à-vis. Laisse-moi d'abord battre l'inspecteur aux punaises.

La partie s'engage, ces messieurs déclarent qu'ils jouent deux francs à manger, on les met en numéro un, puis Laboussole perd une partie, puis une seconde, puis une troisième. Alors Jean-Ficelle se lève en riant et dit :

— Tiens, décidément tu n'es pas de force, mon vieux. Nous avons six francs à tortiller, c'est déjà gentil, je ne veux pas que tu te ruines pour nous régaler.

Sanscravate prend la place de Jean Ficelle, en disant à Laboussole :

— Est-ce que vous en avez assez ?

— Moi ! par exemple, est-ce que je recule jamais ? Je suis toujours là quand un camarade me propose une partie ! D'ailleurs, comme je vous disais tout à l'heure, la chance peut me venir, elle est femme, donc elle doit tourner souvent... Que jouons-nous ?

— Ce que vous voudrez...

— Une pièce de trente sous... en cent...

— Diable ! c'est bien cher !

— Il faut bien intéresser la partie...

— Allons, va pour trente sous !

La partie s'engage : Jean Ficelle se met derrière Sanscravate et se tient debout. Monsieur Laboussole lève souvent les yeux en l'air comme pour invoquer le hasard, et prier la fortune de lui être favorable ; dans ce mouvement, il rencontre toujours les regards de Jean Ficelle, qui joue du télégraphe avec ses doigts.

Sanscravate perd la première partie, et monsieur Laboussole s'écrie, avec son air de bonhomie :

— Vous le voyez, mes enfants, la chance peut tourner... c'est là-dessus que je me fie.

— Ma revanche ! s'écrie Sanscravate.

— Toujours, mon brave ! toujours à vos ordres : un joueur délicat, ne refuse jamais une revanche, sous peine de passer pour un carotteur, et on n'a jamais dit cela de moi... Mais du vin, d'abord, et buvons sec !... Le jeu m'altère horriblement !

Jean Ficelle se charge d'emplir les verres. Sanscravate perd la revanche, il en demande une autre qu'il perd encore ; mais Laboussole ne cesse de s'écrier :

— Vou- êtes pourtant beaucoup plus fort que moi !... Je ne conçois pas comment je puis vous gagner !

Sanscravate veut toujours des revanches, que Laboussole s'empresse d'accepter ; Jean Ficelle a soin que les verres soient aussitôt emplis que vidés. Le vin et le jeu ont bientôt étourdi Sanscravate au point qu'il sait à peine ce qu'il fait ; son adversaire, au contraire, conserve son sang-froid et y joint tous ses petits talents de société. Bientôt Sanscravate s'aperçoit qu'il a perdu tout l'argent qu'il avait sur lui ; il ne lui reste même pas de quoi payer le vin qu'il est bu, et dont il a aussi perdu une partie.

— Je vais payer pour toi, et tu me le devras, dit Jean Ficelle. Je ne suis pas capable de laisser un ami dans l'embarras.

Sanscravate est tout surpris en s'apercevant qu'il n'a plus le sou, car il possédait trente francs le matin. Il tâte toutes ses poches et s'écrie :

— Comment ! j'ai tout perdu... Je veux encore jouer... Je veux me rattraper !... Je joue à crédit !...

Mais monsieur Laboussole quitte la table et se lève, en disant :

— Mon brave, ce serait avec le plus grand plaisir que je vous donnerais une revanche, mais voici l'heure où mon devoir m'appelle. J'ai trois maisons à inspecter aujourd'hui... Si demain on y trouvait le moindre insecte, je perdrais mon emploi... Un emploi de mille écus, avec le logement, la bougie et les profits, ça ne se trouve pas sous la patte d'une oie. Je suis donc obligé de vous quitter, mes braves... mais nous nous reverrons bientôt ; j'irai vous trouver à votre établissement, au coin de la rue, et je donnerai à cet estimable Sanscravate toutes les revanches qu'il me demandera. Au revoir, mes enfants.

Monsieur Laboussole va secouer les mains des commissionnaires. En prenant celles de Jean Ficelle, il glisse dedans la moitié de l'argent qu'il vient de gagner à son camarade, chose qui était probablement convenue entre eux, puis il s'éloigne, en disant :

— La première fois que je vous reverrai, les amis, je vous donnerai des prospectus de notre entreprise, afin que vous voyiez si ça ne vous irait pas de prendre des actions. On a trois actions pour sept livres dix sous... Ça rapporte vingt pour cent garantis, et on reçoit en sus le portrait des inspecteurs, qu'on est libre de faire encadrer.

Laboussole est éloigné. Jean Ficelle paye la dépense et emmène Sanscravate. Celui-ci se laisse conduire, il est étourdi par le vin qu'il a bu ; il est de mauvaise humeur d'avoir perdu son argent, et plus encore d'avoir joué, car il y a au fond de son âme quelque chose qui lui dit que sa conduite n'est plus celle d'un bon sujet, et que la société de Jean Ficelle l'entraîne toujours à mal faire. Lorsque notre conscience nous parle ainsi, que nous entendons ses reproches, et que tout en cherchant à nous étourdir nous sommes mécontents de nous-mêmes, il y a encore lieu d'espérer que l'on reviendra dans la bonne route.

Il y a déjà quelque temps que les deux commissionnaires marchent à côté l'un de l'autre d'un pas un peu inégal. Jean Ficelle, qui aime à faire le beau parleur et qui se croit le talent d'enjôler son monde, est en train de faire à son camarade une comparaison pour lui prouver qu'un joueur qui a perdu tout son argent est bien plus près de gagner que celui dont les poches sont pleines. Sanscravate entend son compagnon sans lui prêter aucune attention ; son teint est enflammé, son regard est querelleur, il ne se range pour personne, et déjà plusieurs fois il a cogné rudement et failli renverser des individus qui passaient près de lui.

— Prends donc garde, lui dit Jean Ficelle, tu bouscules tout le monde ! Tu vas te faire de mauvaises affaires !...

— Pourquoi qu'ils se rangent pas ! Tant pis pour eux ! et après tout si quelqu'un n'est pas content, qu'il le dise !...

Tout à coup, en côtoyant les bords du canal, Sanscravate aperçoit au coin d'une rue un homme parlant avec action à une femme. Pousser un cri, s'arrêter et saisir le bras de son compagnon en le lui serrant de manière à le faire crier, tout cela est pour Sanscravate l'affaire d'un instant.

— Qu'est-ce donc ? demande Jean Ficelle presque effrayé.

— C'est lui... lui... Ah ! oui les voilà ensemble... Tiens... là-bas... à l'entrée de cette rue...

Jean Ficelle regarde, il reconnaît Paul parlant à Bastringuette avec feu et d'un air de mystère, et répond :

— Pardi ! ce sont les tourtereaux qui se sont donné rendez-vous par ici... loin de notre quartier pour n'être pas vus. Comme ça se trouve, toi qui disais que tu n'avais jamais aperçu Paul avec ta volage. Tu les vois aujourd'hui.

— Oui... et je doutais encore !.. Ah ! l'infâme ! mais il va me payer ses trahisons.

— Qu'est-ce que tu vas faire..... voyons, Sanscravate, pas de mauvaises batailles... donne-lui une gifle... Oh ! il l'a bien méritée, et puis filons ! car quoiqu'il passe peu de monde par ici, il faut éviter les badauds.

Sanscravate n'écoute plus son camarade, il se dirige à grands pas vers Paul, que Bastringuette vient de quitter, et qui va aussi s'éloigner en suivant le canal, lorsque Sanscravate se place devant lui, en s'écriant :

— Tu n'iras pas plus loin.

— C'est toi, Sanscravate, répond Paul en regardant le commissionnaire, mon Dieu ! qu'as-tu donc ? tes traits sont bouleversés !..

— J'ai que tu es un lâche... un gredin...

— Sanscravate !..

— Avec qui étais-tu, il n'y a qu'un moment ?

— Avec Bastringuette.

— Qui s'est sauvée à mon approche, parce qu'elle a eu peur que je ne lui donne une roulée... mais je ne bats pas les femmes, moi... c'est sur les hommes que je me venge... et tu vas te battre avec moi !

— Sanscravate, tu es dans l'erreur, je te le jure... je ne suis pas l'amant de Bastringuette... je ne lui parlais pas d'amour ; tu sais fort bien d'ailleurs que je suis amoureux d'une autre femme.

— Ça prouve que tu en aimes deux à la fois, v'là tout. Oh ! tu ne me tromperas plus avec ton air doucereux ! Tu es un fourbe... un traître... je te connais à présent !.. Allons, habit bas...

— Sanscravate, tu n'as pas en ce moment toute ta raison... quand tu seras plus calme, tu m'écouteras.

— Non, non, rien ! il y assez longtemps que je dévore mon affront... que je passe pour un sans-cœur... il faut en finir...

— Mais tu te trompes... écoute-moi...

— Rien... battons-nous...

— Je ne me battrai pas avec toi, je te l'ai déjà dit.

— Et moi je saurai bien t'y forcer...

— Oui, oui, dit Jean Ficelle qui est alors derrière Sanscravate, quand on détourne la maîtresse à un ami, on ne peut pas lui refuser une satisfaction.

Paul jette un regard de mépris sur Jean Ficelle, et va lui répondre, lorsque Sanscravate, arrivant près de lui comme un furieux, lui met son poing contre le visage, en s'écriant :

— Te battras-tu ?

— Non... car tu es gris !... Je dois excuser tes sottises.

— Ah ! c'est comme ça ?...

Sanscravate, dont la jalousie achève de troubler la raison, s'élance alors sur Paul, et le prenant par le milieu du corps, le jette contre la muraille. Le jeune commissionnaire cherche à se retenir ; mais il trébuche, chancelle, et en tombant sa tête rencontre un pavé laissé par malheur en cet endroit ; l'angle du pavé lui fait à la tête une profonde blessure, et le sang qui en sort se répand aussitôt autour du blessé.

Paul n'a pas jeté un cri ; mais en voyant son sang couler, Sanscravate reste stupéfait, interdit, son visage devient d'une pâleur effrayante. Jean Ficelle lui saisit le bras, en lui disant :

— Filons !... filons... tu lui as donné son affaire, c'est tout ce qu'il fallait, à présent allons-nous-en...

— Mais il est blessé... son sang coule, murmure Sanscravate.

— Ah ! bah ! une égratignure... un rien... ça ne nous regarde pas.

— Non, je ne le laisserai pas ainsi ; je veux au moins le porter dans cette boutique là-bas, pour qu'on le panse.

Sanscravate se penche vers Paul qui, outre sa blessure à la tête, a aussi le bras gauche tout meurtri. Lui ôter sa veste, relever la manche de sa chemise afin d'examiner si cette blessure est dangereuse, tout cela est pour Sanscravate l'affaire d'un instant ; en mettant à nu l'avant-bras de Paul, il aperçoit alors une petite croix bleue parfaitement tracée... il va emporter le blessé dans une maison voisine, lorsque Bastringuette accourt ; en apercevant Paul blessé et baigné dans son sang, elle s'écrie :

— Quelle horreur ! ils l'ont assassiné... pauvre garçon !... pauvre Paul !

Et la grande fille qui a mis un genou en terre, a déjà relevé la tête du jeune commissionnaire, auquel elle prodigue des soins. En ce moment plusieurs personnes qui ont entendu des cris, s'approchent du blessé. Jean Ficelle tire encore Sanscravate par le bras, en lui disant :

— Eh bien !... tu vois qu'on n'a pas besoin de toi, et qu'il ne manquera pas de soins.

— C'est vrai... tu as raison, puisqu'elle est auprès de lui... je n'ai plus que faire ici ! partons !

En disant ces mots, Sanscravate s'éloigne précipitamment avec Jean Ficelle, sans retourner une seule fois la tête, comme s'il craignait de rencontrer les regards de Bastringuette.

XXIX. — UNE RÉUNION. — UN SOUVENIR.

Il y avait une brillante soirée chez un riche étranger qui était venu se fixer à Paris, parce qu'il trouvait que c'est dans cette ville que l'on sait le mieux s'amuser, varier ses plaisirs et se faire honneur de sa fortune. Cet étranger avait parfaitement raison ; et comme les Parisiens aiment beaucoup les gens qui leur donnent des dîners, des concerts, des bals, des raouts, des fêtes de toute espèce enfin, la demeure du riche étranger devenait le lieu de rendez-vous de bien du monde, et ses soirées étaient toujours très-suivies.

Peut-être les personnes qui tiennent à savoir avec qui elles se trouvent, qui craignent de s'asseoir à une table de jeu avec un monsieur ou une dame dont la position sociale n'est pas parfaitement établie, auraient-elles pu trouver matière à critiquer dans la société qui se réunissait dans les salons de monsieur Grazcernitz (c'est le nom du riche étranger); mais comme le nombre de celles qui aiment à s'amuser est considérable, ce monsieur était toujours certain d'avoir beaucoup de compagnie.

Pour être invité chez monsieur Grazcernitz, il suffisait de faire figure dans le monde, d'avoir un nom dans les lettres, dans les arts, dans le commerce; de bien chanter une romance, une chansonnette, de conter agréablement ou même de faire des calembours. Pour les dames, le riche étranger se montrait encore plus indulgent; une jolie femme, une dame à la mode, un bas-bleu, une artiste incomprise ou méconnue étaient toujours bien venues dans son salon.

Souvent on retrouvait chez des personnes que l'on ne rencontrait jamais dans les promenades ou dans les spectacles. Comme aux embarcadères des chemins de fer, on retrouve maintenant un ami qu'on n'a pas vu depuis plusieurs années, une maîtresse que l'on supposait partie pour la Russie, un vieil artiste que l'on croyait mort, enfin quelqu'un que l'on cherche inutilement dans les rues de Paris.

Or, les salons de M. Grazcernitz étaient assez habituellement fréquentés par monsieur et madame Plays. Monsieur y allait pour y conduire sa femme, et madame pour y étaler ses charmes, ses toilettes et y faire des conquêtes. C'était dans cette maison qu'elle avait fait la connaissance d'Albert Vermoncey.

Madame Baldimer allait aussi chez le riche étranger, c'était même dans ses réunions qu'on lui avait donné le surnom de la belle Américaine.

On rencontrait aussi là Balivan, le peintre distrait, le joyeux Mouillot, le magnétiseur Dupétrain, le jeune homme aux cils blonds, et monsieur Célestin de Valnoir, qui avait le talent de se glisser partout.

Tobie Pigeonnier s'était fait introduire chez monsieur Grazcernitz peu de temps avant la perte de son olive: il avait été enchanté de se trouver dans une réunion où le punch, les glaces, les gâteaux et les friandises de toutes espèces étaient prodigués aux invités. Depuis l'aventure de son fétiche, il n'osait plus retourner chez monsieur Grazcernitz, et ce n'était pas une de ses moindres contrariétés.

Madame Baldimer vient d'être annoncée. Elle entre dans les salons en donnant la main à monsieur Dupétrain, qui, à force de dire à cette dame qu'il lui ferait avoir le talent de magnétiser, d'endormir qui elle voudrait, est parvenu à être reçu chez elle.

La belle Américaine est resplendissante de toilette, de brillants, de bijoux; la beauté de sa personne, l'éclat de sa parure attirent tous les regards, et bientôt autour d'elle se forme un cercle et des conversations.

— Ce Dupétrain est-il heureux! dit un petit monsieur très-vilain; il est le cavalier de madame Baldimer... Conçoit-on le caprice de cette dame! choisir pour cavalier un homme laid... un homme qui n'a rien pour plaire... tandis que tant de jolis garçons, de gens de mérite lui font la cour?

— Qu'est-ce que cela prouve? répond un monsieur en riant au nez de celui qui vient de parler. Ne croyez-vous pas que Dupétrain est l'amant de cette dame!... elle accepte son bras au contraire parce qu'il est sans conséquence... D'ailleurs elle a été courtisée par bien d'autres qui, pour lui avoir servi aussi de cavaliers, n'ont pas été plus heureux. Cette belle dame me fait l'effet de s'amuser aux dépens de tous ceux qui lui font la cour.

— Vous croyez! Ne s'est-on pas battu aussi pour elle?

— Oui, je crois qu'il y a eu un duel... mais je ne sais pas entre qui.

L'arrivée de deux nouveaux personnages change le sujet des conversations. C'est monsieur et madame Plays qui viennent de pénétrer dans les salons. Le maître de la maison va au-devant de la superbe et massive Herminie, en lui disant:

— Eh! mon Dieu! madame, quel bonheur de vous voir!... il y a si longtemps que nous en sommes privés... Qu'êtes-vous devenue?... voilà plus de deux mois qu'on ne vous a aperçue dans le monde!... Je me suis informé plusieurs fois de vous, et l'on m'a dit:
« Madame Plays s'est retirée dans une de ses maisons de campagne, elle ne voit personne, ne reçoit personne, enfin elle s'est faite ermite. »

Madame Plays prend un air langoureux en répondant:

— C'est vrai... je ne suis pas allée dans le monde depuis bien longtemps!... Ah!... je ne voulais plus y retourner.

— A votre âge, madame, quand on fait l'ornement de la société!... la fuir!... mais cela n'est pas permis... C'est un délit... un vol que vous nous faites!... et vous souffriez cela, monsieur Plays?

Monsieur Plays prend aussi un air pénétré pour tâcher de ressembler à sa femme, et répond:

— Mon épouse m'avait emmené avec elle dans une de nos terres... c'était fort triste... nous n'étions que nous deux!... nous ne recevions

aucune visite... nous n'avions pas dit où nous allions... nous étions partis comme des sournois, tout d'un coup... mais après cela, quand on a des sujets de s'affliger... vous comprenez... et mon épouse avait certainement un motif de larmes bien fondé dans...

Madame Plays pince le bras de son mari, en lui disant à l'oreille:

— Taisez-vous... en voilà assez... taisez-vous... Qui est-ce qui vous prie de dire cela?

Monsieur Plays se tait et fait semblant d'avoir un accès de toux pour ne pas continuer sa phrase. Monsieur Grazcernitz prend la main de la belle Herminie et la fait asseoir sur un divan, près d'autres dames avec lesquelles elle ne tarde pas en entrer en conversation.

Cependant au bout de quelques instants, la dame qui est à la droite de la superbe Plays se lève et va s'asseoir dans un autre salon; peu de temps après celle qui est à sa gauche se lève et disparaît aussi. La belle Herminie est restée seule sur le divan; alors plusieurs jeunes gens s'approchent d'elle afin de lui débiter de ces lieux communs, de ces fades galanteries dont il se fait une si prodigieuse consommation dans les salons.

Un jeune homme qui vient de causer quelques instants avec madame Plays, la quitte bientôt et va dire à un de ses amis:

— C'est bien extraordinaire... je n'y conçois rien...

— Quoi donc?

— Tu vois bien cette dame là-bas... avec laquelle je causais tout à l'heure?

— Madame Plays?

— C'est cela.

— Eh bien, mon cher, je ne sais pas quelle espèce de parfum elle a sur elle, mais c'est à n'y pas tenir...

— Ah bah!...

— C'est un goût de vieux tabac... c'est épouvantable.

— Pas possible.

— Tiens!... voilà Alfred qui la quitte, tu vas voir...

— Alfred!

— Hein?

— Tu viens de causer avec madame Plays, as-tu senti...

— Oh! parbleu! c'est cela qui m'a fait sauver! certainement j'aime à fumer un cigare, mais une dame qui sent le corps de garde ce n'est pas agréable du tout. Il faut que cette dame chique!... il n'est pas possible autrement...

— C'est une habitude qu'elle aura prise dans sa retraite.

— Nous devrions aller le demander à son mari.

— Oh! par exemple! je n'oserais jamais!

— On voit bien que tu ne connais pas monsieur Plays! je te parie que j'ose, moi. Suivez-moi sans avoir l'air, et vous allez voir.

Le jeune homme qui vient de dire cela, se dirige vers monsieur Plays qu'il aperçoit dans une pièce voisine, debout près d'une table où l'on fait le wisth, qu'il regarde jouer avec beaucoup d'attention.

— Eh bien, monsieur Plays! dit le jeune homme en saluant l'époux d'Herminie, vous semblez bien préoccupé à regarder le jeu?

— Oui, en effet... je fais attention!

— Vous étudiez les finesses du whist?

— J'étudie tout!...

— Vous êtes fort au wisth!

— Moi... au contraire, je ne comprends pas encore ce jeu-là... il y a cependant dix ans que je le regarde jouer avec beaucoup d'attention... mais enfin j'espère qu'à force de regarder, je finirai par l'apprendre!... car ma femme veut absolument que je le sache... c'est pour cela que je m'entête à le regarder jouer.

— A propos de madame, monsieur Plays, elle est devenue une lionne dans sa retraite.

— Une lionne?... ma femme!... mais non, je vous assure... au contraire son caractère a pris plus de flexibilité... elle est fort douce.

— Vous ne m'entendez pas, monsieur Plays; par lionne nous voulons dire, nous autres fashionables, une femme excentrique, une femme très-avancée dans le progrès.

— Comment! vous trouvez ma femme avancée?

— Et en un mot une femme qui fume?... n'est-il pas vrai que madame votre épouse se livre maintenant à ce plaisir?

— Ma femme fumer!... jamais!... Oh! vous êtes complètement dans l'erreur... Ah! je devine pourquoi vous me demandez cela... vous avez trouvé qu'elle sentait le tabac, n'est-ce pas?

— Ma foi, oui, monsieur Plays... je l'ai trouvé; et s'il faut vous l'avouer, je ne suis pas le seul dans cette réunion qui ait fait cette remarque.

— Je vous crois, oh! je vous crois parfaitement, puisque moi-même je l'ai faite aussi, et ce n'est pas de ce soir seulement que ma femme sent le tabac à fumer... Depuis qu'elle m'a emmené dans notre terre où nous avons vécu comme des ours, j'ai fait la même observation... je me suis dit: Ma femme sent le tabac, et j'ai remarqué que cela allait toujours de plus fort en plus fort.

— Et vous n'avez pas demandé à madame d'où cela provenait...

— Pardonnez-moi: un jour je me suis permis de lui dire: Herminie, est-ce que tu fumes en secret?... si tu as ce goût ne te gêne pas pour moi... je t'en prie... fume à ton aise!...

— Eh bien?

— Eh bien, ma femme a trouvé ma question très-inconvenante, elle m'a corrigé... c'est-à-dire elle m'a ordonné... de ne plus... Ah! mais pardon... il paraît que voilà un coup intéressant... un monsieur qui fait le *Trick*... je vais tâcher de comprendre.

Monsieur Plays se remet à regarder jouer le whist, et le jeune homme s'éloigne avec ses amis sans être plus avancé.

Pendant que cette conversation avait lieu, madame Baldimer apercevant madame Plays seule sur un divan, était allée se placer près d'elle, et la superbe Herminie ne se doutait pas que c'était pour la belle Américaine que le volage Albert avait acheté un cachemire tout semblable au sien.

— Qu'étiez-vous donc devenue, madame? il y a un siècle que vous n'avez paru à aucune réunion, à aucune fête, et tout le monde s'en plaignait.

Le ton dont madame Baldimer a prononcé ces paroles pourrait, avec certaines gens, passer pour moqueur; mais madame Plays n'y voit que de l'amabilité, et elle répond en poussant un gros soupir:

— Je vous remercie, madame; vous êtes trop bonne de croire que l'on pense à moi, mais je m'étais confinée dans la retraite... et c'était bien naturel... après le cruel événement dont j'ai été la cause... et que je me reprochais si amèrement! que n'osais plus me montrer!...

Madame Baldimer, après avoir porté son flacon à son nez, en murmurant: C'est singulier, cela sent la tabagie ici! se rapproche de madame Plays en lui disant: — Comment?... vous avez été la cause d'un événement malheureux?

— Sans doute... est-ce que vous n'avez pas su cela?

— J'ignore entièrement ce que vous voulez dire.

— Je pensais que cela avait dû faire beaucoup de bruit dans le monde, c'est pour cela que je l'avais fui, que je n'osais plus y revenir!... et vous n'aviez pas entendu parler de ce duel?

— Un duel!...

— Certainement, pour moi... c'est-à-dire... je ne pensais pas que cela irait si loin... Ah! Dieu! il y a des femmes qui sont bien aises qu'on se batte pour elles; moi, j'en éprouve des remords affreux!

Madame Baldimer fixe sur Herminie des regards perçants, comme si elle voulait pénétrer le fond de sa pensée, puis elle reprend:

— Enfin, madame, qui donc s'est battu pour vous?

— Monsieur Albert Vermoncey et monsieur Tobie Pigeonnier... deux fous qui m'adoraient... Ah! quel malheur d'allumer de telles passions!... Ce jeune Albert m'avait trompée... c'est vrai... mais ce n'était pas une raison... Oh! que j'ai eu tort de dire que je voulais être vengée!...

— Monsieur Albert s'est battu pour vous?... et à quelle époque?

— La veille de mon départ pour ma terre... Il y a deux mois et demi...

— Eh bien! quel a été le résultat de ce duel?

— Horrible! madame, épouvantable... ce pauvre Albert a été tué

par ce petit Tobie!... tué d'un coup d'épée!... voilà ce dont je suis cause, et ce que je ne me pardonnerai jamais!

Madame Plays a porté son mouchoir sur ses yeux; mais au lieu de l'attendrissement qu'elle croit produire, elle voit madame Baldimer rire d'un air railleur, en s'écriant:

— Calmez vos remords, madame, ne vous désolez pas tant, je vous y engage, car les gens de l'autre pour vous se portent encore à merveille!...

— Comment... que voulez-vous dire, madame? s'écrie la belle Herminie en remettant son mouchoir dans sa poche.

— Je veux dire que le jeune Albert Vermoncey n'est pas mort.

— Pas mort... Albert!... Oh! c'est impossible, madame! c'est son adversaire qui est venu lui-même m'apprendre le résultat de leur funeste combat!... il n'a quitté Albert qu'après avoir été certain qu'il ne respirait plus... et même pour preuve de sa victoire il a pris sur sa victime un cigare qu'il m'a apporté, et que depuis ce temps je porte toujours là... sur mon sein... Oh! il ne m'a pas quittée depuis!...

Madame Baldimer se remet à rire avec encore plus de violence, c'est à peine si elle peut parler, enfin elle balbutie: — Ah! vous portez un cigare dans votre sein... Ah! je ne m'étonne plus de cette odeur de tabac dont je ne pouvais deviner la cause..., Ah! ah! ah! c'est fort drôle!... le trait est charmant!...

Madame Plays commence à se formaliser de la gaieté que son aventure cause à la belle Américaine, elle murmure avec dépit:

— En vérité, Madame, je ne vous croyais pas aussi insensible! rire parce qu'un jeune homme s'est fait tuer pour moi... ou du moins par un de mes chevaliers... je ne vois pas ce qu'il y a de plaisant dans toute cette affaire.

— Eh, mon Dieu! Madame, combien de fois faut-il donc vous répéter que vous êtes dans l'erreur?... qu'on s'est joué de vous. Monsieur Albert Vermoncey a eu un duel en effet à l'époque dont vous parlez; mais c'est avec le comte Dahlborne qu'il s'est battu, et je puis pouvoir vous assurer que vous n'étiez pour rien dans leur querelle... enfin, monsieur Albert a été vainqueur dans ce duel, c'est le comte qui a été blessé assez légèrement; quant au jeune Vermoncey, il a sur-le-champ quitté Paris après cette affaire; il a voyagé en Normandie, en Belgique, puis en Auvergne... et depuis hier il est de retour à Paris avec une jeune fille qu'il a enlevée, et qu'il ramène avec lui à l'insu de son père. Vous voyez que je suis bien instruite, Madame.

Madame Plays est restée stupéfaite, elle ne trouve pas un mot à dire; lorsqu'elle revient à elle son premier mouvement est d'ôter un petit bout de cigare qu'elle jette avec colère sous le divan sur lequel elle est assise. Enfin quand la parole lui revient, elle balbutie:

— Quoi, Madame... il serait possible... Monsieur Albert n'est pas mort... il existe ce monstre! ce perfide!.. vous en êtes certaine?...

Au moment où madame Baldimer va répondre, un nouveau personnage entre dans le salon où sont ces dames. C'est monsieur Vermon-

La grande fille qui a mis un genou en terre, a déjà relevé la tête du jeune commissionnaire. — Page 70.

L. DEGHOUY.

cey, le père d'Albert, qui vient pour la première fois chez monsieur Grazcernitz. Après s'être trouvé en société avec le riche étranger qui l'a constamment prié de venir à ses soirées, il a pensé que la politesse exigeait qu'il se rendît au moins une fois à ses réunions, et quoique n'aimant plus à aller dans le monde, il s'est décidé à se rendre ce soir-là chez monsieur Grazcernitz.

En apercevant le père d'Albert, madame Baldimer a changé de visage, sa bouche se serre, ses sourcils se rapprochent, son front devient sombre, et des éclairs semblent sortir de ses yeux qu'un feu nouveau vient d'allumer.

Monsieur Vermoncey a traversé le salon, il passe dans une autre pièce, madame Baldimer le suit des yeux, enfin lorsqu'elle ne peut plus l'apercevoir, ne pouvant résister à ce qu'elle éprouve, elle se lève vivement, sans même répondre à la tendre Herminie qui lui adressait une nouvelle question au sujet d'Albert, et se rend aussi dans la pièce où elle a vu entrer monsieur Vermoncey. Celui-ci vient de s'asseoir près du maître de la maison ; madame Baldimer se place en face de ces Messieurs, et, tout en ayant l'air d'écouter les galanteries de monsieur Dupétrain, qui vient de se rapprocher d'elle, son regard est presque toujours attaché sur les deux personnes qui lui font vis-à-vis.

Monsieur Grazcernitz fait alors passer en revue à monsieur Vermoncey, la société rassemblée dans le salon, et ainsi qu'un propriétaire qui aime à vous faire visiter sa maison jusque dans ses moindres détails afin de pouvoir vous vanter tous les agréments, toutes les commodités qu'elle renferme, ne vous faisant pas grâce du plus sombre couloir, du plus petit cabinet, ainsi le riche étranger, tout fier de sa nombreuse et brillante réunion, se plaît à faire l'éloge de ceux qui en font partie, ne citant pas un seul nom sans y ajouter une petite phrase pour lui donner du relief.

— Tenez, dit-il alors en désignant à monsieur Vermoncey un petit vieillard à la figure spirituelle et caustique, et dont la mise a quelque chose d'un gentilhomme campagnard, ce vieux monsieur que vous voyez, à votre droite est un riche propriétaire de la Bretagne, il passe dix mois de l'année dans ses terres ; quand il vient à Paris, il conserve son habit... Il a deux cent mille livres de rente... et c'est lui qui se moque des autres ; on a voulu le faire maire, sous-préfet... préfet même ! il a tout refusé... c'est un philosophe à l'instar de *Sénèque*, qui invitait au mépris des richesses en buvant du falerne dans une coupe d'or. Ce monsieur décoré qui vient lui parler en ce moment, est un chef de bureau, capitaine dans la garde nationale et membre du conseil de discipline ; c'est, dit-on, un homme très-influent... Celui-là ne méprise pas les places, au contraire, il en a trois et il postule pour deux autres. Voilà une dame charmante, ici à gauche... elle chante comme un ange, quand on peut l'accompagner bien, mais elle prétend qu'on ne sait jamais l'accompagner. Cette petite brune à côté d'elle n'est pas jolie, mais c'est un bas-bleu ! elle fait des vers, des romans, des pièces de

théâtre, elle travaille dans les journaux ; elle est rédacteur d'une feuille qui se distribue gratis, et qui a immensément d'abonnés. Oh ! voilà là-bas un des hommes les plus à la mode à Paris. Voyez quelle tournure élégante, on se dispute son tailleur... Il est resté une fois renfermé chez lui pendant toute une semaine pour savoir s'il ferait porter les gilets ronds ou les gilets pointus. Ce joli garçon près du piano est un excellent compositeur, qui fera un opéra quand il aura un poème de reçu. Ce grand monsieur maigre qui se tient debout près de la cheminée, est de la première force d'amateur sur le cornet à piston, il doit m'amener son frère qui cultive le trombone ; ils exécutent à eux deux des duos que l'on dit fort curieux. Ah ! dans le salon voisin, voyez-vous ce petit blondin au nez retroussé, à l'air évaporé ? c'est un chanteur du premier ordre pour la chansonnette ! il imite *Levassor*, il imite *Achard*, il imite tout le monde avec beaucoup de talent ; aussi c'est à qui l'aura, il fait fureur dans les réunions. Cette grosse dame avec laquelle il cause en ce moment a une voix de contralto magnifique... malheureusement elle ne veut jamais chanter !

Monsieur Vermoncey écoutait d'un air assez distrait ce que lui disait le maître de la maison ; depuis quelques instants ses yeux venaient de rencontrer ceux de la belle Américaine, et en regardant cette dame il avait éprouvé un sentiment dont il ne pouvait pas bien se rendre compte ; était-ce simplement de l'admiration pour la beauté de madame Baldimer, était-ce de la curiosité ? sa vue éveillait-elle en lui d'amers souvenirs ? c'est ce qu'il ne savait pas encore bien lui-même ; mais au moment où monsieur Grazcernitz lui faisait un pompeux éloge d'un petit garçon de neuf ans qui, disait-il, jouait déjà du violon comme *Paganini*, monsieur Vermoncey l'interrompt, en disant:

— Pardon, monsieur Grazcernitz, mais quelle est donc cette dame qui est assise en face de nous, et qui nous regarde en ce moment ?

— Cette dame, répond l'amphytrion tout en faisant signe au petit garçon de venir à lui, eh ! mais c'est une fort jolie femme... belle, grande, bien faite... Il joue sur la quatrième corde des variations sur l'air du *Roi d'Yvetot*, c'est, dit-on, ravissant.

— Excusez mes questions... Mais il y a dans les traits de cette dame une expression qui ne me semble pas inconnue.

— C'est une dame très à la mode !... Tous les hommes en sont amoureux !... Il doit aussi faire quelque chose d'extraordinaire sur la chanterelle, toujours à l'instar de *Paganini* ?

— Mais son nom ? s'il vous plaît.

— C'est le petit Adolphe Kromiousky... Il est Polonais.

— Je vous demande le nom de cette dame qui est assise en face de nous.

— Ah ! c'est madame Baldimer, que l'on a surnommée dans le monde la belle Américaine !...

— Madame Baldimer... Cette dame serait... Ah ! je ne m'étonne plus si sa vue me causait une émotion dont je ne pouvais me rendre compte !... Ah ! c'est là cette dame Baldimer !

Elle ne tarde pas à courir se jeter dans les bras du commissionnaire. — Page 76.

— Vous la connaissez?

— Oh! non, pas moi!... mais mon fils en a été fort amoureux, il a eu un duel pour cette dame.

— Cela ne m'étonne pas. Je vous dis qu'elle tourne la tête à tous les hommes!

— Et il paraît que son plaisir est de faire battre entre eux ses adorateurs... Ah! je ne la trouve plus belle, et je sens que la vue de cette dame me fait mal!...

— Votre fils y a-t-il été blessé?

— Non, grâce au ciel, mais il aurait pu être tué, et la coquetterie de cette dame m'aurait privé du seul enfant qui me reste.

— Voulez-vous que je vous présente le petit Aldolphe Kromiousky?

— Ah! tout ce qui vous fera plaisir!...

Et monsieur de Vermoncey se lève et passe dans une autre pièce, empressé de s'éloigner de madame Baldimer, et suivi du maître de la maison.

— Mais où allez-vous donc? voilà le jeune Kromiousky... Il ne nous jouera rien ce soir, mais il est en train d'étudier un grand morceau de *Paganini*, qu'il exécutera sur un violon qui a appartenu à *Paganini*.

Monsieur Vermoncey est allé s'asseoir dans un salon où l'on fait de la musique; il n'y est pas longtemps sans y apercevoir madame Baldimer, qui est venue de nouveau se placer en face de lui, et qui a presque toujours les yeux tournés de son côté.

— C'est singulier, se dit monsieur Vermoncey, il semblerait que cette dame me poursuit! elle me regarde d'une façon qui n'est pas ordinaire; est-ce qu'on lui aura dit que je suis le père d'Albert... Et pense-t-elle que c'est grâce à mes conseils que mon fils a cessé de la voir?... Oui, c'est sans doute le motif de ses regards sans cesse fixés sur moi... Voudrait-elle aussi me forcer à rendre hommage à ses charmes... Je veux lui prouver qu'elle prend une peine inutile.

Monsieur Vermoncey quitte le salon de musique et passe dans celui où l'on joue et qui est peu visité par les dames. Une place se trouve vacante à une table de bouillotte; le père d'Albert s'y met en disant:

— Cette dame ne me poursuivra pas jusqu'ici!...

Mais il n'y a pas cinq minutes qu'il est au jeu lorsque la belle Américaine vient s'asseoir sur une chaise qui, cette fois, est tout à côté de lui.

Monsieur Vermoncey se sent troublé, la conduite de cette dame lui paraît si singulière qu'il en éprouve presque de la terreur. Cependant comme il n'est pas forcé de la regarder, il continue de jouer sans se tourner de son côté, n'étant pas obligé d'adresser la parole à une dame qu'il voit pour la première fois.

Mais plusieurs jeunes gens et le magnétiseur Dupétrain ne tardent pas à venir près de la belle Américaine, et la conversation s'établit entre elle et ces messieurs:

— Comment! madame, vous venez dans le salon de jeu?

— Et pourquoi pas, monsieur? Est-il donc défendu à une dame d'entrer ici?

— Non sans doute, mais venir regarder jouer quand on préfère la danse vous réclame, car on vient de commencer à danser.

— Eh bien! messieurs, si je préfère le jeu à la danse, ne puis-je donc donner la préférence à ce qui me plaît?

— Oh! ce n'est pas possible!... Une jolie femme préférer le jeu à la danse!...

— Nous vous avons entendu dire quelquefois que vous détestiez les cartes.

— N'ai-je pas pu changer de goût! Demandez à monsieur Dupétrain, lui qui est doué de la seconde vue, il vous dira peut-être ce qui m'attire dans ce salon.

— Moi, belle dame, ah! je vous forcerais bien à vous le dire, si vous vouliez me laisser vous endormir!

— Oh! pas en ce moment, il me semble que le lieu serait mal choisi! Mais en endormant les dames vous pouvez, monsieur Dupétrain, leur rendre souvent de grands services... Si je vous avais connu plus tôt, je vous aurais prié de me tirer l'horoscope d'une jeune fille... à laquelle je m'intéressais beaucoup!

— Et que lui est-il donc arrivé à cette jeune fille... Etait-elle jolie?

— Charmante!...

— Oh! alors c'est une histoire d'amour.

— Mon Dieu! oui, messieurs, comme vous dites c'est une histoire d'amour... de séduction! une histoire très-ordinaire pour vous! Mais nous autres femmes cela nous intéresse toujours!

— Oh! voyons l'histoire de votre jeune fille, madame.

— « Je vous assure qu'elle ne peut intéresser que ceux qui en ont connu les principaux acteurs. C'était une jeune brodeuse bien pauvre, et pourtant bien sage jusqu'au moment où un jeune homme, qui n'était guère plus riche qu'elle, lui fit la cour... La jeune fille se laissa séduire, son cœur se donna et elle succomba!... car le jeune homme lui avait fait les plus belles promesses, comme les hommes en font quand ils veulent nous tromper... La pauvre petite devint mère, et au lieu de travailler quatre fois plus pour lui donner de quoi élever son enfant, le séducteur lui fit porter avec ces malheureux élevés par la charité publique, çi qui ne connaissent pas leurs parents... Oh! cela vous indigne, n'est-ce pas, messieurs! Quand la jeune fille demandait

à voir, à embrasser son enfant, on l'abusait par de fausses paroles... Mais enfin elle sut la vérité, et pendant qu'elle se désolait en redemandant son fils... car c'était un fils qu'elle avait, son séducteur était occupé à faire la cour à une demoiselle qui avait de la fortune. Bref, ma jeune fille mourut, et le monsieur se maria, devint très-riche, et fut très-considéré dans la société. Vous voyez, messieurs, que mon histoire ressemble à tout ce qui se passe journellement dans le monde. »

Monsieur Vermoncey n'a pas perdu une parole de ce que madame Baldimer vient de raconter; dès les premiers mots de son récit, une pâleur effrayante a couvert son visage, de grosses gouttes de sueur paraissent sur son front, il ne sait plus ce qu'il joue, il tient ses cartes sans les voir, enfin les personnes dont il fait la partie lui disent:

— Vous vous trouvez sans doute indisposé. Quittez le jeu, allez prendre l'air.

Monsieur Vermoncey ne sait pas ce qu'il répond; il lui semble qu'il n'aura pas la force de s'éloigner, car ses genoux fléchissent, ses jambes se dérobent sous lui. Cependant il fait un dernier effort, il se lève et veut quitter la table, mais pour reculer sa chaise il faut qu'il dérange cette dame qui s'est assise tout contre lui.

Il se tourne vers elle, en balbutiant quelques mots. Madame Baldimer venait de terminer son récit, et tous ceux qui l'avaient écoutée s'écriaient que l'histoire était fort intéressante. La belle Américaine fixe ses regards perçants sur monsieur Vermoncey en lui disant:

— Et vous, monsieur, que pensez-vous de mon histoire? vous a-t-elle aussi intéressé?

Le père d'Albert murmure quelques paroles que l'on n'entend pas, puis, étant parvenu à se frayer un passage, il sort brusquement des salons toujours poursuivi par les regards de madame Baldimer, qui semble jouir de son trouble et de sa pâleur.

Pendant que tout ceci se passait dans le salon de jeu, madame Plays, quittée par madame Baldimer, s'était levée aussi et mise à la recherche de son mari qui s'était permis de s'éloigner de la table de whist pour aller regarder danser. Sa femme l'aperçoit enfin derrière un quadrille, elle lui saisit le bras et l'entraîne dans un coin, en lui disant:

— Je vous trouve... c'est bien heureux!

— Ma chère amie, excuse-moi si j'ai quitté les joueurs de whist, répond monsieur Plays intimidé par l'air agité de sa femme; mais je t'assure que je commence à comprendre; il y a un des joueurs qui a dit à un autre: Nous avons le trick! d'où je conclus qu'on a le trick comme on a le *nain jaune* ou le double six... tu vois que je comprends le whist.

— Eh! Monsieur, il est bien question du jeu!... c'est d'une chose bien plus importante que j'ai à vous entretenir.

— Tu as l'air d'avoir bien chaud... veux-tu une glace?...

— Mais laissez-vous donc et écoutez-moi: Albert n'est pas mort!

— Ah bah!... ce jeune homme qu'on a tué en duel pour toi?

— Oui, Albert Vermoncey dont on m'accusait d'avoir causé la perte... dont je pleurais le triste sort... il existe... il est à Paris.

— On ne l'a donc pas bien tué?

— Eh! mon Dieu, vous voyez bien qu'on ne l'a pas tué du tout.

— Tant mieux! car c'était un fort aimable garçon, et comme cela tu n'auras plus de remords, tu ne verseras plus de larmes sur sa fin prématurée.

— Comment, tant mieux!... mais alors, monsieur, vous ne comprenez donc pas qu'on s'est moqué, joué de moi de la manière la plus indécente!... qu'Albert n'est pas mort... je veux bien ne pas en être fâchée, quoiqu'il se soit conduit avec moi fort malhonnêtement!.. mais pourquoi venir me dire qu'on l'a tué d'un coup d'épée... pourquoi me rapporter un cigare en me disant qu'on l'a trouvé sur lui?.. Et moi qui ai la bonté de me désoler, de me désoler, d'aller m'enfermer dans la retraite pendant deux mois... de n'y voir que vous! de m'ennuyer à périr!... et de porter constamment dans mon sein ce cigare soi-disant trouvé sur Albert expirant.

— Ah! tu portais un cigare sur toi!... c'est donc cela que tu avais un goût... ces troupiers... et qu'on m'a dit ce soir : madame votre épouse est une lionne!..

— Vous voyez bien, monsieur, qu'on s'est moqué de moi de la façon la plus indigne... Oh! mais cela ne se passera pas ainsi! monsieur, j'espère que vous ne souffrirez pas qu'on s'amuse aux dépens de votre femme... aux vôtres par conséquent, car manquer à une femme, c'est manquer à son mari! et on m'a horriblement manqué...

— Mais, ma chère amie, qu'est-ce que tu veux que je fasse à tout cela, moi?

— Ce que je veux!.. quelle question! je veux que vous vous battiez avec l'insolent qui m'a menti!

— Comment! tu veux encore faire tuer ce pauvre Albert... à peine si tu sais qu'il existe...

— Non, monsieur, ce n'est plus d'Albert qu'il est question! mais de ce petit monsieur qui s'est permis de venir me dire qu'il l'avait tué en duel... Connaissez-vous Tobie Pigeonnier?

— Tobie Pigeon...

— Vous avez dû le voir deux ou trois fois ici...

— Ah! oui... un petit jeune homme gras... oh! je me le rappelle fort bien... il est très-joli garçon!

— C'est un petit polisson qui ment avec un aplomb imperturbable. C'est lui qui m'avait offert d'être mon chevalier, de me venger... c'est lui qui m'a apporté ce malheureux cigare... heureusement que j'ai fort mal reçu sa nouvelle; mais c'est égal, il est cause que j'ai pleuré, que je me suis abîmé les yeux... que je n'ai vu que vous seul pendant deux mois : je ne lui pardonnerai jamais cela!.. Vous irez le trouver, monsieur, et vous lui demanderez raison...

— Comment, ma chère amie, un duel?

— Je le veux.

— Mais c'est défendu maintenant.

— Ça m'est égal.

— Je ne sais pas me battre.

— Tout le monde sait tirer le pistolet.

— Je n'ai jamais essayé.

— Dès demain matin je vous mène au tir de Lepage ; vous y passerez six heures, et en sortant de là vous tirerez suffisamment pour avoir un duel.

— Mais si monsieur Tobie refuse...

— Alors vous aurez le droit de lui appliquer une correction d'un autre genre... vous emporterez votre rotin en cas de besoin.

— Mais, Herminie...

— Mais, monsieur, je vous dis qu'il faut qu'il en soit ainsi, et maintenant partons, je ne reviens plus en société avant d'avoir été vengée ; car il m'a déjà semblé aujourd'hui que l'on s'éloignait de moi ; que les jeunes gens riaient, chuchotaient entre eux en me regardant..

— C'était votre cigare qui en était cause, madame.

— N'importe ; quand vous aurez corrigé celui qui s'est amusé à mes dépens, les autres ne seront pas tentés de l'imiter. Partons, monsieur.

Et la superbe Herminie emmène son mari, qui n'est pas content du tout d'être obligé de se battre, et qui pour la première fois cherche dans sa tête comment il fera pour désobéir à sa femme.

XXX. — UN DÉMÉNAGEMENT. — UNE SURPRISE.

Le temps est sombre, humide et froid. Sanscravate, assis à sa place, a l'air aussi triste que le temps. Parfois ses regards errent de côté et d'autre, souvent ils s'arrêtent à l'endroit où Paul se mettait, puis ils reviennent se fixer sur les dalles qui sont sous ses pieds, il appuie sa tête dans ses mains et demeure ainsi sans bouger.

Jean Ficelle se promène devant son camarade, sifflant ou chantant entre ses dents et de temps à autre mordant dans un gros morceau de pain sur lequel il frotte un oignon cru, paraissant prendre ce repas que par nécessité et non pour son agrément.

— Sacredié! s'écrie tout d'un coup Jean Ficelle en s'arrêtant devant son camarade. J'ai beau faire mon possible pour trouver ça bon... c'est fichu! le pain et l'oignon tout sec ça ne vaudra jamais du veau rôti! C'est un triste déjeuner que je fais là!... mais quand on crève de faim, il faut bien bourrer son polisson de venir avec n'importe quoi!... Si du moins on pouvait arroser cela avec du piqueton! mais rien dans les goussets pour se payer le plus petit canon... Et ce marchand de vin là-bas qui ne veut plus faire crédit, sous prétexte que je lui dois déjà! Comme c'est malin!... Parbleu! si je ne lui devais pas, c'est qu'il ne m'aurait pas fait crédit! Le monde est du tout raisonnable. Dis donc, Sanscravate, le commerce va bien mal depuis quelque temps... Nous ne gagnons presque rien.

— Ce n'est pas étonnant ; quand nous avons quelques sous tu m'emmènes bien vite pour les manger! alors on vient, on ne nous trouve plus à notre place et l'on en prend d'autres... c'est comme ça que j'ai perdu presque toutes mes pratiques.. Ah! je sens bien que je me conduis mal!... ce n'est pas en courant les cabarets, en ne voyant que des flâneurs que t'amasserai de l'argent... Qu'est-ce qu'on doit penser de moi au pays?... je n'ose plus écrire à mon père... et ma sœur, ma petite Liline, à qui je voulais amasser une dot!... Nom d'un nom! je suis un lâche!... et dire que je n'ai pas la force de redevenir travailleur comme autrefois... Ah! c'est que... quand on a un chagrin dans le cœur... on n'est plus bon à rien!...

— Allons!... ta, ta, ta, te v'là parti, toi!... tu te fais des reproches, et de quoi donc?... Sanscravate, t'es pas un homme!... est-ce notre faute si les commissions n'arrivent pas... Non... parce que nous allons quéque fois licher hors barrière, tu dis que nous perdons nos pratiques... eh v'là une bêtise... Tiens, je vas te faire une comparaison pour te prouver que les pratiques viennent tout de même quand nous n'y sommes pas. V'là Paul, ce gringalet qui se mettait là-bas... et qui n'y est pas revenu depuis quinze jours, par la raison que tu l'as bousculé de manière qu'il s'est un peu gâté en tombant, eh ben, depuis quinze jours qu'il n'est pas venu à sa place, est-ce qu'on n'est pas venu au moins vingt fois le demander, pour qu'il aille chez monsieur Vermoncey qui avait besoin de lui... et il y a eu un jour, tiens, pendant que tu étais en course, est-ce que ce monsieur n'est pas venu lui-même le demander? C'est un homme qui a l'air cossu ; il s'est adressé à moi...

c'est le père de ton ancienne pratique, monsieur Albert... Ah! v'là un jeune homme qui te payait généreusement, comme l'argent roulait avec lui... quel dommage qu'il ait quitté Paris!... comme nous aurions des roues de derrière à fricoter!

— Mais, enfin, que t'a dit monsieur Vermoncey?

— Pardi! il m'a dit comme ça : Dites-moi donc, mon garçon, votre camarade qui se mettait là-bas, le jeune Paul, il n'est plus jamais à sa place, qu'est-il donc devenu, est-ce qu'il serait malade?... Moi, tu comprends, pas si bête que d'aller lui dire la vérité, je lui réponds: Non, monsieur, il ne vient plus depuis quelque temps, je crois qu'il se sera retiré des commissions. Mais moi, monsieur, je suis là pour vous en faire, dites-moi ce que c'est, je vais y aller. Là-dessus il me répond: J'avais besoin de voir votre camarade, de lui parler, je m'intéresse à lui, où demeure-t-il? pouvez-vous me donner son adresse?... Attendez, que je lui dis : il demeure dans une rue dont je ne sais pas le nom, mais je crois que c'était numéro deux ou quatre, un numéro pair bien sûr! Là-dessus il a filé d'un air de mauvaise humeur, et je me suis dit : Enfoncé la pratique!

— Mais si ce monsieur a vraiment affaire à Paul... pourquoi ne pas le lui avoir envoyé?

— Le plus souvent!... je vais envoyer des pratiques aux autres quand nous en manquons!... ce serait trop pâte ferme! et d'ailleurs est-ce qu'il nous a jamais dit son adresse, le sournois... est-ce que nous la savons?

— Non, mais depuis cette malheureuse chute... que je lui ai fait faire, tu sais bien qu'il loge chez Bastringuette... je pense est-ce que quj a soin de lui... tu le sais... puisque c'est toi qui me l'as dit.

— Oui, certainement qu'il est chez elle!... au lieurse de l'avoir fait conduire à l'hôpital où il aurait été soigné gratis, elle l'a pris chez elle... elle est sa garde-malade, la sœur du pot!... Faut-il aimer un homme! manger ainsi tout son argent en tisane pour lui... en drogue! en médecine! mais il paraît qu'elle l'aime... à feu et à sang!...

Sanscravate se ronge les ongles, ses dents et se tait. Ce n'est qu'au bout de quelques instants qu'il murmure :

— Et cette blessure... est-ce qu'il ne va pas mieux... est-ce qu'il ne sera pas bientôt guéri?

— Ah! je sais pas! c'est-à-dire si... il va mieux de la tête, c'est guéri ; mais il paraît que c'est du bras que ça se passe plus long; il s'était démantibulé quéque chose en tombant, et ça ne se remet pas tout de suite.

— Ce qui me surprend, dit Sanscravate après un moment de silence, c'est que la petite couturière n'est pas venue une seule fois nous demander de ses nouvelles depuis quinze jours!...

— Ah! pardi, elle aura fait comme lui... quéque autre amourette... et la preuve c'est qu'elle ne vient plus de si bonne heure à son ouvrage; et elle file ben plus tôt!... elle a sans doute des rendez-vous où elle court... Ah! décidément je peux pas avaler ça sec... ça me gratte la gorge... faut que je boive un canon à l'œil... Sanscravate, viens donc chez le marchand de vin qui est plus loin... là-bas à droite... tu diras que c'est pour ton compte, il te fera crédit.

— Non, je ne veux plus demander de crédit... quand on n'a pas d'argent on boit de l'eau.

— Mais es-tu bête!... au contraire ; quand on n'a pas d'argent on se soûle pour se distraire... Allons, viens donc... c'est moi qui régale... je te le devrai.

— Non, je n'irai pas.

Le ton décidé avec lequel Sanscravate vient de lui répondre fait comprendre à Jean Ficelle que ses instances seraient inutiles ; haussant les épaules d'un air de pitié, il s'en va seul, en disant :

— A ton aise!... je me passerai de toi et je trouverai bien un ami qui m'offrira une bouteille.

Sanscravate éprouve une secrète satisfaction de n'avoir pas cédé à Jean Ficelle, il repose de nouveau sa tête dans ses deux mains ; il pense... probablement à Bastringuette qu'il a juré d'oublier... tout à coup il se sent frappé légèrement sur l'épaule, il lève les yeux : Albert est devant lui.

— Comment! c'est vous, monsieur! s'écrie le commissionnaire joyeux de revoir sa bonne pratique. Ah! y a-t-il longtemps qu'on ne vous voit vu... je parlais encore de vous tantôt à l'heure.

— Oui, Sanscravate, c'est moi ; je ne suis de retour à Paris que depuis huit jours, et il y a plus de deux mois que j'étais absent. Mais j'ai besoin de toi sur-le-champ... Es-tu libre?

— Toujours, monsieur, toujours à vos ordres!... oh! vous savez que je vous suis dévoué.

— Oui, oui, je connais ton zèle, je sais que je puis aussi compter sur ta discrétion, et c'est pour cela que je suis venu te chercher. Écoute, il faut ici de l'activité... J'ai ramené avec moi à Paris une jeune fille charmante.

— Oh! bon!... je vous reconnais là, monsieur!

— Tu comprends qu'il ne faut pas que mon père sache rien de cette aventure!...

— Oh! oui, monsieur.

— J'avais loué ma jeune amie dans un joli petit logement que j'avais d'avance fait meubler ; c'était dans un quartier éloigné, rue de Grenelle-Saint-Germain, j'espérais bien ne jamais rencontrer mon père en allant par là. Pas du tout, le hasard veut qu'un de ses meilleurs amis, qui a déménagé pendant que j'étais en voyage, soit venu se loger positivement en face de la maison où j'ai conduit la personne que j'aime.

— Ah ! bigre !... ça ne peut plus aller !... faut changer de logement.

— Justement, j'ai appris cela hier, et j'ai déjà loué un charmant petit logement rue Grange-aux-Belles, près du canal... Oh ! pour cette fois je réponds bien que mon père ne me rencontrera pas là ! il s'agit donc de déménager bien vite les meubles de l'appartement rue de Grenelle et de les transporter rue Grange-aux-Belles.

— Il n'y a rien de plus facile.

— Tiens, voilà de l'argent, procure-toi sur-le-champ une voiture, tout ce qu'il te faut... voilà les adresses... tu demanderas l'appartement de madame Albert... c'est le nom que j'ai donné à ma jeune fille... Le logement est petit, rien que deux pièces et un cabinet, tu auras bientôt enlevé tout cela... Voyons, combien de temps te faut-il ? il est neuf heures et demie.

— Eh ben, monsieur, à deux heures tout sera placé, rangé, dans l'appartement de la rue Grange-aux-Belles.

— A deux heures... fort bien ! tu es un garçon précieux. Je vais emmener déjeuner ma jeune amie pour qu'elle n'ait pas tous les ennuis d'un déménagement, et à deux heures je la ramène à son nouveau logement, tu nous y attendras, et ne ménage pas l'argent !

Albert s'éloigne rapidement, et Sanscravate range ses crochets en se disant :

— A la bonne heure !... ça va rouler ! la bonne pratique est revenue ! comme j'ai bien fait de ne pas aller avec Jean Ficelle, j'aurais manqué cette affaire-là... et ce Paul qui me disait de me méfier de monsieur Albert... des commissions dont il me chargerait... Ah ! le traître ! c'est de lui que j'aurais dû me méfier, il est chez Bastringuette... c'est elle qui le soigne... il paraît qu'elle l'aime fièrement, comme dit Jean Ficelle... être trahi par un ami !... Allons ! il ne s'agit pas de tout ça !... vite, à ma besogne, je n'ai pas de temps à perdre.

Sanscravate se procure une voiture avec un cheval, et il se rend au logement de la rue de Grenelle, il demande l'appartement de madame Albert. Le portier, qui était prévenu et bien payé par le jeune Vermoncey, s'empresse de conduire Sanscravate, en lui offrant de l'aider à enlever les meubles.

— Ce n'est pas de refus, répond le commissionnaire, car je n'ai pris avec moi que le voiturier, et il faut qu'il reste en bas ; mais je comptais sur votre aide, d'autant plus que j'ai de quoi vous donner à boire.

— J'ai déjà été bien payé, dit le portier. Oh ! ce monsieur-là est généreux, je suis bien fâché qu'il me quitte, ce sont de bons profits que je perds... et puis la petite femme n'a personne encore avec elle, mon épouse lui faisait son ménage... ça ne connaît pas Paris, ça y vient pour la première fois... mon épouse lui aurait servi de guide, elle qui connaît tout Paris comme un fiacre !

— Est-elle gentille la petite dame ?

— Très-jolie, et quelque chose d'innocent... de naïf... on voit bien qu'elle arrive de loin.

— Oh ! monsieur Albert a bon goût, mais montons et mettons-nous vite en besogne.

Le portier conduit Sanscravate dans un petit appartement meublé avec autant de coquetterie que d'élégance, tous les meubles sont modernes et du meilleur goût ; on voit que rien n'a été oublié pour rendre ce séjour séduisant, et qu'un amant riche et généreux a passé par là.

— Fichtre ! monsieur Albert fait bien les choses ! dit Sanscravate après avoir admiré le mobilier, mais aussi il ne faut rien briser ni endommager, et je réponds de tout.

Le commissionnaire se met à l'ouvrage avec une vivacité et une adresse qui excitent l'admiration du portier ; en deux heures de temps tous les meubles sont enlevés, transportés avec soin dans la voiture, et Sanscravate, après avoir donné encore un pour-boire au portier, se met en route avec le mobilier qui roule vers la rue Grange-aux-Belles.

Sanscravate arrive bientôt à la nouvelle demeure dont il a l'adresse ; là, le portier est aussi poli, aussi empressé que celui de la rue de Grenelle, parce qu'Albert a employé les mêmes moyens pour se le rendre favorable. Pour faire mouvoir la machine humaine, il n'est pas besoin de se creuser longtemps l'esprit, il suffit de presser les ressorts.

— Voulez-vous me donner un coup de main pour porter les plus gros meubles ? dit le commissionnaire, je suis chargé de vous donner un bon pour-boire.

— Je l'aurais fait gratis... mais j'accepterai le pourboire, répond le portier en riant.

— Celui-ci a déjà été payé aussi, se dit Sanscravate, mais il est moins franc que l'autre et il ne le dit pas.

On monte à l'appartement loué pour madame Albert, il est au second étage, et se compose de deux jolies pièces et de deux cabinets ; les papiers sont tout neufs, les peintures toutes fraîches, il ne manque plus que les meubles.

— Diable ! se dit Sanscravate en examinant le logement. Ici ça n'ira pas tout seul comme là-bas : pour déménager, je n'avais qu'à enlever tout ce que je trouvais ; mais en apportant ici un joli mobilier, je ne sais pas où je dois placer chaque meuble... si je mets un lit par là... et qu'on le veuille ailleurs... si je place une commode là-bas... une

causeuse dans ce coin, et que ce ne soit pas bien... on ne sera pas content... La jeune dame aurait dû être là pour me donner ses ordres. Enfin, je vais faire à mon idée, et puis quand elle arrivera, si ce n'est pas bien, je les changerai de place.

Le portier approuve ce raisonnement. On se met à la besogne, Sanscravate redouble de zèle, d'ardeur, il tient à contenter Albert à à tenir sa promesse. Il fait si bien, il excite tellement le portier, que deux heures ne sont pas sonnées, lorsque tout le mobilier est placé dans le nouvel appartement.

Mais aussi de grosses gouttes de sueur inondent le front du commissionnaire qui est accablé de fatigue et qui a grand besoin de reprendre des forces.

— Monsieur Albert m'a prié de l'attendre, dit Sanscravate au portier, mais je pense que je ne suis pas obligé de l'attendre dans l'appartement ; il y a un marchand de vin à deux pas, je vais y aller après avoir renvoyé le voiturier ; vous aurez bien la complaisance de venir m'avertir aussitôt qu'ils arriveront, en deux enjambées je suis ici.

— C'est convenu, dit le portier ; vous pouvez aller vous refaire un brin chez le marchand de vin, j'irai vous avertir.

Sanscravate paye et renvoie son voiturier, puis il entre au cabaret voisin, et va s'établir devant une table, où il se fait servir un déjeuner qu'il a bien gagné par son travail, et qu'il prend avec plus de plaisir que tous les *extra* qu'il fait avec Jean Ficelle.

Il y a déjà longtemps qu'il est chez le marchand de vin, et son appétit commence à être satisfait, lorsque le portier arrive, et lui dit :

— On est arrivé, on vous attend... on trouve tout bien, excepté une commode changée de place.

— Me voici ! s'écrie Sanscravate, qui se hâte de payer sa dépense, et suit le portier, en lui disant :

— Monsieur Albert est arrivé ?

— Oui, le jeune homme est venu avec la petite dame, mais il est reparti bien vite... il paraît qu'il était pressé... La petite dame est maintenant seule chez elle.

— Ah ! il est reparti !.. diable ! je ne saurai pas s'il est content alors.

— Pourvu que cette dame le soit, c'est tout ce qu'il lui faut, puisque c'est pour elle l'appartement... D'ailleurs ce monsieur va peut-être revenir.

— Au reste, comme vous dites... si la dame est satisfaite, c'est tout ce qu'il veut, lui.

On est arrivé à la maison, le portier laisse monter Sanscravate, en lui disant :

— Vous savez où c'est, je n'ai pas besoin de vous conduire.

Et le commissionnaire monte seul, arrive devant l'appartement, voit la clef sur la porte, entre et s'arrête dans la première pièce où il n'y a personne.

— Il paraît que la petite dame est au fond, se dit Sanscravate, je vais peut-être la déranger... cependant puisqu'elle veut que je change un meuble de place... c'est qu'elle m'attend.

Et le commissionnaire se met à tousser pour avertir qu'il est là, puis voyant qu'on ne lui répond pas, il se décide à entrer dans la pièce du fond.

Il aperçoit une femme qui lui tourne alors le dos, parce qu'elle regarde à une croisée.

— Excusez, Madame, dit Sanscravate, mais c'est moi... le commissionnaire qui vous a emménagé.

La jeune femme se retourne, et laisse voir alors une figure un peu pâle, mais d'une expression ravissante de douceur et de simplicité. C'est un assemblage de petits traits gracieux, ce sont les yeux d'un bleu pur comme l'azur du ciel, et ombragés par des cils bien noirs et bien longs ; c'est un nez mignon, bien fait, bien modelé ; une petite bouche, des dents blanches et correctes, puis enfin ce qui donne surtout un charme infini à tout cela, c'est quelque chose de naïf, de touchant dans la physionomie, quelque chose qui annonce que l'on ne sait pas encore mentir.

Sanscravate considère cette jeune fille, et il reste saisi, immobile, ne pouvant, n'osant en croire ses yeux... il fait quelques pas, puis s'arrête, il la regarde encore, et il murmure :

— Ah ! mon Dieu !.. est-ce possible !.. est-ce un rêve... mais non... je me trompe... ça ne peut pas être elle.

Mais de son côté la jeune fille qui est devenue toute tremblante en regardant Sanscravate, et dont les yeux sont mouillés de pleurs, ne tarde pas à courir se jeter dans les bras du commissionnaire, en s'écriant :

— Mon frère !.. c'est toi !.. mon Dieu... est-ce que tu ne veux plus me reconnaître ?

— Ma sœur !.. ma Liline !.. s'écrie Sanscravate, en prenant dans ses mains la tête de la jeune fille, en la couvrant de baisers, c'est donc vrai que c'est toi !..

Mais cette expression de bonheur n'a que la durée d'un éclair. Sanscravate laisse retomber ses bras, il s'éloigne de la jeune fille et reprend avec l'accent du désespoir :

— Ma sœur ici... à Paris... avec monsieur Albert! ma sœur enlevée... deshonorée... perdue alors... Ah ! mon Dieu !.. et notre pauvre père !

Et Sanscravate s'est laissé tomber sur un siège, il ne peut plus parler, il ne voit plus devant lui, son front brûle, il est comme anéanti par sa douleur; mais la jeune fille est revenue vers lui, elle lui tend les bras, elle se met à genoux, et elle lui dit avec un accent qui va à l'âme:

— Pardonne-moi, mon frère, je t'en prie, pardonne-moi!

Cette voix si douce arrive au cœur du commissionnaire, il relève sa sœur et il s'appelle en disant:

— Mais comment donc cela peut-il être arrivé?... Allons... voyons... conte-moi tout au moins!... Oh! ne me cache rien!... car il faut que je sache bien tout!

Adeline s'assoit sur les genoux de son frère, et balbutiant:

— Oui, je vais te raconter comment cela est arrivé... oh! tu sais bien que je ne mens jamais!

Puis avec une expression de voix et une simplicité de langage aussi naïves que ses traits, la jeune fille lui fait le récit suivant:

— La dernière fois que tu es venu voir mon père, au pays, tu sais bien que j'étais déjà chez une dame riche qui m'avait pris en amitié et me traitait comme sa fille. Mon père y avait consenti, car il pensait que l'éducation que je recevrais chez cette dame pourrait m'être utile un jour. J'étais donc à Clermont, chez ma protectrice. Là, on me faisait beaucoup travailler, lire, apprendre la musique!... mais bien souvent, mon frère, je regrettais notre chaumière, où je pouvais courir, jouer, sauter à mon aise; tandis que dans le salon de ma protectrice il me fallait toujours être habillée avec soin, me tenir bien droite et renoncer à tous les jeux qui avaient tant amusé mon enfance; enfin, Etienne, s'il faut te l'avouer j'étais quelquefois triste et je m'ennuyais souvent, mais je n'osais pas le dire, de peur de paraître ingrate. Mon plus grand bonheur était de me mettre à une fenêtre qui donnait sur la route; car de là, on apercevait la campagne, notre village, nos montagnes, et, en faisant de la tapisserie, je regardais en soupirant du côté où est placée notre chaumière.

Il y a quelques semaines environ, pendant que j'étais à la fenêtre, je vis un jeune homme à cheval passer sur la route. Il me regardait, je détournai les yeux, cependant je crus voir qu'il me saluait. Le lendemain, il passa encore, il me regarda de nouveau, et comme cette fois je vis bien qu'il me saluait, je crus qu'il était de la politesse d'en faire autant. Pendant plusieurs jours ce jeune homme passa... j'étais toujours à la fenêtre, je regardais toujours du côté de notre village... mais je voyais bien aussi quand le jeune homme était là. La croisée n'était pas bien élevée... en approchant avec son cheval il me dit quelques mots... que je n'écoutai pas le premier jour, et auxquels je répondis le lendemain. Enfin... je ne sais pas comment cela se fit... mais bientôt monsieur Albert... c'est lui qui était le cavalier, me dit qu'il m'aimait... moi, je lui avouai que je l'aimais aussi... Ah! mon frère! si tu savais comme il eut l'air content quand je lui dis cela... il s'écria qu'il ne pouvait pas vivre sans moi, et je l'engageai à aller trouver mon père à notre village et à lui demander la permission de m'épouser. Le lendemain il revint d'un air bien triste et il me dit qu'il avait vu mon père qui lui avait refusé de nous marier; je lui dis de voir ma protectrice, mais il me répondit que cette dame avait d'autres projets pour moi; qu'il savait qu'elle voulait me faire épouser un vieux monsieur très-riche qu'elle attendait à Clermont, d'un moment à l'autre. Alors, moi, je pleurai aussi; mais Albert me dit: Il n'y a qu'un moyen pour que nous ne soyons pas séparés, c'est de consentir à me suivre, de venir avec moi à Paris... nous nous y marierons bien vite, et il faudra bien ensuite que tes parents nous pardonnent. Moi, je ne voulais pas d'abord!... mais il me pria tant... en me jurant que je serais sa femme, et il y avait tant d'amour dans ses yeux et dans son cœur... j'ai fini par céder... Il m'a dit: Je vous emmènerai à Paris, et quand nous nous y serons mariés, j'écrirai à votre père pour qu'il vienne nous retrouver. Alors, je me suis souvenue de toi, je lui ai dit: J'ai un frère à Paris, il s'appelle Etienne, c'est un bien brave garçon... mais... il ne faut pas que je mente... je ne lui ai pas dit que tu étais commissionnaire... car chez ma protectrice on avait l'air de se moquer de ceux qui font cet état... J'ai dit que tu apprenais à faire fortune, mais que je ne savais pas comment, et Albert m'a répondu: Nous irons trouver ton frère, et je l'aimerai aussi. Enfin... je me suis laissé enlever... emmener... j'ai fait tout ce qu'Albert a voulu... oh! pardonne-moi, Etienne... c'est bien mal sans doute!... mais Albert est un honnête garçon, il m'épousera, car il me l'a promis, je serai sa femme, et alors mon père me pardonnera aussi, n'est-ce pas?

Sanscravate a écouté avec une tristesse morne le récit de sa sœur; lorsqu'elle a cessé de parler, il reste quelque temps absorbé dans sa douleur et il semble attendre qu'elle parle encore, puis tout à coup il repousse la jeune fille, se lève brusquement et marche dans la chambre à grands pas, il s'écriant:

— Voilà donc comme ils se conduisent ces beaux jeunes gens dont nous sommes les commissionnaires... ah! je mérite ce qui m'arrive... oui! depuis quelque temps je me conduis mal... je deviens aussi un mauvais sujet... je me laisse entraîner à jouer, à boire... et j'oubliais mon pays, mon père, ma famille... et maintenant!... ce beau monsieur qui me payait si bien!... cette belle pratique qui était si généreuse!... elle vient encore de m'en donner de l'argent... et c'est pour que je l'aide à cacher ma sœur... qu'il a enlevée... qu'il a déshonorée... Ah! crédié... les mains me démangent!

— Ah! mon frère, ne te mets pas en colère... Albert ne sait peut-être pas que tu es mon frère...

— Oh! non, sans doute il ne le sait pas!... sans cela je crois bien qu'il ne serait pas venu me chercher... et puis tu as dit que ton frère s'appelait Etienne, et ici, moi, on m'appelle Sanscravate!... mais c'est le ciel qui a permis que je te trouve à Paris; car vois-tu, Liline, je suis là, moi... et il faudra que ton séducteur répare sa faute... ou sinon... ah! je le tuerai d'abord!...

— Oh! mon ami, n'aie pas de ces vilaines pensées... pourquoi donc supposer qu'Albert me tromperait?... puisqu'il m'a dit que je serais sa femme, c'est qu'il m'épousera bien sûr!

— T'épouser!.. pauvre fille!.. va, malgré toutes les belles choses qu'on t'a apprises à Clermont, tu es encore bien ignorante! tu ne sais pas que ces jeunes élégants de Paris se font un plaisir... une gloire de tromper les femmes qui sont assez faibles pour les écouter... qu'ils ont trois ou quatre maîtresses à la fois... qu'ils sont amoureux de tous les jolis minois qu'ils aperçoivent...

— Oh! mon Dieu, mon frère!.. est-ce que tu crois qu'Albert est comme cela...

— Je le crois pas... j'en suis sûr... N'ai-je pas servi cent fois ses folies... porté ses billets doux, ses rendez-vous?.. Ah! mille tonnerres!.. et je riais de cela, moi, et je disais qu'il avait raison de s'amuser... raison d'abuser des pauvres jeunes filles qui souvent se désolaient de ses trahisons... raison de se faire un jeu de la peine des autres!.. ah! j'étais un sincère cœur, et alors au lieu de le servir si bien j'aurais dû lui dire: Monsieur Albert, c'est mal ce que vous faites là... et je ne veux plus servir vos vilaines actions... mais dame! quand ce n'est pas à nous qu'on fait du tort nous n'y prenons pas garde!... ça ne nous semble rien du tout... nous rions même quelquefois des fourberies qu'on fait aux autres! Ah! ma pauvre Liline! pourquoi notre père t'a-t-il laissée aller chez cette dame de Clermont! et moi aussi, au lieu de m'envoyer à Paris... ah! on ne devrait jamais se séparer de ses enfants! est-ce qu'ils le sont pas toujours mieux avec leurs parents qu'avec d'autres?... Allons, ne pleure maintenant... viens... embrasse-moi... ne pleure plus... ne te désole pas...

La jolie Auvergnate versait de grosses larmes, car son frère venait de déchirer son cœur en lui disant que son amant était un trompeur; cependant elle ne peut encore croire qu'Albert n'ait pas l'intention de tenir ses promesses, et tout en sanglotant, elle murmure:

— Oh! mon frère... je suis bien sûre qu'il m'aime... il me le croit toute la journée... Pourquoi donc Albert m'aurait-il amenée à Paris, s'il ne m'aimait pas...

— Oui, il t'aime assez pour faire de toi sa maîtresse... mais sa femme!... songe donc que nous ne sommes que de pauvres gens... que je ne suis qu'un commissionnaire, et lui, c'est un jeune homme du grand monde... il est riche... il ne voudra pas de moi pour son frère... tu vois bien que toi-même qui as reçu de l'éducation... pris de belles manières, tu n'as pas osé lui dire que tu étais sœur d'un commissionnaire...

— Ah! mon frère! pardonne-moi!

Et la jeune fille court se jeter dans les bras de Sanscravate, cachant sa tête dans son sein et poussant de gros soupirs, en murmurant encore:

— Non, non... il ne me trompera pas.

Sanscravate se dégage des bras de sa sœur, essuie ses yeux avec le revers de sa main, et s'écrie:

— Allons!.. il ne s'agit pas de pleurer comme des enfants... ça n'avance à rien. Il faut agir ici... il faut prendre un parti... oh! le mien est pris...

— Que vas-tu donc faire, mon frère?

— Je vais aller sur-le-champ trouver le père de monsieur Albert... parce que, vois-tu, il y a que ça!.. le fils pourrait dire: Je ne suis pas mon maître, je n'ose pas... il faut que j'attende... Mais ce ne sont pas de ces réponses-là qu'il me faut!.. Avec le père au moins nous saurons tout de suite à quoi nous en tenir. D'ailleurs, on dit que monsieur Vermoncey est un honnête homme, alors il sera sensible à ma peine... à la situation... il ne voudra pas que de pauvres gens honnêtes soient déshonorés par son fils... et il ne nous méprisera pas parce que nous n'avons pas de fortune et que je ne suis, moi, qu'un commissionnaire. Je lui dirai: Monsieur, nous n'avons pas été chercher vot' fils pour le séduire... c'est lui qui a voulu de ma sœur, qui l'a enlevée en lui promettant de l'épouser... et s'il ne l'épousait pas... ah! jarni! ça irait mal... car je ne suis pas d'humeur à endurer un tel affront!.. mais monsieur Vermoncey m'entendra, et il aime son fils... et c'est un brave homme... il consentira, oui, j'en ai l'espoir maintenant... car il me semble que j'ai dans le cœur des paroles qui sauront l'attendrir... Allons, Liline, ne pleure plus, console-toi... tu épouseras monsieur Albert...

— Oh! oui, mon frère!.. oui... Oh! je suis bien contente que tu penses comme moi à présent!

Et la naïve enfant, chez laquelle le rire succède bien vite aux larmes, se met à sauter gaiement au cou de son frère.

— Tu vas rester ici, Liline... tu vas m'attendre... tu ne bougeras pas...

— Non, mon frère.

— Quand monsieur Albert doit-il revenir?

— Ce soir.

— Oh! je serai de retour avant lui, et j'espère te rapporter de bonnes nouvelles. S'il en était autrement... si on repoussait mes prières... alors je t'emmènerais avec moi, ma sœur, je ne te laisserais pas un moment de plus avec ton séducteur... je travaillerais pour nous deux... Oh! c'est fini, vois-tu, je n'irai plus au cabaret... ni avec Jean Ficelé... je tâcherai d'amasser bien vite une petite somme, et je te ramènerai près de notre père, que nous ne quitterons plus... Tu me suivrais, n'est-ce pas, Liline?

— Oui, mon frère... mais Albert m'épousera... son père consentira... toi-même, tu viens de le dire tout à l'heure.

— Ah! du moins, il faut l'espérer.... allons, embrasse-moi, ma sœur, et prie le ciel pour que ma démarche ne soit pas inutile.

La jeune fille se jette dans les bras de son frère qui la tient quelque temps serrée contre sa poitrine, et qui a besoin de faire un effort sur lui-même pour se séparer d'elle; enfin ayant rassemblé tout son courage, Sanscravate, après avoir donné encore un baiser à Liline, la quitte pour se rendre chez monsieur Vermoncey.

C'était quelques jours avant, que le père d'Albert s'était trouvé chez monsieur Grazcerniz avec madame Baldimer, et qu'il en était parti en proie à une violente agitation, après avoir entendu l'histoire racontée par la belle Américaine.

Depuis ce moment, monsieur Vermoncey était resté livré à une sombre mélancolie, il s'était retiré dans son appartement, et n'avait voulu recevoir aucune visite, enfin il semblait qu'un profond chagrin, qui n'était qu'endormi au fond de son âme, venait de s'y réveiller avec une nouvelle force, et absorbait toutes ses pensées.

Le retour de son fils avait cependant ramené un peu de joie dans l'intérieur de monsieur Vermoncey; mais Albert, tout occupé de sa nouvelle passion, restait le plus possible près de la jeune fille qu'il avait ramenée de Clermont; monsieur Vermoncey ne voyait donc que fort peu, et excusait son fils, présumant qu'après une assez longue absence, il était avide des plaisirs qu'il retrouvait dans la capitale.

Sanscravate a marché d'un pas ferme jusques à la demeure de monsieur Vermoncey; arrivé devant la maison il sent le courage lui manquer; mais pour se ranimer, il songe à sa sœur qu'il attend, il se promet de rapporter une bonne nouvelle, il pense à son vieux père, à leur bonheur, dont il est responsable, et bientôt il n'hésite plus, il entre, il passe devant le concierge, et sonne chez monsieur Vermoncey.

— Que demandez-vous? dit le domestique en apercevant le commissionnaire dont la mise en désordre, l'air ému et les yeux animés semblent annoncer quelque chose d'extraordinaire.

— Je demande le père de monsieur Albert... monsieur Vermoncey.

— Et que lui voulez-vous?

— Ce que je lui veux... ça ne regarde que nous, et ce n'est pas à vous que j'ai envie de le dire.

— Mais enfin, monsieur vous a-t-il chargé d'une commission dont vous venez lui apporter la réponse?

— Il ne m'a chargé de rien du tout. C'est moi qui me suis chargé de quèque chose pour lui.

— Monsieur est enfermé dans son cabinet, il ne reçoit personne.

— Il faut pourtant qu'il me reçoive, moi.

— Lorsque monsieur refuse tous les jours des visites de ses amis, ce n'est pas sans doute pour donner la préférence à un commissionnaire!

Sanscravate crache dans ses mains, les frotte l'une contre l'autre, puis montrant un de ses poings au domestique, lui dit :

— Vois-tu ça? si tu ne fais pas vite ma commission, je t'écrabouille si bien le nez avec que je te défierai ensuite de te moucher.

Les yeux de Sanscravate expriment si bien sa résolution que le domestique, après avoir reculé de quelques pas, ne juge point prudent de lui résister, et se décide à aller trouver son maître auquel il dit :

— Il y a là un commissionnaire fort brutal... fort malhonnête qui veut absolument parler à monsieur... Est-ce que je ne dois pas le mettre à la porte?

Monsieur Vermoncey pense que l'homme qu'on lui annonce vient lui donner des nouvelles du jeune Paul, dont il avait trouvé un emploi, et qu'il a été chercher en vain à sa place; il dit à son domestique :

— Faites entrer ce commissionnaire.

Cette réponse contrarie beaucoup le valet qui va retrouver Sanscravate, et lui dit d'un air de mauvaise humeur :

— Entrez... monsieur veut bien vous recevoir... Les maîtres sont étonnants avec leurs caprices.

Sanscravate sent un léger frisson parcourir tout son être, cependant il n'hésite plus, il entre dans le cabinet, et se trouve devant monsieur Vermoncey.

Le père d'Albert est assis devant sa cheminée, il se retourne, examine Sanscravate qui, après avoir ouvert la porte, est resté debout, et n'ose pas avancer et lui dit :

— Eh bien... parlez, que me voulez-vous?

Sanscravate sent que sa gorge est sèche, qu'il n'a plus de salive dans la bouche, et il est quelques instants avant de pouvoir prononcer un mot, enfin il balbutie :

— Monsieur, c'est... c'est pour... c'est monsieur votre fils...

— Mon fils! s'écrie monsieur Vermoncey, qui se rappelle la première fois que Paul est venu le demander, et craint qu'il ne soit encore question d'un duel. Mon fils... que lui est-il arrivé... serait-il en danger... parlez donc!

— Non, monsieur, non... il n'est pas en danger... et quand je dis que c'est pour lui... c'est-à-dire que c'est de mon chef que je viens... que c'est moi qui veux... qui... Sacredié... excusez, monsieur... mais je suis si ému... ce n'est pas de peur au moins!... mais ça me fait un drôle d'effet... Attendez, monsieur, voilà que ça revient... et après tout pourquoi n'oserais-je pas vous parler?... vous êtes un honnête homme... c'est une fichue bête de trembler... v'là que c'est passé!

Monsieur Vermoncey regarde Sanscravate avec plus d'intérêt, il attend avec curiosité qu'il s'explique; le commissionnaire reprend avec fermeté cette fois :

— Je m'appelle Étienne Renaud, je suis de l'Auvergne; je suis venu à Paris m'établir commissionnaire... et ils m'ont appelé ici Sanscravate... c'est un petit sobriquet sans conséquence... ça ne m'a pas fâché... Je me place habituellement à l'entrée de la rue du Helder... près du boulevart.

— Je me rappelle maintenant vous y avoir vu, dit monsieur Vermoncey, et vous avez pour camarade un jeune homme nommé Paul... Voyez-vous donc de ses nouvelles?

Sanscravate fait la grimace au nom de Paul, et reprend :

— Non, monsieur, non... ce n'est pas de lui qu'il est question. Faut vous dire, monsieur, que j'ai laissé en Auvergne une sœur bien gentille, qui a dix-sept ans maintenant, et qu'une dame de Clermont avait prise en amitié et voulu avoir elle pour lui donner une éducation... comme à une demoiselle. Ma sœur est honnête, voyez-vous monsieur!... du moins elle l'était jusqu'au moment où le diable a envoyé de son côté un beau jeune homme de Paris qui flânait par là!... il a vu ma Liline, il l'a trouvée jolie... Ah! dame! il serait difficile de ne pas la trouver bien... la plus joli minois de l'Auvergne... et à présent des petites manières distinguées qu'on jurerait d'une princesse... Enfin, monsieur, pour achever, ce jeune homme... qui est trop gentil aussi malheureusement! et qui plaît à toutes les femmes... dame! il a séduit ma sœur... Cette pauvre petite!... qui a cru tout de suite à l'amour, comme on croit au beau temps quand on voit les premières hirondelles! il lui a dit un tas de choses pour lui tourner la tête... lui a fait croire que mon père lui avait refusé sa main... ce qui n'est pas vrai, j'en suis sûr, car mon père aime trop sa fille pour le refuser à celui qu'elle aime... Bref... il a promis, juré à ma sœur de l'épouser si elle consentait à le suivre à Paris... et ma sœur a cru tout cela, elle n'a pas supposé un moment que ce jeune homme ne voulait que la tromper... si bien qu'elle a cédé à ses prières. Elle est venue à Paris avec son... son amant... car il faut bien dire le mot... Et ce jeune homme qui a fait tout cela... c'est votre fils, monsieur, c'est monsieur Albert!

— Mon fils! s'écrie monsieur Vermoncey, en attachant ses regards sur Sanscravate et doutant qu'il ait bien entendu. Mon fils aurait fait cela... oh! non, vous êtes dans l'erreur... on vous aura mal instruit.

— Oh! monsieur, ce n'est que trop vrai! il ne peut pas y avoir d'erreur... Je connais bien monsieur Albert, depuis longtemps je suis son commissionnaire, et comme il me parlait toujours avec bonté... je l'aimais... oui, je lui étais attaché... sa gaieté, ses manières... son joyeux caractère... ses défauts peut-être!... tout ça m'avait séduit aussi! Enfin... je me serais jeté au feu pour lui! il le savait bien, et c'est toujours moi qu'il venait chercher lorsqu'il avait quelque commission discourtoise à faire faire. Depuis plus de deux mois je ne l'avais pas aperçu et je présumais qu'il était en voyage, lorsque ce matin vers neuf heures et demie il est venu me trouver à ma place.

— Ce matin?

— Oui, monsieur, oh! ce n'est pas vieux. Sanscravate, qu'il me dit, j'ai ramené avec moi à Paris une jeune fille charmante, mais il ne faut pas que mon père le sache. Je l'ai logée très-loin, rue de Grenelle-Saint-Germain, mais je viens de savoir qu'un ami intime de mon père demeure maintenant dans cette rue-là.

— En effet... monsieur Delmas... après?

— Après, qu'il a repris, comme je ne veux pas être rencontré par des connaissances quand j'irai chez ma jeune amie, je viens de lui choisir une autre appartement rue Grange-aux-Belles, près du canal... Enfin, monsieur, il me charge de déménager bien vite les meubles de la rue de Grenelle et de les transporter au nouveau logement, puis d'y attendre qu'il amène sa dame. J'accepte comme de raison; je fais ce qu'il me dit... J'avais fini avant deux heures, j'étais allé me rafraîchir un moment, car j'étais harassé de fatigue, quand on vient me dire que la petite dame est arrivée et que le jeune homme est reparti après l'avoir amenée; je me rends près de la dame afin de savoir si elle est contente de la manière dont j'ai rangé ses meubles... Mais jugez de ce que j'éprouve en reconnaissant dans cette jeune fille que monsieur Albert a enlevée, ma sœur... ma petite Liline... qui pleure en me voyant, qui m'embrasse en me demandant pardon, puis qui me conte comment cela s'est fait tout comme je viens de vous le dire! en me conjurant de ne pas me fâcher, parce qu'elle est bien sûre que son amant l'épousera comme il le lui a promis.

— Mon fils a fait cela !... enlever une fille sage... la séduire... Ah ! c'est bien mal... c'est...

Monsieur Vermoncey n'achève pas : il cache son visage dans ses mains.

— Moi, monsieur, je ne suis qu'un pauvre commissionnaire sans éducation !... Mais j'ai de l'honneur, voyez-vous... et j'y tiens d'autant plus que je n'ai que ça ! D'abord j'ai pleuré avec ma sœur, j'ai brisé son cœur en lui disant que son séducteur n'était peut-être qu'un volage qui ne voulait que la tromper comme mille autres ; mais elle semble si persuadée de son amour, et puis elle est si gentille, ma Liline ! Pourquoi donc après tout qu'il ne l'aimerait pas sincèrement, monsieur Albert ? Cette pensée m'a rendu le courage, j'ai consolé ma sœur, et je me suis tout de suite décidé à venir vous conter ça, parce que vous êtes le père du jeune homme et que ça ne peut pas s'arranger sans votre consentement. J'ai pensé, monsieur, que vous écouteriez la voix de pauvres gens dont votre fils peut causer le malheur... mais qu'il dépend aussi de vous de rendre bien heureux.

Sanscravate se tait, mais il est content de lui. En effet la situation de sa sœur l'avait presque rendu éloquent, car on trouve toujours des mots touchants, des paroles qui arrivent au cœur quand on dit ce qu'il nous inspire.

Cependant monsieur Vermoncey garde le silence, il semble plongé dans ses réflexions. Le commissionnaire attend avec anxiété les paroles qui vont sortir de sa bouche, et qui doivent décider du sort de sa sœur ; mais il n'ose pas le presser de parler, et ses yeux seuls expriment son impatience.

Monsieur Vermoncey se lève enfin, il va à Sanscravate, pose sa main sur son épaule et lui dit :

— Voyons, mon ami, tâchons d'excuser la faute d'un jeune homme... qui n'en a pas compris toutes les conséquences... Je suis riche, je me charge de l'avenir de votre sœur, du vôtre : mes bienfaits s'étendront sur toute votre famille... votre père jouira sur ses vieux jours de toutes les douceurs de la vie, et...

— De quoi ? de quoi !... s'écrie Sanscravate, en se reculant et en regardant monsieur Vermoncey des deux yeux. Où voulez-vous en venir avec toutes vos paroles d'argent !... Ce n'est pas des écus que nous vous demandons, mais l'honneur que votre fils nous a pris et qu'il faut qu'il nous rende. En un mot, monsieur, car je n'y vais pas par trente-six chemins, c'est votre consentement au mariage de monsieur Albert avec ma sœur que je suis venu vous demander.

— Mon fils épouser votre sœur ! répond monsieur Vermoncey en faisant un léger mouvement d'épaules. Allons donc, mon ami ; mais vous n'y pensez pas... un tel mariage est impossible... Il y a dans le monde des distances... les convenances que l'on doit respecter... Enfin, mon fils ne peut pas s'allier à... un commissionnaire !...

— Et pourquoi donc alors qu'il a pu déshonorer ma sœur ! s'écrie Sanscravate d'une voix éclatante et en lançant sur le père d'Albert un regard courroucé.

— Taisez-vous, mon ami, pas si haut, de grâce ! répond monsieur Vermoncey, tout étonné du ton que vient de prendre le commissionnaire. Mais Sanscravate ne l'écoute pas ; ce n'est plus l'homme timide qui n'entrait qu'en tremblant chez le monsieur du grand monde, et qui balbutiait devant lui ; maintenant c'est un frère qui vient demander justice pour sa sœur et qui est fermement résolu à l'obtenir.

— Monsieur, dit Sanscravate, je ne suis point un fanfaron, moi, je ne viens pas vous jeter des paroles en l'air et qui n'auront aucune suite, je viens vous dire ce qui arrivera. Monsieur votre fils épousera ma sœur, entendez-vous, il l'épousera ou sinon je le tuerai... à moins que ce ne soit lui qui me tue. Mais comme je crois qu'il y a une justice là-haut, et que c'est moi qui suis l'offensé, je puis donc penser que je le tuerai.

Monsieur Vermoncey se laisse tomber dans un fauteuil, en s'écriant :

— Tuer mon fils !... mon Albert !... le seul enfant qui me reste... qui m'attache encore à la vie... Mais voulez-vous donc aussi ma mort !...

— Alors, monsieur, consentez à son mariage avec ma sœur... et ne pensez pas que vous aurez à rougir de notre alliance... S'unir à de braves gens qui n'ont jamais fait tort à personne, ça ne déshonore pas ça, monsieur !... Ce qui déshonore, c'est de porter le trouble, le désespoir dans une famille ; c'est de séduire une jeune fille pour l'abandonner ensuite lorsqu'elle porte peut-être dans son sein un gage de sa faiblesse... et si cela était, monsieur, cet enfant-là deviendrait-il... il n'aurait donc pas de père... il...

Monsieur Vermoncey se lève vivement, il court à Sanscravate, et lui prend la main en lui disant :

— Vous avez raison, mon ami, et je dois me rendre... Oui, je consens à ce que mon fils épouse votre sœur.

— Il serait possible ! s'écrie Sanscravate en faisant un bond de joie, vous consentez... vous le voulez bien... Ça n'est pas moi qui me trompe !..

— Oui, mon ami, je consens... vous avez ma parole, seulement vous quitterez votre état... je vous trouverai un emploi plus convenable.

— Oh ! tout ce que vous voudrez, monsieur ; mon Dieu, je m'en irai chez nous... je garderai la basse-cour... je n'en sortirai plus si vous voulez...

— Soyez tranquille, mon ami, je ferai en sorte que nous soyons tous satisfaits. Allez chercher votre sœur, ramenez-la avec vous... je la recevrai comme ma fille, et je désire que ce mariage se fasse le plus promptement possible.

— Oh ! mais alors... c'est trop de bonheur !... de plaisir !... Ah ! je savais bien que vous étiez un brave homme... Je vous aimerai comme mon père... et ma pauvre sœur, ma Liline !... sera-t-elle contente !... Oh ! mais c'est à en devenir fou de joie !

Et Sanscravate saute dans la chambre, il renverse les meubles, il rit, il chante. Monsieur Vermoncey est obligé de le calmer, et de lui rappeler que sa sœur l'attend.

— Oh ! oui, oui, vous avez raison, répond le commissionnaire, ma sœur qui m'attend... et moi qui ne vais pas lui dire ça... suis-je bête !... et ce pauvre monsieur Albert qui est sans doute avec elle !... Je cours leur apprendre comme vous êtes bon... et je les ramène dans vos bras... Oh ! je vais aller vite, je vous en réponds !

Sanscravate est en un moment dans la rue, puis il court sans s'arrêter jusques au logement où il a laissé sa sœur. Liline arrive tout en nage rue Grange-aux-Belles. Il entre dans la maison, il est déjà sur l'escalier. Le portier l'appelle :

— Eh ben ! camarade, où donc allez-vous si vite ?

— Parbleu !... trouver ma sœur... c'est ma sœur la jolie petite dame qui est emménagée.

— Je ne sais pas si c'est votre sœur, mais vous ne la trouverez pas...

— Comment ? elle est sortie... seule ?

— Non, avec le jeune monsieur qui l'avait amenée, et qui est revenu peu de temps après que vous étiez sorti.

— Eh bien ! ils vont revenir sans doute... Savez-vous de quel côté ils sont allés ?

— Non... je ne crois pas qu'ils reviennent de longtemps. Le monsieur a fait chercher une voiture, il a fait mettre dedans le paquet d'effets qu'on avait apportés ce matin. Puis il m'a donné les clefs du logement et m'a dit de le laisser. Vous irez quelquefois y donner de l'air... et il a fait monter la petite dame en voiture, et s'y est placé près d'elle, et puis bonjour... Je crois bien qu'ils quittent Paris.

— Partis !... ils seraient partis ! s'écrie Sanscravate. Mon Dieu ! monsieur Albert aura cru que son père ne lui pardonnerait pas !.. Il aura craint qu'on ne le sépare de Liline... Ah ! quel malheur !... Oh ! mais ils écriront, j'espère... et ma sœur ne vous a rien dit pour moi ?

— Rien... mais seulement j'ai vu qu'elle pleurait en montant en voiture.

— Elle pleurait... pauvre sœur... et s'ils m'avaient attendu ils auraient été plus heureux.

Sanscravate est désolé ; mais ne pouvant rien savoir de plus du portier, il retourne chez monsieur Vermoncey auquel il apprend le brusque départ des deux amants.

Le père d'Albert est fort chagriné de cet événement, et se hâte d'envoyer chez son fils s'informer s'il a laissé quelques mots pour lui. Le domestique lui rapporte un petit billet, qui semble avoir été écrit à la hâte par Albert, et qui contient ces mots :

« Excusez-moi, mon père, je suis forcé de m'absenter encore, et « sans vous dire adieu. Mais ne vous inquiétez pas, vous donnerai « souvent de mes nouvelles, et j'espère vous revoir sous peu. »

— Et il ne dit pas où il va ! murmure Sanscravate. Quel dommage !.. on lui aurait écrit sur-le-champ qu'il pouvait revenir, que tout était pardonné.

— Peut-être dans sa première lettre me dira-t-il où il est, répond monsieur Vermoncey ; alors je lui écrirai sur-le-champ, ou bien nous irons les chercher nous-mêmes, tous les deux.

— Ah ! oui... oui... nous irons le chercher, c'est une bonne idée cela... mais jusque-là... il faut prendre patience... Vous me permettrez, monsieur, de venir souvent savoir si vous avez des nouvelles de votre fils.

— Quand vous voudrez, mon ami, vous n'êtes plus un étranger pour moi. Tenez, Étienne... acceptez cette bourse, et quittez votre état, dès ce moment vous n'en avez plus besoin pour vivre.

Sanscravate repousse l'argent que monsieur Vermoncey lui présente, en lui répondant avec un accent de tristesse :

— Non, monsieur, non... pas sitôt... ma sœur n'est pas encore la femme de votre fils... jusque-là permettez-moi de rester ce que je suis.

Les instances de monsieur Vermoncey ne peuvent faire changer Sanscravate de résolution, et il s'éloigne en disant :

— Espérons qu'ils reviendront... ou que nous connaîtrons bientôt leur retraite.

Et le commissionnaire s'en retourne à sa place, tout rêveur, tout pensif, n'ayant plus envie de rire ni de danser, et se disant en lui-même :

— Est-ce parce qu'il a su qu'elle avait retrouvé son frère que monsieur Albert a bien vite remmené ma sœur ?

XXXI. — L'AMOUR ET L'AMITIÉ.

Lorsque Paul était resté sans connaissance, après s'être blessé à la tête et au bras en tombant sur l'angle d'un pavé, Bastringuette était accourue, et en voyant Sanscravate s'éloigner à grands pas, elle avait deviné en partie ce qui avait mis le jeune commissionnaire dans un si triste état.

— Mon Dieu! mon Dieu! s'écrie la grande fille, ils se seront battus... ou plutôt c'est Sanscravate qui aura voulu battre ce pauvre garçon... et celui-ci n'est pas de force à lutter avec lui... et c'est encore par jalousie que Sanscravate aura fait cela... parce qu'il m'aura vu causer avec Paul... C'est moi qui suis cause de ce malheur... c'est ma fichue coquetterie... ma bêtise d'avoir eu l'idée de changer... lorsque j'étais bien... mais c'est toujours comme ça en amour: quand on est bien, ça vous ennuie, on veut changer; quand on est mal, on y reste.

Tout en se disant cela, Bastringuette prodiguait ses soins au jeune commissionnaire. Déjà tous les gens que cette scène avait amassés parlaient de faire porter le blessé à l'hospice le plus voisin; mais en entendant prononcer le mot d'hospice Bastringuette s'écrie:

— Par exemple! le plus souvent que je vas laisser porter ce pauvre garçon dans un hospice tandis que j'ai un domicile honnête pour le recevoir. Il doit avoir aussi un logement, mais comme il ne peut pas parler en ce moment il ne nous l'indiquera pas. Et d'ailleurs chez moi ça me sera plus commode pour le soigner, et lui faire de la tisane, tandis que chez eux les garçons n'ont jamais un pot en état de faire bouillir de l'eau.

Et la marchande des quatre saisons avait fait chercher un fiacre; on avait mis dedans le blessé, après avoir tant bien que mal enveloppé sa tête et son bras, et puis, Bastringuette avait donné son adresse, rue des Martyrs près de la barrière, et, arrivé là, avec le secours du cocher et de son portier,

L. DEGHOU   BELIN

Il lui donne sur le visage un coup avec le pommeau d'un de ses pistolets. — Page 86.

elle avait fait porter Paul dans sa chambre et dans son lit.

On doit bien penser que la demeure de Bastringuette n'était pas élégante. Son logement se composait d'une chambre et d'un cabinet, au cinquième étage, dans les mansardes. La grande fille appelait cela l'entresol des pierrots.

Le mobilier de la chambre était bien modeste: une couchette en bois peint, une commode en merisier, six chaises de paille, ou plutôt six chaises qui avaient besoin d'être rempaillées, une petite table, un miroir, une chaufferette et un poêle. Tel était à peu de choses près l'ameublement de cette chambre. Quant au cabinet, il y avait dedans un porte-manteau, auquel on ne suspendait jamais rien. Mais l'aspect de la chambre n'était point désagréable, et n'annonçait pas la misère, grâce à une excessive propreté qui régnait partout.

Le lit était entouré de rideaux de calicot toujours bien blancs; à la fenêtre il y avait aussi deux petits rideaux également en calicot, et qui tenaient lieu d'un grand; enfin sur la commode, sur la petite

table et sur la fenêtre, il y avait presque toujours des fleurs, soit en pot, soit dans des carafes bleues; les fleurs étaient le luxe de Bastringuette, et plus d'une fois elle avait déjeuné avec du pain sec, pour se donner, pendant l'hiver, de ces fleurs qu'alors elle ne vendait pas.

Après avoir fait placer Paul sur la couchette, Bastringuette avait été prier une de ses voisines d'aller chercher un médecin. La grande fille était fort bien avec toutes ses voisines, parce qu'elle était gaie, spirituelle, et qu'on aimait à l'entendre causer et redire, dans son langage populaire, tous les propos galants que lui adressaient les hommes qui lui achetaient des fleurs.

En apprenant que la marchande de violettes a chez elle un jeune homme blessé, toutes les voisines s'étaient mises en mouvement: l'une avait été chercher un médecin, l'autre un pharmacien, celle-ci avait elle-même préparé un remède, celle-là un baume; si bien qu'en rouvrant les yeux, Paul se vit entouré de femmes de tout âge, qui parlaient toutes à la fois, et qui toutes voulaient le guérir, et lui offraient de l'onguent, de la tisane, un emplâtre, un cataplasme, chacune avait au moins trois fioles à la main; heureusement pour le blessé que le médecin était venu mettre la paix parmi ces dames, qui se disputaient à qui donnerait son remède. Le docteur avait commencé par jeter toutes les fioles par la fenêtre, puis il avait mis ses nouveaux confrères dehors, et ayant alors examiné le blessé, avait reconnu que la blessure à la tête était grave, sans cependant être dangereuse, que le bras s'était démis en tombant, et qu'il fallait surtout au malade beaucoup de soins et de repos.

Paul regardait autour de lui avec étonnement. Lorsque le médecin est parti, Bastringuette dit au jeune blessé:

— A présent, tâchez d'être calme, tranquille, laissez-vous soigner, c'est moi que cela regarde, et ne parlez pas! le médecin l'a défendu! vous êtes chez moi... ça vous contrarie peut-être; mais dame! je ne savais pas votre adresse, et je ne voulais pas vous laisser porter à l'hospice. Oh! soyez sans crainte... ça ne me gêne pas... je suis ma maîtresse, je me fiche du qu'en dira-t-on! Je sais bien qu'il y a des gens toujours disposés à voir du mal dans ce qu'on fait, et qui penseront que vous êtes mon amant! .. ça m'est égal... Ah! il y a eu un moment où j'aurais bien voulu que vous le fussiez, je ne m'en cache pas... j'étais tombée amoureuse de vous! vous m'aviez tapé la tête comme un coup de soleil!... et c'est alors que j'ai tourné le dos à ce pauvre Sanscravate!... Ça m'a joliment réussi tout ça... Vous m'avez dit franchement que vous ne m'aimiez une autre... et puis... ce que j'ai appris... ce que j'ai su de vous... Ah! j'ai ben compris alors que vous étiez trop au-dessus de moi... par vos actions... par votre conduite... Chut! ne parlez pas... le médecin le défend... c'est fini, c'est mort! je n'en soufflerai plus mot... d'ailleurs vous me l'avez fait jurer, quand le hasard m'a fait savoir votre secret; mais ça n'empêche pas qu'entre nous, je peux bien vous dire que c'est superbe ce que vous faites... que vous devriez avoir le prix de vertu... le prix de... Allons, v'là que vous remuez les lèvres, je me tais. Maintenant dormez, tâchez de dormir, et à votre réveil vous aurez peut-être une surprise agréable... on ne sait pas !...

Paul murmure d'une voix faible :

— Vous êtes trop bonne... mais ici... je vous gêne... il fallait me laisser...

— Taisez-vous bien vite !... il fallait vous laisser porter à l'hôpital, n'est-ce pas ? Eh bien, c'eût été joli !... quand c'est moi qui suis la première cause de tout ça... oui, ce sont mes bêtises !... Si je n'avais pas joué de l'œil à votre intention, enfin, si je n'avais pas voulu faire votre conquête, est-ce que Sanscravate vous aurait battu !... à présent il me déteste, et Il a raison ; mais il a tort de vous battre, car tout cela n'est pas de votre faute. Allons, dormez... le médecin l'a ordonné... et je vous répète que vous ne me gênez pas... j'ai un autre lit dans ce cabinet et j'y coucherai. Je vas faire faire les drogues ordonnées, je ne serai pas longtemps.

Bastringuette est sortie et Paul a fermé les yeux, en priant le ciel de jeter sur lui un regard de bonté, parce que son existence est encore nécessaire sur la terre.

Vers le soir, après plusieurs heures d'un sommeil agité, le jeune commissionnaire ouvre les yeux ; deux têtes sont penchées vers lui qui attendaient, qui guettaient le moment de son réveil. Paul jette un cri de surprise en apercevant Elina.

— Oui, c'est mam'selle Elina, dit Bastringuette, c'est celle que vous aimez. J'ai été l'attendre à la porte de sa couturière afin de lui conter ce qui vous est arrivé, et je me doutais bien qu'elle reviendrait vous voir... Voilà pourquoi je vous disais que vous auriez peut-être un réveil agréable.

Paul tend sa main à la petite couturière, qui le regarde avec des yeux pleins d'amour et de larmes, en lui disant :

— Oh! mon ami !... vous êtes donc blessé !... quel malheur !... mais je suis bien heureuse encore que Bastringuette soit venue me l'apprendre. Elle m'a dit aussi comment cela était arrivé... C'est un vilain homme qui était ivre et qui vous a poussé, vous a fait tomber... elle passait par là, elle vous a vu évanoui à terre, et vous a fait porter chez elle. C'est une bien bonne fille, car elle vous aime presque autant que moi !... J'aurais été si inquiète, si désolée en ne vous voyant pas ! j'aurais cru encore que vous aviez cessé de m'aimer, tandis que je viendrai vous voir tous les jours... oui, monsieur, tous les jours ! le matin en allant à mon atelier, le soir avant de rentrer chez ma tante... Qu'est-ce que c'est, monsieur... vous ne voulez pas ?...

Paul murmure :

— Si votre tante le savait... vous seriez grondée, et je ne veux pas vous exposer à...

— Est-il étonnant ! s'écrie Bastringuette, il veut bien qu'on l'aime, et il ne veut pas qu'on fasse rien pour lui !... Eh ! mon Dieu !... mam'selle se lèvera un peu plus matin, elle rentrera un peu plus tard... le

Madame Baldimer. — Page 86.

grand malheur... elle se fatiguera peut-être pour accourir plus vite ici ; mais elle vous verra, ça vous fera du bien, et à elle aussi.

— Oh! oui, mon ami, dit Elina, laissez-moi passer près de vous tous les moments dont je pourrai disposer, laissez-moi aider Bastringuette, je serai si contente quand je vous verrai revenir à la santé... et quand vous sortirez pour la première fois, c'est sur moi et sur elle que vous vous appuierez... Oh ! vous verrez que je vous soignerai bien aussi... j'ai l'air d'être étourdie... mais je ne le serai plus... je veux que vous soyez bien content de moi.

Le jeune blessé sent des larmes couler de ses yeux, en voyant tout l'intérêt qu'on lui porte ; en se sentant l'objet de soins si tendres et si doux, il ne peut pas parler, mais il regarde tour à tour ces deux jeunes filles qui sont près de son lit, et ses yeux disent sans doute tout ce qui se passe dans son âme, car Bastringuette s'écrie avec sa brusquerie ordinaire :

— Ah ben! si nous allons nous attendrir, et nous mettre tous les trois à pleurer, nous ferons de belle besogne, ça lui donnera la fièvre et il ne guérira pas. Le médecin qui avait défendu les émotions... et nous n'avons que de ça !...

Elina s'assied près du lit ; elle tient dans ses mains une des mains du malade, et elle lui dit bas, bien bas :

— Est-ce que cela vous fait du mal de voir combien je vous aime? Tant pis, je vous le dirai tous les jours... Et si ma tante venait à savoir que je viens près de vous, eh bien ! je lui dirais : Ma tante, Paul sera mon mari, et on a bien le droit de veiller sur les jours de son mari.

Tandis que la petite couturière disait à son ami tout ce que son cœur lui inspirait, Bastringuette était allée chez une voisine, elle lui avait emprunté un méchant matelas qu'elle avait porté dans le cabinet ; elle avait jeté quelques vieilles hardes par là-dessus, et elle s'était dit :

— Je dormirai assez bien là ; d'ailleurs, il ne faut pas qu'une garde dorme beaucoup.

Elina, obligée de retourner chez sa tante, s'était éloignée à regret, en disant :

— A demain.

Puis après avoir fait boire au jeune blessé d'une potion ordonnée par le médecin, Bastringuette était allée se coucher sur son lit fait à terre dans le cabinet, après avoir dit à Paul :

— Au moindre mouvement que vous ferez, je serai près de vous.

Et le lendemain, de grand matin, Elina était déjà chez la marchande des quatre saisons, et elle avait apporté du sucre et un petit pot de confiture, en disant à Bastringuette :

— Moi aussi, j'ai le droit de vous aider à lui être utile... D'ailleurs, ma tante me donne tant par jour pour ma dépense, et je puis bien me gêner un peu pou mon pauvre Paul.

Bastringuette avait trouvé cela tout naturel, car de son côté elle en faisait autant.

Si la certitude d'être aimé avait pu suffire pour rendre la santé au jeune commissionnaire, Paul aurait dû guérir en peu de temps ; mais

il n'en avait pas été ainsi ! Malheureusement d'autres pensées occupaient incessamment le blessé. Son esprit inquiet se chagrinait, se tourmentait de sa position, et au lieu de se cicatriser, la blessure qu'il avait reçue à la tête était devenue plus grave, parce qu'une fièvre ardente s'était déclarée.

Les deux jeunes filles redoublaient de soins, de zèle près du malade; Bastringuette passait une partie des nuits. Élina arrivait quelquefois avant le jour et restait souvent tard le soir, étant parvenue à faire croire à sa tante que l'on veillait chez madame Dumanchon. Chacune de ces jeunes filles se privait des choses les plus nécessaires à la vie pour que le malade ne manquât de rien, mais aucune d'elles ne se plaignait et n'eût voulu céder la place qu'elle occupait.

Un soir, après une journée où la fièvre ne l'a pas quitté, Paul regarde autour de lui, Bastringuette est seule dans la chambre. La grande fille est allée se cacher dans un coin pour que le jeune malade ne la voie pas manger le pain sec qui compose tout son repas. Paul l'appelle, et elle se hâte de courir près de lui après avoir fourré son pain dans sa poche.

— A quel jour sommes-nous du mois? demande le commissionnaire en fixant sur Bastringuette des yeux animés par la fièvre.

— Quel jour?... C'est mardi aujourd'hui.

— Non, ce n'est pas cela... Quel quantième?

— Ah! c'est aujourd'hui le vingt-quatre.

— Le vingt-quatre !... Et depuis combien de temps suis-je malade?

— Ah! c'était le cinq que vous avez été si bien arrangé !... Oh! je m'en souviens bien, un lundi.

— Le cinq !... ainsi voilà dix-neuf jours que je suis ici?

— Eh bien! quand il y en aurait cinquante ! Je conçois bien que cela vous ennuie d'être malade, mais est-ce que vous ne vous trouvez pas bien soigné ici ? Est-ce que mam'selle Élina et moi nous ne faisons pas ce qu'il faut... ce que le médecin ordonne?

— Oh! si, ma bonne Bastringuette, si, vous faites trop, même !... Mais le vingt-cinq demain... Mon Dieu... C'est une époque fixée... Ah! voyez-vous, Bastringuette, c'est cette pensée qui me donne la fièvre et qui m'empêche de guérir...

— Quelle pensée? voyons, parlez, dites-moi ce que vous voulez que je fasse... Je le ferai tout de suite.

— Oh! oui, oui... vous le ferez, n'est-ce pas?...

— Voulez-vous que je vous le jure?...

— Non... Écoutez-moi... Cette vieille dame chez laquelle vous m'avez rencontré Vieille-rue-du-Temple...

— Madame Desroches?

— Oui, il faut absolument lui porter de l'argent...

— De l'argent... Mon Dieu... c'est que...

— Oh! je sais bien que vous n'en avez pas, pauvre fille! Je sais bien que vous, et Élina, vous vous privez de tout pour me soigner...

— Mais non... par exemple... D'ailleurs l'apothicaire me donne ses drogues pour rien.

— Écoutez-moi. Vous irez demain de grand matin chez moi... la clef de ma chambre est dans la poche de ma veste. C'est rue du Faubourg Saint-Honoré, numéro dix. Vous monterez au cinquième, la porte à gauche. Arrivée dans ma chambre vous trouverez dans le tiroir d'une petite table soixante francs...

— Ah! quel bonheur !

— Attendez donc... vous prendrez cet argent; vous prendrez de plus une redingote, un pantalon noir, un gilet de drap noir, que vous trouverez dans le bas d'une petite armoire. Tous ces vêtements sont bons... presque neufs encore, je les mets si rarement ! Cependant, si vous pensez que ce n'est pas assez, vous prendrez aussi tout le linge que vous trouverez, quatre chemises en toile... des draps...

— Mon Dieu! pourquoi donc faire tout cela?

— Pour porter au Mont-de-Piété, pour avoir quarante francs, que vous joindrez aux soixante, car demain... oui, demain, vingt-cinq, il faut porter cent francs à madame Desroches... Il le faut, entendez-vous?...

— Bon jeune homme! Comment vous allez encore vous priver de tout pour...

— Taisez-vous, Bastringuette, il faut porter demain matin cette somme à la veuve de... mon bienfaiteur... Sans cela, je sens que je ne guérirai pas !...

— Oh! j'irai alors... Soyez tranquille !... Je ferai tout ce que vous m'avez dit... Elle l'aura demain matin... Mais si votre portier ne me laisse pas emporter les paquets...

— Il n'y a pas de portier.

— En ce cas, ce sera bien vite bâclé.

— C'est bien ! Bastringuette. Je vous remercie... Et vous ne direz rien de tout cela à Élina.

— Oh! mon Dieu, non! puisque vous ne voulez pas qu'on sache vos belles actions !

— Je ne fais que mon devoir... Ah! pourvu que le ciel me permette de finir ce que j'ai entrepris... Encore quelques mois et j'étais si heureux ici... Enfin, vous irez demain, n'est-ce pas, Bastringuette?.. Ah! écoutez encore : Madame Desroches vous demandera sans doute pourquoi je ne suis pas allé la voir depuis longtemps... pourquoi je vous ai chargée de lui remettre cet argent; vous lui direz que je vous ai donné cette commission parce que j'ai été obligé de partir, de faire un petit voyage pour la maison de commerce qui m'emploie... N'oubliez pas cela.

— Non... non, je n'oublierai rien.

Paul s'endort plus tranquille en pensant que la personne dont il est le protecteur n'aura pas à souffrir du malheur qui lui est arrivé. Cette nuit-là un sommeil plus calme rafraîchit ses sens, et à son réveil, il aperçoit la jolie petite tête d'Élina penchée vers lui, et plus loin Bastringuette dont les yeux semblent vouloir lui parler.

— Ah! quel bonheur, s'écrie Élina, vous avez dormi bien plus tard aujourd'hui !... Il est près de onze heures... Heureusement on m'avait donné une robe à porter, et j'ai pu revenir.

— Et je me sens bien mieux, dit Paul.

Bastringuette saisit un moment où elle présente au jeune malade une tasse de tisane pour lui dire à l'oreille :

— Votre commission est faite. Les cent francs sont portés.

Paul ne peut pas répondre, mais son regard exprime toute sa satisfaction.

A dater de ce jour la fièvre diminue, et bientôt le jeune commissionnaire entre dans sa convalescence.

XXXII. — CE QUI DEVAIT ARRIVER.

Albert n'avait reparu à Paris que pendant quelques jours; à peine avait-il eu le temps de voir ses amis qu'il était de nouveau disparu sans que l'on sût le motif de ce brusque départ.

Quand le joyeux Mouillot rencontrait Balivan, ou Dupétrain, ou Célestin, il était rare que l'on ne se demandât pas des nouvelles du jeune Vermoncey.

— Quelle vie mène-t-il donc maintenant? disait Mouillot, il va voyager, il est près de trois mois absent de Paris; il revient, on l'aperçoit deux ou trois jours, puis il repart brusquement, et cela à l'entrée de l'hiver, au moment où tous les plaisirs sont concentrés, rassemblés dans la capitale.

Monsieur Célestin, qui n'avait pas dit qu'il fût précisément brouillé avec Albert, se contentait de répondre :

— Comme je ne comprenais plus rien depuis quelque temps à l'humeur d'Albert, je le voyais beaucoup moins... c'est un braque !... de ces gens qui se fâchent sans qu'on sache pourquoi... et je m'inquiète fort peu de ce qu'il fait et de ce qu'il devient.

— Moi, disait Balivan, j'aime beaucoup ce jeune homme! il est étourdi, léger... mais je suis certain qu'il est franc, qu'il est obligeant... il a de l'esprit... s'il le veut nous ferons ensemble le voyage d'Italie.

— Si monsieur Albert avait voulu, reprenait à son tour monsieur Dupétrain... il aurait fait un sujet excellent pour le magnétisme... il avait tout ce qu'il fallait dans les yeux pour se mettre en rapport avec une somnambule.

— Et la belle dame à laquelle vous faisiez la cour dernièrement, disait monsieur Célestin d'un air railleur... l'avez-vous magnétisée?

— Madame Baldimer... non, j'ai essayé... je n'ai pas pu réussir... c'est une femme qui n'est pas nerveuse du tout !

Ensuite ces messieurs se demandaient aussi des nouvelles de Tobie Pigeonnier, qui continuait à être introuvable, et Mouillot s'écriait :

— Décidément je ne donnerais pas cinq sous du noyau d'olive que ce pauvre monsieur Varinet a la constance de porter toujours dans sa bourse.

Madame Plays ne s'inquiétait pas d'Albert, mais elle voulait à toute force être vengée du petit Tobie, qui l'avait si bien trompée avec son soi-disant duel, et avait été cause que pendant deux mois elle avait senti le tabac. Aussi, chaque matin faisait-elle venir une voiture, elle montait dedans avec son mari, et le conduisait à un tir, puis à une salle d'armes; et là, l'époux obéissant était obligé de s'exercer pendant une heure au pistolet, puis à l'épée, et sa femme le grondait sans cesse parce qu'il ne parvenait jamais à abattre une poupée, et qu'il ne savait pas parer une botte.

Le pauvre monsieur Plays revenait chez lui accablé de fatigue et disait à sa femme :

— Ma chère amie, je t'assure que j'aime mieux apprendre le wisth, j'y mords plus qu'à l'escrime.

— Que vous y mordiez ou non, répondait la belle Herminie, vous vous battrez avec ce petit Tobie, qui d'ailleurs ne doit pas être bien redoutable. Songez, monsieur, que vous devez le provoquer partout où vous le rencontrerez!

Monsieur Plays s'inclinait d'un air soumis; et lorsqu'il était dans la rue ou à la promenade, s'il apercevait un homme qui eût la tournure de Tobie, il se sauvait bien vite d'un autre côté.

Cependant deux mois s'étaient écoulés depuis que Sanscravate avait retrouvé sa sœur pour la perdre presque aussitôt. Pendant ce temps, le commissionnaire s'était rendu souvent chez monsieur Vermoncey pour savoir s'il avait des nouvelles de son fils et s'il connaissait enfin le lieu où il avait conduit sa sœur. Mais pendant cet espace de temps, Albert n'avait écrit que deux fois à son père. Ses lettres, qui étaient fort brèves, ne parlaient en rien de la jeune fille qu'il avait enlevée.

L'une était datée de l'Alsace, l'autre de la Suisse, il annonçait toujours qu'il voyageait et ne donnait pas son adresse.

Plus le temps s'écoulait, et plus Sanscravate sentait s'évanouir les espérances qu'il avait conçues; souvent après avoir questionné monsieur Vermoncey, il secouait tristement la tête, en murmurant :

— Ça va mal!... tenez, monsieur, j'ai bien peur que monsieur Albert n'ait pas l'intention de se bien conduire... tenir ma sœur éloignée de moi... l'empêcher de m'écrire... car s'il ne le lui défendait pas je suis bien sûr qu'elle m'aurait déjà appris où elle est! Ne faire aucune démarche près de vous pour obtenir le pardon de sa faute... hum!... je ne suis qu'un pauvre diable sans éducation, mais il me semble que tout cela n'annonce pas l'intention de remplir ses promesses.

Monsieur Vermoncey s'efforçait de rassurer Sanscravate, en lui disant :

— Vous pouvez toujours compter sur ma parole!

Et le commissionnaire s'en retournait à sa place en faisant cette réflexion :

— Oui, le père est un honnête homme!... il ne reviendra pas sur ce qu'il a dit; mais à quoi me sert d'avoir la parole du père, si le fils ne veut plus tenir la sienne.

Mais depuis qu'il avait revu sa sœur, depuis qu'il espérait la voir entrer dans la famille de monsieur Vermoncey, Sanscravate avait totalement changé de conduite : il ne se grisait plus; ne fréquentait plus les cabarets; il n'était ni querelleur, ni bambocheur comme auparavant; enfin il n'allait plus avec Jean Ficelle, et toutes les instances de celui-ci ne parvenaient pas à lui faire quitter sa place ou son travail.

Une seule fois il avait rencontré Paul, qui, alors convalescent, marchait avec peine en se soutenant sur le bras de Bastringuette; car c'était dans le milieu de la journée et la petite Elina ne pouvait être près de son amant.

Sanscravate s'était senti frémir, trembler en apercevant la figure pâle et amaigrie du jeune homme. Si Paul eût été seul, peut-être Sanscravate aurait-il été se jeter dans ses bras en lui demandant pardon du mal qu'il lui avait fait; mais la présence de Bastringuette avait rallumé dans le fond de son cœur tous les tourments de la jalousie, et il s'était éloigné vivement, en maudissant de nouveau son ancien ami et son ancienne maîtresse.

Mais, soit qu'il fût encore trop faible pour travailler, soit qu'il n'eût plus voulu se trouver vis-à-vis de celui qui avait failli le tuer, Paul n'était point revenu se mettre à sa place.

Le froid était piquant, la neige tombait à gros flocons, et ceux qui passaient sur les boulevards ou dans les rues, pressaient le pas et ne s'arrêtaient guère. Sanscravate était à sa place, assis sur ses crochets; sa tête était couverte d'un chapeau de laine dont les bords qui le garantissait de la neige; mais malgré la rigueur de la saison, son col était nu comme pendant la plus belle journée d'été.

— Dis donc, bien nommé! s'écrie Jean Ficelle en s'approchant de son camarade et en soufflant dans ses doigts, est-ce que tu restes là à recevoir la neige sur le nez, toi?... il ne fait pas un temps à ce que les pratiques se dérangent pour venir nous chercher... Allons nous mettre à l'abri dans un bouchon.

— Non, je ne vais plus au cabaret! répond sèchement Sanscravate.

— Ah! c'est donc tout à fait fini!... t'es plus un homme!... tu ne sais plus rire, ni jouer, ni boire!... Alors, bonsoir, t'es perdu pour la société.

Jean Ficelle s'est éloigné; il n'y a pas trois minutes que Sanscravate est seul au coin de la rue, lorsque, malgré le mauvais temps, une jeune femme en petit bonnet, en tablier de soie et tenant avec peine un parapluie pour se garantir de la neige, s'approche du commissionnaire, et lui dit :

— C'est vous qu'êtes monsieur Sanscravate?

— Oui, mam'selle.

— Ma maîtresse voudrait vous parler sur-le-champ.

— Votre maîtresse!... Ah! je crois vous reconnaître; n'êtes-vous pas chez une dame qui demeure rue Neuve-Vivienne?...

— Justement... chez madame Baldimer.

— C'est cela.

— Venez-vous?

— Tout de suite, mam'selle...

Sanscravate suit la femme de chambre, et tout en marchant il se rappelle qu'il a été souvent chez cette dame porter des lettres d'Albert; il présume qu'elle a pu être la maîtresse du séducteur de sa sœur, et il se demande ce qu'elle peut avoir à lui dire. Toutes ces pensées l'agitent, l'inquiètent, et il ressent comme une espèce de terreur en arrivant dans cette maison dont il reconnaît parfaitement.

Mademoiselle Rosa fait entrer le commissionnaire dans l'appartement, au lieu de le laisser, comme c'est l'usage, attendre dans l'antichambre, elle l'introduit dans un petit salon, lui montre des sièges et lui dit :

— Asseyez-vous et attendez, madame va venir.

La femme de chambre est partie. Sanscravate regarde avec surprise autour de lui, il éprouve une vive curiosité de savoir ce que peut avoir

à lui dire cette dame qui le fait attendre dans un salon; mais bientôt une porte s'ouvre et madame Baldimer paraît.

Elle est toujours belle, toujours parée, mais en ce moment son visage est plus pâle que de coutume, une pensée sombre semble l'occuper. Après avoir regardé si toutes les portes sont fermées, elle s'avance vers Sanscravate et, lui faisant signe de rester assis, prend un siège et se place en face de lui.

Le commissionnaire est tout interdit, il ose à peine lever les yeux sur la belle dame et attend qu'elle s'explique. Celle-ci ne tarde pas à rompre le silence :

— Vous êtes Sanscravate...

— Oui, madame.

— Mais ce nom n'est qu'un sobriquet que vous ont donné vos camarades; vous vous nommez Étienne Renaud, vous êtes de l'Auvergne?

— Oui, madame.

— Vous avez une sœur, dont une dame de Clermont prenait soin, et cette sœur qui a dix-sept ans, qui est fort jolie, un jeune homme de Paris en est devenu amoureux... l'a séduite... enlevée...

— Quoi! madame... vous savez...?

— Je sais tout... je connais toute la conduite d'Albert... Restez assis... écoutez-moi. Depuis longtemps, par des motifs... que vous ne pouvez comprendre, je faisais épier toutes les démarches d'Albert. J'ai su son arrivée à Paris il y a un peu plus de deux mois... le séjour de votre sœur rue de Grenelle-Saint-Honoré, puis son changement d'appartement... Enfin votre entrevue dans la rue Grange-aux-Belles...

— Mais qui donc a pu vous dire... à moins que ce ne soit ma sœur... ou monsieur Albert...?

— Ni l'un ni l'autre! mais, mon Dieu! vous êtes commissionnaire et vous ne savez pas qu'avec de l'or on est instruit de la moindre démarche de la personne que l'on veut surveiller. Écoutez-moi, maintenant : Vous vous flattiez qu'Albert tiendrait la promesse qu'il a faite à votre sœur, qu'il réparerait ses torts en l'épousant... Il n'en sera rien. Albert est comme la plupart des jeunes gens, inconstant, infidèle!... La possession éteint bien vite son amour. Il était fort épris de votre sœur lorsqu'il l'a enlevée, maintenant il se révolterait à l'idée de lui rester fidèle; quant à l'épouser il n'en eut jamais la pensée, et, depuis qu'il sait qu'Adeline est la sœur d'un commissionnaire, il ne comprend pas que l'on puisse avoir l'idée de cette union.

— Le lâche!... le gredin!...

— Enfin, après avoir voyagé avec votre sœur pendant deux mois, regrettant chaque jour sa liberté, les plaisirs de Paris et maudissant sa folie, savez-vous ce qu'il vient de faire...?

— Achevez, madame... achevez...

— Il a loué à la pauvre fille une petite maisonnette à Lagny, puis après lui avoir donné de l'argent et promis de revenir, il l'a laissée là, avec l'intention bien formelle de ne plus la revoir.

— Ah! mon Dieu!... ah! le misérable... ah! si c'était vrai!...

— Tout cela est si vrai, qu'il ne tiendra qu'à vous d'être bientôt près de votre sœur. Tenez, voilà sur ce papier son adresse à Lagny; si vous avez besoin d'argent acceptez cette bourse. Acceptez, ce n'est pas une aumône que je vous fais, c'est votre vengeance que je sers, parce que votre vengeance est aussi la mienne... parce que si vous avez votre injure à laver... moi, j'ai un crime... j'ai une infamie à punir, et que j'ai fait serment d'arriver à mon but.

— J'arriverai aussi au mien, répond Sanscravate en repoussant la bourse, mais je n'ai pas besoin d'argent pour cela, madame.

— Du moins, vous ne refuserez pas ces pistolets, je pense qu'ils pourront vous être nécessaires.

En disant ces mots, madame Baldimer sort de dedans sa ceinture une paire de superbes pistolets qu'elle présente au commissionnaire, en fixant sur lui ses yeux dans lesquels brille déjà l'espoir de la vengeance.

Sanscravate se jette sur les armes, en s'écriant :

— Ah! oui, madame... oui, c'est cela qu'il me faut d'abord... Mais où est-il, lui, où se cache-t-il?... vous devez aussi le savoir... Oh! c'est qu'il ne faut pas qu'il m'échappe!...

— Soyez tranquille! et fiez-vous à moi pour vous le faire rencontrer. En ce moment, il parcourt les environs de Paris, mais d'un instant à l'autre il va revenir ici, car il s'ennuie beaucoup d'en être éloigné. Attendez qu'il soit à Paris, je vous ferai savoir son arrivée, mais en ce moment rendez-vous d'abord près de votre sœur. Songez qu'elle est seule, abandonnée, qu'elle n'ose plus même réclamer votre appui...

— Ah! vous avez raison, madame, oui... ma pauvre Liline... je vais sur-le-champ aller la chercher, et je la ramènerai avec moi... Oh! cette fois elle ne me quittera plus...

— J'avais prévu votre réponse... tenez, prenez ce papier... à cette adresse vous trouverez un homme avec une petite voiture... Je l'ai retenue pour vous, il vous conduira sur-le-champ à Lagny et vous ramènera avec votre sœur.

— Oh! merci, merci... merci mille fois... je cours... Ma petite Liline... elle qui croyait si bien à ses promesses... Oh! mais, madame, dès qu'il sera à Paris vous me le ferez savoir au moins...

— Vous ne devez pas en douter.

— Moi, madame, si je n'étais pas à ma place, je demeure rue Saint-Lazare, au coin de celle Saint-Georges.

— Je sais où vous demeurez. Je vous le répète; dès qu'Albert sera à Paris, je vous le ferai savoir.

— J'y compte, madame; maintenant je cours chercher ma sœur... puis après je saurai le venger.

Sanscravate a mis les pistolets dans sa poche, madame Baldimer lui a remis l'adresse, il part, court à l'endroit où il trouve en effet une voiture qui l'attend, il se jette dedans et crie au cocher :

— A Lagny... vous devez être prévenu... retenu... averti... Allez grand train, crevez vos chevaux... je vais chercher ma pauvre sœur... et puis après ça je tuerai le gredin qui l'a séduite s'il ne consent pas à l'épouser.

Tout cela semble assez indifférent au cocher; mais il est bien payé, il part, il va vite, il ne s'arrête presque pas en route, et Sanscravate arrive à Lagny en peu de temps.

Il regarde l'adresse qu'on lui a donnée; s'informe à une villageoise qui lui indique le chemin qu'il doit prendre pour aller à la maisonnette des peupliers, c'est ainsi que se nomme l'habitation qu'il demande, et le commissionnaire montre à son cocher une auberge, en lui disant :

— Allez là vous reposer et faire manger vos chevaux; mais tâchez qu'ils mangent vite et reposez-vous de même, parce que je reviendrai bientôt avec ma sœur, et vous nous ramènerez à Paris au galop!

Sanscravate se dirige du côté qu'on lui a indiqué, il voit au bout d'un chemin une maisonnette assez gentille, entourée de hauts peupliers dont la cime se balance au-dessus de l'habitation. Cette retraite a l'aspect d'une maison bourgeoise, les volets sont peints en vert; une jolie grille sert d'entrée, et des fleurs se montrent en profusion de tous côtés.

— Il a voulu lui donner une jolie cage! le séducteur! se dit Sanscravate en approchant de la maison, dans l'espoir qu'elle se plairait là et le laisserait tranquille... Oh! mais il a donc oublié qu'elle avait un frère, et que ce frère était Sanscravate?

Le commissionnaire va sonner à la grille, une paysanne vient ouvrir.

— Où est ma sœur... conduisez-moi à ma sœur! s'écrie Sanscravate, en poussant brusquement la paysanne devant lui. Celle-ci le regarde avec des yeux effarés, elle croit avoir affaire à un voleur, elle va crier, appeler... Mais déjà Adeline a paru sur le seuil de la maison, car toutes les fois que l'on sonne à la grille elle se flatte que c'est Albert qui revient, elle accourt en apercevant un homme, puis elle tombe dans ses bras, en murmurant d'une voix étouffée par la joie et les larmes :

— C'est mon frère.... ah! il ne m'abandonnera pas, lui!

Sanscravate considère sa sœur dont les traits pâles, amaigris, ont subi en deux mois un changement si considérable qu'il aurait hésité avant de la reconnaître.

Adeline fait entrer son frère dans une pièce du rez-de-chaussée et, là, le regardant de nouveau avec des yeux pleins de larmes, elle lui dit :

— Tu dois m'en vouloir sans doute,... la dernière fois que je t'ai vu tu m'avais fait promettre de t'attendre, et malgré cela je suis partie... Mais il est revenu... quand il a su que je l'avais retrouvé... que je n'étais allé supplier son père de nous pardonner, il s'est écrié que cela n'avait pas le sens commun; que son père allait être furieux, qu'il nous séparerait ou m'empêcherait de me voir, et que nous n'avions pas d'autre parti à prendre que de fuir bien vite de Paris; je l'ai cru... il me pressait tant... et je suis partie avec lui... et nous avons voyagé longtemps, je le priais toujours de lui écrire pour savoir si tu avais réussi près de son père, et il me répondait qu'il fallait attendre. Enfin, il y a huit jours, il m'a conduite dans ce pays, dans cette maison, m'a dit que je n'y manquerais de rien, m'a laissé beaucoup d'argent, et puis m'a quitté, en me disant qu'il reviendrait bientôt... aussi je l'attends sans cesse... et quand tu as sonné, j'ai cru que c'était lui!

— Pauvre sœur! répond Sanscravate en regardant la jeune fille dont tâche que le sourire fasse disparaître la trace de ses larmes, je l'attends en vain... il ne reviendra pas, le lâche... il t'a abandonnée... parce qu'il a cessé de t'aimer... parce qu'il ne veut pas réparer son crime...

— Oh! mon Dieu! serait-il possible... Albert ne m'aime plus... il est donc vrai.

— Oh! tu l'avais deviné, j'en suis sûr; ta pâleur... le changement effrayant qui s'est opéré dans tes traits depuis notre dernière rencontre... tes yeux fatigués par les pleurs... Oh! depuis longtemps, tu es malheureuse... tu as du chagrin... c'est bon facile à voir.

— Eh bien! oui, mon frère; depuis quelque temps, en effet, je trouvais qu'Albert n'était plus avec moi aussi tendre... aussi aimable... enfin, il ne semblait plus heureux... mais je pensais qu'il redoutait la colère de son père...

— Son père!... mais il a consenti à votre union.

— Il se pourrait... quel bonheur!

— Non, non, ma pauvre Liline, ne te réjouis pas! car c'est ton séducteur lui-même qui refuse de réparer sa faute, de te nommer sa femme.

— Il refuse.. Albert... oh! non, mon ami, ce n'est pas possible... et d'ailleurs, quand il saura... je n'avais pas encore osé lui dire cela... j'espérais lui causer à son retour une grande joie... une douce surprise... Ah! mon frère, quand il saura que je suis mère, est-ce qu'il voudra refuser un nom à son enfant?

En disant ces mots, Adeline cache sa tête sur l'épaule de son frère, et celui-ci la tient quelques instants dans ses bras, en murmurant :

— Mère!... tu es mère!... ah! oui, il faudrait qu'il eût le cœur ben dur pour t'abandonner encore... et cependant!... les jeunes gens, à présent, ça se moque autant de laisser une pauvre fille dans l'embarras que de changer d'habit. C'est égal, je le verrai, moi, ce monsieur, je lui parlerai... et sacrebleu! s'il a encore queuques sentiments, j'irai les chercher au fond de son cœur... mais en attendant, tu vas me suivre, tu vas partir à l'instant avec moi.

— Partir d'ici... mais si Albert revenait pendant ce temps-là?

— Sois donc tranquille !... c'est à Paris qu'il va se rendre, c'est à Paris que se tiène. Maintenant, songe qu'il faut le fier à moi, m'obéir, me croire... Tu sais bien que je ne veux pas te tromper, moi; tu sais bien que c'est ton bonheur, l'honneur de not' famille que je veux avant tout !...

— Oh! oui, mon frère!

— En ce cas, fais donc ce que je te dis. Prends vite les effets qui t'appartiennent, fais-en un paquet... Mais laisse tout l'argent, tous les bijoux qu'il t'a donnés, cet homme, car s'il croit avec cela payer ton déshonneur, nous lui prouverons qu'il s'est trompé. S'il t'abandonne, tu resteras avec moi; j'ai de bons bras et je ne suis plus un ivrogne, un ribotteur comme autrefois! Oh! non, vois-tu... j'ai eu des chagrins aussi, moi... et le chagrin, c'est comme du plomb, ça vous alourdit la tête !... je te conterai cela un jour... en attendant je travaillerai pour te nourrir... pour nourrir ton enfant, et du moins, ce que je te donnerai, tu n'en rougiras pas. Allons, fais ce que je t'ai dit et dépêche-toi... une voiture nous attend.

Adeline ne réplique plus, elle se hâte d'obéir aux volontés de son frère; elle a bientôt rassemblé ses effets, elle en fait un paquet, Sanscravate le prend sous son bras, il soutient sa sœur de l'autre, puis il dit à la paysanne qui les regarde d'un air stupéfait :

— Si le monsieur revient ici et demande la jeune dame qu'il y avait amenée, vous lui direz qu'elle est partie avec son frère... entendez-vous? avec son frère. Quant à son argent... à ses bijoux, il les trouvera là-haut... Car tu n'as rien emporté de tout ça, n'est-ce pas, Liline?

— Non, mon frère, répond la jeune fille en portant la main sur son sein, excepté ce petit souvenir... dans lequel il y a de ses cheveux...

En disant cela, Adeline montrait un petit médaillon en verre, entouré d'or et dans lequel on apercevait une mèche de cheveux. Mais Sanscravate avance la main pour s'en emparer, en s'écriant :

— Non, non... ne garde rien de lui!... Et qu'as-tu besoin de ce souvenir?

— Ah! mon frère! je t'en prie, laisse-le-moi! balbutie la jeune fille en tombant à genoux, car s'il me repousse, ce sera la seule chose que j'aurai à donner à mon enfant... il n'aura que cela de son père!...

Sanscravate relève sa sœur, se retourne pour ne pas lui laisser voir qu'il pleure, essuie ses larmes avec la manche de sa veste, puis entraîne Adeline, en murmurant :

— Allons, soit! mais partons.

Ils ont bientôt atteint l'endroit où la voiture les attend. Sanscravate y fait monter sa sœur, se place près d'elle et dit au cocher :

— A Paris, maintenant... rue Saint-Lazare, au coin de celle Saint-Georges... une maison superbe, entre une fruitière et un épicier. Si tu vas rondement, je t'y paierai une fameuse goutte.

La voiture part. La nuit est venue et le voyage se fait assez tristement, car le frère et la sœur, qui ont tous les deux les mêmes craintes, les mêmes peines, ne veulent pas se les communiquer, de peur de les augmenter réciproquement.

On est arrivé. Sanscravate acquitte sa promesse avec le cocher; il veut aussi lui donner de l'argent, mais le cocher refuse, il est payé; il s'éloigne avec sa voiture, et le commissionnaire, prenant sa sœur par la main, lui dit :

— Suis-moi, nous allons grimper à mon local... Ah! dame! attends-toi à ce que ce n'est pas beau, et tu seras moins surprise.

Le logement de Sanscravate pourrait faire pendant de celui de Bastringuette; situé sous les toits, il se composait également d'une pièce et d'un cabinet, il y avait autant de meubles, pas un de plus; mais il y avait cependant une grande différence entre eux, et leur aspect n'était pas le même; autant la chambre de la marchande des quatre saisons était propre et bien rangée, autant celle de Sanscravate était sale et en désordre.

Après s'être procuré de la lumière, le commissionnaire dit à sa sœur qui regarde tristement autour d'elle :

— Ah! dame! c'est vilain ici... n'est-ce pas?... Ce ne sont plus de jolis meubles comme ceux dans lesquels ton séducteur t'avait mise... Mais... c'est chez ton frère que tu es... et tu pourras donner ton adresse sans rougir.

— Mon Dieu, mon ami, répond la jeune fille en pressant la main du commissionnaire, tu te trompes, si tu crois que je regrette l'aisance qui m'environnait... Que m'importe à moi qu'un meuble soit de noyer ou d'acajou ? je n'ai jamais tenu à cela ! Ah ! le plus bel appartement est celui dans lequel on apporte un cœur joyeux !

— Tu as raison, Liline... Quand le cœur est satisfait, tout le reste paraît beau ! Mais quoique ça, autrefois, c'était moins vilain ici, parce que c'était ben propre, ben rangé, ben essuyé partout ; il y avait une personne qui se chargeait de soigner ma chambre ; mais... cette personne-là ne vient plus, et depuis ce temps je n'ai pas eu le cœur de m'en occuper... aussi, c'est étonnant comme c'est reluisant !...

— Eh bien ! je remplacerai cette personne, mon ami, et tu verras que je sais aussi avoir soin d'un ménage.

Sanscravate embrasse sa sœur et l'installe chez lui ; il lui donne son lit, se réservant le cabinet dans lequel il fera jeter quelques bottes de paille ; il n'est pas difficile, lui, et pourvu que sa sœur puisse dormir paisiblement, il se trouvera toujours bien.

Après une nuit qui leur a semblé bien longue à tous les deux, parce que la peine, l'inquiétude ont éloigné le sommeil de leur paupière, Sanscravate quitte doucement son cabinet, il écoute : sa sœur vient de s'assoupir ; il marche avec précaution pour ne point l'éveiller, il place sur la table qui est contre le lit tout l'argent qu'il possède, en se disant :

— En v'là pour queuque temps ! nous ne ferons pas de grandes dépenses, nous autres... Dieu merci, depuis que je ne vais plus au cabaret et avec Jean Ficelle, j'ai déjà les queuques écus de côté... aujourd'hui, je suis fièrement content de travailler ; car je commence à croire que les bambocheurs ne sont pas ceux qui s'amusent le plus, et que les jouissances que procure le travail sont plus solides et plus vraies !

Sanscravate s'est rendu à sa place ; là, il s'assied, il attend, il se dit :

— Elle a promis de me faire savoir dès qu'il serait ici, et je suis bien sûr qu'elle tiendra parole, car cette femme-là me fait l'effet d'une luronne qui a médité longtemps ce qu'elle voulait faire et qui ne chancellera pas sur la route.

La journée s'écoule, sans apporter aucun changement dans la situation du commissionnaire et de sa sœur. Après avoir scié du bois et fait plusieurs courses, Sanscravate revient près de sa sœur à laquelle il donne l'argent qu'il a gagné, en lui disant :

— Tiens, voilà comme je te ferai tous les jours, et toi, avec ça, tu nous prépareras la pâtée.

— Et Albert ? demande tristement la jeune fille.

— Pas de nouvelles... Patience... Attendons.

— Mais son père. Pourquoi n'as-tu pas été le voir ?

— Ce n'est plus au père que j'ai affaire, c'est au fils ; ce n'est pas le père qui l'épousera ! Il consent... c'est tout ce qu'on peut lui demander, mais il ne peut pas forcer le jeune homme...

— Le forcer !... Oh ! je ne veux pas qu'on le force, s'il ne m'aime plus... il serait malheureux en m'épousant !

— Sois tranquille, ne te mêle plus de ça... C'est moi que ça regarde.

Liline se tait et pleure. Sanscravate la laisse pleurer, parce qu'il sent par lui-même qu'il y a des peines auxquelles il n'y a point de consolations.

Le lendemain, Sanscravate était assis à sa place depuis une heure seulement, lorsqu'il voit venir à lui la femme de chambre de madame Baldimer. Son cœur bondit sous son gilet, parce qu'il pressent qu'il va apprendre quelque chose.

Rosa s'approche du commissionnaire et lui remet un papier plié, en lui disant :

— Ma maîtresse m'a dit de vous donner cela.

— Merci, mam'selle, répond Sanscravate en prenant le papier d'une main tremblante.

La femme de chambre s'éloigne ; le commissionnaire ouvre le papier et lit ces mots :

« Il est arrivé d'hier au soir ; il est chez lui. »

— Enfin ! se dit Sanscravate en froissant le papier dans ses doigts, puis il se lève vivement, range ses crochets et se rend à grands pas à la demeure d'Albert.

En route une vive émotion agitait le commissionnaire, qui faisait cependant tous ses efforts pour la maîtriser. Mais il sentait que tout l'avenir de sa sœur allait se décider, et c'était pour elle qu'il tremblait.

Arrivé devant la porte cochère il s'arrête en se demandant s'il ne devrait pas aller voir monsieur Vermoncey. Mais il réfléchit que si le père d'Albert est prévenu de sa démarche, il fera surveiller son fils, qu'il empêchera celui-ci de lui rendre raison, et le résultat de ces réflexions est que maintenant c'est à Albert seul qu'il doit avoir affaire.

Sanscravate a monté rapidement au logement du jeune Vermoncey. Il sonne, un domestique nouveau vient lui ouvrir.

— Je veux parler à monsieur Albert, dit Sanscravate.

— Monsieur Albert n'y est pas, répond le valet d'un ton presque insolent.

— Il faut qu'il y soit pour moi.

— Mais mon maître est revenu hier de voyage... Il est fatigué et ne reçoit personne.

— Il me recevra pourtant, car il faut que je lui parle... Allez lui dire que c'est Sanscravate qui est là... et que je ne bouge pas d'ici

sans l'avoir vu... il doit bien savoir, d'ailleurs, qu'une entrevue est indispensable entre nous deux, il vaut mieux que ce soit tout de suite. Allez, mon petit... Je sais qu'il y a deux sorties à l'appartement, mais j'ai l'œil sur la cour, et si votre maître essayait de filer, je sauterais par la fenêtre et je lui tomberais sur les épaules... ça le gênerait pour courir.

Le domestique regarde le commissionnaire avec étonnement ; mais il va prévenir son maître. Il ne tarde pas à revenir ; il fait signe à Sanscravate de le suivre, et l'introduit dans la chambre à coucher d'Albert.

Le jeune Vermoncey venait de se lever, il était en robe de chambre et assis nonchalamment dans un grand fauteuil. Sa figure est un peu pâle lorsque le commissionnaire entre chez lui ; cependant il semble fort calme, et dit à Sanscravate d'un air dégagé et presque en souriant :

— C'est toi, Sanscravate ? Oh ! je m'attendais à ta visite. Allons, viens te mettre là et causons.

Le commissionnaire, tout surpris de cet accueil qui lui fait concevoir les plus douces espérances, s'assied sur le bord de la chaise que lui montre le jeune homme, et balbutie :

— Oui... oui, monsieur Albert, c'est moi... Oh ! certainement vous deviez penser que je viendrais... car, dame ! j'aime tant ben que ça s'arrange, tout cela !... Et dame ! j'aime tant ma sœur, ma pauvre Liline... Mais, vous aussi, j'espère que vous l'aimez toujours ?...

Albert se renverse dans son fauteuil et se chauffe les pieds, tout en répondant :

— Oui, mon cher Sanscravate, oui, ta sœur est charmante... et d'une douceur d'ange. Je l'ai beaucoup aimée... je l'aime encore... Aussi je veux qu'elle soit heureuse. Oh ! c'est mon plus ardent désir.

— Oh ! à la bonne heure, donc, monsieur ! s'écrie le commissionnaire tout joyeux, vous voulez faire le bonheur de ma sœur... c'est-à-dire que vous tiendrez les promesses que vous lui avez faites en l'enlevant de l'Auvergne... Ah ! vous me rendrez bien heureux, et vous êtes un digne jeune homme.

Albert se balance dans son fauteuil en répondant :

— Sanscravate, quand je te dis que je veux voir ta sœur heureuse, c'est que... pour réparer... mon étourderie, je veux assurer son sort... son existence... Si j'ai fait des promesses, ce sont de ces propos que tous les jeunes gens tiennent aux jolies filles, et qui n'engagent à rien !...

Sanscravate recule vivement sa chaise, il devient pâle à son tour ; il fixe Albert, mais il ne balbutie plus et s'écrie :

— Nous ne nous entendons plus, et, sacrédié ! il faut pourtant que nous arrivions à quelque chose... Monsieur Albert, n'avez-vous pas séduit ma sœur, qui était simple, naïve, qui n'avait encore aucune idée de l'amour... Niérez-vous que vous avez abusé de son innocence, que vous ne l'avez fait consentir à quitter son pays, sa protectrice, qu'en lui jurant que vous l'épouseriez ?

— Eh, mon Dieu ! je ne nierai rien ! Je t'ai dit d'avance que je convenais de tout cela ! Mais, encore une fois, un jeune homme fait dans sa vie cinquante serments semblables, tant pis pour celles qui les croient.

— Vous n'avez donc pas l'intention d'épouser ma sœur ?

Albert se renverse de nouveau dans son fauteuil et se met à rire, en disant :

— Épouser ta sœur !... Allons donc, Sanscravate !... Mais tu n'y penses pas !... Est-ce qu'une telle union serait assortie ?... Voyons, sois raisonnable... tu es un brave garçon, je te connais bon ; mais que dirait-on si je faisais de toi mon beau-frère ? On dirait que je suis devenu imbécile.

— Monsieur, dit Sanscravate en s'efforçant de maîtriser sa colère, prenez garde... Ne me jetez pas des offenses à la face... Tout commissionnaire que je sois... je vaux mieux que vous en ce moment.

— Mais, pour Dieu ! Sanscravate, écoute-moi donc... Est-ce qu'un jeune homme peut épouser toutes les femmes auxquelles il fait la cour ?... Depuis quand as-tu une morale si sévère... N'étais-tu pas, depuis longtemps, chargé de porter mes billets doux ? ne connaissais-tu pas mes intrigues ?... Tu savais que j'avais trois ou quatre maîtresses en même temps, et loin de m'en blâmer, tu étais le premier à en rire...

— Ah ! oui... vous avez raison, monsieur... je servais vos mauvaises actions... J'avais tort... Il y avait quelqu'un qui me le disait alors... Et pourtant ce quelqu'un-là m'a bien trompé aussi.

— Je te répète, Sanscravate, que je me repens de m'être adressé à ta sœur qui était honnête et sage... mais enfin... à tout péché miséricorde... Encore une fois je lui assurerai une pension et...

Sanscravate se lève et frappe du pied en s'écriant :

— Mille z'yeux !... Vous croyez avoir tout fait, vous autres du beau monde, quand vous avez délié les cordons de votre bourse... Ce n'est pas avec des billets doux que vous pouvez seul réparer votre faute... Votre père l'a bien senti, lui, car il a donné son consentement à cette union... Vous voyez ben, monsieur, que rien n'empêche ce mariage.

— Oui, dit Albert d'un ton piqué, je sais que vous avez vu mon père... que vous lui avez arraché son consentement ; je ne vous cacherai même pas qu'hier au soir à mon retour, après m'avoir embrassé, il m'a parlé de cette promesse qu'il vous a faite, mais je lui ai fait connaître mes intentions, en lui jurant que rien ne pourrait m'en faire changer.

— Rien !... murmure Sanscravate... rien ! Pas même si on vous disait que... vous êtes père... que ma sœur porte dans son sein un enfant... qu'elle vous supplie de ne pas le priver du nom de son père... car voilà pourtant la vérité...

Albert baisse les yeux, il éprouve une vive émotion qu'il cherche en vain à cacher. Sanscravate se rapproche de lui :

— Eh ! bien, repousserez-vous cette innocente créature ?

Albert garde quelques instants le silence. Enfin il répond d'une voix faible :

— J'aurai autant de soin de l'enfant que de la mère... Mais je ne puis pas... je ne saurais épouser Adeline, car ce mariage me couvrirait de ridicule.

— C'est votre dernier mot, monsieur ?

— Oui, Sanscravate.

Le commissionnaire tire de sa poche les pistolets que lui a donnés madame Baldimer, et il les montre à Albert, en lui disant :

— Alors voilà le mien, à moi... Quand vous voudrez, je vous attends.

Le jeune homme semble plus surpris qu'effrayé ; il regarde les armes et dit :

— Comment ! Sanscravate, tu veux te battre avec moi ?

— Cela vous étonne... Vous avez donc cru que je me laisserais tranquillement déshonorer et que je me contenterais de vos excuses... Non, non... il me faut mieux que ça... Voyons, je vous attends, monsieur...

— Sanscravate, je suis fâché de ne pouvoir te donner la satisfaction que tu me demandes, mais cela ne se peut pas... Un jeune homme de mon rang ne se bat pas en duel avec un commissionnaire !...

— Alors un homme de ton rang se contente donc d'être un lâche, un infâme. Alors il veut donc qu'on le soufflette, qu'on le rosse, qu'on l'étrangle... et c'est ce que je vais faire si tu refuses encore de te battre...

En disant ces mots, Sanscravate que la fureur exaspère a sauté sur Albert, il le prend au collet, le secoue avec force et lui donne sur le visage un coup avec le pommeau d'un de ses pistolets. Le jeune homme devient pourpre, et s'écrie :

— Je me battrai, monsieur, oui... vous avez raison... Il faut nous battre.

— Ah ! c'est bien heureux ! dit le commissionnaire en lâchant le jeune homme. Voyons, est-ce tout de suite... Ah ! je suis pressé, d'abord.

— Monsieur, avant de se battre, on a toujours quelques dispositions à faire.

— Je n'en ai aucune, moi !

— Dans deux heures je serai prêt... Il n'est pas encore neuf heures... à onze heures au plus tard... trouvez-vous...

— Derrière le bois de Romainville... à la descente de Pantin ; il y a par là des carrières... et c'est un lieu libre.

— Soit, j'y serai. Aurez-vous un témoin ?

— Pourquoi faire ?

— En effet, entre nous deux c'est inutile... J'aurai seulement une voiture avec un domestique.

— Comme vous voudrez... Sans adieu, monsieur ; je vais vous attendre, et j'espère que vous ne me laisserez pas m'enrhumer.

Sanscravate s'éloigne, et il prend sur-le-champ un chemin qui doit le conduire au lieu du rendez-vous.

Le commissionnaire marche moins vite maintenant, car il sait qu'il a du temps devant lui ; ensuite il se sent moins agité ; la certitude d'une prochaine vengeance a calmé sa colère. Il pense, il réfléchit ; au moment d'exposer sa vie, on se rappelle les personnes que l'on regretterait le plus de quitter pour toujours, et malgré lui Sanscravate voit plusieurs fois l'image de Bastringuette se glisser parmi ses souvenirs.

Il est à peine dix heures et demie, et le commissionnaire est à l'endroit qu'il a indiqué. Il s'assied sur la terre, et il attend. Il est alors sur le versant du bois de Romainville. A ses pieds est un four à plâtre et une fabrique de briques ; devant lui est le village de Pantin ; mais de ce côté la route est déserte, silencieuse et bordée de longues et hautes murailles qui entourent des jardins. A droite sont les buttes sur lesquelles on a bâti le fort qui domine toute la plaine, enfin sur la gauche, dans le bas, on aperçoit des peupliers formant un carré qui semble annoncer une propriété ou une promenade. C'est le cimetière de Pantin.

Sanscravate laisse ses yeux errer dans l'espace, mais il les reporte souvent du côté de Pantin, car c'est par là seulement qu'une voiture peut arriver jusqu'au lieu du rendez-vous, et il présume que c'est par ce chemin qu'Albert viendra. Puis il sort ses pistolets de sa poche, examine s'ils sont bien chargés, et pousse un profond soupir.

Le temps est beau, mais froid. Les arbres sont dépouillés de leur verdure, il passe peu de monde dans le bois, de temps à autre quelque paysan descend la côte pour se rendre à Pantin, où des carriers se montrent à l'entrée de leurs masures, ou des soldats se pro-

mènent autour du fort, mais ces gens-là ne font aucune attention au commissionnaire.

Cependant en jetant les yeux autour de lui, Sanscravate aperçoit une femme qui sort du bois et descend lentement du côté du cimetière. Cette personne est fort loin de lui, mais il peut voir, à sa mise, à sa tournure, que ce n'est pas une paysanne. Un grand chapeau, sur lequel un voile est jeté, empêche qu'on n'aperçoive ses traits, et pourtant en la suivant des yeux, Sanscravate se dit :

— Il me semble que je connais cette femme.

Pendant qu'il cherche à deviner qui ce peut être, le bruit d'une voiture se fait entendre du côté de Pantin, et bientôt un fiacre paraît dans la rue du village, et s'arrête aussi près que possible de la montée qui conduit au bois.

Sanscravate ne s'occupe plus de la dame, il descend la côte en toute hâte, et bientôt il se trouve devant Albert, qui a quitté sa voiture.

Le jeune homme salue le commissionnaire d'un air amical et dans lequel il n'y a plus ni ressentiment ni colère, puis il lui montre le cimetière en disant :

— Allons par là... les hommes qui travaillent à la brique pourraient seuls nous voir, mais ce ne sont pas eux qui mettront obstacle à notre duel, ils seront charmés au contraire que nous leur donnions ce spectacle.

Sanscravate ne répond rien et suit Albert ; le domestique du jeune Vermoncey marche derrière en portant une boîte à pistolets.

Arrivés sur le chemin qui est devant le cimetière, Albert s'arrête en disant :

— Je ne vois pas pourquoi nous irions plus loin.... Joseph, donne-moi mes armes.

Le domestique ouvre la boîte et apporte les pistolets à son maître en tremblant comme la feuille. Pendant ce temps le commissionnaire, qui a pris les siens, les présente à son adversaire, en disant :

— Aimez-vous mieux un de ceux-ci ? voulez-vous que je prenne un des vôtres... C'est comme vous voudrez.

Albert regarde les armes que lui présente Sanscravate, et s'écrie :

— Diable, mais tu as là de bien beaux pistolets, Sanscravate... C'est singulier... plus je les examine... plus il me semble que je les connais... que je les ai déjà vus quelque part.

— C'est possible, monsieur, car je les tiens d'une personne que vous connaissez... C'est madame Baldimer qui me les a donnés.

— Madame Baldimer ! s'écrie Albert. Ah ! oui... en effet... c'est dans ses mains que je les ai vus... Je me rappelle que plus d'une fois elle m'a dit en riant : C'est avec cela que je veux vous tuer... Allons, il paraît qu'elle ne disait pas cela pour plaisanter... Décidément cette femme-là m'en veut beaucoup... Garde tes armes et moi les miennes, et plaçons-nous.

Albert recule d'une quinzaine de pas, et dit au commissionnaire :

— Trouves-tu que ce soit bien comme cela ?

— Oui, monsieur, répond Sanscravate d'une voix tremblante.

— Remets-toi, mon pauvre Sanscravate, tu parais ému ? dit Albert.

— En effet, monsieur... je tremble ! et pourtant vous pouvez être persuadé que ce n'est pas de peur !... Mais je ne me suis jamais battu qu'à coups de poing, moi !... On se fait du mal... mais on ne se tue pas... Moi, du moins, je ne cherchais jamais à donner de mauvais coups... Et quand je pense qu'avec ce petit tuyau de fonte... je puis vous tuer... Ah ! tenez, monsieur... si vous vouliez... il ne tiendrait qu'à vous de...

— Assez ! assez, Sanscravate ; ne recommençons pas notre conversation de ce matin. Tu es l'offensé, tire.

— Non, monsieur, je ne veux pas commencer.

— C'est ton droit.

— Je vous ai offensé ce matin en vous secouant par le collet... c'est à vous de commencer.

— Écoute, mon domestique va frapper trois coups dans sa main, et au troisième nous tirerons ensemble.

— A la bonne heure comme ça.

Albert dit à son domestique ce qu'il doit faire. Celui-ci frappe dans ses mains en détournant la tête pour ne pas voir les combattants. Au dernier signal, Sanscravate tire, l'autre coup de pistolet ne se fait pas entendre, mais Albert tombe sur le chemin.

Sanscravate court au jeune homme, qui a reçu la balle dans le côté, et dont le sang coule à grands flots. Il se jette à genoux en pleurant, mais Albert lui tend la main et tâche de lui sourire, en disant :

— Tu as fait ton devoir... ne te repens pas... Si je meurs, tu verras que je n'ai pas oublié ta sœur.

— Oh ! vous ne mourrez pas, je l'espère !... Cette blessure pourra se guérir...

— Porte-moi dans la voiture, et fais-moi ramener chez mon père.

Albert n'a pas la force d'en dire davantage, il perd connaissance. Sanscravate le soutient dans ses bras. Deux plâtriers, que le bruit du coup de pistolet vient d'attirer sur le lieu du combat, aident à transporter le blessé dans la voiture. Sanscravate a tâché d'arrêter le sang en nouant son mouchoir sur la blessure. Joseph monte dans le fiacre et se place de manière à soutenir son maître. Sanscravate est sur le point de les accompagner, mais il ne se sent pas la force de ramener lui-même Albert à son père, il laisse la voiture s'éloigner sans lui.

Il y a déjà deux heures que le duel a eu lieu, et Sanscravate erre dans la campagne, ne sachant pas ce qu'il veut faire et priant à chaque moment le ciel pour qu'Albert ne meure pas de sa blessure.

Enfin le commissionnaire se décide à retourner à Paris. Mais arrivé dans la ville, il n'ose pas aller trouver sa sœur; car il craint qu'elle ne devine, en le voyant, ce qui s'est passé, et il ne veut pas lui avouer qu'il s'est battu avec son séducteur avant d'être rassuré sur l'état du blessé. Aller s'asseoir à sa place journalière et y rester tranquille, serait chose impossible à Sanscravate; il se met à marcher au hasard dans les rues.

Lorsque la nuit commence à tomber, Sanscravate n'y tient plus, il veut absolument savoir quel est l'état d'Albert, il se dirige vers sa demeure, en se disant :

— Maintenant les médecins ont dû donner leur opinion sur sa blessure... Je demanderai... je m'informerai... et je ne retournerai près de ma sœur que quand je serai rassuré sur l'état de ce jeune homme.

S'étant arrêté à ce parti, Sanscravate est bientôt rue Caumartin, devant la maison où demeure monsieur Vermoncey. La porte cochère est encore ouverte; il entre, s'arrête devant la loge du concierge, mais il n'aperçoit personne; il se décide à monter afin de s'informer près des domestiques. Il arrive devant la porte de l'appartement d'Albert, elle n'est pas fermée, et il aperçoit plusieurs lumières dans la salle d'entrée, mais il ne voit personne, et cependant les autres portes sont ouvertes, cette solitude et ce désordre glacent l'âme de Sanscravate, car il y a dans tout cela quelque chose de triste, quelque chose de silencieux qui annonce ou qui suit la mort.

Le commissionnaire ne sait ce qu'il doit faire, et cependant il ne peut rester dans cette incertitude. Il se décide à rentrer dans l'appartement; mais il marche doucement, avec précaution, comme s'il avait peur de réveiller quelqu'un. Il traverse une pièce qui est près l'anti-chambre; il va pénétrer dans une autre dont la porte est entr'ouverte, lorsque des sanglots arrivent à son oreille, il avance un peu la tête et aperçoit monsieur Vermoncey assis, tenant sa tête dans ses mains et paraissant livré au plus sombre désespoir.

Sanscravate n'a plus la force d'avancer ni de sortir, ses jambes fléchissent sous lui, il se laisse aller sur une chaise et y demeure accablé, car il devine ce qui peut causer la douleur de ce malheureux père.

En ce moment on ouvre tout à coup une porte qui donne aussi dans la pièce où est monsieur Vermoncey, mais du côté opposé à celle contre laquelle est Sanscravate. Une femme paraît. Le commissionnaire a reconnu le chapeau, la tournure qui l'avaient frappé un moment avant son duel. Cette femme s'avance fièrement vers monsieur Vermoncey, elle jette de côté son voile et son chapeau, en s'écriant :

— Me reconnaissez-vous, monsieur ?

Sanscravate est resté tout saisi en reconnaissant madame Baldimer. Monsieur Vermoncey lève des yeux remplis de larmes, semble frappé de terreur en voyant la personne qui est devant lui, et balbutie :

— C'est vous, madame, qui aviez juré la perte de mon malheureux fils... et vous venez sans doute jouir de mon désespoir... car il est mort, mon pauvre Albert... il a expiré dans mes bras, un moment après avoir été rapporté près de moi... Mais que vous avait-il donc fait cet infortuné, pour vous acharner à sa perte...

— Lui, monsieur... il ne m'avait rien fait... Je l'aurais même beaucoup aimé, s'il n'eût pas été votre fils... mais vous privant de ce dernier enfant... fruit de votre mariage, j'ai vengé ma sœur, ma pauvre Marie !

— Marie !

— Oui, monsieur, Marie Delbart, cette jeune brodeuse que vous avez séduite avant votre mariage... elle avait une sœur plus jeune qu'elle de dix ans et qu'un parent éloigné avait emmené en Amérique.

— En effet... je crois me rappeler.

— Oui, Marie a dû avoir parlé quelquefois de cette jeune sœur qui avait pour elle la tendresse qu'une fille a pour sa mère, et qui avait versé bien des larmes en partant. Eh bien, monsieur, avant de mourir, Marie m'avait laissé une lettre dans laquelle elle me contait l'histoire de ses malheurs, en me suppliant, si jamais je revenais en France, de faire tout mon possible pour retrouver son enfant et la venger de son indigne séducteur. Cette lettre, on ne me la remit que lorsque j'eus atteint ma majorité, c'était encore la volonté de Marie; mais alors je venais d'épouser un riche planteur, monsieur Baldimer, qui était beaucoup plus âgé que moi, mais qui m'avait élevée à une position que je n'aurais jamais osé espérer. J'aurais voulu revenir sur-le-champ en France pour accomplir le vœu de ma sœur, mais mon époux ne voulut pas faire ce voyage... et je dus attendre; il y a quinze mois, monsieur Baldimer mourut, alors je réalisai ma fortune et je revins en France ma patrie, en me promettant bien de remplir les dernières volontés de Marie. Mais retrouver son enfant était presque impossible !... Cependant ma sœur s'était rappelé le nom de la sage-femme qui était près d'elle lorsqu'elle devint mère, et qui avait dû vous servir dans votre indigne

résolution de faire porter votre fils aux Enfants Trouvés... A force de recherches, de démarches, je suis parvenue, il y a quelque temps, à retrouver cette femme qui est fort âgée maintenant.

Monsieur Vermoncey regarde madame Baldimer avec anxiété, en balbutiant :

— Vous l'avez retrouvée... Ah ! je l'ai vainement cherchée, moi !... eh bien ! madame, achevez... ce malheureux enfant ?...

— Elle se rappela toutes les circonstances de cette aventure. Ma sœur habitait alors à Saint-Cloud. En emportant l'enfant qu'elle était censée porter à une nourrice, et que, d'après vos ordres, elle portait à Paris, avec tous ces pauvres malheureux qui ne doivent point avoir de famille, cette femme, pensant que si on voulait savoir cet enfant, il fallait pouvoir le reconnaître, lui fit une croix sur l'avant-bras gauche et écrivit sur un petit papier : Il se nomme Paul de Saint-Cloud.

En entendant ces mots, Sanscravate fait un mouvement de surprise, en murmurant :

— Ah ! mon Dieu !... ce serait !...

Mais ce mouvement et ce léger cri n'ont pas été entendus, et madame Baldimer continue de parler :

— Munie de ces renseignements je me suis rendue à l'hospice. Après de nombreuses recherches j'ai enfin que l'enfant qui portait ce nom avait été recueilli à dix ans par un honnête négociant qui l'avait adopté. Mais le nom de ce négociant était à demi effacé et il me fut impossible d'en savoir davantage. Quant à vous, monsieur, il m'avait été facile d'avoir de vos nouvelles. Je sus aussi qu'après avoir eu une nombreuse famille, vous aviez perdu votre femme et trois de vos enfants ; enfin qu'il ne vous restait qu'un fils, objet de tout votre amour ; et moi, je me dis que la justice céleste qui vous avait déjà repris trois de vos enfants, ne devait pas non plus vous laisser ce dernier, puisque jadis vous aviez repoussé de vos bras celui que ma pauvre sœur vous avait donné... Vous le voyez, monsieur... j'avais eu raison de compter sur elle!

— Assez !... assez, madame ! murmure monsieur Vermoncey, en cachant sa tête dans ses mains.

— Oh ! oui, je suis bien puni d'une faute de ma jeunesse... Mon Albert n'est plus... Je suis seul au monde... car je ne retrouverai jamais cet enfant que m'avait donné Marie... mais maintenant je serais trop heureux de nommer mon fils !... Ah ! je n'ai plus qu'à mourir aussi !...

La voix de monsieur Vermoncey s'affaiblit, et en achevant ces mots il succombe à sa douleur et perd connaissance. Madame Baldimer tire les cordons des sonnettes, appelle du secours ; plusieurs domestiques arrivent et passent devant Sanscravate pour aller à leur maître.

Profitant de ce moment de trouble, le commissionnaire quitte l'endroit où il était, il gagne la pièce d'entrée et sort de l'appartement et de la maison sans que personne ait fait attention à lui.

Sanscravate retourne chez lui. Au moment d'arriver près de sa sœur, il s'arrête, car il sent qu'il va lui porter un coup cruel. Il sait bien qu'il pourrait encore pendant quelque temps lui cacher la mort d'Albert, mais tôt ou tard il faudra toujours qu'Adeline apprenne cet événement, et Sanscravate pense qu'il ne faut jamais éloigner la nouvelle d'un malheur, car c'est un triste avenir que l'on réserve à ceux que cela touche, tandis que les larmes une fois versées, on peut au moins espérer que le temps les séchera.

Adeline était inquiète de son frère qu'elle n'avait pas aperçu de la journée. En l'entendant rentrer elle pousse un cri de joie et va pour courir dans ses bras ; mais en le voyant si pâle, si défait, elle s'arrête et devient tremblante, car elle voit aussi des larmes dans ses yeux.

— Qu'est-il donc arrivé ? demande la jeune fille. Est-ce que tu as vu Albert? est-ce qu'il refuse encore de me voir?...

— Oui... murmure le commissionnaire en baissant les regards vers la terre. Il te repoussait, il te méprisait... et je l'en ai puni...

— Oh ! mon Dieu !... que veux-tu dire?...

— Que tu n'as plus que moi pour appui... mais que celui-là ne te manquera jamais...

Adeline est anéantie, les sanglots l'étouffent ; enfin elle verse d'abondantes larmes, et son frère lui dit :

— Pleure, ma pauvre Liline... pleure sur le sort de ce jeune homme qui avait plus de courage que de bons sentiments... pleure sur moi, qui ai été forcé de le punir... et qui aurai toute ma vie ce triste souvenir devant les yeux... mais rappelle-toi aussi que tu es mère... et que tu dois vivre pour ton enfant.

Puis, malgré la douleur qu'il éprouve de la mort d'Albert, Sanscravate pense à chaque instant à ce qu'il a appris touchant Paul, son ancien camarade, et il se dit :

— C'est lui, il n'y a aucun doute, qui est le fils de monsieur Vermoncey... et il ne tiendrait qu'à moi de lui faire retrouver un nom, un rang, une fortune... Mais il m'a indignement trahi... il m'a pris Bastringuette que j'aimais... que j'aime encore !... Il est avec elle maintenant, car je l'ai rencontré appuyé sur le bras de mon infidèle... et si je lui faisais avoir une fortune, c'est avec elle qu'il en jouirait... Oh ! non ! sapredié ! non !... il n'en sera pas ainsi... Je n'ai pas assez de vertu pour faire du bien à ceux qui me font du mal ! et je garderai mon secret.

XXXIII. — UNE RÉPUTATION.

Monsieur Vermoncey, tout entier à sa douleur, vivait dans la retraite et ne recevait personne; mais ne voulant pas que l'on sût que son fils avait été tué en duel par un commissionnaire, ce qui aurait pu amener à la découverte de la cause de ce duel et fait peu d'honneur à la mémoire de son fils, monsieur Vermoncey, sachant que ce fatal événement n'avait pas eu d'autres témoins que le domestique d'Albert, avait donné une forte somme à Joseph, et l'avait renvoyé dans son pays, après lui avoir fait dire dans tout le quartier, et à ses camarades, que son jeune maître s'était battu avec un de ses amis, après une querelle dont il ignorait le sujet. Et personne n'avait mis en doute ce récit, parce qu'il était beaucoup plus vraisemblable que le duel d'Albert avec un commissionnaire.

Près d'un mois s'était écoulé depuis les événements qui avaient amené la mort d'Albert, lorsqu'un matin, un petit jeune homme mis avec une élégance prétentieuse, descend d'un cabriolet, et après avoir braqué son lorgnon carré sur son œil, pour s'assurer s'il est bien devant la demeure de son ami, entre dans la maison où loge monsieur Vermoncey, en criant au concierge :

— Je vais chez monsieur Albert Vermoncey, mon ami... je pense qu'il est revenu de son voyage de Normandie... et j'ai mille choses à lui dire.

Le concierge court après Tobie Pigeonnier, car c'est lui qui est maintenant si brillant et si fier, et l'arrête au bas de l'escalier, en lui disant :

— Eh! mon Dieu! monsieur! n'allez pas si vite... c'est bien inutile... Vous ne savez donc pas ce qui est arrivé?

— Qu'est-ce donc?

— Ce pauvre monsieur Albert est mort!

— Mort!... Ah! mon Dieu!...

— Oui, monsieur, il a été tué en duel...

— Tué en duel?

Tobie regarde le concierge d'un air de doute, et cherche à lire dans ses yeux s'il ne se moque pas de lui, puis il reprend :

— Ah çà, voyons, concierge : êtes-vous bien certain de ce que vous dites? Déjà on avait fait courir le bruit qu'Albert avait péri dans un duel, et je sais fort bien qu'il n'en était rien, moi.

— Hélas! monsieur, je n'en suis que trop certain!

— Combien y a-t-il de temps qu'Albert est mort?

— Un mois après-demain, monsieur... Oh! je me rappelle encore cette fatale journée... on a ramené ici ce pauvre jeune homme dans une voiture, il avait reçu une balle dans le côté, c'est moi qui ai couru chercher le chirurgien, et lorsqu'il a voulu extraire la balle, le blessé a fermé les yeux... et c'était fini.

— Albert était donc de retour à Paris?

— Oui, monsieur. Il était revenu après une absence assez longue, mais il n'était resté que huit jours environ, puis il était reparti. Quand il a eu ce duel, il était seulement revenu de la veille au soir.

— Et avec qui s'est-il battu... pour quel sujet?

— Mon Dieu, monsieur, on n'en sait rien; le pauvre jeune homme

est mort si vite, il n'a rien pu dire... il n'avait emmené avec lui, pour témoin, que Joseph son domestique, qui nous a conté que son maître s'était battu au pistolet, près de Pantin, avec un jeune homme qui n'avait pas de témoin, et que lui, Joseph, ne connaissait pas... d'autant plus qu'il n'y avait pas longtemps qu'il était au service de monsieur Albert, et quant au motif de la querelle, il n'en savait rien du tout. Je me rappelle bien ce jour-là avoir vu un commissionnaire monter chez monsieur Albert... il venait sans doute apporter le défi de la part de l'autre... mais voilà tout ce que je sais.

— Tout cela est fort obscur... où est-il ce Joseph? je serais curieux de causer avec lui.

— Il est reparti pour son pays. Monsieur Albert étant mort, monsieur Vermoncey ne l'a pas gardé... Ah! ce pauvre père, il est bien triste! il ne sort plus, ne reçoit plus personne... Cependant, monsieur, si vous voulez essayer de le voir.

— Non, non, c'est inutile... je ne veux pas troubler sa douleur.... Alors, puisque ce pauvre Albert est mort, je n'ai plus qu'à me retirer.

Tobie Pigeonnier remonte dans son cabriolet tout préoccupé de ce qu'il vient d'apprendre; il se fait descendre au boulevard des Italiens, et entre fièrement chez Tortoni, où il aperçoit Mouillot et Balivan, les deux fidèles habitués.

Les deux jeunes gens poussent un cri en apercevant le petit jeune homme qui vient en souriant s'asseoir à leur table, et demande du chocolat, des petits pains, des flûtes et du beurre, de l'air d'un homme qui ne craint pas de faire de la dépense.

— Oh ciel! oh ciel! en croirai-je mes yeux! chante Mouillot, en regardant Tobie, c'est lui!... c'est vraiment lui!.. il n'est pas parti pour la Russie ou les îles Marquises, comme nous l'avions pensé!

— Et il est mis comme plusieurs milords, dit Balivan.

— Et il vient retirer son olive de la circulation.

— Oui, messieurs, répond Tobie, je suis riche... je suis très-riche... ma tante est morte... cette honorable dame dont je vous avais parlé quelquefois... et avec laquelle je comptais m'associer, elle est morte, j'ai hérité, elle m'a laissé un fonds magnifique!

— Dans quel genre?

— Dans tous les genres. Je continuerai peut-être son commerce.... je ne sais pas encore... Quant à cette malheureuse olive, si je ne l'ai pas payée plus tôt, parbleu! ce n'est pas ma faute, mais je ne savais pas l'adresse de monsieur Varinet.

— Il fallait nous la demander.

— Je ne vous rencontrais pas.

— Ah! quelle bourde! nous sommes à ce café tous les matins. N'importe! si vous avez envie de payer Varinet, il doit venir bientôt nous retrouver ici.

— Oh! alors, je l'attends.

— Et savez-vous que ce pauvre Albert...

— Est mort; oui, je le sais.

Ils l'aperçoivent assis sur un banc de pierre. — Page 92.

— Tué en duel... et on ignore par qui!.. n'est-ce pas fort singulier ?

Tobie se pince la bouche, fronce les soucils et regarde au plafond, en murmurant :

— Ah! il y a quelquefois dans le monde des choses qui ne peuvent pas se dire... mais on finit toujours par deviner la vérité !... Vous comprenez bien que celui qui a tué Albert n'ira pas se vanter de cela... parce qu'il est probable qu'il en est lui-même fort affecté.

Et Tobie sort un mouchoir de sa poche, et se mouche à quatre reprises pour tâcher de faire croire qu'il pleure.

Mouillot et Balivan se regardent d'un air étonné ; mais Mouillot dit à demi voix :

— Allons donc ! ce n'est pas possible !..

Tobie n'en est qu'à sa cinquième flûte, lorsque monsieur Varinet arrive avec monsieur Dupétrain. Le premier fait un salut très-froid au jeune Pigeonnier, mais celui-ci s'empresse de lui dire :

— J'ai beaucoup d'excuses à vous faire, monsieur, pour être resté si longtemps votre débiteur ; mais il paraît que le hasard nous a toujours séparés ; enfin puisque je vous retrouve, je vais, si vous le permettez, m'acquitter envers vous.

M. Varinet s'empresse de tirer sa bourse, enchanté de ne plus y garder un noyau d'olive, il la prend et le présente à Tobie, en lui disant :

— Voilà votre fétiche, monsieur.

— Je ne le reconnais pas !.. dit Pigeonnier, en examinant l'olive.

Le jeune homme aux cils blonds répond d'un ton un peu sec :

— Vous l'avez laissé si longtemps entre mes mains, monsieur, qu'il a eu le temps de changer. Si vous l'aviez payé le lendemain, comme s'acquittent ordinairement les dettes de jeu, il ne serait pas réduit à l'état de noyau.

Tobie ne trouve rien à répondre, mais il sort de sa poche un portefeuille, l'ouvre afin de faire voir plusieurs billets de banque qui sont dedans, en prend un de cinq cents francs et le donne à Varinet, en disant : — Dans la quantité ! un de plus ou de moins... il n'y paraîtra pas.

— Voilà un portefeuille qui arrangerait Célestin, dans ce moment, dit Mouillot.

— Pourquoi donc cela ?

— Parce qu'il est en prison pour dettes depuis deux mois.

— Bah ! vraiment... en prison pour dettes! ce pauvre Célestin... j'irai le voir... et je verrai à l'en faire sortir.

Après avoir prononcé ces mots, en se donnant un air d'importance, Tobie dit adieu à ses amis, et sort du café ; mais il n'a pas fait trente pas sur les boulevards, qu'il est rejoint par monsieur Dupétrain qui passe son bras sous le sien, en lui disant :

— Mon cher monsieur Pigeonnier, j'ai quelque chose d'important à vous communiquer... un avis... enfin quelque chose qu'il est bon que vous sachiez, afin de vous mettre sur vos gardes.

— Qu'est-ce à dire ? s'écrie Tobie déjà effrayé... est-ce qu'on veut me voler?... On aura su que j'avais hérité de ma tante, et on veut me voler, n'est-ce pas?

— Ce n'est pas cela du tout ; d'abord, si on voulait vous voler, il est probable qu'on ne m'en aurait pas fait la confidence.

— Ah! c'est juste... mais vous me dites de me tenir sur mes gardes...

— C'est que je m'intéresse à vous, monsieur Pigeonnier, car vous croyez au magnétisme, vous, et je me rappelle même que la dernière fois que nous dînâmes ensemble, je devais vous raconter un fait fort curieux, touchant les effets extraordinaires du somnambulisme... Voilà ce que c'était : Une dame, dont le mari était en voyage, désirant savoir si...

Tobie lâche vivement le bras de monsieur Dupétrain, en s'écriant avec impatience :

— Est-ce pour me raconter cela que vous m'avez dit de me tenir sur mes gardes ?

— Ah! pardon... en effet, je ne vous ai pas dit... voici ce que c'est : Je me suis trouvé dernièrement en soirée avec monsieur Plays... vous le connaissez, le mari de madame Plays?

— Oui, oui, répond Tobie d'un air fat ; une excellente pâte d'homme ! mais je connais encore plus sa femme. Eh bien ! que vous a dit ce bon Plays ?

— Ce bon Plays... puisqu'il vous plaît de l'appeler ainsi, m'a, tout en causant, demandé si je vous connaissais, puis, sur ma réponse affirmative, m'a engagé, si je vous voyais, à vous prier d'éviter sa rencontre, vu que son épouse lui a ordonné de vous tuer, parce qu'il paraît que vous l'avez offensée et abusée indignement ; voilà tout ce que Plays a voulu me dire.

Tobie se met à rire aux éclats en répondant :

— Ah! charmant !... délicieux !... ah ! elle charge son mari de me tuer maintenant !... je devine pourquoi... Pauvre mari ! heureusement qu'il a la bonté de me prévenir. Je vous remercie de votre avis, mon cher monsieur Dupétrain, mais je vous certifie que monsieur Plays ne m'inquiète pas du tout... il n'est pas duelliste, et d'ailleurs je n'aurai qu'un mot à dire pour...

Hélas !... je voudrais bien n'avoir aucun duel à me reprocher, moi.

Tobie tire encore son mouchoir en se donnant un air affecté. Dupétrain reprend :

— Je suis charmé que cette affaire ne vous inquiète pas... alors nous pouvons en revenir à cette histoire que je n'ai pas eu le temps de vous finir : Une jeune dame, dont le mari voyageait depuis assez longtemps...

— Pardon... monsieur Dupétrain, mais j'ai un rendez-vous pressé... ce sera pour une autre fois, si vous le permettez.

Deux jours après cette conversation, Tobie qui, depuis qu'il a hérité de sa tante Abraham, court continuellement les bals, les réunions, les promenades, les concerts et les spectacles, se trouve un soir en face de monsieur Plays et de sa femme dans le foyer de l'Opéra.

Madame Plays s'arrête, lance un regard foudroyant à Tobie, et pousse son mari en lui disant :

Monsieur Laboussole crie tout le long du chemin : — C'est une erreur. — Page 93.

— Le voilà!...

— Qui? demande monsieur Plays.

— L'insolent qui s'est amusé à mes dépens et que vous devez châtier !

Monsieur Plays devient très-blanc; il s'appuie sur le bras de sa femme en murmurant :

— Mes cors me font bien mal ! le temps changera demain ! c'est signe d'eau.

— Monsieur, il n'est pas question de vos cors... voilà le jeune homme qui est cause que j'ai porté deux mois un cigare dans mon sein, il me faut une satisfaction, monsieur... Je m'assois ici sur ce banc et je ne vous perds pas de vue; allez provoquer monsieur Pigeonnier, sinon, n'espérez pas entrer jamais dans mon boudoir... vous comprenez... allez, monsieur.

La superbe Herminie s'est assise à l'une des extrémités du foyer, supportant beaucoup d'aplomb les regards que jettent sur elle les hommes qui se promènent en cet endroit pendant l'entr'acte. Quant à monsieur Plays, forcé d'aller chercher querelle à quelqu'un, il préférerait en ce moment être à Alger ou en chemin de fer.

Tobie avait parfaitement reconnu les deux époux, et il continuait de se promener en se mirant dans les glaces et en essayant de faire tenir son lorgnon dans son œil. Tout à coup une voix timide lui adresse la parole; il se retourne et aperçoit monsieur Plays qui n'a nullement l'air d'un provocateur et qui le salue fort poliment, en lui disant :

— C'est à monsieur Tobie Pigeonnier que j'ai l'honneur de parler?

— Eh ! c'est monsieur Plays!... enchanté de la rencontre! Comment va cette chère santé, monsieur Plays?

— Pas mal, je vous remercie... mais souffrant beaucoup de mes cors... J'ai des bottes qui me gênent... en avez-vous?

— Des bottes?

— Non, des cors.

— Ce genre d'incommodité m'est totalement étranger.

— Ah! que vous êtes heureux !

Ici, monsieur Plays se retourne et aperçoit sa femme qui lui fait des yeux furibonds, il se rappelle ce qu'elle exige de lui, et dit à Tobie à demi-voix :

— Mon cher monsieur Pigeonnier... je vous dirai que ma femme m'envoie vers vous, parce qu'elle croit que vous vous êtes... un peu moqué d'elle en lui disant que vous aviez tué en duel monsieur Albert Vermoncey...Vous savez que les femmes prennent la mouche pour très-peu de chose... Herminie est fort susceptible... Vous lui avez remis aussi un petit cigare... Bref, elle est furieuse contre vous... Moi, je suis persuadé que vous n'avez pas eu l'intention de lui manquer!... Elle veut que je vous demande raison... ça n'a pas le sens commun... Il faudrait arranger cela à nous deux, et...

Tobie prend un air grave et interrompt monsieur Plays en disant :

— Madame votre épouse a raison... parfaitement raison... et je ne m'étonne pas qu'elle vous ait dit de me tuer... Je l'approuve même...

Monsieur Plays se tient tantôt sur une jambe, tantôt sur l'autre, et regarde le petit monsieur d'un air inquiet en balbutiant :

— Comment, vous voulez... nous battre?

— Chut ! veuillez m'écouter ! Je vous répète que je mériterais toute sa colère et la vôtre si je m'étais conduit comme elle le croit. Mais il n'en est rien !... Et maintenant, elle n'est que trop vengée de ce pauvre Albert. En effet, dans une première affaire, je croyais l'avoir tué, et j'étais dans l'erreur... mais depuis, j'ai trop bien pris ma revanche... En apprenant le retour d'Albert à Paris, il y a un mois, je lui ai envoyé sur-le-champ un cartel par un commissionnaire... il s'est rendu. Oh ! il était plein d'honneur... Nous nous sommes battus au pistolet, près de Pantin... Albert a reçu une balle dans le côté... et le jour même il a succombé. Voyez, monsieur, si maintenant madame votre épouse peut avoir encore à se plaindre de moi lorsque deux fois je me suis battu pour elle... lorsque pour la venger j'ai tué un de mes plus intimes amis.

Monsieur Plays prend la main de Tobie, lui dit :

— Vous êtes un brave... je n'en avais jamais douté... Ainsi, ce pauvre Albert est vraiment mort cette fois?

— Oui, malheureusement; car je ne vous cache pas que cela me fait beaucoup de peine.

— Je le crois, oh ! je le crois. Adieu donc, monsieur Pigeonnier... C'est moi maintenant qui vous fais mes excuses.

— Je suis bien le vôtre, monsieur Plays.

Tobie s'éloigne. L'époux d'Herminie revient près de sa femme et lui conte tout ce que le jeune homme vient de lui dire. Madame Plays écoute ce récit avec impatience, et s'écrie :

— Ce n'est pas vrai... il s'est encore moqué de vous... Albert n'est pas mort...

— Cependant, ma chère amie, il semblait bien pénétré, et tous ces détails qu'il m'a donnés...

— Mensonges! Au surplus, nous allons bientôt savoir la vérité, et malheur à vous, monsieur, si vous vous êtes laissé attraper! Venez... venez...

— Où donc, madame?

— A la demeure de monsieur Vermoncey!... Oh! on ne m'abusera pas cette fois.

Herminie prend le bras de son époux, le fait sortir de l'Opéra, monter avec elle dans une voiture et arriver bientôt à la maison où logeait Albert. Là, elle interroge le concierge, elle apprend qu'en effet le jeune Vermoncey a été en duel il y a un mois, et tous les détails qu'on lui donne sur ce triste événement s'accordent parfaitement avec ce qu'a dit Tobie.

Alors, madame Plays jette les hauts cris, pousse des sanglots, pleure, déchire son mouchoir, a des attaques de nerfs, se roule dans la loge du concierge, et appelle Tobie un monstre, un assassin.

Monsieur Plays parvient, non sans peine, à ramener sa femme chez lui, et tout le long du chemin elle lui demande s'il sait ce qu'elle a fait du bout de cigare qui venait d'Albert; elle déclare qu'elle donnerait mille francs à celui qui le retrouverait.

Puis, au bout de quelques jours, madame Plays conte partout que c'est monsieur Tobie Pigeonnier qui a tué en duel le jeune Albert Vermoncey; et comme personne ne dément cette nouvelle, que celui dont on fait le vainqueur est au contraire le premier à la confirmer, elle ne tarde pas à prendre le caractère de l'authenticité : et dans le monde le petit Tobie passe bientôt pour un duelliste auquel il n'est pas prudent de se frotter.

XXXIV. — UNE VIEILLE DAME.

Adeline était toujours aussi triste, mais elle ne pleurait plus, du moins devant son frère, car elle sentait bien que c'était augmenter la douleur et les regrets de Sanscravate, qui, pour elle, avait été obligé de commettre une action dont il éprouvait des remords, tout en se disant qu'il n'avait pas pu agir autrement.

Le commissionnaire travaillait avec ardeur, avec courage; ce n'était plus le même homme qu'autrefois; depuis son duel avec Albert, il était devenu aussi doux qu'un enfant, et loin de chercher querelle à personne, il était toujours le premier à mettre la paix dans les différends qui s'élevaient autour de lui. Au lieu de se griser comme cela lui arrivait fréquemment avant ces événements, il fuyait toutes les occasions de boire, n'entrait plus au cabaret et ne prenait ses repas qu'avec sa sœur, à laquelle il apportait fidèlement chaque jour l'argent qu'il avait gagné dans la journée.

Suivant les conseils de son frère, Adeline avait écrit à son père, elle lui avait avoué sa faute et raconté franchement toute sa conduite, ainsi que les événements qui en étaient résultés. La réponse ne s'était pas fait attendre : le vieux père Renaud avait fait savoir à sa fille qu'il lui pardonnait et que lorsqu'elle voudrait revenir près de lui ses bras lui seraient toujours ouverts. Et Sanscravate avait dit à sa sœur :

— Quand ton enfant sera venu au monde et que tu seras assez forte pour supporter le voyage, nous partirons, nous retournerons au pays; je m'y fixerai aussi, je ne vous quitterai plus, car un homme fort et courageux peut travailler partout, et j'ai bien assez de Paris comme ça ! Quand on n'a plus dans une ville ni un ami, ni une femme qui vous intéresse, on la quitte sans regret !

Quelques jours après la mort d'Albert, un messager de monsieur Vermoncey était venu dans l'humble réduit habité par le frère et la sœur. Il était porteur d'une lettre adressée à Adeline, et qui contenait ces mots :

« Mademoiselle, mon malheureux fils ne vous a pas oubliée avant
» de mourir; au moment d'aller se battre, il avait tracé un écrit par
» lequel il vous laissait le peu de fortune qui lui reste encore du bien
» de sa mère, et vous recommandait à ma générosité. Je veux remplir
» les derniers désirs de mon pauvre fils. Ce qui lui restait ne se mon-
» terait pas à douze cents francs de rente; mais à dater de ce jour je
» vous assure sur mes biens six mille francs de pension, dont vous
» pouvez faire toucher une année dès à présent.

                   » VERMONCEY. »

Après avoir pris connaissance de cette lettre, Adeline l'avait donnée à son frère. Sanscravate l'avait lue, puis il avait regardé sa sœur, tous les deux s'étaient compris sans se parler, et Adeline avait sur-le-champ répondu au père d'Albert :

« Je suis reconnaissant de vos bontés, monsieur, mais je ne veux
» rien, je ne puis rien accepter... Ce que je voulais, c'était l'amour
» d'Albert et son nom pour mon enfant... Le ciel ne l'a pas permis,
» mais l'argent que vous m'offrez maintenant semblerait être le prix de
» mon déshonneur.

Adeline avait fait lire ce billet à son frère, qui s'était écrié :

— Bien tapé ! sacrebleu ! Je n'aurais pas mieux répondu.

Le messager était parti avec cette réponse et depuis on n'avait pas eu d'autres nouvelles de monsieur Vermoncey.

Sanscravate faisait tout son possible pour égayer sa sœur, pour ramener quelquefois un sourire sur ses lèvres, mais cela lui était d'autant plus difficile que lui-même avait un fond de chagrin qu'il ne pouvait réussir à surmonter.

Le soir, lorsqu'il revenait près d'Adeline, et qu'il s'asseyait à ses côtés avec l'intention de la distraire par le récit de quelques faits dont il avait été témoin dans la journée, après avoir dit quelques mots, les souvenirs du passé se présentaient à sa mémoire, il tombait dans une profonde rêverie et semblait même oublier que sa sœur était près de lui...

Un soir que Sanscravate était depuis longtemps absorbé par ses pensées, Adeline s'approche de lui, pose doucement une main sur son épaule, et lui dit :

— Toi aussi, mon ami, tu as des peines... autres que celles que je t'ai causées... D'ailleurs je me rappelle ce que tu m'as dit en venant me chercher à Lagny : J'ai des chagrins, et je te les conterai un jour... Eh bien, est-ce que ce jour n'est pas venu... ? je ne puis pas te promettre que je te consolerai, mais je comprendrai tes peines, et c'est déjà quelque chose que d'avoir une amie qui comprenne ce que nous éprouvons.

Sanscravate regarde sa sœur avec tristesse, l'embrasse sur le front, passe sa main dans ses cheveux et s'écrie :

— Sacredié, tu as raison... Je vais tout te conter... Du reste c'est bien simple et ce ne sera pas long :

J'avais un amour dans le cœur... un amour qui était partagé, du moins je le croyais... enfin Bastringuette était à moi... comme tu étais à monsieur Albert ; ce n'est pourtant que je ne l'avais pas séduite... parce que à Paris, vois-tu, une fille sait ben ce qu'elle fait en donnant son cœur : on peut lui plaire, mais on ne la séduit pas. Bastringuette était une bonne fille, un peu leste dans ses manières, un peu hardie dans ses propos... mais je l'aimais ainsi... et elle... elle m'aimait aussi comme j'étais, et pourtant alors, je dois avouer que j'étais bien moins rangé que maintenant! Je jouais, je buvais, je me grisais, je me battais pour un mot, pour un rien !... et je mangeais en un jour tout ce que j'avais gagné en huit, mais elle me pardonnait mes folies, et elle avait soin de ma chambre, de mon linge... et tout cela, sans intérêt, car quelquefois c'était elle qui m'avançait de quoi dîner, et pourtant elle n'en avait pas trop pour elle, marchande des quatre saisons, elle ne gagnait pas toujours en huit jours ce que je dépensais en une soirée avec Jean Ficelle et d'autres bambocheurs.

— Pauvre fille ! dit Adeline, elle t'aimait bien !

— Bah ! tu crois cela ! moi aussi je l'ai cru !... mais tu vas voir que je me trompais. J'avais aussi un camarade, plus jeune que moi... il se nommait Paul, il était commissionnaire aussi, et il se mettait à côté de ma place... Ce Paul avait l'air si doux... et puis il avait des manières... quelque chose qui vous plaisait... il était ça bon travailleur! ne flânant pas, ne se grisant jamais et ne me donnant que de bons conseils... Aussi, je le regardais comme mon frère! je me serais battu, je me serais jeté au feu pour lui!... Eh bien, Bastringuette m'a quitté pour aller avec Paul... et lui, tout en me jurant qu'il ne la voyait pas, qu'il aimait une autre femme, donnait des rendez-vous à Bastringuette... se retrouvait avec elle... dans un autre quartier où j'étais loin de penser qu'ils se seraient rencontrés.

— Es-tu bien sûr de cela, mon frère?

— Ah ! si on me l'avait dit, je n'aurais pas voulu le croire !... mais je l'ai vu... vu de mes propres yeux!... il n'y avait plus moyen de douter! Je voulais d'abord me contenter de les mépriser... mais un jour, j'avais été avec Jean Ficelle, et j'étais un peu étourdi... j'aperçus Paul au coin d'une rue avec ma perfide... ma foi je ne pus pas me contenir... je voulus me battre... je sautai sur lui... il ne se défendit pas...

— Oh ! mon Dieu, tu l'as tué !

— Non, non... blessé seulement... et encore c'est par hasard... il tomba sur un pavé... blessé longtemps et s'est guéri!... heureusement je ne le vois plus... il a adopté une autre place... près de la rue Taitbout, je crois !...

— D'ailleurs, mon ami, si tu le revoyais, tu ne te battrais plus avec lui j'espère... une fois c'est bien assez... Ah ! c'est trop quelquefois.

Adeline porte son mouchoir à ses yeux, et Sanscravate reprend :

— Oh ! non, non... c'est fini ! je ne lui dirais plus rien... d'ailleurs le ciel a voulu... oh ! c'est une chose bien singulière !...

— Quoi donc, mon ami ?

— Figure-toi que par le plus grand des hasards, j'ai découvert, il y a peu de temps, un secret dont la connaissance rendrait à ce Paul un nom, un père, une grande fortune... car c'est un enfant trouvé qui ne connaît pas sa famille, et moi... moi seul, je la connais... je n'aurais qu'un mot à dire pour qu'il fût heureux, riche, considéré...

— Eh bien ! mon frère ?...

— Eh bien ! je ne le dirai pas.

— Ah ! c'est mal, mon ami, priver quelqu'un de sa fortune, et ce qui est bien plus encore, des caresses de son père !... Tiens, mon frère, je suis sûre que dans le fond de ton âme, cela te tourmente, parce que tu sens que tu fais une mauvaise action !...

— C'est possible; mais ça n'empêche pas que je garderai mon secret... Il donnerait des chapeaux, des bijoux, des châles à Bastrin-

guette ! il la ferait se promener en voiture, ils iraient bombancer chez les traiteurs, et elle serait encore ben plus contente de m'avoir quitté pour lui... Oh ! non, sacrebleu, non ! ça ne sera pas!

— Mais pourtant, mon frère...

— C'est assez, ne me parle plus de ça, ne reviens plus là-dessus! tu ne changeras rien à ma résolution. Tu me donnerais de l'humeur contre moi... contre eux... contre tout le monde! et voilà tout...

Plus de trois semaines s'étaient écoulées depuis cet entretien, et aucun changement n'était survenu dans la situation du frère et de la sœur, lorsque, par une belle journée d'hiver, Sanscravate, qui était seul à sa place, parce que depuis plus de huit jours Jean Ficelle n'avait pas paru à la sienne, vit venir une dame âgée qui, regardant de côté et d'autre, ne paraissait pas bien sûre de ce qu'elle voulait faire.

Cette dame, qui semblait avoir soixante et quelques années, était petite, frêle, pâle et annonçait une faible santé. Sa mise était fort simple, fort modeste, quoique bourgeoise; elle ne dénotait pas la pauvreté, mais annonçait tout au moins cette économie qui est voisine de l'indigence; malgré cela, sa tournure distinguée, l'amabilité de sa figure et de ses manières donnaient à sa figure cet aspect comme il faut, qui perce même sous les vêtements les plus humbles et que les plus élégantes toilettes ne sauraient donner à celles qui ne l'ont pas reçu de la nature ou de l'éducation.

Cette dame qui s'est enfin décidée à s'adresser à Sanscravate, s'approche du commissionnaire et lui dit d'un ton fort poli :

— Monsieur... est-ce que vous ne pourriez pas me dire... c'est que... je ne suis pas bien sûre... je ne sais pas trop comment vous expliquer...

— Dites toujours, madame, est-ce que vous cherchez une adresse... une personne dans le quartier? Il y a longtemps que je me mets à cette place, et je pourrai probablement vous indiquer où c'est.

— Ce n'est pas une adresse, mais bien en effet une personne sur laquelle je voudrais obtenir des renseignements... savoir enfin quelque chose qui m'intéresse beaucoup. D'abord, dites-moi, monsieur, êtes-vous le seul commissionnaire de cette rue ?

— Non, madame, il y a encore Jean Ficelle... mais il n'est pas là pour le quart d'heure... il n'est pas même venu travailler depuis plusieurs jours... je le suppose en goguette.

— Quel homme est-ce que ce Jean Ficelle ?

— Dame! un homme petit, maigre, pas beau... et près de trente ans.

— Oh ! ce n'est pas cela ! Celui que je cherche n'a que vingt-trois ans, et il ne les paraît pas, on lui en donnerait à peine vingt... il est d'une jolie taille... d'une jolie figure... sa voix est douce comme ses yeux...

Sanscravate fronce légèrement le sourcil, en répondant :

— Ah ! c'est d'un nommé Paul que vous voulez parler...

— Paul ! s'écrie la vieille dame, c'est bien cela... Comment ! vous le connaissez donc?

— Parbleu ! puisqu'il était commissionnaire à côté de moi... Il n'y a pas ben longtemps qu'il se place ailleurs...

— Commissionnaire !... c'est donc vrai ! pauvre garçon... Ah ! mon Dieu ! et c'est pour moi, j'en suis sûre...

La vieille dame ne peut plus parler, les larmes la suffoquent. Sanscravate est obligé de la soutenir jusqu'à ce que son émotion soit calmée. Enfin, étant un peu remise, elle presse la main de Sanscravate, en lui disant :

— Merci, monsieur, merci... Mais si vous saviez quel brave garçon vous avez eu pour camarade, si vous connaissiez son noble cœur et tout ce qu'il a fait pour moi!... Oh! mais, je vais vous le dire, monsieur, car je veux le dire à tout le monde, une si belle conduite doit être connue... quand ce ne serait que pour donner à d'autres le désir de l'imiter !... Je me nomme Desroches, mon mari était négociant, justement considéré, tant par la bonté de son caractère que par sa rigoureuse probité. Un jour, nous étions heureux alors... mon mari, en voyant aux portes d'enfant, abandonnés par leur famille, fut vivement touché, intéressé par la figure de l'un d'eux... C'était le jeune Paul, qui pouvait alors avoir dix ans tout au plus. Nous n'avions pas d'enfant, c'était la seule chose qui manquait à notre bonheur ; mon mari offrit de se charger de celui-ci, et sa demande fut accueillie sans difficulté.

— Je savais tout cela, madame, dit Sanscravate; Paul m'a conté comment il fut recueilli par monsieur Desroches, comment il devint même son commis... puis enfin comment des malheurs, des banqueroutes assaillirent votre mari, qui mourut de chagrin peut-être... d'être obligé de ne pas tenir ses engagements !

— Oui, monsieur, oui... tout cela est vrai... mais ce n'est pas tout... et vous ne savez que cela, je gage? car Paul ne vous aura pas appris sa belle conduite.

— Le fait est que je n'en sais pas plus...

— Eh bien ! monsieur, Paul qui avait dix-huit ans et demi alors, me dit, lorsque j'eus perdu mon époux : Consolez-vous, ma bonne mère, non-seulement j'aurai soin de vous, mais je veux encore que la mémoire de mon bienfaiteur soit respectée; je veux payer tout ce qu'il doit; à force de travail j'y parviendrai. En effet, le pauvre garçon assembla les créanciers de mon mari et promit de rembourser ce que devait monsieur Desroches si on voulait lui accorder du temps. Touchés de son dévouement, les créanciers lui dirent de régler lui-même les conditions. Les sommes qui restaient dues ne formaient qu'un total de huit mille francs. Paul demanda cinq ans pour payer tout; ensuite il me dit de ne point m'inquiéter de moi... qu'il pourvoirait à tous mes besoins; puis il me quitta pour aller chercher un emploi. Je fus plusieurs jours sans le revoir; enfin, il revint et il m'apprit qu'il était employé dans une maison de commerce du faubourg Saint-Honoré et qu'il était obligé de loger près de là, mais qu'il viendrait me voir au moins deux fois par semaine, et qu'il tiendrait les engagements qu'il avait pris avec les créanciers de mon époux. En effet, monsieur, à dater de cette époque, tous les trois mois, il payait la somme qu'il s'était engagé à donner et il m'apportait alors les billets acquittés, en me disant: Tenez, ma bonne mère, je me trouve heureux, car je fais respecter la mémoire de mon bienfaiteur!... et moi, monsieur, je ne me doutais pas que le pauvre garçon, qui n'avait pas trouvé d'emploi, s'était fait commissionnaire, pour remplir ses engagements, et qu'il travaillait sans relâche et ne se donnait aucun plaisir, afin de mettre de côté pour moi... pour l'honneur de mon mari, tout l'argent qu'il gagnait!

En achevant ces mots, madame Desroches qui ne peut retenir ses larmes, tire son mouchoir et s'arrête un moment pour essuyer ses yeux.

De son côté, Sanscravate a beau faire son possible pour ne point s'attendrir, malgré ses grimaces, l'air bourru qu'il veut conserver, et quoiqu'il tourne sa bouche et se morde les lèvres, deux grosses larmes s'échappent de ses yeux, tandis qu'il murmure entre ses dents:

— Sacré nom d'une pipe!... c'est bien tout de même!... c'est de l'honneur!... Et dire que pour les clignements d'yeux d'une femme... on se fâche... on se bat... on s'en... pour un f... jupon avec des grosseurs dessous!... ah! c'est bête ça!... Allons, il n'y a pas moyen... faudra que je lâche le secret!

Puis, après avoir eu l'air de se moucher pour essuyer ses yeux, Sanscravate dit à la vieille dame:

— Mais comment avez-vous découvert que Paul s'était fait commissionnaire?

— Voici comment, monsieur. Il y a quatre à cinq mois à peu près, j'ai fait une maladie, alors Paul est resté près de moi, il me gardait, il n'allait pas à son travail et il me disait: Ne vous tourmentez pas, il y a un brave garçon qui a promis de me remplacer, qui fait mon ouvrage... Ah! il faut que je vous dise aussi, monsieur, que je demeure vieille rue du Temple, non loin de la rue Barbette...

— Près de la rue Barbette! s'écrie Sanscravate, une maison très-haute, une allée... un épicier en bas?

— Oui, monsieur, c'est cela...

— Continuez, madame, continuez...

— Eh bien! un matin, j'allais mieux depuis quelques jours, et Paul qui était retourné à sa maison de commerce... comme il me le disait du moins, était venu me voir dans la matinée pour s'assurer que j'allais toujours bien. Il était chez moi depuis une heure, lorsque arriva une grande fille qui venait m'apporter ce que j'avais fait demander à ma fruitière, qui est dans la rue Barbette... Mais qu'avez-vous donc, monsieur... vous semblez bien agité?...

— Ce n'est rien, madame, vous le saurez... Mais continuez... achevez donc...

— Cette grande fille poussa un cri de surprise en apercevant Paul, je vis qu'elle le connaissait et qu'elle était surprise de le voir mis avec une certaine recherche. Je m'aperçus bien que Paul lui dit quelques mots à l'oreille, mais alors je n'en sus pas plus. Seulement, quand Bastringuette, c'est le nom de cette jeune fille, revenait m'apporter quelque chose de chez la fruitière, qui est sa cousine, elle s'écriait seulement: Ah! madame! c'est un bien brave garçon que ce monsieur Paul!... Et... mais... vous pleurez, monsieur?...

— Allez donc... allez toujours, madame...

— Enfin, monsieur... il y a quelque temps, Paul ne vint pas comme à son ordinaire... j'étais inquiète, tourmentée, alors je vis accourir Bastringuette, elle m'apportait de l'argent, que ce jour-là Paul devait payer à un créancier, puis, elle me dit qu'il avait été forcé de faire un petit voyage de chez moi... mais qu'il viendrait me voir à son retour. Bref, monsieur, le temps s'est écoulé, et Paul n'est pas revenu, mais Bastringuette m'a toujours apporté de l'argent de sa part. Je l'ai questionnée, elle s'est embarrassée, embrouillée dans ses réponses... j'ai cru comprendre que Paul n'avait plus d'habits... qu'il ne voulait pas venir chez moi en veste, de crainte que je ne devinasse sa profession... Puis les mots de commissionnaire ont frappé mon oreille, puis le nom de cette rue souvent prononcé...

— Assez! assez, madame... Ah! Paul!... mon pauvre Paul!... C'est donc vrai!... Tu ne m'avais pas trahi... Ce n'est pas pour Bastringuette que tu allais dans cette maison...

— Que voulez-vous dire, monsieur?

— Ce que je veux dire... Que je suis un gueux!... un brutal... une canaille... Que j'ai battu Paul, que je l'ai blessé... parce que je croyais qu'il était avec ma maîtresse... tandis qu'il ne s'occupait que de moi... que de la mémoire de son bienfaiteur... Ah! sacré nom!... mais je réparerai ça... Je le rendrai aussi heureux qu'il mérite de l'être...

— Que voulez-vous dire, monsieur?...

— Oh! courons le trouver d'abord, j'ai soif de l'embrasser... pourvu qu'il me pardonne... Venez, ma petite dame, venez vite; si vous ne pouvez pas courir je vous porterai... Mais hâtons-nous, car je n'y tiens plus d'abord!...

Et Sanscravate prend le bras de madame Desroches, et il l'entraîne, et pour suivre le commissionnaire qui peut, à l'idée de faire le bonheur de son fils adoptif, la vieille dame semble avoir retrouvé ses jambes de vingt ans.

Ils arrivent à la nouvelle place que Paul avait adoptée; ils l'aperçoivent assis sur un banc de pierre et livré à ses réflexions. Sanscravate lâche le bras de madame Desroches, court à Paul, le prend par la tête, par le corps, l'embrasse à plusieurs reprises en pleurant et en balbutiant:

— Me pardonnes-tu, mon pauvre Paul?... Je sais tout, j'avais tort et je t'ai battu... Si tu ne me pardonnes pas je me fiche à l'eau!... Tu auras soin de ma sœur...

Paul ne comprend rien à ce qui lui arrive, lorsque la présence de madame Desroches lui fait deviner que sa conduite est connue. La vieille dame court aussi embrasser en pleurant le jeune commissionnaire; alors les passants, les flâneurs, les badauds commencent à s'arrêter autour d'eux, en se demandant l'un à l'autre ce que le jeune homme a fait pour se faire embrasser ainsi, et Sanscravate prend le bras de madame Desroches et celui de Paul en leur disant:

— Allons-nous-en, j'ai bien autre chose à vous conter, et ces gens-là, qui se figurent peut-être que nous allons faire des tours, commencent à m'ennuyer.

Ces trois personnes, si heureuses de se trouver ensemble, arrivent dans l'humble réduit de Sanscravate, où la pauvre Liline, toute surprise de cette visite, tâche cependant de faire de son mieux les honneurs de la chambre de son frère. Celui-ci lui présente Paul en lui disant:

— Tiens, ma sœur, voilà celui dont j'étais jaloux, et j'ai reconnu aujourd'hui qu'il ne m'avait jamais trahi. Tu dois penser alors avec quelle joie je vais lui faire retrouver son père, son nom, sa fortune!

Paul regarde Sanscravate en poussant un cri de surprise, il craint d'avoir mal entendu; madame Desroches supplie aussi le frère d'Adeline de s'expliquer. Celui-ci ne demande pas mieux, et pour que son récit soit plus clair, il raconte d'abord tout ce qui a rapport à Albert et à sa sœur, puis sa visite chez monsieur Vermoncey, puis son duel avec le séducteur d'Adeline, puis enfin ce qu'il a entendu, et ce que disait madame Baldimer au père d'Albert, ces noms, cette croix, toutes les circonstances qui se rapprochent, et Paul pousse un cri de joie en disant:

— Mais mon cœur aussi semblait l'avoir deviné; et lui-même... cette amitié, cet intérêt qu'il m'a témoigné...

— Il te connaît? demande Sanscravate.

Paul raconte les circonstances qui l'ont conduit chez monsieur Vermoncey. Alors Sanscravate frappe dans ses mains, saute, jure, pleure et s'écrie:

— Partons, mes enfants, allons sur-le-champ chez monsieur Vermoncey, il y a assez longtemps qu'il souffre... qu'il gémit; hâtons-nous de lui rendre un fils pour le consoler un peu de la perte de ses autres enfants. Madame Desroches va venir avec nous, il est bon qu'elle soit là pour certifier de ce que j'avancerai... Toi, ma sœur, reste ici... Attends-moi... mais je reviendrai bientôt et avec de bonnes nouvelles, j'en suis certain.

Et Sanscravate dit quelques mots à l'oreille de sa sœur, qui sourit et promet d'obéir, ensuite il court chercher un fiacre, y fait monter madame Desroches et Paul, se place près d'eux et l'on arrive à la demeure de monsieur Vermoncey.

Sanscravate dit à ceux qui l'accompagnent: — C'est à moi de lui parler le premier, ma présence lui fera mal d'abord; mais après j'espère qu'il ne me laissera pas fâché de m'avoir revu.

Et le commissionnaire pousse devant lui le domestique et le force à l'introduire dans le cabinet de son maître.

Monsieur Vermoncey fait un mouvement de surprise, une sombre tristesse se peint dans ses yeux en apercevant Sanscravate, cependant il lui fait signe d'avancer, en lui disant:

— Votre sœur a sans doute réfléchi sur mes offres... Je suis toujours prêt à les tenir, car je voudrais pouvoir réparer les torts de mon fils!

— Ne parlons pas de cela, monsieur, répond Sanscravate; si votre fils a eu des torts, le ciel a voulu qu'il les expiât... et cet événement-là... m'a fait autant de peine qu'à vous. Mais aujourd'hui je viens vous rendre du bonheur, et c'est bien le moins après vous avoir causé tant de chagrin!

Monsieur Vermoncey fixe sur le commissionnaire des regards surpris. Sanscravate reprend:

— Monsieur, le hasard m'a fait connaître toute l'histoire d'une faute de votre jeunesse... dont cette madame Baldimer tenait tant à vous punir... Eh bien! cet enfant que vous eûtes alors d'une pauvre fille, nommée Marie Delbart, cet enfant... abandonné... je l'ai retrouvé, moi, et je vous le ramène...

— Il serait possible! balbutie monsieur Vermoncey en se levant et allant à Sanscravate. Ah! monsieur, dites-vous vrai... êtes-vous bien sûr de ce que vous avancez?

— Oui, sacrebleu ! je suis sûr de mon fait!... sûr de ce que je dis...

— Vous savez qu'il existe... où il est maintenant?

— Où il est... Ah! pas loin d'ici !...

Et Sanscravate, courant rouvrir la porte derrière lui, prend Paul et le pousse dans les bras de son père, en disant à monsieur Vermoncey :

— Je vous ai privé d'un fils... mais je vous en rends un autre... Ça me raccommode un peu avec moi !

Monsieur Vermoncey tient Paul pressé contre son cœur, puis il le regarde avec tendresse et s'écrie :

— Mais je ne me trompe pas... c'est ce jeune homme qui m'avait inspiré un si vif intérêt... Oh! oui, c'est mon fils, mon cœur l'avait déjà deviné... et plus je le regarde, plus je retrouve dans ses traits ceux de l'infortunée Marie.

— Oh! mais nous voulons que vous soyez certain de votre fait! s'écrie Sanscravate. Voilà madame Desroches, la veuve de ce brave monsieur qui a fait sortir Paul de... d'où il était ; elle vous dira quel papier il avait sur lui quand on l'a... enfin vous verrez la croix à son bras gauche. Oh! vous verrez que c'est bien tout comme cette belle dame... qui est si méchante, vous a dit l'autre fois... et vous saurez aussi que non-seulement vous avez retrouvé votre fils, mais encore que c'est le plus digne jeune homme qu'il y ait au monde, et que si on donnait la croix à tous ceux qui la méritent, il y a ben longtemps qu'elle brillerait sur sa poitrine.

Monsieur Vermoncey n'a plus besoin de preuves pour être persuadé que Paul est son fils, cependant il écoute avec un vif intérêt le récit de la bonne madame Desroches, qui ne manque pas de raconter la belle conduite du jeune commissionnaire.

Quand la vieille dame a cessé de parler, monsieur Vermoncey prend la main de son fils, il le regarde avec orgueil, puis il balbutie :

— Mon ami, tu ne seras pas aussi fier de ton père... tu as le droit de lui reprocher ton abandon... mais j'étais bien jeune... j'étais pauvre... je ne savais pas ce que c'est que d'être père... et cette faute... je me la suis tant reprochée.

Paul se jette dans les bras de son père, en le suppliant de ne point lui en dire davantage, et Sanscravate s'écrie :

— Il faut oublier le passé, pour ne plus songer qu'au bonheur présent.

— Oui, dit Paul, en serrant la main de son ancien camarade. Mais puisque je remplace Albert en ces lieux, il faut à présent que ta sœur accepte ce que lui et mon père ont fait pour elle .. N'est-ce pas, mon père, que je remplis vos désirs en ce moment?

— Oui, mon ami, dit monsieur Vermoncey, et désormais d'ailleurs, j'approuverai tout ce que tu feras.

— Tape là-dedans ! dit Sanscravate à Paul, de toi j'accepte tout... tu me donnerais un million que je le prendrais... tu me répare mes sottises à ton égard ; mais ma sœur nous attend... et puis... et puis...

Sanscravate murmure tout bas le nom d'Elina. Aussitôt Paul demande à son père la permission de le quitter un moment, monsieur Vermoncey y consent, à condition qu'on lui amènera la jeune Adeline qu'il veut aussi embrasser, et que madame Desroches voudra bien rester avec lui pour lui parler encore de son fils. La vieille dame ne demande pas mieux.

En quelques secondes, Sanscravate et Paul sont près d'Adeline, qui, d'après l'avis de son frère, a été chercher la petite Elina, et lui a raconté le changement survenu dans la situation de Paul. Quand les deux amis arrivent, ils trouvent la jeune couturière tout en larmes, parce qu'elle est persuadée que, devenu riche, son amoureux ne pense plus à être son mari.

Paul s'empresse de consoler Elina, et Sanscravate s'écrie :

— Il faut battre le fer pendant qu'il est chaud, et présenter tout de suite à ton père celle que tu aimes... en ce moment il n'a rien à te refuser... plus tard on ne sait pas!

Paul approuve cette idée ; mais la petite Elina craint d'aller chez monsieur Vermoncey, elle refuse, elle tremble ; il faut toute l'éloquence de son amant, toutes les prières de Sanscravate et de son frère, pour qu'elle consente à les accompagner. Enfin on calme sa frayeur, et bientôt les deux jeunes filles sont devant monsieur Vermoncey.

Sanscravate présente sa sœur, dont la contenance à la fois triste et modeste, dont les beaux yeux mouillés de larmes, inspirent à monsieur Vermoncey le plus tendre intérêt, et il la presse sur son cœur en la

nommant sa fille. Ses yeux se portent ensuite sur la petite Elina, qui tâche de se cacher derrière un rideau, et il dit en souriant :

— Mais quelle est donc cette autre jeune fille?

Paul s'avance en rougissant, il raconte à son père ses amours avec Elina, il appuie sur la délicatesse de la jeune fille qui l'aimait lorsqu'il n'avait rien, et qui voulait lui donner sa petite fortune, puis il fait connaître tous les soins qu'elle lui a prodigués pendant sa maladie.

Monsieur Vermoncey va chercher la petite derrière les rideaux, il l'amène au milieu de la chambre, où elle arrive rouge comme une cerise, et il l'embrasse sur le front, en lui disant :

— Vous vouliez faire le bonheur de mon fils, lorsqu'il n'avait rien ; maintenant qu'il est riche, il est bien juste qu'il fasse le vôtre !

— Ah ! voilà qui est bien parler! s'écrie Sanscravate. Tenez, monsieur, savez-vous ce qui résulte de tout ça? c'est qu'aujourd'hui vous avez retrouvé tous vos enfants !

En retournant chez lui, avec sa sœur, Sanscravate est bien gai, bien heureux, pourtant ses regards se portent souvent de côté et d'autre, comme s'il espérait rencontrer quelqu'un. Adeline voit cela, elle sourit et ne dit rien ; mais au commencement de la soirée, on frappe doucement à la porte de leur logement.

— Tiens !... qu'est-ce qui peut nous venir? dit Sanscravate en regardant sa sœur ; il me semble que nous n'attendons plus de visite.

Adeline ne répond rien, mais elle va ouvrir, et bientôt Bastringuette est devant eux.

Sanscravate se sent si ému, qu'il ne peut pas parler ; il a d'abord envie de sauter au cou de la grande fille ; mais il s'arrête parce qu'il songe que si Paul n'est pas son amant, cela ne prouve pas qu'elle n'ait point un autre sentiment dans le cœur.

Bastringuette est restée debout devant le commissionnaire ; elle lui fait des petits yeux bien gentils, puis enfin, comme si elle devinait ce qu'il pense, elle lui tend la main en disant :

— J'ai été coquette... tu as été méchant... mais je t'aime toujours, et désormais tu peux être tranquille, parce que, vois-tu, une femme... c'est comme une marmite : quand elle a déjà été au feu... ça vaut mieux qu'une neuve.

Sanscravate saute au cou de la grande fille, en lui disant :

— Pour que tu ne changes plus, je t'épouse!

— C'est pas toujours un bon moyen, répond Bastringuette en souriant ; mais comme j'ai été légère avant le mariage, je te promets de ne plus l'être après.

— Et je t'emmène en Auvergne, vivre près de mon père ; ça te va-t-il ?

— En Auvergne... j'crois ben ! moi qui aime les châtaignes.

Quelques semaines après cette journée, Paul conduisait à l'autel la gentille Elina, qui avait cessé d'être couturière en même temps que son amant avait cessé d'être commissionnaire.

Et la bonne madame Desroches avait consenti à se fixer près des jeunes époux qui la traitaient comme leur mère.

Quant à madame Baldimer, elle avait quitté Paris; et était repartie pour l'Amérique, le lendemain de la mort d'Albert.

Les anciens amis d'Albert continuent de se promener en fumant sur le boulevard des Italiens. Mouillot est toujours bon vivant, Balivan aussi distrait, monsieur Dupétrain veut toujours endormir son monde, monsieur Varinet ne prête plus cinq cents francs sur une olive, parce qu'il craint de la garder trop longtemps dans sa bourse, et monsieur Célestin de Valnoir, sorti de Sainte-Pélagie, s'occupe de faire d'autres dettes.

Madame Plays fait toujours des légèretés à son mari ; mais elle ne peut pas voir Tobie en face, elle l'a en horreur parce qu'elle croit qu'il a tué Albert; le jeune Pigeonnier se console des rigueurs de la superbe Herminie avec la fortune de sa tante Abraham, et sa réputation de bravoure.

La veille du jour où Sanscravate doit partir pour l'Auvergne avec sa sœur et Bastringuette, il voit passer dans la rue deux hommes qui ont les poucettes, et que la gendarmerie conduit à la Préfecture. Il reconnaît Laboussole et Jean Ficelle. Ce dernier semble un peu confus d'être vu avec une telle escorte ; quant à monsieur Laboussole il crie tout le long du chemin :

— C'est une erreur de messieurs les gendarmes... on nous prend pour d'autres !... on m'a déjà fait ce tour-là sept ou huit fois.

Et Sanscravate se dit en les regardant aller :

— Voilà peut-être comme j'aurais fini, si j'avais écouté les conseils de ce mauvais sujet!... car, il n'y a pas à dire, quand on bamboche souvent et qu'on ne travaille jamais, il est rare que l'on finisse bien.

LE PENSIONNAT EN VOITURE.

Nous sommes dans le siècle des innovations, des découvertes, des améliorations ; nous cherchons sans cesse le perfectionnement ; quand nous serons parfaits en tout (ce qui ne peut pas manquer d'arriver au train dont vont les choses), l'âge d'or sera revenu ; par conséquent, à force d'avancer, nous serons arrivés au point d'où nous sommes partis.

Jadis, les moyens de transport étaient rares.

Voyager était alors une grande affaire ;

On était fort mal à son aise dans un *coche*, où l'on vous entassait pêle-mêle, et les cahots de cette voiture mal suspendue vous faisaient à chaque instant tomber sur vos voisins, qui, à leur tour, se cognaient contre vous.

Si, à cette époque, on eût parlé de chemins de fer, on se serait fait brûler en place de Grève comme sorcier ; car c'était la coutume jadis de faire périr sur le bûcher les gens assez malheureux pour avoir plus d'esprit, plus d'imagination, plus de lumières que leurs contemporains.

Les hommes sont en général doués d'une très-forte dose d'amour-propre ;

Quand ils ne savaient rien, ils trouvaient très-mauvais que d'autres se permissent d'en savoir plus qu'eux.

Dans ces temps d'ignorance et de barbarie, un marchand d'allumettes chimiques eût subi le même supplice que la *maréchale d'Ancre* et *Anne du Bourg*.

Et cependant, les premiers peuples, bien loin de brûler les gens qu'ils croyaient possesseurs de sciences occultes, les traitaient avec une grande vénération, les honoraient et allaient les consulter. Énée interrogeait la sibylle de Cumes et le roi Saül allait consulter la pythonisse d'Endor.

Tout cela nous prouve encore que :

Chaque âge a ses plaisirs, son esprit et ses mœurs.

Il n'y a pas encore un demi-siècle que, pour faire des visites, pour aller en soirée, au bal, on prenait une chaise à porteurs. Comme ces chaises ne pouvaient ordinairement contenir qu'une seule personne, quand une famille nombreuse se rendait en soirée, jugez de la quantité de chaises à porteurs que l'on était forcé de requérir.

Certainement, c'était alors l'âge d'or pour les chevaux.

Quand sont arrivés ensuite les fiacres et les cabriolets, toutes les bourses ne pouvaient pas se permettre cette douceur.

Pour se transporter du faubourg Saint-Denis à la rue de la Harpe, le petit bourgeois ne se sentait pas souvent disposé à donner le prix d'une course de fiacre ; la modeste rentière traversait Paris d'un bout à l'autre à pied, en portant son enfant sur ses bras et quelquefois un lourd panier, parce qu'elle ne pouvait pas dépenser trente sous ;

Enfin, le jeune étudiant, que l'amour traite souvent mieux que la fortune, arrivait tout crotté à un rendez-vous et quelquefois gagnait une fluxion de poitrine pour avoir voulu lutter de vitesse avec les fiacres et les cabriolets dans lesquels il ne pouvait pas monter.

Mais aujourd'hui, si l'on va à pied, il faut que ce soit par goût ou par ordonnance du médecin.

Les *Omnibus*, les *Parisiennes*, les *Favorites*, les *Béarnaises*, les *Dames*... de toutes les couleurs, qui se croisent à chaque instant dans tous les quartiers de la capitale, vous font souvent faire plus d'une lieue pour six sous, et non-seulement vous êtes voiturés dans la ville, mais la banlieue, la campagne, les plus jolis environs de Paris vous tendent les bras ; pour six sous, vous pouvez aller à Bercy, à Passy, à Batignolles, à Saint-Mandé, à Mousseaux, etc.

En vérité, pour se refuser ce plaisir-là, c'est bien le cas de dire qu'il ne faudrait pas avoir six sous dans sa poche !

Et quelle source de distractions et d'observations que ces voitures à six sous !

Comme toutes les choses s'y mêlent, comme les rangs y sont confondus, comme les toilettes y sont variées (quand on y voit des toilettes) ; si l'égalité doit un jour régner sur la terre, c'est dans les *Omnibus* qu'elle aura pris naissance !

Voyez plutôt cette dame jeune et gentille, dont toutes les manières sont gracieuses et distinguées ; à côté d'elle vient s'asseoir un ouvrier en veste, en casquette, aux mains noires et calleuses.

Un peu plus loin, le grave fonctionnaire public, qui ne rit jamais, de peur de compromettre sa dignité, se trouve côte à côte avec un loustic en blouse bleue, qui a passé sa matinée dans le cabaret, qui en a rapporté une odeur de vin et d'ognon, plus, une humeur joyeuse et bruyante qui l'entraîne à faire tout haut des réflexions ou des plaisanteries auxquelles on ne répond pas, mais qu'on est obligé d'entendre.

Puis, auprès de ce jeune dandy en gants jaunes, une bonne grosse campagnarde, qui porte deux paniers, trois paquets, un carton et un cabas. (Il y a des gens qui font leur déménagement dans les *Omnibus*.)

Puis une jolie grisette, à la mine fort éveillée, à l'œil vif et provoquant, se trouve contre un homme d'âge, bien couvert, qui a le bonheur d'avoir sa femme à sa droite et son chien entre ses jambes, et qui, malgré sa perruque et son air respectable, lâche un regard en coulisse à la grisette, sa voisine, lorsque sa femme tourne la tête d'un autre côté.

Puis, le monsieur énorme qui pèse le poids d'un sac de farine, et vient se jeter à une petite place entre les genoux d'un vieux monsieur maigre et sec, auquel il renfonce l'estomac avec son coude, en lui disant d'un air aimable :

— Je vous écrase un peu, mais ça se fera.

Puis, la vieille marquise, à laquelle les révolutions ont ôté une fortune et une voiture en respectant son rouge et ses mouches ; la pauvre dame se trouve pressée contre un jeune homme à grosses moustaches, à longue barbe, à longs cheveux, à longs favoris qui donnent à sa tête un volume énorme et un aspect sauvage ou saint-simonien, quoique celui qui porte tout cela ne soit ni l'un ni l'autre.

Eh bien ! malgré ces différences de rangs, de fortune, d'éducation et de costume, la voiture à six sous établit entre tous les voyageurs une espèce de confraternité qui se traduit ordinairement en échange de petits services de politesse :

Ainsi l'ouvrier en veste tâchera de se faire mince pour ne point gêner la dame jeune et gentille ; le grave fonctionnaire prendra un air moins sévère en passant ses six sous à son voisin, l'homme en blouse ; le dandy daignera rendre la monnaie à la bonne grosse campagnarde qui est surchargée de paquets ; le monsieur respectable soutiendra le bras de la grisette pour l'aider à descendre de voiture, et le jeune homme chevelu demandera un cachet de correspondance pour la vieille marquise, sa voisine.

On pourrait donc avec justice trouver que la voiture à six sous mérite le même éloge que la musique.

Emollit mores nec sinit esse feros.

Et voici maintenant une autre innovation :

Jadis vos enfants qui n'étaient qu'externes dans une pension, se rendaient à leur école à pied, le panier d'une main, renfermant les provisions pour déjeuner, et de l'autre, la pile de livres attachés avec une ficelle et que l'écolier a bien soin de tenir par un des bouts de la ficelle et de balancer en marchant jusqu'à ce que les livres se détachent et tombent dans la rue, ce qui lui fournit une occasion de s'arrêter.

Et en se rendant ainsi à leur demi-pension, les écoliers ne manquent pas de flâner devant chaque boutique d'estampes, de bonbons et de joujoux ; quelques-uns, entraînés par des camarades, risquent sur le boulevard une partie de *bouchon*.

Vous croyez votre fils en train d'étudier *Horace* ou *Virgile*, tandis qu'il est fort occupé à *piger* au chalumeau de paille pour savoir si tel ou tel est plus près de sa pièce ou du bouchon.

Quelquefois enfin, ces messieurs en herbe font ce qu'on appelle l'école buissonnière, ce qui veut dire qu'ils vont se promener au lieu d'aller en classe.

Tout cela avait sans doute de grands inconvénients ; mais jusqu'alors pour y remédier, on se contentait de choisir une pension tout près de sa demeure, de façon que l'élève n'eût, pour s'y rendre, que très-peu de chemin à faire.

Les parents qui avaient des domestiques, leur faisaient conduire leurs enfants à la pension et les envoyaient les y rechercher.

Enfin, ceux qui n'avaient personne pour faire mener leurs enfants en classe, étaient obligés de se fier à la promesse d'être sage, faite par ces petits-hommes de six à douze ans, lesquels ne manquaient pas d'oublier leur parole comme s'ils eussent été déjà de grands personnages.

Mais que faire à cela ? et qui se serait jamais imaginé qu'un jour viendrait où les enfants iraient à leur classe en voiture ?

Il est venu pourtant ce grand jour qui a tué l'école buissonnière et doit faire un tort considérable aux marchands de gâteaux et de bonbons.

Un maître de pension qui avait voiture (car il fallait nécessairement avoir voiture pour exécuter ce projet) a dit aux parents :

— Ne vous donnez plus la peine de m'envoyer le matin vos petits garçons, je les ferai prendre à domicile avec une voiture *ad hoc*, et je les ferai reconduire chez vous par le même véhicule ; par ce moyen, vous n'aurez plus à craindre les mille et un événements qui peuvent arriver à des enfants dans les rues de Paris ; vous serez rassurés aussi sur leur conduite.

Ils ne pourront plus faire en chemin de mauvaises connaissances ; ils ne perdront plus de sous au bouchon et ne s'abimeront plus l'estomac avec de la mélasse ou des noisettes.

Enfin ils ne feront plus l'école buissonnière, car vous les verrez monter en voiture et revenir de même jusqu'à la porte de votre maison.

Les parents ne pouvaient qu'être enchantés de ce nouveau moyen de transport, qui permettait d'envoyer les enfants dans de bons pensionnats, au lieu de se restreindre aux petites écoles du voisinage, et les voitures d'écoliers ne tardèrent pas à se multiplier, parce que chaque pension voulut avoir la sienne.

Quant aux enfants, cette mesure devait nécessairement obtenir leur approbation : aller en voiture est un des plus grands plaisirs de la jeunesse : aussi il faut voir comme on est matinal, comme on se hâte de s'habiller, afin d'être prêt et de ne point manquer la voiture, qui est exacte comme la retraite.

Les parents n'ont plus besoin d'aller tirer l'oreille aux petits paresseux ; les écoliers savent que la voiture va passer, et ils sont aussi ponctuels qu'un voyageur qui aurait payé sa place aux messageries *Laffitte et Caillard.*

Regardez ce petit garçon de dix ans, à l'air mutin, joueur, aux yeux hardis et spirituels ; il attend que la voiture du pensionnat vienne le prendre, il ne peut pas se tenir en place et, en attendant que son équipage vienne le chercher, il sautille dans l'appartement en disant à un de ses petits voisins qui n'a pas, comme lui, le bonheur d'aller à l'école en voiture :

— Ah ! Finot !... comme c'est amusant ! comme c'est gentil d'aller en pension avec des chevaux !.... et puis, tu comprends, on doit devenir bien plus vite savant que ceux qui vont à pied.

Finot se mouche sur sa manche en répondant :

— Mais tu dis que la voiture vient toujours te prendre à huit heures précises... Dis donc, Benoît, voilà qu'il est huit heures et demie passées à la femme dorée qui est sur la cheminée.

— Oh ! la voiture va arriver !.... Elle est exacte comme le soleil quand il en fait.

C'est fièrement agréable, tout de même, d'aller en pension comme si on allait à Longchamp, et de revenir *idem farinœ*, comme dit notre pédant de professeur... moi, qui n'avais jamais été qu'en charrette à la foire de Saint-Cloud, et même que le cheval avait crevé à Boulogne... que j'avais fait le reste du chemin à pied.

— Dis donc, Benoît, voilà qu'il est neuf heures moins...

— Oh ! la voiture va arriver... elle est exacte comme la lune... jamais en retard !... Rouler carrosse, éclabousser le monde, à la bonne heure ! ça peut s'appeler donner une belle éducation à ses enfants. Je ne veux plus marcher à pied, fi donc ! c'est trop Jobard !

— Par exemple ! tu ne peux plus acheter de charcuterie, de gâteaux en route.

— Eh bien ! tant mieux, j'ai mes sous de reste.

— Benoît, voilà qu'il se fait dix heures.

— Ah ! qu'il m'embête, celui-là !... puisque je te dis qu'elle va arriver ! jamais en retard ! exacte comme le gaz....

Voyons dans mon panier.... Qu'est-ce que j'ai pour mon déjeuner... encore du fromage de Marolles.... il n'est pas possible ! Le médecin a donc ordonné qu'on me mette au Marolles. C'est pourtant pas rafraîchissant !...

Un monsieur d'une cinquantaine d'années, qui a encore douze cheveux sur le devant de la tête et qu'il a la prétention d'arranger pour figurer une raie, arrive, enveloppé dans une robe de chambre qu'on lui a faite avec un vieux tartan de sa femme, et les pieds dans des pantoufles qui laissent ses talons jouir d'une entière liberté.

Ce monsieur tient, d'une main, son mouchoir et sa tabatière ; de l'autre, son journal et sa jatte de lait ; il fronce le sourcil en regardant son fils, et murmure :

— Comment, Benoît, tu n'es pas encore parti ?

— Oh ! mon petit papa, on va venir me chercher.... vous savez bien que la voiture est très-exacte....

— Hum !... il me semble, moi, qu'elle ne l'est guère, au contraire ; mon fils, vous étudierez bien... je vous recommande Ovide.... c'est un auteur charmant.... et quand vous le comprendrez....

— Ovide ! oh ! mon papa, j'en suis plein d'Ovide !... je le connais par cœur.

— Et Pline, monsieur ?....

— Pline !.... je suis plein de Pline aussi.

— Tant mieux ; c'est une nourriture excellente pour l'esprit !....

— Oui, mon papa ; mais si vous me donnez toujours du Marolles avec ça, je ne m'en passerai pas...

— Benoît.... tiens, v'là qu'il est dix heures et demie passées.

— Veux-tu te taire, Finot ; elle va arriver, puisqu'on te dit qu'elle ne se fait jamais attendre... tiens, je l'entends, elle s'arrête devant la porte.

La voiture de la pension vient en effet de s'arrêter devant la demeure du jeune Benoît.

Ces voitures ont à peu près la forme des omnibus ou plutôt des tapissières.

On y entasse jusqu'à une vingtaine d'enfants.

Le conducteur crie en bas : — M. Benoît Drouillard !

— Voilà ! voilà ! crie le petit garçon....

— Adieu, papa, je vais bien étudier, allez ! Finot, regarde-moi monter.

M. Benoît descend l'escalier quatre à quatre, puis il se précipite dans la voiture qui est presque pleine, poussant, bousculant à droite, à gauche, en criant :

— De la place !.... allons, il me faut de la place à moi ! Ah ! que c'est bête d'avoir mis un grillage à nos portières, on ne peut plus jeter de trognons de pommes sur les passants, il n'y a plus de plaisir.

Avez-vous rencontré de ces voitures sur lesquelles est écrit en grosses lettres : *Pension un tel* !....

Elles sont faciles à reconnaître : leur forme est, comme nous l'avons dit, à peu près celle d'une tapissière ; mais elles sont fermées partout, et outre les carreaux, elles ont maintenant un grillage fort serré, mesure de précaution qu'on a été obligé de prendre avec messieurs les voyageurs, non pas qu'aucun d'eux eût manifesté l'intention de sauter par les portières de la voiture, mais bien parce qu'ils se permettaient des plaisanteries qui n'étaient pas toujours du goût des piétons : comme, par exemple, de jeter au nez d'un passant une croûte de pain ou un trognon de pomme, de cracher sur un chapeau, ou de lancer des boulettes dans les boutiques. Le grillage serré a remédié, a mis fin à tout cela.

Et maintenant cinq heures sonnent : c'est le moment où la pension*** emballe tous ses externes pour les reconduire chez leurs parents....

Les écoliers sont prêts, vous pouvez vous en assurer aux cris, au brouhaha qui se fait dans la cour ; tous les petits garçons s'élancent, se poussent, se pressent... c'est à qui montera le premier dans la voiture.

C'est qu'il y a aussi du choix dans les places et que ces messieurs affectionnent surtout celles qui permettent de voir dehors.

Enfin, tous les externes sont dans la voiture que le domestique, servant de cocher, ferme avec beaucoup de soin ; il monte sur son siége, fait claquer son fouet, les chevaux se mettent au trot, la voiture roule...

Ce moment est assurément celui où les petits garçons éprouvent le plus de plaisir ; on voit le bonheur briller dans leurs yeux, la joie se peindre sur tous leurs traits ; puis, tous parlent à la fois, tous font leurs réflexions, leurs remarques sur ce qui frappe leurs regards pendant le chemin ; jamais vous n'avez entendu en société un dialogue aussi vif, aussi animé et entremêlé d'autant d'éclats de rire.

— Oh!.. nous voilà partis...

— Tu as ma place, toi, Édouard ; tu étais là hier, je dois y être aujourd'hui.

— Ah! est-il bête avec sa place... le plus souvent que je te la rendrai... fallait monter le premier.

— Tu m'avais caché mon panier exprès pour me retarder, quand on nous a appelés...

Mais tu verras demain ce que je te ferai.

— Eh bien ! qu'est-ce que tu feras ?

— Prenez garde à mon petit colimaçon ! dit un petit garçon de sept à huit ans, à tête blonde, dont la figure est un peu niaise, et qui tient à la main une branche d'acacias, sur laquelle est posé un colimaçon de l'espèce la plus commune.

— Qu'est-ce qu'il a donc à nous ennuyer, celui-là... avec son colimaçon !

Si monsieur t'avait vu ça, tu aurais eu des *pensums*, toi... Où as-tu pris cette branche d'acacia ? Tu sais bien qu'il est défendu de rien casser dans le jardin...

Tiens ! puisque je suis venu ce matin avec... J'avais apporté mon colimaçon... pour jouer... Ah ! voyons, Benoît, ne me pousse donc pas ; tu vas le faire tomber, et puis on l'écrasera...

— Ah ! messieurs... regardez !... regardez la marchande de friture !... Elle regardait de côté... elle a jeté une poignée de goujons dans le ruisseau, en croyant les mettre dans la poêle...

Tous les écoliers se précipitent contre le grillage pour voir les poissons sur le pavé.

Le petit blondin qui tient la branche d'acacia est le seul qui ne les imite pas. Il va s'asseoir dans un coin, et, approchant sa bouche du colimaçon, se met à chanter avec beaucoup de ferveur :

— *Colimaçon borgne... montre-moi tes cornes... Si tu ne me les montres pas, tu ne connaîtras pas ton père ni ta mère...*

— Ah ! voyez-vous... la marchande ramasse ses poissons, et elle les met dans la friture sans même les essuyer.

— Tiens ! bah ! quand ça sera cuit !... c'est pas sale !... Moi, j'en mangerais bien tout de même... Et puis, vous savez qu'on nous a dit : La friture purifie tout.

— Veux-tu te taire, c'est le feu, Jean-Serin !

— Ne pousse donc pas ; j'ai des billes dans ma poche... ça n'entre dans le trou.

— Taisez-vous donc !..... Voilà de la musique... C'est un orgue qui fait valser des petites figures de bois.

— Oh ! c'est gentil, l'air qui joue... c'est un galop.

— Eh ! non ; tu vois bien que les marionnettes valsent... Écoute plutôt...

— *Colimaçon borgne.... montre-moi tes cornes... si tu...*

— Veux-tu te taire, Poulot !... Est-il embêtant avec son colimaçon...

— Ah ! voilà un théâtre... C'est la Gaîté...

— Non, c'est l'Ambigu. — Je parie que c'est la Gaîté... La preuve, c'est que j'y ai vu *le Domino noir*. — Ah! ah!... *le Domino noir*... c'est pas vrai, c'est pas la qu'on le joue... c'est une pièce de l'Opéra.
— Bah ! tu n'en sais rien. — Si ; car ma sœur joue les morceaux sur le piano... et elle chante des duos et des trios toute la journée... en apprenant ses leçons... et j'ai souvent entendu maman lui dire : Tu ne chanteras donc jamais que *le Domino noir* à présent !... — Tout ça, ce n'est pas des preuves. Moi, je suis bien sûr d'avoir vu un domino noir à la Gaîté, et masqué même... Et je me souviens bien de la pièce. On parle de chevaux dedans,... et de la place du Carrousel... et à la fin on voit l'empereur. On se bat, on se bouscule ; et c'est bien amusant. — Et ça se passe à Venise... on voit Venise... — Ah ! raconte-nous la pièce, Bouchinot ! — Ah ! oui, raconte-nous-la.
— Ecoutez bien... D'abord quand ça commence... Ah ! je ne me souviens plus du commencement ; mais c'est égal : il y a toujours un jeune homme qui veut épouser une jeune fille... et elle le veut bien, et la mère, qui ne veut pas, le veut bien après... parce qu'elle reconnaît le portrait de celui qu'elle croyait que c'était un autre... Vous comprenez bien. — Oui, oui... Mais... le domino noir ? — Attends donc. Alors il se trouve un gondolier... qui est tout débraillé en chemise... mais c'est un bon... Il aime le jeune homme, parce que... je ne sais plus pourquoi. C'est égal... Il leur dit : Ah ! sacredié ! et mille noms d'un nom !..... Ah ! fichtre !:... et beaucoup de choses comme ça pour rassurer la jeune fille et son amoureux.
Ceux-ci, qui sont bien content d'entendre ça, n'ont plus peur du tout...
— *Colimaçon borgne.... montre-moi tes cornes.*
— Poulot, tais-toi donc ; si tu ne te tais pas, nous allons écraser la vilaine bête. — Eh bien ! quel mal que je fais ?... Est-ce qu'on ne peut pas chanter, à présent ? — Tu n'entends donc pas que Bouchinot nous raconte le *Domino noir*, une bien jolie pièce qu'il a vue à la Gaîté. — Qu'est-ce que ça me fait ? On ne me mène jamais au spectacle, moi... Papa dit qu'on ne doit pas y aller avant vingt ans... — Ah ! pauvre Serinard ! c'est qu'il n'a pas d'argent pour t'y mener, ton père !...
— Pas d'argent !... Ah ! il en a plus que le tien, j'en suis bien sûr.
— Plus que le mien... Papa est très-riche, entends-tu ? Et pourquoi donc que le tien a toujours le même vilain habit vert tout rapé et un petit chapeau crasseux, quand il vient te voir à la pension ?
— Son habit n'est pas vieux du tout. La preuve, c'est qu'il doit m'en faire faire un neuf avec l'année prochaine, si j'ai un prix. — Ah ! ah ! ah !... — Tiens... pourquoi donc qu'on s'arrête ? — C'est notre cheval qui est abattu. — Ah ! la mauvaise bête ; c'est par malice, pas autre chose. Elle fait le mort. — Ne dirait-on pas qu'elle a bien du mal pour mener quelques enfants ? — Au fait, nous ne sommes que vingt-deux là dedans. — Ah ! s'il pouvait ne pas se relever ! Oh ! oh !... tout le monde qui s'amasse... Tiens ! v'là des hommes forts tout de même... Relevé... Allez donc ; le v'là relevé, notre animal... Allons, au galop.
— Et ta pièce, Bouchinot ? Achève donc de raconter avant d'arriver à ta porte...
— C'est juste. Alors... je ne sais plus où j'en étais... C'est égal. On court sur le théâtre en poussant de grands cris... Le domino noir arrive... C'est un homme qui est tout poudré, qui a une queue, et qui est très-méchant... avec un masque en velours...
— Ah ! voilà le Château-d'Eau ! Ah ! on glisse là-bas sur le boulevard... les gamins.— Oh ! quel dommage de ne pas pouvoir aller glisser aussi !... — En voilà un qui va... joliment. — C'est étonnant !... le voilà par terre. Pif ! patatras... Un, deux, trois, à terre... — A la chienlit... lit... lit... — Dis donc, Francaleux, toi qui fais le savant : Sous quel règne que ç'a été bâti, le Château-d'Eau ? Je parie que tu ne le sais pas. — Ah ! ce n'est !... Je le sais mieux que toi ! — Eh bien ! voyons ; réponds : Sous quel règne ? — Parbleu... sous le règne d'un roi qui aimait les châteaux d'eau. C'est pas difficile à se rappeler. — Mais quel roi ? cornichon ; quel roi ?... Tu vois bien que tu ne peux pas le nommer ! — C'est Louis XIV. Il a fait bâtir ça en même temps que la place Saint-Denis... La preuve, c'est qu'il y a des lions.
— Pas du tout ! c'est l'empereur qui a fait bâtir le Château-d'Eau ; je l'ai bien souvent entendu dire à mon père...
— Non, c'est Louis XIV...
— Je te parie un sou de fromage d'Italie...
— Ah ! messieurs... messieurs...
— Tenez, là-bas, sur le boulevard, deux hommes qui se battent. Ohé ! ohé !... — Il y en a un qui n'a plus de cravate...
— Ne me poussez donc pas ! sont-ils ennuyeux... ils vont faire tomber mon petit colimaçon...
— Pan ! pouf !... oh ! comme ils se donnent des coups de poing...
— Je suis sûr que c'est le grand qui a raison...
— Si j'étais là... je me battrais pour le petit, moi... Je parie qu'il rouera l'autre... On ne peut plus les voir ; c'est dommage...
— Ah ! messieurs, entendez-vous le tambour ?... c'est de la troupe qui va passer...
— Oh ! quel bonheur... les soldats viennent par ici... ils vont passer devant nous... Est-ce que Jean ne va pas arrêter ?...
— Si, il arrête...

— Oh ! les voilà... R'lan r r'ran... plan ! plan ! plan !... r'lan, r'lan...
— Vois-tu l'officier à cheval devant ? c'est le commandant...
— Quand je serai grand, je veux être commandant aussi, je me ferai officier tout de suite...
— Ah ! tu crois qu'on est officier comme ça, toi... Tu ne sais pas qu'il faut être mousse avant !
— Mousse ! c'est sur mer qu'on est mousse pour devenir colonel d'un vaisseau...
— Ah ! voilà Jean qui repart, il ne nous laisse pas seulement le temps d'écouter les tambours... R'lan ! r'lan ! plan ! plan !...
— *Colimaçon borgne... montre-moi tes cornes.*
— Poulot, tu verras, si tu apportes encore ton colimaçon demain, on te fera mettre en retenue pendant la récréation...
— Et ta pièce ? Bouchinot, finis donc de la conter...
— Ah ! oui... Où en étais-je ?... C'est égal : Le domino noir, qui a une queue et qui est poudré, amène avec lui tout plein d'autres dominos qui ont un petit sac sur la tête, avec deux trous pour les yeux... C'est superbe ! ça fait peur... Alors, on tire une porte à secret au fond et... ah ! me voilà arrivé... Adieu... je vous dirai la suite demain...
— Dis donc, Bouchinot !... Bouchinot !... est-il tué le domino noir ?...
— Oui... d'un coup de pistolet... — Ah ! bon, bravo !
Bouchinot descend de la voiture devant sa porte et rentre chez ses parents.
La voiture repart.
Un peu plus loin, elle descend M. Poulot avec son colimaçon, puis un autre élève, puis un autre encore.
Mais si le nombre des voyageurs diminue, la conversation se soutient toujours. Tant qu'il reste plus d'un écolier dans la voiture, les remarques, les ricanements, les éclats de rire continuent. Jamais route ne se fera plus gaiement que celle de ces petits hommes revenant ainsi de leur pension, ou se rendant le matin à leur classe, dans l'omnibus du pensionnat.
Une fois cependant la voiture des élèves fut cause d'une scène d'un autre genre.
Un petit garçon de sept ans, nommé Charles, était depuis peu de temps externe dans un pensionnat que cette auto aussi sa voiture : le petit garçon avait témoigné la plus grande joie en se voyant emmené par deux bons mousses, et ce en se sentant rouler dans les rues de Paris.
Fils unique d'une pauvre veuve, qui s'imposait de grands sacrifices, et travaillait souvent en journée pour donner de l'éducation à son fils, le petit Charles n'avait jamais été en voiture avant de monter dans celle de son pensionnat ; aussi était-ce un de ceux auxquels la route causait le plus de plaisir, et qui, pendant tout le chemin, paraissaient le plus heureux de se sentir voiture.
Un jour cependant, on était en hiver, le temps était froid et pluvieux, les enfants retournaient au domicile de leurs parents, et le petit Charles, que l'on avait vu jusqu'alors gai et rieur comme ses camarades, devint tout à coup silencieux et triste après avoir regardé dans la rue.
Le lendemain, la voiture, qui prenait chaque jour le même chemin, passait au même endroit où Charles avait regardé la veille.
L'enfant s'empressa de porter ses regards dans la rue, il chercha quelque temps, puis la même tristesse s'empara de lui, on lui vit même des larmes rouler dans ses yeux.
Le jour suivant, la pluie tombait encore avec violence au moment du départ, lorsque le petit Charles, le cœur gros, les yeux baissés, s'avança vers la maître de pension et lui dit : — Monsieur, j'aimerais mieux m'en aller à pied...
— Comment, mon ami, dit le maître, tu voudrais t'en aller à pied.... mais je ne comprends pas cela : toi, qui semblais si joyeux d'aller en voiture, qui en témoignais un si grand plaisir, tu voudrais maintenant t'en retourner chez toi à pied... Et quel moment choisis-tu pour demander cela ! c'est lorsqu'il pleut à verse... lorsqu'il fait un temps affreux...
— Ah !... c'est pour cela, monsieur, que je voudrais aussi être.... à pied.
— Explique-moi donc ce qui peut te donner ce désir....
— Monsieur.... c'est que.... depuis deux jours.... quand nous passons rue Saint-Martin.... j'aperçois maman qui sort de la maison où elle travaille... et se dépêche.... marche bien vite pour arriver chez nous en même temps que moi ; mais ma pauvre maman est bien mouillée, elle... et ça me fait de la peine d'être en voiture pendant qu'elle est à pied... j'aimerais mieux être mouillé avec elle...
Le maître prit le petit Charles dans ses bras, l'embrassa tendrement et voulut, ce jour-là, le ramener lui-même à sa mère, à laquelle il raconta ce que le petit garçon lui avait dit, en ajoutant : Vous avez un bon fils, madame ; nous tâcherons de lui donner beaucoup de science, beaucoup de talent, afin que par le savoir il puisse arriver à la fortune ; car alors vous devez être certaine que son plus grand bonheur sera de la partager avec vous.
Laissons donc nos enfants aller en voiture, lors même qu'ils ne devraient pas en avoir plus tard.

PAUL DE KOCK.

Paris. — Imprime le deWalder, 44, rue Bonaparte.

www.ingramcontent.com/pod-product-compliance
Lightning Source LLC
Chambersburg PA
CBHW060641100426
42744CB00008B/1712